Demokratie modern denken

Martin Schössler

Demokratie modern denken

Die Entschlüsselung des modernen Gemeinwesens bei Alexis de Tocqueville

 Springer VS

Martin Schössler
Wiesbaden, Deutschland

Zugl. Dissertation an der Ruprecht-Karls-Universität Heidelberg unter dem Titel „Alexis de Tocqueville und die Gestaltwerdung der modernen Demokratie".

ISBN 978-3-658-08576-6   ISBN 978-3-658-08577-3 (eBook)
DOI 10.1007/978-3-658-08577-3

Die Deutsche Nationalbibliothek verzeichnet diese Publikation in der Deutschen Nationalbibliografie; detaillierte bibliografische Daten sind im Internet über http://dnb.d-nb.de abrufbar.

Springer VS

Gedruckt auf säurefreiem und chlorfrei gebleichtem Papier

Springer Fachmedien Wiesbaden ist Teil der Fachverlagsgruppe Springer Science+Business Media (www.springer.com)

Inhalt

Abkürzungen

AdT: Alexis de Tocqueville

DiA: Abkürzung des Originaltitels „De la démocratie en Amerique" von Alexis de Tocqueville in den Varianten „(Manesse)", „(Mayer)", „(Mansfield)" stehen jeweils für die a) Ausgabe in der Manesse Weltbibliothek: *Über die Demokratie in Amerika*, Bd. II, Neuedition der originalsprachlichen Ausgabe von J. P. Mayer, herausgegeben und neu übertragen von Theodor Eschenburg und Hans Zbinden, Deutsche Verlags Anstalt Stuttgart 1959, sowie b) *Über die Demokratie in Amerika*, herausgegeben von J. P. Mayer, Vorwort von Carl J. Burckhardt, Frankfurt/M.; Hamburg, Fischer 1956 und c) *Democracy in America*, hrsg. und übers. von Harvey Mansfield und Delba Winthrop, The University of Chicago Press 2002.

GDP: „Gross Domestic Product", ehemals (bis 1999) Bruttosozialprodukt, heute: Bruttonationaleinkommen, akkumulierte Messung der wirtschaftlichen Leistung an den Erwerbs- und Vermögenseinkommen der Teilhaber einer innerhalb nationaler Grenzen definierten Volkswirtschaft.

GHP: „Gross Happiness Product", zu Deutsch: Bruttosozialglück, vgl. http://bit.ly/e1Ia6r.

IF: Impact Factor, Vergleich von Suchvolumenmustern über bestimmte Regionen, Kategorien, Zeiträume, in vorliegender Arbeit anhand des Referenzaufkommens zu Zitationen bei Tocqueville verwendet, vgl. http://bit.ly/dUIai0 sowie http://bit.ly/gFGJLQ. Zusätzlich fand für die (im Anhang nachfolgenden) Analysen zu Referenzaufkommen Tocqueville die proprietäre Software Insight Bench (Semantic Casket/ Sentiment Analysis) Anwendung, vgl. http://bit.ly/f7OmBL.

OC: Alexis de Tocqueville, Œuvres complètes, édition définitive, Paris, Gallimard, 1951.

„Was ich sagen werde, wird weniger im einzelnen beschrieben, aber sicherer sein. Ich werde weniger deutlich jedes einzelne Ding erkennen; um so gewisser werde ich das Allgemeine erfassen. Ich werde dem Reisenden gleichen, der aus den Mauern einer großen Stadt heraustretend den nächsten Hügel besteigt (...); sein Auge folgt den Umrissen der Stadt leichter, und zum ersten Male gewahrt er ihre Gestalt."[1]

Alexis de Tocqueville

„Disorderliness was a means of registering the multivalency natural to a society freer than any existing hitherto. New World disorder was not the product of uncontrolled anarchy, but (...) within the normal range of the theoretical order designating democracy."[2]

Steven Wolin

Oh, America
Oh, England
How is our glorious country sown?
Not with wheat and corn.
How is our glorious land bestowed?[3]

P. J. Harvey

---

1 de Tocqueville, Charles Alexis Henri Maurice Clérel: Über die Demokratie in Amerika, Bd. II, Neuedition der originalsprachlichen Ausgabe von J. P. Mayer, hrsg. und neu übertragen von Theodor Eschenburg und Hans Zbinden, Deutsche Verlags Anstalt, Stuttgart 1959, S. 473.
2 Steven Wolin: Tocqueville between two worlds: The making of a political and theoretical life, Princeton University Press, 2006, S. 96, vgl. auch http://bit.ly/h0x4Hy.
3 Harvey, Polly Jean: The Glorious Land, in: Let England Shake, Polydor London 2011.

Einführung

Jede Reise trägt in sich die Möglichkeit, die eigenen Prinzipien auf dem Prüfstand der Erkenntnis gesammelter Erfahrungen und Bilder einmal gründlich neu zu denken. Ein offenes Herz und ein wacher Verstand führen den Reisenden selbst zu Eindrücken, die als Reflexion über ihr Zustandekommen zu Erkenntnissen reifen können. Dabei muss der Protagonist dieser Erfahrungen nicht auf der Ebene dinglicher Eindrücke verharren; der Raum seiner Beobachtungen, ihre Weite und Tiefe ist lediglich der Grenze des schweifenden Interesses unterworfen. Bedeutung gewinnen seine Betrachtungen allerdings erst mit der individuellen Befähigung, sie als Interpret ihres Zustandekommens in ihrer Wertigkeit für das beobachtete Gesamtbild hervorzuheben oder abzuschwächen. Erst über die Komposition tritt der eigentliche Bedeutungszusammenhang hervor.

Tocqueville, genauer: Charles Alexis Henri Maurice Clérel de Tocqueville, ist mit seinen Beobachtungen *Über die Demokratie in Amerika* (im Folgenden DiA) als grundlegender Interpret einer Verbindung von Erfahrung, Reflexion und Ideengeschichte für die politische Wissenschaft hervorgetreten. Bevor er die noch jungen amerikanischen Staaten bereist, schreibt er im November 1830 an seinen Freund Charles Stöffels:

> „Ce voyage, à lui seul, vous a tiré de la classe la plus vulgaire. Les connaissances que vous avez acquises chez un peuple si célèbre achèvent de vous sortir de la foule. Vous savez ce que c'est au juste qu'une vaste République, pourquoi elle est praticable ici, impraticable là."[4]

---

4 „Si le moment est favorable, une publication quelconque peut avertir le public de votre existence et fixer sur vous l'attention des partis. Si cela n'arrive pas, eh bien votre voyage au moins ne vous a pas nui, car vous avez été obscur en Amérique comme vous l'eussiez été en France et au retour dans votre pays vous êtes tout aussi apte à avancer que si vous étiez resté.", Brief an Charles Stöffels, 4. November 1830, vgl. http://bit.ly/inBlXu. Ein Schreiben an seine Mutter, verfasst unter dem prägenden Eindruck der Atlantiküberquerung, führt die Elemente seiner Betrachtung, wie sie ihm in Folge auch in der Bereisung des Landozeans Amerika entgegentreten, zusammen: „Il y a huit jours, la mer était presque immobile; nous marchions cependant, mais sans qu'il semblât faire un souffle de vent: c'était une délicieuse soirée de printemps. On proposa de danser; Beaumont alla chercher sa flûte et nous sautâmes le plus gaiement du monde. C'était un bal en règle. Si vous voulez savoir où était en ce moment la salle de danse, il faut

Die Reiseerfahrung, wie sie Tocqueville hier in Vorgreifen auf die tatsächlichen Ereignisse skizziert, ist für ihn auch ein bewusstes Übertreten persönlicher Grenzen. Diese bleiben nicht auf die physischen Begleitumstände einer transkontinentalen Unternehmung beschränkt: Die Exploration der amerikanischen Situation entspringt bei Tocqueville einem ganzheitlichen Denkansatz, der sich zu einem späteren Zeitpunkt über den Versuch zur Bewältigung einer als überkomplex empfundenen Lebenswirklichkeit in der modernen Entsprechungsform der Demokratie zur Methode weiterentwickelt.[5]

Es lohnt sich, den Etappen dieser ersten Amerikareise den jeweiligen Erkenntnisfortschritt gegenüberzustellen und nicht umstandslos dem Bild zu folgen, wie es bekannte Interpreten von Tocqueville entwerfen. Tätigsein, Sprache und Bilder, schließlich die verstandesgemäße, scharfsinnige Durchdringung des Erlebten bilden bei ihm einen Gesamtzusammenhang:

> „Denen, die sich ein Idealbild der Demokratie gemacht haben, einen glänzenden Traum, den sie leicht zu verwirklichen glaubten, habe ich gezeigt, daß sie das Bild mit falschen Farben ausgestattet haben (…); daß die demokratische Regierung sich nur vermittels gewisser vernünftiger Bedingungen behaupten kann, wie die einer Privatmoral und von Glaubenshaltungen, die wir keineswegs haben und die man erst erarbeiten muß, ehe man daraus politische Konsequenzen ziehen kann."[6]

---

chercher sur la carte le point de section que forme le quarante-deuxième degré de latitude avec le trente-quatrième degré de longitude ! C'est là, ou aux environs, que se trouve la place. Il faut que l'homme soit un animal bien insouciant du lendemain pour pouvoir cabrioler ainsi, avec un abîme sans fond sous les pieds, la mort à droite, à gauche, en arrière et en avant, et rien que la calotte du ciel sur la tête. Après tout, n'en est-il pas de même à peu près dans le salon le mieux bâti du faubourg Saint-Germain? Et puis on s'accoutume à tout." Quelle: Alexandra Hoffer, Ministère de la Culture et de la Communication, célébrations nationales/ Collaboration avec le conseil général de la Manche, http://bit.ly/gDRHWk.

5   Bernard-Henri Lévy hat in „American Vertigo: Traveling America in the Footsteps of Tocqueville", Random House, New York im Jahr 2006 die Einstiegsszene Tocquevilles für „The Atlantic" nachgestellt: „It was HERE, not too far south of Boston, on the East Coast, which still bears the mark of Europe so clearly, that Alexis de Tocqueville came ashore: Newport, Rhode Island. This well-kept Easton's Beach. These yachts. These Palladian mansions and painted wooden houses the remind me of the beach towns of Normandy. A naval museum. An athenaeum library. Bed-and-breakfasts with a picture of the owner displayed instead of a sign. Gorgeous trees. Tennis courts. A Georgian-style synagogue, exhibited as the oldest in the United States, with its well-polished pale wood, its fluted columns, its large candelabra, its American flag standing next to the Torah scroll under glass; it seems to me, on the contrary, strangely modern.", S. 3.

6   Vgl. Tocqueville, OC: „Denen, die sich ein Idealbild der Demokratie gemacht haben, einen glänzenden Traum, den sie leicht zu verwirklichen glaubten, habe ich gezeigt, daß sie das Bild mit falschen Farben ausgestattet haben; daß die demokratische Regierung (…) sich nur vermittels gewisser vernünftiger Bedingungen behaupten kann, wie die einer Privatmoral und von Glaubenshaltungen, die wir keineswegs haben und die man erst erarbeiten muß, ehe man daraus

Eines der großen Rätsel menschlicher Existenz ist für Tocqueville die Frage, wie sich ein vernünftiges Zusammenleben freier Bürger allgemein und förderlich gestaltet. Unablässig fragt er nach Zusammenhängen und Ursprungsgründen, über die uns die polyzentrische Vielfalt der Erscheinungsformen gesellschaftlicher Selbstorganisation in einem Bild gleichzeitig verständlich und vergleichbar werden kann. Die hier präsentierten Figuren, ihre Formsprache und das schöpferische Zusammenkommen der ursprünglichen Komposition sollen uns fortlaufend zu den Ursprungsgründen einer besonderen Wesenheit führen. Es soll uns die stete Flüchtigkeit der individuellen Erscheinungsformen greifbar machen und zu einem allgemeinen Verständnis der zugrundeliegenden Konstituenten beitragen. Als Interpret des gesellschaftlich-politischen Gesamtkomplexes gilt es für Tocqueville, höchst unterschiedliche und beständig auseinanderlaufende Faktoren zu bestimmen. In der Abstrahierung von ihren vielfältigen Ausprägungen in der Wirklichkeit sind sie als konditionale Elemente Ausdruck von Kausalbeziehungen, aus denen sich wiederum der Objektivierungsgehalt der Beobachtungen Tocquevilles bestimmen lässt: Ihre Interpretation etabliert eine dialektische Grundspannung, welche den Leser über die Exploration der zur Sprache kommenden Gegenstände in einen schöpferischen Diskurs mit den Grundkonstituentien einer politischen Ordnung stellt.

Ein erster Fragepunkt hinsichtlich der Interpretationsleistung ist dabei, inwieweit Tocqueville als Interpret und Autor persönliches Urteil, Vergleichbarkeit und paradigmatische Orientierung seiner Untersuchung organisiert. Leistungsattribute einer politischen Wirklichkeit sind nicht in eins zu setzen mit der erfahrenen Lebenswirklichkeit hieran teilhabender Bürger. Ihrem Gestaltungswillen und Teilhabeinteresse muss hinter der äußeren Form der öffentlichen Ordnung ein Ursprungsattribut entsprechen, zu dem sich die intrinsische Motivation der Akteure im öffentlichen Raum in Beziehung stellen lässt.[7]

---

politische Konsequenzen ziehen kann. (...) die Gesellschaft hat sich in Marsch gesetzt und führt die Menschen jeden Tag mehr der Gleichheit der Bedingungen entgegen; daß man also nunmehr zwischen den hinfort unvermeidlichen Übeln wählen müsse; (...) [zwischen einer] demokratischen Gesellschaft ohne Poesie und ohne Größe, aber voller Ordnung und Moralität (...) oder einer demokratischen Gesellschaft voller Unordnung und Verderbtheit (...). Ich wollte die Begeisterung der ersteren kühlen und ihnen, ohne sie zu entmutigen, den einzig möglichen Weg zeigen, der einzuschlagen ist." Œuvres, S. 438.

7   Vgl. Tocqueville: „Ich wollte zeigen, was in unseren Tagen ein demokratisches Volk ist, und durch dieses überaus exakte Gemälde wollte ich auf den Geist der Menschen meiner Zeit eine doppelte Wirkung ausüben", aus einem Schreiben an Eugène Stoffels, 21. Februar 1835, nachgewiesen in: James T. Schleifer, The Making of Tocqueville's Democracy in America, Foreword by George W. Pierson, Indianapolis: Liberty Fund, 2000, Kap. 1: „The Writing of the First Part of the Democracy".

In der demokratischen Moderne tritt zu den Fragen von Organisation und Teilhabe zusätzlich der ökonomische Komplex hinzu: Setzt sich der Bürger zuvor in Beziehung zu Repräsentanten gesellschaftlicher und politischer Formierungen, hat er sich nun zunehmend selbst in Beziehung zu seiner individuellen Leistungsfähigkeit, konkurrierenden Individuen und den hieraus hervorgehenden sozialen und politischen Gruppierungen und dem Staat in seinen vielfältigen Ausprägungen zu stellen.

Er ist Teilhaber, er ist Akteur, und er ist in einem bislang unbekannten Ausmaß bis in das Privatleben seiner Familie hinein gleichzeitig dem Gestaltungswillen und der politischen Zielgebung anderer unterworfen. Wie kann ein auf die Schriftform angewiesener Interpret einem derartigen Wirkungskomplex gerecht werden? Wie lässt sich die alltägliche Kontingenz der Prozessabläufe in eine schlüssige Gesamtbetrachtung fügen?[8]

Tocqueville hat, als er dieses Unterfangen unter den äußeren Zeichen seiner Untersuchung *Du système pénitentiaire aux États-Unis*[9] aufnahm, zunächst keine direkte Antwort gefunden. Jahre später, als er seine Reise- und Gesprächsnotizen in Buchform als *Über die Demokratie in Amerika* zusammenführt, plagen ihn fortwährend Zweifel, inwieweit er dem flüchtigen Gegenstand seiner Betrachtungen angemessen interpretatorisch begegnen kann.[10]

Schlussendlich schreibt er die erste grundlegende Analyse der Demokratie in ihrer modernen Erscheinungsform. Die über seine Beobachtungen erkennbaren Entwicklungslinien zielen erstmals auf das Bild einer Gemeinschaftsordnung, deren Kernfrage nach der Vereinbarkeit von Freiheit und Gleichheit zeitlos ist, da sie der jeweiligen Erscheinungsform demokratischer Staatlichkeit entspringt.[11] Es ist ihm augenscheinlich gelungen, die übergroße Komplexität eines divergierenden Phänomens über verschiedene Entwicklungsstränge wahrzunehmen, ohne sich von der Prädominanz einer der Empire vorgreifenden Gewichtung lenken zu lassen. Er hat die außergewöhnlichen Qualitäten eines an Freiheit und Gleichheit orientierten Gemeinwesens ebenso wie die inhärenten Tendenzen

---

8   Eingedenk ihrer Qualitäten; der Lebenswirklichkeit ihrer Protagonisten, angemessen reflektiert?

9   Du système pénitentiaire aux États-Unis, et de son application en France; suivi d'un appendice sur les colonies pénales et de notes statistiques – Gustave de Beaumont, Alexis de Tocqueville Direktlink: http://goo.gl/Gpm80 Interessanterweise ist in der gleichen Publikationsreihe *Les hommes et les mœurs aux États-Unis D'Amérique* von Thomas Hamilton (1835) erschienen, Direktlink: http://goo.gl/Zf82O sowie (für die englischsprachige Version): http://bit.ly/ecwlKc.

10 Wie in vorliegender Arbeit unter Kap. 2.IV. ausführlich erläutert.

11 Der Begriff der Kernfrage (auch: Grundfrage) soll hier als Element der Systematisierung, von dessen Positionierung ausgehend Vorentscheidungen über den weiteren Analyseverlauf getroffen werden, Verwendung finden. Gleichheit und Freiheit sind ihrer ambivalenten Wechselwirkung ein ungleich tief verbundenes, dynamischer Perspektivenverschiebung und Wechselwirkung unterzogenes Begriffspaar bei Tocqueville, siehe hierzu insbes. Kap. 1.II.vii. ff.

zu Vereinzelung und zu neuen Despotieformen als dialektische Grundspannung einer neuen Gesellschaftsordnung empfunden und in seine Exploration einfließen lassen.

Gleichzeitig genießt er den unbestreitbaren Vorteil, seine Beobachtungen in einer liberal geprägten Hochphase der jungen amerikanischen, föderal organisierten Republik zu notieren, im Jahr der Mondfinsternis, noch eine Generation weit entfernt von den Kataklysmen ihrer Einigungs- und Bürgerkriege.[12] Er schreibt vor den großen Ideologien, auch vor der akademischen Grundlegung einer Gesellschaftswissenschaft als Einzelfach; unter sehr verhaltenem religiösem oder moralischem Eifer, allerdings mit der Berufserfahrung eines jungen Amtsrichters zwischen Ancien Régime, neuer Bürgerlichkeit und einer zunehmend industriell geprägten demokratischen Moderne versehen. In seiner Methodik ist er wiederum teilhabender Beobachter eines Wandels entlang der Schnittstellen zur Praxis und Wegbereiter der aufkommenden Implementierung von erfahrungswissenschaftlichen Elementen in der Aufarbeitung gesellschaftlicher Phänomene. Seine Vorgehensweise orientiert sich an der Möglichkeit zum Vergleich und an der Auffindbarkeit konditionaler Gesetze als Resultate individueller Verhaltensweisen der beobachteten Subjekte, denen die moderne Demokratie, ganz im Sinne Descartes, neue Subjektivierungsformen verliehen hat.[13]

Sie sollen merkmalsstarke gesellschaftliche Prozesse offenlegen und vergleichbar machen, indem sie mit spezifischen Begrifflichkeiten belegt werden. Seine Reflexionen über die Grundtatsachen der beobachteten Phänomene erlauben ihm, beständig wirkende und konstituierend wirksame Tendenzen der modernen Gesellschaft zu identifizieren. Ein immer wiederkehrendes Arbeitsmotiv ist bei Tocqueville die Selbstkonditionierung des Autors: Nicht die Konzeption soll über den Sinngehalt des Erkenntnisinteresses, nicht ein Konstrukt idealer Staatlichkeit oder das monokausale Wirken eines Elements, sei es nun die Verfassung, das Wirken der Industrie oder die Rolle der Religion, soll über die ‚gute Theorie' das Feld behaupten dürfen.[14] Die Herausbildung der *guten Theorie* ist bei Tocqueville ein Arbeitskomplex in sich, ein fortlaufendes Abschleifen äußerer Entsprechungsformen auf ihre wesensgemäßen Grundsätze und interdependenten Verbindungen. Stil ist denn auch nicht im Sinne des Salongesprächs als

---

12 Vgl. Masur, Louis P.: 1831 – Year of Eclipse, Hill and Wang, New York 2001: „Unlike other travellers who came simply to praise or damn, Tocqueville and Beaumont came to understand. They wrote letters, kept diaries and journals, conducted interviews, and, in an attempt to explain America, published works that combined philosophy, history, sociology, and fiction.", S. 40. Vgl. weiterhin Pierson, G. W.: Tocqueville and Beaumont in America (Reprint Baltimore 1996), S. 43 f.

13 Vgl. hierzu Kap. 2.V. in vorliegender Arbeit.

14 Vgl. Bluhm 2005, S. 15 f. sowie Lawler 2004, S. 49 ff.

Selbstzweck, sondern als ein Mittel für die Ausbreitung im Rahmen der antizipierten Zielgruppe zu verstehen.[15]

Der Ursprungsgrund der Gedanken Tocquevilles zur Demokratie liegt dabei in der Herausbildung einander zuwiderlaufender Begrifflichkeiten: Über einen Versuch zur Erschließung des antagonistisch gesetzten Begriffspaares Gleichheit und Freiheit und seiner systematischen Entwicklungsfähigkeit gelangt man bereits bis zu den Präliminarien seiner Systematik. Grundlage hierfür ist im Wesentlichen die Demokratieanalyse des zweiten Bandes von *Über die Demokratie in Amerika*[16], in der die Schilderung der besonderen amerikanischen Umstände nahezu ausschließlich zur Illustration allgemeiner Aussagen über den Innenzustand demokratischer Gesellschaften dient.[17]

In der Rezeptionsgeschichte des Tocqueville'schen Œuvres gibt es bislang nur vereinzelt Arbeiten, welche die grundlegende soziophilosophische Motivation seiner Gesellschaftsanalyse in Erwägung ziehen und in systematisierender Absicht auseinanderzusetzen versuchen. Weitaus seltener noch sind Beiträge, welche das Modell der von Tocqueville identifizierten Kausalbeziehungen mit Stellungnahmen aus der deliberativen Demokratietheorie verbinden. Gleiches scheint für einen Werkdiskurs jenseits einer historisch, staatstheoretisch oder stark personenbezogen orientierten Fragestellung zu gelten. Es gibt kein welthistorisch begründbares Eintrittsrecht für die moderne Demokratie, und doch scheinen viele ihrer Interpreten dies vorauszusetzen und arbeiten sich an ihren äußeren Erscheinungsformen ab. Ähnliches widerfährt den Thesen Tocquevilles immer dann, wenn eine Annäherung an sein Werk über die Perspektive einer vorgefassten Weltsicht oder als Vereinnahmungsversuch für eine Einzeldisziplin geschieht.

Nimmt man jedoch den Gedanken eines von konditionalen Gesetzen in Grundspannung gehaltenen Modells zum Anlass, Tocqueville über einen Rekurs der Verbindungslinien in die Gegenwart neu zu lesen, kann man unter Umständen gleichzeitig zu den Ursprungsgründen seiner Theoriebildung und zu ihrer systematischen Entsprechung[18] in der Gegenwart gelangen. Die Idee einer sozio-

---

15 Dem gleichzeitig ein durchaus edukativ-kollektivistisch orientierter Impetus zu eigen ist.

16 Im Folgenden „DiA". Neben den von Mayer editierten Originaltexten liegen der vorliegenden Arbeit im Wesentlichen folgende Übersetzungen der zwei Bände der DiA zugrunde: Die Übersetzung von Harvey C. Mansfield und Delba Winthrop aus dem Jahr 2000, University of Chicago Press, sowie die Übersetzung auf Grundlage der Neuedition der originalsprachlichen Ausgabe von Mayer, neu übertragen von Theodor Eschenburg und Hans Zbinden aus dem Jahr 1959, Deutsche Verlags Anstalt Stuttgart. Die Kennzeichnung lautet: DiA (hrsg. v. Mayer), DiA (hrsg. v. Mansfield / Winthrop), DiA (hrsg. v. Eschenburg / Zbinden).

17 Zusätzlich soll (auszugsweise und soweit zugänglich) die über die *Œuvre complète* (im Folgenden OC) vorliegende Korrespondenz zur systematischen Erschließung herangezogen werden.

18 Auch: zu ihrer legitimatorischen.

philosophischen Grundmotivation eröffnet hierbei einen Zugang zu den eigentlichen Seinsgründen seiner Theoriebildung.

Die schwer zu entschlüsselnde Botschaft Tocquevilles soll an dieser Stelle als Herausforderung zu einer Neuinterpretation dienen: die Attraktivität des Geschichtsdeterminismus und die Notwendigkeit politischen Bürgerhandelns; der neuzeitliche Ansatz, eine Rückkehr zu den Ursprüngen der griechischen Polis zu versuchen, wie etwa bei Hannah Arendt[19] und ihrem Projekt einer Wiederbelebung des Politischen im Zeitalter des Konformismus; die Konformität der Masse mit ihren Bürgertypen bei Riesmann[20] und das Erklärungsmodell einer deliberativen Demokratietheorie bei Habermas[21]: Die von Tocqueville erstmals erschlossenen primären Grundkonstanten des modernen Demokratiephänomens finden bis in die Theoriebildung der Gegenwart hinein ihre Fortsetzung.[22] Er gilt heute als einer der zentralen Interpreten der modernen Demokratie.

Über die Diskussion des Einflusses seiner Analysen in die Gegenwartsdiskussion hinaus, die sich auch in den geschichtlichen Abläufen immer wieder Fragen der Gesellschafts- und Staatsorganisation, den Ambivalenzen einer selbstgestalteten Ordnung stellen muss, bleibt eine Frage, die auf den Nukleus des Tocqueville'schen Œuvre zielt, stets bestehen: Woraus bedingt sich über die geschilderten, oftmals sehr persönlich beschriebenen Eindrücke seiner Demokratieerfahrung hinaus jener diachron herausgebildete Raum oder theoretische Überbau, in dem seine Reflexionen über die Wirkungs- und Entfaltungswelten einer modernen Demokratie ihre systematische Entsprechung finden? Kann es überhaupt einen Überbau geben, wenn der Autor in erster Linie ein Bild der Demokratie entwerfen, gleichzeitig ihren despotischen Tendenzen entgegenwirken, mit pädagogischem Anspruch ihre Ambivalenzen einem weitgefassten Publikum näherbringen und schließlich den Menschen in den Mittelpunkt seiner Betrachtungen stellen möchte?

---

19   Arendt, Hannah: The human condition, University of Chicago Press, Chicago 1998.
20   Riesman, David: Die einsame Masse: Eine Untersuchung der Wandlungen des amerikanischen Charakters, Rowohlt 1960.
21   Habermas, Jürgen: Strukturwandel der Öffentlichkeit, Suhrkamp 1990. Dieser erste Hinweis wird zu einem späteren Punkt in vorliegender Arbeit systematisch ausgewertet (Kap. V. folgend).
22   Vgl. Bluhm/Krause: Viele Tocquevilles? – Neuere Interpretationen eines Klassikers, in: Berliner Journal für Soziologie 2005/4, S. 551 ff. Bluhm und Hans-Peter Müller zeigen sich in ihrer Einführung zu dem vorgelegten Sammelband überzeugt, Tocqueville als einen zentralen Interpreten des Demokratiekomplexes vorstellen zu können: „Es ist deshalb an der Zeit, daß Tocqueville aus dem Schatten von Marx und Weber tritt und auch in Deutschland als Gesprächspartner für alle zeitgenössischen Probleme der Demokratie als moderner Regierungs- und Lebensform Anerkennung erfährt." Ebd., S. 445 ff.

Heute glauben wir als demokratische Weltbürger alle Worte dieser Sprache zu kennen und verstehen doch nichts, wenn wir nicht zu den ersten Gründen und Tatsachen einer lebendigen Ordnung vordringen; wenn wir nicht über ihre Interdependenzen und Ambivalenzen in Form einer aufgeklärten Reflexion sprechen können, deren Erkenntnisgehalt sich aus einem steten Pendeln bedingt: einer wechselseitigen Beschau von aus der vergleichenden Beobachtung gewonnenen Eindrücken, mithin der Empirie, und deren Analyse, zusammengesetzt unter dem Eindruck vergleichbarer Ansätze konkurrierender Theoriebilder.[23] Und schließlich missachten wir selbst an diesem Punkt, wenn wir in unserem Selbstverständnis durch alle Theoriebilder und Sozialisationsmuster hindurchgegangen sind, einen zentralen Punkt: Demokratische Gesellschaften stellen auf lange Sicht auch in der Gegenwart eine deutliche Minderheit im Kreis der Weltstaaten dar.[24] Sie bilden für viele den wertvollen Gegenentwurf zu einer Gegenwart, die keine politische Teilhabe kennt.

---

23 Steven Wolin führt dies in Tocqueville between two worlds: The making of a political and theoretical life, Princeton University Press 2001, konzise zusammen, wenn er schreibt: „Perhaps, too, disorderliness was a means of registering the multivalency natural to a society freer than any existing hitherto. New World disorder was not the product of uncontrolled anarchy, but, like the surprisingly conservative politics of Americans, within the normal range of the theoretical order designating democracy." Ders., S. 96 f.

24 Vgl. hierzu als ein Näherungsmodell die Gewichtung des Democracy Index: „(…) the results of the Economist Intelligence Unit's Democracy Index 2008 confirm that, following a decades-long global trend in democratization, *the spread of democracy has come to a halt.* Comparing the results for 2008 with those from the first edition of the index, which covered 2006, shows that the dominant pattern in the past two years has been stagnation. Although there is no recent trend of outright regression, there are few instances of significant improvement. (…) Although almost half of the world's countries can be considered to be democracies, *the number of 'full democracies' is relatively low (only 30);* 50 are rated as ‚flawed democracies‘. Of the remaining 87 states, 51 are authoritarian and 36 are considered to be ‚hybrid regimes‘. As could be expected, the developed OECD countries dominate among full democracies, although there are two Latin American, two central European and one African country, which suggest that the level of development is not a binding constraint. Only two Asian countries are represented: Japan and South Korea." (S. 2, insbesondere S. 18 f. zur Methodik). Hyperlink: http:// goo.gl/iwzgD, Rohdaten siehe Anhang in vorliegender Arbeit.

HINTERGRUND

„Mein Ziel war, ein Gemälde zu liefern, das streng
richtig wäre und zugleich lehrreich sein könnte."[25]

Wir erleben Tocqueville in seinen Schriften wechselseitig in der Rolle eines
Prognosegebers des Massenzeitalters und seiner Begleitphänomene, als interessierten Beobachter einer neuartigen politischen Wirklichkeit und eines innovativen Bürgertypus, dessen Selbstverständnis und Entfaltungsformen er in der gesellschaftlichen Wirklichkeit Amerikas verwirklicht sieht; als Interpret der europäischen Geistesgeschichte, schließlich als Historiker mit ausgeprägtem Methodenverständnis. Bis zu unserer Zeit hat Alexis de Tocquevilles Suche nach den
Ausgangspunkten einer sinnvollen Ordnung in einer Gesellschaft von Gleichen
nichts von ihrer Relevanz verloren; eine Suche, die er zeitlebens aus der Perspektive eines Analytikers der politischen Welt unternommen hat.[26] Die Idee einer
permanenten Revolution, die zur Heimsuchung der Moderne geworden ist, das
Bild einer auf egalitären Grundsätzen beruhenden Massengesellschaft, die Anta-
gonistenrolle von Großmächten wie Russland und Amerika, schließlich die Suche nach Orientierung in einer Welt, deren Verhältnisse sich den Bewertungs-
maßstäben etablierter Ordnungsmuster beständig entziehen, sind hierbei die
prägnantesten Prognosebilder seiner Reflexionen. In wechselnder Konstellation
begegnen uns im Rahmen dieser neuen Grundkonstitution gesellschaftlicher und
politischer Ordnung bis in die Gegenwart immer erneut vergleichbare Fragen,
wie derzeit in der Abwägung zwischen größtmöglicher Sicherheit unter Wahrung
der persönlichen Freiheitsrechte oder in der Frage, inwiefern die Identität des
Einzelnen in einer egalitären Gesellschaft ausgestaltet und erhalten werden kann.
   Diese Fragen entstammen dabei den Ordnungsprinzipien moderner demokratischer Gesellschaften, sie erscheinen dem Phänomen einer modernen Demo-

---

25 Alexis de Tocqueville, in: Habermann, Gerd: Freiheit oder Gleichheit: Ein Alexis de Tocquevil-
    le-Brevier, Ott Verlag 2005, S. 36 ff.
26 Interessant ist hierzu insbesondere die sozialwissenschaftlich orientierte Aktualisierung grund-
    legender, für die Theoriebildung bei Tocqueville konstitutiver Elemente bei Robert Putnam, hi-
    er bspw. in: Robert Putnam: Bowling Alone: The collapse and revival of the American commu-
    nity, Simon & Schuster, New York, 2004; ders.: Making Democracy work: Civic Traditions in
    modern Italy, Princeton University Press, 1994; ders.: Democracies in Flux: The Evolution of
    Social Capital in Contemporary Society, Oxford University Press, 2004.

kratie eingeschrieben. Daher erlaubt eine Rückorientierung zu der ursprünglichen Frage nach dem Wirkungsmoment und der Vereinbarkeit der Ziele von Freiheit und Gleichheit in einer demokratisch verfassten Gesellschaft das Aufzeigen wesentlicher Verbindungslinien. Erstmals kann daher Tocqueville die Exploration eines Schemas politisch-gesellschaftlicher Konstitution vornehmen, das ein zeitloses Bild einer modernen Demokratie erlauben soll. Die Leser seiner Analysen verfolgen hierbei ein Bild der jeweils präsenten Form, indem sie von Tocqueville gedanklich entlang der Herausbildung von demokratischer Wirklichkeit, ihren phänomenalen Bewegungspunkten und schließlich zu den Akteuren geführt werden.

So fragen wir auch heute nach den Kriterien, die uns ein vernünftiges Zusammenleben freier Bürger in seiner Erscheinungsform greifbar machen und die in einem zweiten Schritt zu einem allgemeinen Verständnis beitragen können. Dabei zielen die in den Beobachtungen Tocquevilles erkennbaren Entwicklungslinien auf das Bild einer Demokratie in der Moderne, deren Kernfrage nach der Vereinbarkeit von Freiheit und Gleichheit zeitlos ist, da sie der jeweiligen Erscheinungsform demokratischer Staatlichkeit unabdingbar eingeschrieben ist. Persönliche und gesellschaftliche Existenz erscheint in diesem modernen Paradigma untrennbar, der Komplex menschlichen Lebens als vielfältige Totalität. Handeln und die Tatsache, dem Handeln anderer unterworfen zu sein, stellen hierbei nur zwei Aspekte des gleichen, konkreten Lebens dar. Diesem Paradigma entspricht das Menschenbild Tocquevilles, der mit diesem Bekenntnis zugleich einen Hinweis auf sein Selbstbild liefert:

> „Was die Menschen anlangt, obwohl sie in unserer Zeit gelebt haben, so bin ich sicher, im Hinblick auf sie weder Liebe noch Haß zu empfinden; und was die Gestalt der Dinge betrifft, die man Verfassungen, Gesetze, Dynastien, Klassen nennt, so haben sie sozusagen, ich sage nicht keinen Wert, sondern nur ihr Dasein, unabhängig von den Wirkungen, die sie hervorbringen."[27]

---

27 Alexis de Tocqueville, in: Œuvres VII, hrsg. v. G. Beaumont, S. 257 ff. (zit. n. Mayer. J. P., 1978, S. 305 f.). Was hier sichtbar wird, ist eine besondere Vorgehensweise, welche in letzter Zeit insbesondere von Raymond Boudon untersucht wurde: „Seine ,neue politische Wissenschaft' ist durch fünf Charakteristika gekennzeichnet: Erstens beruht sie auf dem Prinzip der Wertfreiheit; zweitens ist ihr Ziel die Erklärung der sozio-politischen Phänomene mit Hilfe einer allgemein-wissenschaftlichen Vorgehensweise; drittens schreibt sie der vergleichenden Vorgehensweise eine strategische Rolle zu; viertens sieht sie ihre Aufgabe in der Suche nach konditionalen Gesetzen, wobei diese als Resultate individueller Verhaltensweisen im Sinne Webers interpretiert werden und charakteristische gesellschaftliche Prozesse aufzeigen sollen; fünftens schließlich definiert sie den Begriff der ,guten Theorie' ausgehend von Kriterien, die in der Erkenntnistheorie auch noch heute allgemein anerkannt sind. Die Modernität der Tocqueville'schen Methodologie erklärt die Stärke seiner Analysen im zweiten Band von *Über die De-*

Die Vielfalt dieser Beziehungen, ihre Interaktion und ihr Zusammenspiel können jedoch im Verständnis Tocquevilles nur dann interpretiert und verstanden werden, wenn man die verschiedenen Ebenen menschlichen Handelns in die Betrachtung mit einbezieht; wenn die Beschreibung der Verschiedenheit von Einstellung und Handlung des Einzelnen der Erkenntnis geschuldet ist, dass die jeweilige Lebensführung primär permanenten und sich wiederholenden Mustern folgt.[28]

Dieser Erkenntnisfortschritt ermöglicht erst die Darstellung der menschlichen Existenz als Folge eines Prozesses der Selbstrealisation; ihre Ausprägung in der Wirklichkeit scheint unbedingten Eigenschaften des Menschen zu entspringen.[29] Eine konkrete Interpretation menschlichen Verhaltens und sozialen Handelns, eine erhöhte Wahrnehmung der Reichweite menschlicher Möglichkeiten; ein auf das Zwischenspiel, auf Spannung und Konflikt zwischen menschlichen Beziehungen und sozialen Institutionen gerichtetes Interesse wirkt in die gleiche Richtung. Bei Alexis de Tocqueville bleiben diese Kernfragen, welche über eine neuartige Methodik fortentwickelt und systematisiert werden[30], stets einer neu zusammengesetzten Form der Erschließung verbunden, welchen sie ihre Entdeckung verdanken.[31] In den ersten Ansätzen zu einer neuen Sozialwissenschaft, einer „neuen politischen Wissenschaft"[32], wie Tocqueville sie bezeichnet wissen

---

mokratie in Amerika sowie in *Der alte Staat und die Revolution*, den beiden Werken, die hier vor allem Berücksichtigung finden werden. Seine Methodologie erlaubt es Tocqueville, kontinuierlich wirkende, grundlegende Tendenzen der modernen, insbesondere der französischen Gesellschaft zu identifizieren. Daher rührt der Eindruck zeitloser Jugend, den Tocquevilles Werk vermittelt". In: Boudon, Raymond: Tocquevilles Plädoyer für eine neue politische Wissenschaft, in: Berliner Journal für Soziologie, Dezember 2005, S. 459 f.

28 Ohne zugleich als kollektive Systeme ausgestaltet zu sein, es sind vielmehr konforme Strukturen, welche individuell besetzt werden (können) und zu einem wesentlichen Teil auf informellen Übereinkünften verschiedener Gruppierungen basieren können.

29 Dies ist natürlich bei einem aus der Aufklärung hervorgehenden Menschenbild eine der Hauptfragen jedweder Form von Gesellschaftsanalyse; dieser Punkt wird ausführlich unter Pkt. 9.6, S. 86 ff. behandelt.

30 Dieses Wechselspiel zwischen den durch Empire gewonnenen Einblicken und deren Analyse unter dem Eindruck vergleichbarer (konkurrierender) Ansätze wird in seiner Dynamik und Interdependenz im Verlaufe der Arbeit immer stärker hervortreten.

31 „Er ist der Analytiker unter den geschichtlichen Forschern der Zeit, und zwar unter allen Analytikern der politischen Welt der größte seit Aristoteles und Machiavelli. Wenn Ranke und seine Schule mit peinlicher Sauberkeit die Archive ausbeuten, um das ganz Europa umspannende Geflecht diplomatischer Aktionen in der modernen Zeit zu erfassen, so dienen Tocqueville die Archive für einen neuen Zweck. Er sucht in ihnen das Zuständliche, das für das Verständnis der inneren politischen Struktur (...) Bedeutsame: seine Zergliederung ist auf das Zusammenwirken der Funktionen in einem modernen politischen Körper gerichtet." Dilthey, Wilhelm: Der Aufbau der geschichtlichen Welt in den Geisteswissenschaften, Suhrkamp 1970, S. 122–123.

32 Über die Demokratie in Amerika, Einleitung: „Eine durchaus neue Welt bedarf einer neuen politischen Wissenschaft", Manesse-Ausgabe. Im Folgenden als DiA abgekürzt.

möchte, zeigen sich für ihn vor dem Hintergrund eines als epochemachend empfundenen Amerika in einmaliger Deutlichkeit die philosophischen Probleme,
welche den Aufbruch in eine gesellschaftliche Moderne begleiten.

Auch heute noch kann man nur einer absoluten Minderzahl existierender
Staaten ein demokratisches Gemeinwesen attestieren. Selbst innerhalb dieser
exklusiven Gruppe ist dann aber fortgesetzt eine noch feinere Unterscheidung
notwendig, um etwa Gemeinwesen und Flächenstaat in ein angemessenes
kategorisches Verhältnis setzen zu können und um die Prinzipien demokratischer
Willensbildung innerhalb einer Topographie öffentlicher Institutionen, etwa in
Form eines Kriterienkatalogs ihrer Faktorenmodelle, handhabbar zu machen.[33]

Damit ist noch nicht einmal den psychosozialen Grundkonstanten einer modernen Gesellschaft, welche sich anscheinend bis in ihr Gefühlsleben kollektiven
Partizipationsprozessen unterwirft, Genüge getan: Die lebendige Vielheit eines
modernen Gemeinwesens lässt sich im Sinne seines Interpreten Tocqueville
zunächst über die Idee ihr zugrundeliegender konditionaler Prinzipien einhegen.
Gleichzeitig darf man allerdings nicht der Versuchung erliegen, unter Zuhilfenahme moderner Begriffssprache vieles, was in Tocquevilles teils diachronen
Erörterungsmustern methodisch heute präsenten (modernen) Einzelfächern zugeschrieben werden kann, als Ausdruck der jeweiligen Fachrichtung zu lesen. Es
steht vieles nebeneinander, was in der Rezeptionsgeschichte als Impuls für Anleihen in der Methodik, Fortentwicklung einzelner Begriffsfassungen oder als
Namensgeber umfassender Konstrukte, wie etwa in *Die einsame Masse* von
Riesmann[34] dient.

Ein immer wiederkehrendes Motiv ist daher die Frage, wie Tocqueville im
jeweiligen topischen Kontext zu lesen ist und welche Aussagen zur Klärung
einzelner Fragen aus seinem Werkkomplex jeweils hinzuzuziehen sind. Es
erscheint empfehlenswert, möglichst ganzheitlich an diese Frage heranzutreten
und ihm einmal in Form einer individuellen Leseerfahrung zu begegnen und
einmal im Kontext seiner Methodik. Diese Art des Zugangs soll in vorliegender
Arbeit auf das Rahmenwerk seines Denkens erweitert werden, insoweit es sich
auf die Erschließung des modernen Demokratiekomplexes richtet.

---

33 Orientierung und Qualitätshierarchien sollen den jeweiligen Demokratisierungsgrad in zahllo-
    sen Indizes, in denen entlang von Nachkommastellen, über Faktorenmodelle und Leistungsattri-
    bute gearbeitet wird, abbilden und so einen Vergleichsgrundstandard etablieren helfen. Hier ste-
    hen sich Indikation und Lebenswirklichkeit permanent gegenüber, wie auch in der aktuellen
    Diskussion um die Definition von ‚Wachstum' deutlich wird. Aktuell diskutierte Alternativme-
    thoden sind u. a.: Nordhaus' and Tobin's Measure of Economic Welfare (MEW), Idee: einen
    Konsum- anstatt eines Produktionsindex erstellen; Economic Aspects of Welfare (EAW); Genu-
    ine Progress Indicator (GPI), vgl. http://bit.ly/gSUTcH.

34 Riesman, David: Die einsame Masse: Eine Untersuchung der Wandlungen des amerikanischen
    Charakters, Rowohlt 1960.

Vor der Erschließung der begrifflich-systematischen Grundkonstanten bietet ein Blick auf den Weg der Erörterung, den Tocqueville in seinen Bildern des demokratischen Gemeinwesens und seiner Ambivalenzen verfolgt, einen unverstellten Blick auf die ihm zugrunde gelegten Prinzipien. Eine Aufarbeitung seines Denkens bedeutet damit in der Gegenwart, seine grundlegenden Überlegungen in einen angemessenen kontextualen Rahmen zu stellen. Zusätzlich erfordert diese Form der Neuerschließung eine entsprechende Berücksichtigung jener Elemente, über deren Vorhandensein sich Tocqueville die Idee wirkmächtiger Prinzipien erschlossen hat. Schließlich darf nicht unberücksichtigt bleiben, in welcher Form von systematischem Rahmen sich Begriffssprache, methodische Einhegung und systematische Urbarmachung des Demokratiekomplexes bei Tocqueville bewegen und welche Impulse geistig-ideeller, methodisch-systematischer und gesellschaftlich-politischer Art den Weg seines Denkens jeweils mitbestimmt haben. Benoît Peeters etwa schreibt in einem Kommentar zu seiner Arbeit an der Biographie Derridas: „Was aß er? Wen liebte er? Welche waren seine Ängste, seine Sehnsüchte, seine Ticks und seine Verletzungen? Wer waren seine wirklichen Freunde? (...) All das fehlt mir."[35] Dem kontextualen Rahmen der Erörterung in vorliegender Arbeit mag verziehen werden, dass dieser besondere individuelle Bezugsraum, soweit möglich, ausgespart bleibt: zum einen, weil er den Blick auf die Untersuchung der methodischen Einzelbestandteile affektional trüben könnte, zum anderen aufgrund des glücklichen Umstands, in Tocqueville einen Autor zu finden, welcher in Bildern und Selbstzeugnissen über seinen wechselhaften Seelenzustand fortwährend Auskunft gibt.[36]

Wie sich noch herausstellen wird, wechselt in seiner Erörterung der Standpunkt und Blickwinkel des Autors mehrfach, zumeist einem gewandelten Erkenntnisinteresse folgend. Dieses Interesse soll in vorliegender Arbeit als Explorationsmuster der modernen Demokratie dienen und gleichzeitig helfen, über begriffliche Einhegungspunkte innerhalb der individuellen Vorgehensweise die Gesamtfrage nicht aus den Augen zu verlieren.

Die Erörterung dieser Fragen soll im Wesentlichen innerhalb dreier aufeinander bezogener Komplexe ihre Umsetzung finden. Jedem Abschnitt ist dabei eine Vorausschau der behandelten Einzelpunkte vorangestellt, jeweils abgeschlossen durch eine Herausarbeitung der verhandelten Thesen. Den Abschluss bildet die Zusammenführung der Leitthese in den methodisch-systematischen Leitlinien, insoweit sie bis in die Theoreme der Gegenwart reichen, sowie die Überführung in ein Analysemodell, um den qualitativen Elementen entsprechen

---

35 Vgl. http://bit.ly/gC5pEZ.
36 Eine Ausnahme gilt für die konzeptionell-interpretatorische Wechselwirkung seines Austauschs mit Louis de Kergolay und Gustave Beaumont, vgl. Kap. 2.V.xv.

zu können. Diesem Modell, das uns Schnittstellen zu den Diskursen der Gegenwart bieten wird, ist die Exploration jener zentralen Elemente innerhalb von Kontext und Deduktion vorangestellt, unter deren Zuhilfenahme Tocqueville vor dem Hintergrund seiner vermittels Erfahrung und Ideengeschichte aufgeladenen Reflexionen zu seinen Ansichten gelangte.[37] Der erste Fragekomplex widmet sich der Aufgabe, den für die weiterführende Exploration seines Denkens notwendigen Kontext zu etablieren, verbunden mit einer ideengeschichtlich-systematischen Verortung seines individuellen analytischen Ansatzes.

Horizont und Gegenstand der Untersuchung

1. Motivation und Zielsetzung – Modale Assoziationen – Die Eigentümlichkeiten der modernen Demokratie – Das freie Spiel der Möglichkeiten – Problemstellung **2.** Entwicklungsschritte – Reflexion und Systematisierung – Forschungsstand – Wiederbesuch einer Theoriebildung der Entdeckung – Diskursebenen

Im Sinne des leitenden Erkenntnisinteresses soll die Untersuchung der partizipativen und konsensualen Elemente als erster Einhegungspunkt dienen, gefolgt von der Darstellung der zu ihrer Auffindung und Einbettung in den Fragekomplex notwendigen, besonderen Methodik Tocquevilles, die in einer besonderen Form der ,Anti-Methode' über Anleihen und Antagonismen wirkt.[38] Den Basiskontext bietet dabei seine auf mehreren Ebenen stattfindende Auseinandersetzung mit dem modernen Demokratiekomplex, wie er ihm in seinen Reisetappen in Amerika entgegentritt.[39] Nach einem Ausblick auf zentrale Stellungnahmen in der Rezeptionsgeschichte bietet die Problemstellung einen stärker fokussierten Blick auf das eigentliche Erkenntnisziel der Arbeit, gefolgt von einer Darstellung der Entwicklungsschritte innerhalb der systematischen Verdichtung der Analyseschritte.

---

37 Eine Überführung in eine bestimmte Art Modell erscheint sinnnotwendig angesichts der Herausforderung, qualitative und quantitative Elemente seines Theorems entlang der über sie aufgeworfenen Verbindungen zu den Fragekomplexen der Gegenwart und den zu ihrer Lösung bereitstehenden, konkurrierenden Systematiken zunächst herauszuarbeiten, dann abzubilden und schließlich verhandelbar zu machen. Zur weiteren Ausführung siehe in vorliegender Arbeit Pkt. VIII.i. folgend sowie Pkt. X. folgend.

38 Vgl. hierzu auch Pkt. V. ff. in vorliegender Arbeit.

39 Diese Basis wird im Fortgang der Arbeit jeweils mit zusätzlichen Beispielen und Bildern immer dort angereichert, wo die reine Bezugnahme auf den amerikanischen Kontext das Rahmenwerk der methodisch-systematischen Erschließung künstlich einschränken oder den Blick des Lesers zu sehr über das Bild Amerikas in der Zeit Tocquevilles konditionieren würde.

Hierauf folgend erweitert eine Diskussion der zentralen Theorieelemente, wie sie Tocqueville vorwiegend in Band II der *Demokratie in Amerika* entwickelt, die Untersuchung um wesentliche Strukturelemente im Sinne einer durchgängigen Analyse. Den Etappen seiner Reise folgen die Etappen einer kontextual und phänomenal verorteten, systematischen Urbarmachung des modernen Demokratiekomplexes. Der Blick des Interpreten ist hierbei auf Paradigmen und die ihnen zugrundeliegenden kausalen Zusammenhänge gerichtet, mit denen gleichzeitig die Möglichkeit eines systematischen Vergleichs politscher Systeme einhergeht. Diesen Fragepunkten bleibt jedoch stets die Einbettung in den soziokulturellen Komplex vorbehalten.

Kontext und Methode

3. Erfahrungsräume einer demokratischen Gesellschaft – Der Blick des Reisenden. Die Weltsicht eines Theoros **4.** Paradigma und Theoriebildung bei Tocqueville – Die Institutionalisierung geistiger Gewohnheiten – Die Transformation der Öffentlichkeit – Das Beziehungsgeflecht des Sozialen – Motivationsgründe **5.** Objektivierung des Erfahrungswissens – Motivator Anti-Kartesianismus? – Zweifel und Progression – Der Weg der Methode – Die Entdeckung der kompositiven Wesenheit **6.** Sein und Selbst, Teilhabe und Progression – Die Muster der Entscheidungsfindung – Die Dominanz des Nutzenversprechens – Individualismus und Handelsmaximen **7.** Der innerste Punkt: Herz und Verstand – Die Logik der Partizipation – Weshalb Descartes und Montesquieu? – Repräsentation als durchleitendes Handlungsprinzip – Die Einhegung der menschlichen Angelegenheiten

Die Einbettung des Fragekomplexes in Kontext und Methode bildet gleichzeitig den Übergang zu einer Zusammenführung zentraler Elemente in der Gestaltwerdung eines eigenständigen Theorems der modernen Demokratie: In der hier neu eingeführten Figur des Theoros soll sichtbar werden, inwieweit Tocqueville als Interpret des Sozialen und Politischen in der Moderne über eine eigenständige Akkumulierung von Fragekomplexen aus der Ideengeschichte der politischen Philosophie imstande war, eine besondere Form von systematischem Rahmen zu etablieren.[40] Dieser Punkt dient als Leitmotiv in der Erörterung der Frage, in-

---

40 Zur Figur des Theoros (insbes. jenseits der religiösen Konnotation) vgl. Richard Lockwood: The Reader's Figure: Epideictic Rhetoric in Plato, Aristotle, Bossuet, Racine and Pascal, Librairie Droz Geneva 1996, S. 72. In der vorliegenden Arbeit soll die Figur des Theoros über die Idee eines teilhabenden Betrachters Verwendung finden. Bei Aristoteles findet sich in der

wieweit die beständige Herausarbeitung kausaler Mechanismen in der beobachteten Ordnung kollektiver Handlungsmuster in der modernen Demokratie uns Hinweise auf eine mögliche Verortung seiner Vorgehensweise in den Demokratiemodellen der Gegenwart geben kann: Die Herausforderung, Tocqueville in seiner Anti-Methode neu zu denken, soll grundlegend und durchgehend geleistet werden: Die zentrale Frage, die sich Tocqueville stellt und die durchgehend in seiner Methodik hindurchscheint, ist, woraus sich ureigentlich die Strukturen der modernen Demokratie bilden und welche Mechanismen und Modelle hierbei zu ihrer fortlaufenden Analyse vorausgesetzt oder entwickelt werden können.

Modellbildung und Schnittstellen in die Gegenwart

8. Das Außen: Indizien zu Montesquieu – Schritte zu einem Modellansatz – Der methodische Kunstgriff Tocquevilles **9.** Empirische und normative Merkmale – Beobachtungen, Vergleich und symptomatische Erläuterung – Hinleitende Bedingtheiten – **10.** Teilhabe als Modell – Der Weg des Theoros – Alternativen der Beweisführung – Schnittstellen in die Gegenwart – Die Epigonen des Theoros

Welche Mechanismen der Bevorzugung[41] lassen das eine Modell über das andere reüssieren, und welche Dynamiken können innerhalb ihres Bezugsrahmens identifiziert und in ihrer jeweiligen Bedingtheit lokalisiert werden? Welche Verbindungslinien zu den gängigen Begriffsschemata und Modellen in der Gegenwart lassen sich aus der zeitgenössischen Debatte herauslösen und erlauben uns, Empirie, Reflexionen und Antagonismen in ein systematisches Verhältnis zu stellen und in ihrem Bedeutungszusammenhang aufscheinen zu lassen? Eine Erörterung dieser Fragen wird in insgesamt zehn Teilschritten erfolgen, die sich in vier Hauptfragekomplexen zusammenführen lassen: Mit (i.) der Vorstellung der besonderen Herangehensweise und den ersten Schritten hin zu einer Theoriewerdung beginnt die strukturorientierte Exploration des Themenatlas von Tocqueville, fortgesetzt wird sie (ii.) mit der Darstellung und Untersuchung seiner Herausbildung einer eigenen Methodik, entlang der von ihm vorgestellten Reflexionen über die Elemente der modernen Demokratie, wie sie ihm in Amerika entgegentrat.

Nikomachischen Ethik mit θεωρεῖν eine ähnliche Begriffsaufladung: eine Form der Weltbeschau, die Begriff und Urteil erfordert und Einsichten generieren hilft, nicht Handlung. Die Figur des Theoros wird bereits bei Wolin (2006) Tocqueville zugeschrieben, vgl. Kap. 3.VIII in vorliegender Arbeit.

41   Vgl. Elster, 2009, S. 11 f.

Ihnen folgt (iii.) die Vorstellung und Untersuchung der ursächlichen Elemente seiner methodengestützten Theoriebildung als Ausdruck seiner ‚Anti-Methode' sowie ihre schrittweise Überführung in ein Modell, in dem die kausalen und partizipativen Mechanismen seiner Demokratietheorie in ihrer Interdependenz und Prozessorientierung veranschaulicht werden. Diese Überführung und beispielhafte Veranschaulichung soll den Abschluss der Hypothesenbildung mit einer (iv.) Projektion seiner Theoriebildung auf ein Modell moderner Demokratiemechanismen bilden. Immer mit eingeschlossen in diese Vorgehensweise bleibt die grundsätzliche Orientierung vorliegender Arbeit auf die Herauslösung der zentralen Theorieelemente vor dem Hintergrund seiner spezifischen Methodik, nicht die Inanspruchnahme für ihnen entgegengestellte Theoreme aus der Gegenwartsdiskussion.[42]

---

42 Die jedoch selbstverständlich in der mit einfließenden Konzeption der Fragestellung mit in Betracht gezogen wurden, vgl. Kap. 1.II.vi. ff.

1 Motivation und Zielsetzung

Tocqueville agiert angesichts der Kernfragen seines Denkens inmitten eines lebendigen Kontinuums mit wechselnden Schwerpunkten. Er bewegt sich in Fragekomplexen, deren Interesse in der Erörterung des Politischen in der Moderne, den Transformationsmustern und Interdependenzen des Sozialen und der Entwicklungsfähigkeit der französischen Gesellschaft zwischen Vergangenheit und Zukunft besteht. Die Untersuchung über die von ihm auch so benannte *Demokratie in Amerika* ist hierbei in ihrer vielfältigen Komplexität das erste vollständige systematisch-analytische Werkstück in einer Abfolge von Werken, die anderweitig stärker historisch orientiert bleiben. Sie ist auch Ausdruck des Versuchs durch Tocqueville, ein Problem, das selbst reflexiv strukturiert ist, einem individuellen Lösungsverfahren zu unterziehen. In seiner Arbeit sieht er sich selbst teils in einem Dauerdiskurs mit anderen, weitaus bekannteren Interpreten aus der politisch-philosophischen Ideengeschichte, teils als Logbuchführer einer progressiven Transformation.[43] Er schreibt 1836 an Louis de Kergolay:

> „Eine Vielzahl von Ideen bleiben seltsam verschroben in meiner Wahrnehmung, denn ich kann nicht sagen, wann ich sie in einer unserer nächsten Unterhaltungen heraushole und in welcher Art Du sie dann in Frage stellen wirst, oder, indem Du ihnen eine andere Wendung gibst, akzeptieren könntest. Letztlich verbringe ich meine Tage stets mit den gleichen Personen: Pascal, Montesquieu, und Rousseau. Nur die vierte Person fehlt: Du."[44]

Hinter der Folie von prüfender Beschau und vergleichendem Nachdenken treten im Verlauf seiner Untersuchungen in konzentriertem Zusammenspiel Fragen nach den Ursprungsgründen für das eigentümliche Wirken der konstituenten Kräfte auf, nach der tatsächlichen Bedeutung von Freiheit und Selbst, von Kontingenz und Teilhabe, wenn es darum geht, die tatsächlichen Beweggründe für die Existenz der beobachteten modernen Gesellschaftsform zu identifizieren. Indem er die Frage nach der tatsächlichen Wirksamkeit konstituierender Elemente in den Vordergrund der Betrachtung stellt, erhöhen seine Analysen die Er-

---

43 Vgl. Kap. 2.III.viii.
44 Tocqueville an Kergolay, Baugy, 10. November 1836, O. C. (Mayer), Jardin and Lesourd, 13:1, S. 415–418.

schließungsfähigkeit einer auf die integrierenden Elemente menschlicher Wirklichkeit gerichteten Aufmerksamkeit des teilnehmenden Beobachters.[45]

Erst in diesem Sinne sind sie philosophischer Tradition und Interesse entspringende konkrete Analysen, die als Element ihrer Untersuchung den Menschen als Person in seiner konkreten Situation zum Betrachtungsgegenstand haben: Er erscheint eingebettet in die sozialen Konditionen, deren Wirkungsmustern er unablässig unterworfen ist.

Über die Formulierung dieser Strukturmerkmale als Einstieg und fortlaufend orientiert an den Handlungsmaximen der handelnden Subjekte gelangt der systematisierende Blick des Autors auf die Ebene der Verhandlung makrosoziologischer Fragen, die sich schließlich in die Metafrage nach einer grundlegend modernen, demokratischen Ordnung zusammenführen lassen, um von dort zurück zu den Einzelheiten der konstituierenden Elemente zu gelangen. Es ist diese besondere Vorgehensweise, pendelnd zwischen Erfahrungsraum, Reflexion und systematischer Urbarmachung für den (heraus)entwickelten Theoriekomplex, die als „System der Argumentation und des Widerstreits"[46] die Wesenheiten der Komplexität der modernen Demokratie als Gesellschaftsform über die Idee sozialer Konditionen und hieraus hervorgehenden Handlungsmaximen in der Vielfalt ihrer Erscheinungsformen auseinandersetzt.

Über weite Teile seiner grundlegenden Reflexionen über die Gestalt und strukturelle Natur des modernen Gemeinwesens, wie sie ihm in dem Bild eines demokratischen Amerika entgegentreten, sieht er sich jedoch in einem Zwischenraum, was die Zielsetzung seiner Interpretation betrifft. Gleichzeitig vollzieht sich seine persönliche Wandlung in verschiedenen Etappen, die ihren jeweiligen Ausdruck zunächst in der Rolle des postrevolutionären Interpreten der französischen Neo-Monarchie, dann in der Figur des Amtsrichters mit offiziellem Reiseauftrag und literarischen Ambitionen, schließlich in der Person eines neukatholischen, soziophilosophischen Interpreten einer demokratischen Moderne und ihrer vielfältigen Ambivalenzen finden. Es gibt in seinem Werdegang vielfältige Anreize, in der jeweiligen Situation die einzelne Rolle zur Lebensaufgabe reifen zu lassen. Immer wieder kehrt Tocqueville in seinen Briefwechseln, Tagebuchnotizen und protokollierten Gesprächen zu dieser Kernfrage einer individuellen Lebensführung zurück. Diese Haltung wirkt fortlaufend auf seinen methodischen Ansatz, sie darf als einer der Kerngründe gelten, weshalb er in der Konzeptionsphase der *Demokratie in Amerika* die zahlreichen Notizen zunächst ruhen lässt

---

45 Ebenfalls unabhängig von der angenommenen Erschließungsfähigkeit eines universellen Grundsätzen verpflichteten Betrachtungswinkels.

46 Guellec, Laurence: Tocqueville et les langages de la démocratie, Paris, Honoré Champion, coll. Romantisme et modernités, 2004.

und schließlich in einer Art transitorischer Reflexion seine Analysen in Bildern, Szenarien und in den Figuren phänotypischer Protagonisten vorstellt.[47]

Bei Tocqueville liegt „hinter dem Morgen die Zukunft", für deren Erfordernisse er tätig sein möchte, indem „seine Zergliederung auf das Zusammenwirken der Funktionen in einem modernen politischen Körper gerichtet"[48] ist. Diese besondere Arbeitsweise hat einen tiefen Zugang zu den Ursprungsgründen einer modernen demokratischen Ordnung freigelegt, sie hat aber auch in der Werkrezeption einen weiten Interpretationsspielraum eröffnet. Ebenso weit ist auch das Spektrum der Vereinnahmungsversuche, wie auch der oftmals formulierte Wunsch, in Arbeit und Person Tocquevilles nun endlich den Solitär einer modernen Sozialtheorie liberalistischer Prägung gefunden zu haben.

Er selbst war sich dieser Umstände bereits zu Lebzeiten deutlich bewusst, wie die Briefwechsel etwa mit Mill, Kergorlay, Reeve und Nassau Senior zeigen.[49] Werkkomplex, Wirkungs- und Rezeptionsgeschichte und Figurbildung haben jenseits der Untiefen auch eine reiche Vielzahl von Anknüpfungspunkten und Subtheoremen gedeihen lassen. Ihrer Gestaltwerdung in der jeweiligen Debatte ist über die Zeitläufe seit den 1830er Jahren ein immer wiederkehrendes Merkmal eingeschrieben: Wenn die Frage nach den ureigentlichen, konstitutiven und prozessualen Bestandteilen einer freiheitlich-egalitären Gesellschaftsordnung gestellt wird, ist Tocqueville einer ihrer vorrangigen Interpreten.[50]

Wenn man nun den Weg seines Denkens und die Herausbildung seiner besonderen Methodik konzise erschließen möchte, muss die erste Aufgabe sein, öffentliches Bild, Person und Rollenbilder, historisch-gesellschaftliche Situation und ihre systematische Urbarmachung entlang des Erschließungsinteresses Tocquevilles in ein angemessenes Verhältnis zu setzen.

Damit kommt unter den zahlreichen Darstellungen seiner Zeit dem beobachtend-reflektierenden Kommentar Tocquevilles[51] besonderes Gewicht zu. George Wilson Pierson schreibt:

---

47 Ohne die Einarbeitung seiner zahlreichen Notizen, Zeichnungen, Gesprächsprotokolle oder Interviews vorzunehmen, sie sollten die systematische Verdichtung der versammelten Eindrücke nicht vereinzeln.

48 Vgl. Dilthey, Wilhelm: Der Aufbau der geschichtlichen Welt in den Geisteswissenschaften, Suhrkamp 1970, S. 122–123.

49 Vgl. die Anmerkungen und Nachweise ab Pkt. II c) in vorliegender Arbeit.

50 Interessant ist das wellenartig anschwellende Publikationsaufkommen in Zeitabschnitten, die durch Transformation oder revolutionäre Bewegungen geprägt sind: Publikationen in den Jahren 1865, 1920, 1933, 1947, 1952, 1989, 1995 sind jeweils Ausdruck gesteigerter Implementierung der Gedanken Tocquevilles in zeitgenössische Stellungnahmen.

51 Hier in den Ausgaben der OC und in der Übersetzung von Harvey Mitchell.

„Er hat die erste wirkliche Analyse der amerikanischen Demokratie gegeben. Die Erkenntnis, daß in dieser die Bewegung, die kontinuierliche, unwiderstehliche Tendenz bestehe, eine demokratische Ordnung in allen Staaten hervorzubringen, erhob sich in ihm aus der Entwicklung der Gesellschaft in den verschiedenen Ländern."[52]

Wenn man an dieser Stelle der Argumentation Piersons folgt, kann die Arbeit Tocquevilles nicht allein Teil einer Etappe des politischen Liberalismus sein. Über die Diskussion der Erscheinungsform und der sie prägenden Elemente der *frontier democracy* mit ihrem Paradigma der Gemeinde, der *commune*, erschließt Tocqueville grundsätzliche Systemunterschiede, welche sich gleichzeitig von den klassischen Vergleichsmustern antiker Demokratiebilder abheben und eine Hinzunahme qualitativer und quantitativer Merkmale in die vergleichende Begutachtung einer beliebigen Gesellschaft in ihrer äußerlichen und inneren Erscheinungsform ermöglichen.[53] Er entäußert die konstituierenden Elemente ihrem historischen Bild, ohne ihre wesenhafte Substanz anzurühren, und fügt sie über die *Prozessabfolge reflektierter Beobachtungen in ein systematisiertes Erschließungsschema* einer modernen Demokratie.

Dabei schreibt er gerade auch für ein Publikum, das er recht weitgefasst unter seinen interessierten Landsleuten vermutet. Deshalb steht in seinen Ausführungen auf europäischer Seite das Modell einer institutionenbasierten Regierung, welche sich vermittels eines Ordnungsbildes etabliert und erhält, auf amerikanischer eine über Lebensweg und Selbstverständnis etablierte politische Ordnung, in der die (Staats-)Regierung Tocqueville vor allem durch ihre offensichtliche Abwesenheit auffällt.[54] Sie machen ihm den Unterschied zwischen einer konstruktorientierten politischen Theorie und einer soziophilosophisch fundierten, doktrinartig verkündeten Sicht auf den Einzelnen, die zeitlos erscheint, deutlich. Damit wiederum tritt der relative Grad an notwendiger Innenlenkung deutlicher zutage, nicht ein an den tendenziell absoluten Maßstäben einer Systemtheorie etablierter Vergleich zwischen einem a) außengelenkten Typus im Spannungsfeld sozialer Agenten oder einem b) überlegenen neuen Typus, eines ‚demokratischen Menschen'.[55]

---

52 Pierson, G. W.: Tocqueville and Beaumont in America, Oxford Univ. Press, 1938, S. 12.
53 Die Verwendung des Systembegriffs soll nicht eine präemptiv wirksame Systematisierung einer zu erschließenden politischen Konstitution etablieren – er soll als Setzung eines systematischen Rahmens der Betrachtung und fortlaufenden Erschließung der Tocqueville'schen Reflexionen gedacht werden.
54 Hier im gouvernementalen Sinne verwandt, vgl. Wolin 2001, S. 119; Tocqueville, OC, V (I), 89: „What kind of political theory could there be for a society where one was immediately struck by the absence of government?"
55 Tocqueville wählt – ob bewusst oder halb bewusst, ist strittig – einen Mittelweg der kritischen Analyse, der es ihm ermöglicht, nicht als Stimme eines der eingeführten oder in Entwicklung

Hierüber bilden sich zwei Problemgruppen heraus, die sich fortlaufend in das Problem der Staatszentralisation und in das einer Frage nach den aus der *dialektischen Spannung* zwischen Freiheit und Gleichheit hervorgehenden Ambivalenzen einer evidenzbasierten politischen Ordnung gliedern lassen. Der weit ausgreifende Spielraum menschlicher Selbstverwirklichung kann nur dort etabliert sein, wo in der politischen Wirklichkeit moderner Staatlichkeit die Vereinigung des Elements der Freiheit mit jenem der Selbstverpflichtung gelingt. Die Trennung von Freiheit und Geist sieht Tocqueville als Symptom für den Prozess einer bestimmten Form von Entmenschlichung in der westlichen Welt, den Erhalt ihrer Einheit als grundsätzlichen, innovativen Vorzug der Demokratie in ihrer modernen Erscheinungsform an. Dieser Erhalt findet über die Etablierung einer Form eines vernünftigen Vertrauens seinen Ausdruck; die Etablierung interdependenter Prozesse beginnt mit der Einnahme einer Grundhaltung.

In der Schrift *L'État social et politique de la France avant et depuis 1789* hat er diese Überlegung skizziert, indem er aristokratisches Selbstverständnis dem demokratischen Freiheitsbegriff entgegengestellt.[56] Somit stellt sich nun die Frage, inwieweit sich die bislang geschilderten Beobachtungen, folgend dem Erschließungsablauf von Phänomen, methodische Hinführung in den Theoriekomplex, Autor und ideengeschichtliche Verortung in eine systematische Darstellung fügen lassen.[57]

Phänomen, Werk und Methode Tocquevilles können so auf die wesentlichen Entwicklungsstränge seiner Theoriefindung orientiert werden, ohne die Gesamtheit des Untersuchungsrahmens weiter einzuschränken.[58]

---

befindlichen Lager (etwa des Liberalismus) anzugehören, sondern aus den Strukturmerkmalen die bestehende Grundspannung in den Begrifflichkeiten Freiheit und Gleichheit zum Ausdruck gebracht zu haben. Über die grundlegende Identifizierung der neuen Ordnung moderner demokratischer Natur als ‚politisch‘ entzieht er sich recht elegant den klassischen Rollenmustern und Typologisierungen. Inwiefern diese Vorgehensweise jedoch auch zu Unschärfen in der Theoriebildung führen kann, haben insbesondere Jon Elster (1993, S. 101 ff.), James T. Schleifer (2000, S. 325 ff.), sowie Seymour Drescher (1988, 1968) diskutiert.

56 „Tout ce que la révolution a fait se fût fait, je n'en doute pas, sans elle; elle n'a été qu'un procédé violent et rapide à l'aide duquel on a adapté l'état politique à l'état social, les faits aux idées et les lois aux mœurs" in L'état social et politique de la France avant et depuis 1789, Œuvres Complètes (notées O. C. dans cet article), Tome II, Vol. 1, Gallimard, 1953.

57 Die nicht ein Einzelthema oder eine historische Gruppierung zur Urbarmachung des geschilderten Komplexes nutzt, sondern die für den Entwicklungsprozess des Theoriekomplexes bei Tocqueville wesentlichen Protagonisten der Ideengeschichte anhand der verhandelten Phänomenalbereiche einer modernen Demokratie als (verortbare) Hinweisgeber verwendet.

58 Inwieweit Tocqueville, seinem grundlegend edukativ-analytischem Ansatz folgend, überhaupt die Genese einer Theorie aus seinen Beobachtungen im ersten Band der DiA heraus anstrebt, bleibt fraglich. Vgl. Hidalgo 2005: „Tocqueville wird geleitet von einem spezifisch politischen Problembewußtsein. Eine systematische Theoriebildung scheint ihm entbehrlich. Die wissenschaftliche Reflexion soll nur die Maximen bereitstellen, mit deren Hilfe Freiheit und Gleich-

Gleichzeitig kann, so die Hoffnung, solchermaßen eine Entkernung der Theoriestränge von ihrer literarischen Aufladung und historischen Vereinnahmung erreicht werden. Übergreifendes Ziel ist hierbei, über eine tiefer auseinandersetzende Erschließung seiner besonderen Vorgehensweise deren Niederschlag in einer *systematisierenden Betrachtung* des modernen, gesellschaftlich orientierten Demokratiephänomens nachzuweisen. Einem Staat, dessen Regierung vorwiegend durch ihre Abwesenheit zutage tritt, kann hinsichtlich ihrer Aussagefähigkeit nur eingeschränkt mit den Theoriebildern aus der Rüstkammer des alten Europa begegnet werden.

Dieser dritte Weg tritt deutlicher hervor, wenn man von den Alternativen einer interessegeleiteten oder kontraktualistischen Staats- und Gesellschaftsform ausgeht. Der (methodisch-systematische) Mittelweg Tocquevilles etabliert im Kern Grunddynamiken oder Ambivalenzen, über deren unauflösliches Gegen- und Ineinanderwirken sich für ihn die lebendige Ordnung der modernen Demokratie konstituiert, erhält, und immer neuen inneren wie äußeren Herausforderungen dynamisch anzupassen versteht.

Der Begriff der Demokratie tritt hierbei stärker als Sammelbegriff in Erscheinung, bei dessen Verwendung oder Hinzunahme in eine laufende Reflexion gewisse Grundaxiome und Assoziationen lebendig werden. Ihre Modalitäten in der Wirklichkeit wiederum erlauben erst die genauere Bestimmung des jeweiligen Verfasstheitszustands. Ob als Flächenstaat oder als imperiale Republik, wie Raymond Aron sie einmal genannt hat[59]; zur Zeit der Reisen Tocquevilles, wenn wir seine erste Reise als Fixpunkt in der Geschichte setzen, ist Amerika nichts weiter als eine aus heutiger Sicht recht überschaubare Versammlung von Bundesstaaten mit loser Grenzführung. Bestimmendes Merkmal ist allerdings nicht ein geographisches, sondern ein prinzipielles. Tocqueville schreibt:

> „Die Grundsätze [Neuenglands] verbreiteten sich zuerst in den Nachbarstaaten; dann griffen sie Schritt für Schritt auf die entfernteren über, und endlich *durchdrangen* sie, (…) den ganzen Bundesstaat."[60]

Bei Tocqueville ist die Betonung eines transitorischen Wirkungsprinzips Ausdruck des beschriebenen Mittelwegs. Wenn Tocqueville also einen Mittelweg beschreitet, welche bestimmenden Elemente der jeweiligen Ausprägungsformen demokratischer Ordnung werden dann überführt, insoweit sie überführt werden, welche werden ausgeschlossen und kann sich – denn hierin drückte sich ja in der

---

heit zu verbinden sind. Dies korrespondiert mit dem Ansatz, daß die Freiheit nicht abstrakt-formal in der Gesellschaft zu verankern ist. Sie realisiert sich erst im Wissen und der Fähigkeit der Bürger, den politischen Prozeß in selbständigem Handeln zu bewältigen." S. 29 f.

59 Aron, Raymond: Die imperiale Republik, Belser Zürich 1975.
60 Hervorhebung (kursiv) im Original, DiA (Manesse), Bd. I, S. 37 f.

ursprünglichen Idee der dritte Weg aus – das Prinzip der εὐδαιμονία in Grundzügen auch in der modernen Ausprägung eines demokratischen Gemeinwesens mit der Beimengung des christlichen Religionswesens zeigen?[61]

Diese Frage stellt eine Herausforderung in sich dar, denn die Aufteilung der ableitbaren Beimessungen in I. (subjektives) Wohlbefinden und II. die Vorbedingung des Erreichens (objektiv/rational) gesetzter Ziele birgt das Moment einer zeitlosen Fähigkeit der Selbstorientierung eigenständiger Individuen innerhalb und aus der Gesellschaft heraus, sichtbar geworden in ihrem Tätigsein. Sehr wohl können diese jedoch, geradeheraus analog zu der neu zusammengesetzten politischen Ordnung der Demokratie amerikanischer Prägung, die sich geschichts- und leitbildübergreifend verschiedenster konstitutiver Elemente bedient, als konditionale Elemente einer neu zusammengesetzten politischen Theorie auftreten.[62] Hier gilt es, den Nachweis über ihr Zustandekommen zu führen, ihre Einbindung und methodisch-systematisierende Urbarmachung, verortet an den Protagonisten der Ideengeschichten, deren Reflexionen sie eigentlich entspringen, schließlich reflektiert über die Phänomenalwelt, an deren Erscheinungsbildern sie entlang zur Anwendung gelangen.

Die Organisationskultur der modernen Demokratie erscheint hierbei als die allgemein anerkannte und bevorzugt betriebene Ausprägungsform eines qualitativ erwünschten Lebens. Ihre Realisationsprozesse berühren die zwei Hauptstränge moderner Lebenswege: Selbstverwirklichung durch Progression und die Aggregation von quantitativ und qualitativ bewertbarem Wohlstand. Industrie, Handel, Erfindungsgabe, Kapitalgeschäft, Arbeit und Landwirtschaft stellen Formen einer arbeitsteiligen Allokation und expansiven Aggregation menschlicher Handlung dar, deren Handlungsabläufe sich auf die Gütervermehrung beziehen.[63] Die assoziativen Handlungsmuster des Sozialen richten sich zunehmend nach der Maßgabe dieser Vermehrungsvorhaben aus und bringen über die hieraus entstehenden Ambivalenzen eine neue Qualität der Dis-Assoziation in der Haltung der Individualität hervor. Immer vor der Herausbildung einer Kommunität und an den Rändern ihrer sozialen Ausbreitungsgeographie entlang gibt es damit eine Form der haltungsgebundenen, bewusst-unbewusst präsenten antagonistischen Selbst-Stellung des Einzelnen gegenüber und in die Gesellschaft hinein, noch jenseits und vor der Familie. Die Zurückführung der assoziativen Handlungsmuster einer arbeitsteilig organisierten Gesellschaft stellt auf der subjektiven Ebene das verbindende Element zu den Vorgaben des neuzeitlichen

---

61 Des guten δαίμων teilhaftig, hier im Sinne geglückter Lebensführung, als Beielement des *pursuit of happiness* verstanden.

62 Worüber auch gleichzeitig der für manche Interpreten eigentümliche Mittelweg Tocquevilles in seiner besonderen Eigenständigkeit deutlicher zutage träte.

63 Sowohl materiell wie auch immateriell bemessbaren.

οἶκος dar. Wie in der Schilderung der Verbindungsstränge des Sozialen bereits sichtbarer wird, ist es die Frage der Teilhabe, nicht die nach der Befähigung, bei Wahlen seine Stimme abgeben zu können, über welche sich ein erfahrungswissensgestütztes, differenziertes Urteil über die tatsächlich egalitär-freiheitliche Natur eines beliebigen politischen Ordnungssystems herausbilden lässt: In einer sozialen Lebenswelt, deren Grundkonstituenten von einem Dauerwettbewerb verschiedener Immigrantenkommunitäten geprägt sind, gibt es keine Loslösung von den Ursprungszusammenhängen über die Annahme bereits etablierter Rollenmuster, sondern die Herausbildung einer wettbewerbsfähigen Kultur unter wechselweiser Übernahme von Führungsrollen im Klima einer tatsächlichen Freiheit, die niemals auf Rivalität und Kampf, auch nicht in seinen subtileren Maskierungsformen, verzichtet.[64]

1.1 Modale Assoziationen

„Tocqueville was at once analytically lucid and systematically ambiguous."[65]

Die Kernfrage zielt hierüber auf die in ihrem Wesen kontingent orientierte Zustandsveränderung ab, in der nicht die Entscheidung, ob nun ein Zustand besser sei als ein anderer, sondern die Beimessung von Modalität den jeweiligen Ausschlag gibt. Welche Handlung einen gegebenen Zustand zu verändern imstande ist, bildet sich zu einem qualitativen Bewertungsinstrument der Handelnden heraus. Dieser Beimessung von Modalität werden nun im Fortgang der Analyse moralisch-ethische Beimessungsgründe entlang ihrer prozessualen Ausprägung zugesprochen. Sie geraten über die einzelnen Transformationsprozesse hinaus auf der Ebene der sie tragenden und gestaltenden Protagonisten zu einer zentra-

---

64 Mit dem Gegenwartsphänomen einer nahezu vollständigen Verrechtlichung des Sozialen gibt es eine wesentlich subtilere Herausforderung für das Zusammenleben konkurrierender sozialer Gruppen, als es über die Segregation, die richtigerweise als empörende Ungleichheit und Ungerechtigkeit empfunden worden war, möglich gewesen wäre. Die Frage der Gleichheit der Lebensgewohnheiten und der Freiheit der Lebensformen ist über ein beinahe natürliches Vergessen der Frage des Status und über eine vormals nicht erlebbare Form der Ungezwungenheit und Freiheit der Beziehungen noch vor ihrer Einbettung in die Diskursschemata der Intellektualität vollkommen unaffektiert zur Anwendung gelangt. Dass mancherlei Ausprägung von Verhaltensweisen hierbei gleichzeitig eine Qualität und einen Mangel an Qualität darstellt, wird uns über die erschlossenen Wirkungsmuster des Sozialen in größerer Darstellungstiefe in Kap. 2.IV.xii. begegnen.
65 Drescher, Seymour: Dilemmas of Democracy: Tocqueville and Modernization, University of Pittsburgh Press, 1968, S. 51.

len Existenzbedingung einer auf demokratischen Mustern aufbauenden (föderalen) Republik. Dieser Beimessungsprozess ist in seiner besonderen Form vor dem Hintergrund der anhaltenden Transformationsprozesse insofern einzigartig, als er zentrale Wesenheiten des Religiösen in seine Selbstkonstituierung mit aufnimmt, ohne sie dem vollständigen Diktat der Ratio zu unterwerfen. Die in seinem Konstituierungsprozess präsenten und zur Anwendung kommenden Kultur- und Sozialpraktiken sind nicht frei von Ambivalenzen und zeigen in den Transformationsprozessen, in welchen ihre Dynamiken gemeinhin zum Ausdruck kommen, temporär hohe Eskalationsfähigkeit.[66]

Die Demokratie ist hierbei letztlich die Organisation des Mehrheitsprinzips, auf dessen Grundlage sich das Ziel der Rechtsstaatlichkeit durchsetzen lässt. In ihrer wirklichen Ausprägung stellt sie dann oftmals jenes eigentümliche Amalgam amerikanischer Form dar, in dem sich die absolute Moderne über traditionale Verbindungslinien zu einem eigentümlichen Ganzen fügt. Niemals zuvor hat es eine vergleichbare kollektiven Prozessen unterworfene und entspringende Vielheit gegeben, in der sich moralischer Rigorismus bis in die Gegenwart hinein mit einer vormals nicht erlebbaren Freiheitlichkeit verbindet. Ihre Verbindungsmuster schaffen über ihre äußere Entsprechung, den Elementen prozessualer Ordnung, den Institutionen, neue Räume, die zunehmend sozial und weniger stark als bislang geographisch bestimmt sind. Es entwickelt sich damit zunehmend eine Topographie des Sozialen; sie wird als Bewertungskriterium von Handlungsabläufen in öffentlichen Räumen eingesetzt. Ihre Entsprechungsform bis hinab zur Ebene der Gruppenbildung sind von phänotypisch nachgewiesenen Protagonisten besetzte Milieus mit jeweils eigenen Orientierungsmustern, aus denen sie einen Teil ihrer Identität entwickeln. Über diese Hinneigung zu den vielfältigen Ausprägungsformen des Sozialen wird als einer der Hervorbringungsgründe der Demokratie die Vorstellung der Personen, die ihr zugrunde liegen, als Folgegeber sichtbar.[67]

---

66 In der gegenwärtigen Debatte um die subtilen Imperialtechniken einer Menschenrechtspolitik, welche in ihren Implementierungsschemata dem Diktum einer Weltinnenpolitik folgt, zeigt sich eine neue Qualität dieser Eskalationsfähigkeit in Abfolge der Einführung neuer Kultur- und Sozialtechniken. Eine interessante, ambivalent-kontrovers diskutierte Stellungnahme bietet: Multitude: Krieg und Demokratie im Empire (Hardt/Negri, Campus 2004, insbes. S. 247 ff.).

67 Wie lässt sich vor diesem Hintergrund der Begriff der Liberalität verstehen? Liberal als Ausprägungsform politischer Willensbildung bedeutet hierbei in erster Linie nicht die Selbstdarstellung einer Partei als Organisationsform transregionaler Art, sondern die Herausbildung einer Grundhaltung, welche sich nicht allein auf universale Rechtsprinzipien berufen möchte, sondern die Interessen der involvierten Handeln meinschließen möchte und hierbei über die Vermittlung beider tendenziell antagonistisch präsenten Positionen überfassend das Verfassungsrecht erreicht. Konservativ bedeutet damit, als Begründungsvoraussetzung von Legitimität, sich tendenziell auf deontologische Grundlagen als besondere Form vorgesetzlicher Grundlagen beru-

1.2 Die Eigentümlichkeiten der modernen Demokratie

> „Democracy in America is the first philosophical book ever written on Democracy, as it manifests itself in modern society."[68]

Der Zugang Tocquevilles zu den Eigentümlichkeiten des Politischen in der Demokratie soll in vorliegender Arbeit unabhängig von einer möglichen Zuordnung zu einer bestimmten Form von Freiheitslehre betrachtet werden. Der Hauptunterschied zu seinen Vorgängern in der Ideengeschichte der politischen Theoriebildung wird damit zunächst in der charakteristischen Methodik des Autors verortet: Wo die einen das Konstrukt einer politischen Ordnung, das Repräsentationsproblem oder den Individualgedanken als wesentliches Merkmal an den Anfang ihrer Überlegungen stellen, erscheint der Bürger bei Tocqueville eingebettet in die sozialen Konditionen.

Sie sollen als eine Grundkonstante der systematischen Erschließung seiner Methodik zu einer tiefergehenden Auseinandersetzung seiner politischen Ideenlehre dienen. Die bestehenden Verhältnisse sind keine konditionalen Solitäre: Sie sind emporgewachsen und werden am Leben gehalten von einer besonderen Form von dynamischer Gegenkraft, deren Vorhandensein sich auf der intersubjektiven Ebene dem Prozess der Einbettung als Idee unablässiger Progression beigesellt.

Der Einbettung in die sozialen Konditionen ist also antagonistisch-dynamisch eine Form von unstillbarer Sehnsucht als dynamische Gegenkraft entgegengestellt, dass es immer besser sein könnte, ohne dass man hierfür den Kern menschlicher Wesenheit preisgeben müsse: Kann denn nicht Fortschritt auch über eine Neu-Allokation jener Elemente möglich sein, die uns miteinander in Beziehung setzen und verbinden, und dem Selbstverständnis, dem fortgesetzten Nutzenversprechen, der geteilten Verantwortung als eine gesteigerte Verlässlichkeit fortgesetzt eine Konstituierung eines Zustands etablieren, dessen ursprüngliches Zustandekommen sich einer neuen Grundhaltung verdankt?

Tocqueville hat die Revolution in seinem Heimatland mit ihrem unaufhaltsamen Hineinwirken bis in seinen engsten Familienkreis Mut und Furcht zugleich gelehrt, gleichzeitig aber auch die Fähigkeit zur Einschätzung der Wesen-

---

fen zu können und über diese auch in den vielfältigen Entscheidungsabläufen, denen man unterworfen sein mag, auf eine Grundkonstitution des Menschen und der gesellschaftlichen Ordnung verweisen zu können, ohne die mehrheitlichen Interessen der involvierten Handelnden in erster Linie in Betracht zu ziehen.

68 M. de Tocqueville on Democracy in America, in: John Stuart Mill, Ethical Writings, hrsg. v. J. B. Schneewind, Collier Books, New York 1965, S. 107.

heiten von Transformationsprozessen in ihren vielfältigen Ausprägungsformen weiter ausbilden lassen.

Die prognostische Fülle seiner Betrachtungen erschwert es dem Leser, Tocqueville auf einen Schwerpunktbereich festzulegen – die reiche Vielfalt seiner Reflexionen ist auch gleichzeitig die größte Herausforderung für jeden Interpreten in der Gegenwart.

In der neuen Gesellschaftswelt Amerikas finden sich nun die verschiedenen Elemente einer politischen Ordnung in ihrer bislang nicht erlebbaren Form vertreten, umfangen von einem Amalgam historischer und progressiv-konditionaler Elemente. Ihren Aufwuchs und die Verdichtung ihrer Interdependenzen kann man zu diesem historischen Zeitpunkt noch über die Sollbruchstellen ihrer allokierten Elemente unmittelbarer als jemals danach verfolgen.[69]

Um diesen scheinbaren Nachteil auszugleichen, schildert Tocqueville bereits an allererster Stelle in der DiA seinen persönlichen Eindruck eines schöpferischen Prinzips, aus dem heraus sich alle weiteren Elemente entwickeln. Zentrales, generatives Faktum dieser neuen politischen Ordnung ist die *égalité des conditions*: Ihr sieht sich in zunehmend reaktiver Form persönliche Freiheit entgegengestellt. Damit entsteht der *Begriff der Demokratie* aus der Spannung eines konkreten sozialen oder politischen Zustands; zu dem abstrakt gehaltenen Modell eines egalitären Systems bildet er das mit „diesem Herrschaftstyp einhergehende soziale Konstitutionsprinzip."[70] Gleichzeitig erfolgt eine Herauslösung der identifizierbaren Gesellschafts- und Herrschaftsordnung der amerikanischen Situation aus den bislang üblichen Diskursschemata, in denen die Situation Englands und Frankreichs an die Spitze konkurrierender Entwicklungsszenarien des Politischen gestellt worden war.

---

69 Ohne diesen historischen Zustand als paradigmatisch festgelegt betrachten zu wollen, traf dennoch der Besuch Beaumonts und Tocquevilles auf einen sehr dichten und glücklichen Moment der Herausbildung der amerikanischen Staatlichkeit, noch ganz im Windschatten der transformativen Dynamiken, noch einige Jahre (und bewusstseinsmäßig wohl noch um einiges weiter) von den nationalen Einigungsprozessen entfernt.

70 Hecht 1998, S. 33 f. Vgl. Tocqueville: „Über einer nivellierten, unverbundenen Masse steht eine ungeheure, vormundschaftliche Gewalt, die es allein übernimmt, für ihre Bedürfnisse zu sorgen und über ihr Schicksal zu wachen. Diese Macht ist absolut, genau, regelmäßig, vorsorglich und mild. Man könnte sie als eine Art elterliche Autorität bezeichnen, wenn es ihr Auftrag wäre, Menschen zu Erwachsenen zu bilden; aber sie sucht sie im Gegenteil in ewiger Kindheit zu halten; sie ist es zufrieden, daß die Menschen sich wohlfühlen, vorausgesetzt, daß sie an nichts anderes denken. Eine solche Regierung arbeitet gerne für das Glück der Masse, aber sie will dieses Glück alleine vermitteln und bestimmen; sie sorgt für ihre Sicherheit, berechnet und befriedigt ihre Bedürfnisse, sorgt für ihre Vergnügungen, verwaltet ihre wichtigsten Anliegen, dirigiert ihre Industrie, reguliert den Wechsel des Eigentums und verteilt die Erbschaften. Was fehlt noch, um ihnen schließlich das eigene Denken und die Anstrengung ums Leben völlig abzunehmen."

Die Demokratie als moderne Organisationsform des Politischen wird damit auch abgelöst von dem antiken Bild, das sie bis zu dieser Einsetzung als modernes Phänomen stets zu überlagern drohte. Generatives Faktum ist hierbei die Dominanz des Gleichheitsprinzips, dessen Auswirkungen bis tief in den ursprünglichen οἶκος als vormals geschützten Privatraum reichen.[71]

Ihr Vorhandensein trennt die neue Erscheinungsform des Politischen auch von den Lebensverhältnissen der aristokratisch geprägten Gesellschaften – nur wo gemeinsame Denk-, Erfahrungs- und Gefühlswelten diagnostiziert werden können, deren Vorhandensein zu kollektiven Handlungen animiert oder sich aus diesen in Form einer gemeinsamen Identität herausbildet, kann in Zukunft von freiheitlichen Gesellschaften demokratischen Zuschnitts auf egalitärer Grundlage gesprochen werden.[72]

Den Rahmen der Betrachtung soll hierbei der Versuch bilden, über eine Darstellung des modernen Paradigmas, innerhalb dessen persönliche und gesellschaftliche Existenz untrennbar, der Komplex menschlichen Lebens als vielfältige Totalität erscheinen, zu Institution und Wandel einen Expansionsmodus der Moderne im Phänomen der modernen demokratischen Ordnung zu finden und in seiner spezifischen Erscheinungsweise darzustellen. Handeln und die Tatsache, dem Handeln anderer unterworfen zu sein, stellen hierbei nur zwei Aspekte des gleichen, konkreten Lebens dar.

Sie können dies umso mehr, als Tocqueville sich zumindest vordergründig keinem der zu seiner Zeit präsenten politischen Theoreme anschließt. Gesetze oder Theorien, die in jedem gesellschaftlichen Kontext Gültigkeit finden, möchte er nicht formulieren, er entzieht sich diesem allgemeinen Anspruch an sein Werk regelrecht. Es fehlt ihm jeder Wille zur sozialen Objektivität; allgemeine Werkzeuge der Theorie, wie sie später im Deutungssystem der sozioökonomischen

---

71 Dass der *syn-oikos* in überraschend neuzeitlicher Ausprägung in Form der Siedler- und Frontierbewegung, bei der Besiedelung des ‚Landozeans Amerika‘, durchaus zur Keimzelle der neuen gesellschaftlichen Ordnung in ihrem ländlichen Erscheinungsbild gerät und darüber hinaus in den Kämpfen um die Unabhängigkeit ein wichtiger Bestandteil des Rückzugraumes darstellte, ist in dieser Hinsicht als fast schon ironischer Verweis auf das Zustandekommen des Politischen zu werten. Die allgemeine Ähnlichkeit schafft Identifikationsmuster, deren Nachahmung die ganze Ambivalenz zwischen Konformität und Vereinfachung des allgemeinen Umgangs miteinander in sich trägt.

72 Wichtig erscheint in diesem Zusammenhang der Verweis auf die Verfassungsdiskussion in den Vereinigten Staaten. Erst 1868 wird im 14. Zusatzartikel der amerikanischen Verfassung die Idee der Gleichheit (im Gegensatz zum Abstammungsprinzip, dem Ius sanguinis, über das Geburtsortsprinzip, das Ius soli) zum Rechtsprinzip – vorher hatte vorwiegend die Abolitionsdiskussion ihren Eingang in den Grundrechtskatalog von 1791 verhindert. Hierüber wird jedoch auch deutlich, inwieweit Tocqueville gelebte gesellschaftlich-politische Wirklichkeit, ideelles Wirkungsprinzip, und Rechtsgrundsätze voneinander unterscheidet – oder gleich mit der Idee eines generativen Faktums die Grenzen der jeweiligen Disziplin überwindet.

Theoriebildung lebendig werden, lehnt er ab.[73] Er schreibt: „Eine völlig neue Welt bedarf einer neuen politischen Wissenschaft."[74]

Weder hinsichtlich dominanter Theoreme noch im Blick auf das von ihm auseinandergesetzte Phänomen einer modernen Demokratie übt er (direkte) Systemkritik. Wie aber sieht sein Weg der Erschließung dann aus? Laurence Guellec etwa beschreibt seine Vorgehensweise folgerichtig als „System der Argumentation und des Widerstreits".[75]

Dieses ‚System' möchte nicht als pflichtgetreuer Nachfolger anderer Fixsterne am Firmament der politiktheoretischen Ideengeschichte auftreten: Auf dem Weg zu einer neuen demokratischen Wissenschaft können nach Überzeu-

---

73 Er sieht sich eher geleitet von einem Problembewusstsein, das per se *politisch* ist. Dass er hierbei eine besondere Form der Methodik entwickelt hat, war im Sinne fallweise geordneter Beobachtungen wohl unerlässlich, nicht aber Voraussetzung für seine literarisch verbrämte, soziophilosophisch aufgeladene Prognosefähigkeit.

74 DiA (Manesse), Bd. I, S. 9.

75 Guellec, Laurence (2004): Tocqueville et les langages de la démocratie. Paris: Honoré Champion, S. 445. Vgl. weiterhin: Des cartésiens qui s'ignorent: la méthode philosophique des Américains selon Tocqueville, Revue philosophique de la France et de l'étranger n°4 2004. Die Überlegungen von Guellec sind für den vorliegenden Fragekomplex insofern interessant, als er eine methodisch-systematische Fragestellung linguistisch zu erschließen sucht. In diesem Zusammenhang ist auch die Frage interessant, inwiefern eine bestimmte Methode der Übersetzung Grundgedanken Tocquevilles entfremden kann, vgl. hierzu bspw. Arthur Goldhammer zu den gegenwärtigen Übersetzungen, die uns in verschiedenen Sprachen zu der DiA vorliegen: http://www.people.fas.harvard.edu/~agoldham/ articles/Mansfield.htm (zuletzt aufgerufen 24.08.2011. „Mansfield and Winthrop (hereafter referred to as M&W) then vigorously defend a particular view of translation. Their intent, they say, is to be ‚as literal and consistent as we can, while still readable.' They also seek to be ‚modest, cautious, and faithful.' They are critical of the work of their predecessors Henry Reeve and George Lawrence *on the grounds that these ‚literary persons,' not being students of the text in the sense that ‚philosophers' are students of texts, presume to know the meaning of the author.* That, they believe, is no more difficult to acquire than by looking in a dictionary, or by experience not needing to look in a dictionary. ... Neither translator had in mind the need to *study the book.* Precisely what M&W intend by this admonition to ‚study the book' calls for additional comment. They seem to regard literary persons as bemused lovers, entranced by superficial beauties of the beloved text to the point where they are willing to ‚overlook small departures from what they expect.' Like all lovers, these literary persons are willfully blind: ‚*When the disharmonies—nay contradictions—in the text are too obvious to be missed, they harmonize them, which is to say they cover them over.*' By contrast, philosophical readers are like depth psychologists, seizing on such small departures and contradictions to lay bare latent meaning. Hence it is better to ‚leave the difficulty to be seen by the reader,' for otherwise one ‚deprives him of a discovery that might force him to think.' Implicit in M&W's characterization of the art of translation, and even more, as we shall see, in their performance, is a certain view of language. Although they profess respect, indeed awe, for Tocqueville's ‚perfect style,' their utmost respect is reserved not for his style but for his thought: ‚The reason, we believe, for the defects in [previous] translations ... is underestimation of Tocqueville. The translators do not believe Tocqueville was a deep thinker; we do.' ".

gung Tocquevilles nicht mehr tendenziell abstrahierende theoretische Konstruktionen zur Darstellung der Wirklichkeit dienen: An ihre Stelle muss vielmehr *die Beschreibung der sozialen Vielfalt* treten. Tocquevilles Schwanken zwischen verschiedenen politischen Positionen erscheint etwa bei Francois Guellec[76] als Akt einer bewussten Abgrenzung von der Philosophie und politischen Literatur des 18. Jahrhunderts. Insofern erscheint es sinnvoll, hier als erste Bedingtheit das Ziel des Autors anzunehmen, ein Publikum anzusprechen, welches seinem Eindruck einer neuen Gesellschaft entspringt: Letztlich findet eine allgemeine Ansprache der Mitbürgerinnen und Mitbürger statt. *Zweite Bedingtheit* ist das Ziel, eine Beschreibung der sozialen Vielfalt zu bieten. Diese Bedingtheiten entspringen wiederum einer allgemeinen Idee, welche als wiederkehrendes Moment den dialektischen Diskurs immer erneut vorantreibt.

Die *idée mère*, das grundlegende Konzept bildet in diesem Zusammenhang der Eindruck Tocquevilles, der Zustand und die Wirkungsfähigkeit der Gleichheit in den politischen Institutionen der jungen Nation sei in den Verhaltensweisen und Regeln bis in das geistige Selbstverständnis der *bürgerlichen Individuen* hinein wirksam.[77] Die Existenz eines solchen Ansatzes als gegeben anzunehmen ist dabei Voraussetzung für den geplanten Entwicklungsgang der vorliegenden Arbeit und gleichzeitig notwendige Bedingung für die allmähliche Herauslösung seiner politischen Theorie aus der systematisierenden Vereinnahmung durch die verschiedensten Interpretationsansätze der konkurrierenden Einzelwissenschaften in der bis in die Gegenwart reichenden Rezeptionsgeschichte.

Dieser Zustand bildet als Moment der Vergegenwärtigung den Ausgangspunkt seiner Erkundung der gesellschaftlichen Verhältnisse. Eine vorbestimmte und unumkehrbare Bewegung treibt in der Begriffssprache Tocquevilles die „christlich geprägten Völker zur Gleichheit der gesellschaftlichen Bedingungen."[78] Max Weber hat aus dieser Aussage Tocquevilles später den Impuls bezo-

---

76 Vgl. Tocqueville écrivain, in: Tocqueville et la littérature, colloque de la Sorbonne, sous la direction de F. Mélonio et J.-L. Diaz, Paris, Presses de l'université Paris-Sorbonne, 2004.

77 Die *idée mère* ist begrifflich in der Übersetzung auch als Mutter-Idee, allgemeine grundlegende Konzeption, formative Idee etc. beschrieben worden. Von ihr ausgehend wird die weitere Konzeption vorangetrieben und fortentwickelt, verbleibt allerdings im Rahmen des von ihr und über sie etablierten Weltbildes.

78 DiA, Bd. I, Teil II, Kapitel 9 ff.

gen, seine Idee[79] der gesellschaftlich-ökonomischen Wirkungsweisen des angelsächsischen Protestantismus zu einer allgemeinen Theorie reifen zu lassen.[80]

1.3 Das freie Spiel der Möglichkeiten

Die Hinwendung zur Gleichheit als unumkehrbare Bewegung bedeutet die Umkehr einer Tradition der Ungleichheit, deren Wurzeln bis in jene Zeit zurückreichen, als der Mensch den Naturzustand aufgibt. Die Prinzipien von Hierarchie und Stabilität, in der Entwicklung und Ausgestaltung menschlicher Beziehungen präsent, erscheinen aufgehoben, im Gegensatz zu der bei Comte vorliegenden Idee des *Savoir pour prévoir, prévoir pour pouvoir* und ihren inhärenten Gegensätzen von (funktionalistisch interpretierbarem) Naturgesetz und *esprit d'ensemble* speist sich das Selbstverständnis und Urteilsvermögen der Tocqueville'schen Individuen aus einer Art unbewusstem Kartesianismus, die „Regeln zur Ausrichtung der Erkenntniskraft – Regeln zur Leitung der Geisteskraft"[81] sind Tocqueville in ihren wichtigsten Grundzügen bekannt: „Amerikaner sind Kartesianer ohne Descartes je gelesen zu haben".[82]

Sie spielen, so Elster, ein „Game of Chance", in dem sie die bidirektionalen Kausalketten auf Grundlage der individuellen „Preference Patterns" affektiver

---

79 Vgl. Hecht 1998. Martin Hecht hat in seiner Dissertation über eigene Recherchen in den verfügbaren Notizen von Max Weber dessen Übernahme einzelner methodischer Ablaufschritte von Tocqueville nachgewiesen. Die handschriftlichen Notizen, welche die Grundlage für diesen Beweis bilden, sind im Max-Weber-Archiv in Heidelberg zugänglich.

80 So nachgewiesen bei Hecht, 1998, S. 35 ff. Auch die Ambivalenz kollektiver Erfahrungsmuster der Moderne findet bei Weber ihren Niederschlag in dem Bild, die Menschen würden in ein „neues Gehäuse der Hörigkeit" gepresst, wenn sie nur den kollektiven Identitätsmustern folgen, die ihnen intersubjektive Gleichheit verspricht.

81 Vgl.: http://www.hs-augsburg.de/~harsch/Chronologia/Lspost17/Descartes/des_re00.html (zuletzt aufgerufen 06.09.2010).

82 „(…) der Bürger der Vereinigten Staaten vertraut bei seinen Urteilen nur auf seine individuelle Vernunft", Jardin 2005, S. 229. Dieser Umstand bedingt einen der Entscheidungspunkte Tocquevilles, woraus sich das Bürgerselbstverständnis in der jungen amerikanischen Demokratie speist, und bildet hierüber einen der Kernpunkte seiner allgemeinen theoretischen Idee. Dass Kenntnis nicht in jedem Fall auch ein Verständnis historisch-ideengeschichtlicher Leitsätze impliziert, ist zu einem späteren Zeitpunkt ebenfalls nachgewiesen. Dieser Punkt der Entscheidung hinsichtlich einer Hinzunahme des Eindrucks eines rational orientierten Bürgerbewusstseins und der hieraus hervorgehenden, vielfältigen Entwicklungsmöglichkeiten einer Diskussion des demokratischen bürgerschaftlichen Bewusstseins unterstreicht die Modernität und Zeitlosigkeit der Vorgehensweise Tocquevilles und erlaubt eine tiefgehende Auseinandersetzung der konstitutiven individuellen Prozesselemente bürgerschaftlicher Selbstbilder und Handlungsgrundlagen.

und rationaler Bewegungsgründe immer erneut aufeinander zulaufen lassen.[83] Dieser Gedanke ist bei Tocqueville gespiegelt in der Überzeugung, dass die demokratische Regierung nicht per se gut sei, sondern ein Quell politischer Aktivität.[84] Hierin zeigt sich die feine Grenzlinie zwischen den Überzeugungen einer im Glauben begründbaren Ordnungsidee weltlicher Ausprägung und der Ambivalenz des rationalen Bewusstseins, das dieser teils entgegenzustehen und an anderer Stelle Ausdruck ihrer alles durchdringenden Verbesserungsfähigkeit zu sein scheint: Politik auf dem Fundament des Glaubens und die progressiv-rationalen Elemente ihrer öffentlichen Selbstreflexionsprozesse und den Bildern, die aus ihr hervorgehen und Identität stiften: Eine der großen Konfliktlinien der Moderne tritt über diesen nur scheinbar am Rande allgemeiner Beobachtungen vertretenen Kommentar hervor.

Als *sekundäre Wirkungsfaktoren* treten die Bindungskräfte Tradition, geographische Lage oder regionale Eigenheiten gegenüber diesem fundamentalen Wirkungsprinzip zurück. Dieser „fundamental fact [des demokratischen in der Moderne per se] from which all others seem to be derived"[85] zwingt jedoch den Einzelnen nicht in einen möglicherweise historisch oder anthropologisch begründbaren Determinismus: Grundsätzlich unabhängig oder frei ist keines dieser gleichen Individuen, denn die Grenzen seines Handelns bilden sich über ein Moment der Selbstvergegenwärtigung: „within the wide verge of his (own) circle he is powerful and free".[86] Worüber diese Vergegenwärtigung stattfindet, soll zu einem späteren Zeitpunkt der Diskussion vorgestellt werden. Der Entwicklungsweg der demokratischen Verfasstheit mit ihrem Wirkungsprinzip der Gleichheit wird überraschenderweise als grundsätzlich offen beschrieben. Über das Moment der Gleichheit hat sich unvorhersehbar und in historischer Einmaligkeit[87] eine Form gesellschaftlicher Verhältnismäßigkeiten eröffnet, welche die Fertigkeiten des Einzelnen und die Selbstorganisationsfähigkeit der Bürger beständig herausfordert, um der Freiheit einen politischen (Entfaltungs-)Raum zu gewähren. Gleichzeitig zeigt sich die Ambivalenz dieser Bewegung in der Begünstigung des Individualismus, das heißt, die Beschränkung des Menschen auf sich selbst und die kleine Gruppe seiner Angehörigen. Verbunden mit der zunehmenden gesellschaftlichen und geographischen Mobilität und dem wachsen-

---

83 Vgl. Elster 2006, S. 18 f. Ausführlicher unter Kap. 2.V.xiii.
84 DiA (Manesse), Bd. II, S. 608.
85 J. Thomas Wren: Inventing Leadership: The challenge of democracy, New Horizons in Leadership Studies, Edward Elgar Publishing, Cheltenham Glos (UK) 2007, S. 204.
86 Vgl. Zetterbaum, Marwin: Tocqueville and the Problem of Democracy, Stanford 1967, S. 16 f.
87 Hiervon sind bei Tocqueville auch die freiheitlich-bürgerlichen Republiken ausgenommen.

den Individualismus übt die Gleichheit dann eine zersetzende Wirkung auf die Familie aus.[88]

Wie rational sich die Rebellion der Kolonisten tatsächlich ausgestalten ließ, wie wenig steuerbar und unvorhersehbar sich dieses Moment des Unabhängigkeitsstrebens entwickelt hat, kann hier nicht weiter verfolgt werden.[89] Es bleibt jedoch der Eindruck bestehen, ein einmaliges Zusammentreffen historisch-akzidentieller Zufälle, geographischer Lage und kultureller Anknüpfungspunkte habe dem Ordnungsstreben jener „Glücklichen, welche wie auf einer Insel saßen" (Arendt), einen einmaligen Impuls verliehen, sprich: Was sich in einer bestimmten Gesellschaft ereignet, ist größtenteils das Ergebnis historischer Zufälle. Auch wenn in diesem Zusammenhang wunderbar treffend der Begriff der *fernen Nähe* geprägt wurde, bleiben die gesellschaftlichen Verhältnisse in der jungen amerikanischen Demokratie nicht auf die Situation Frankreichs übertragbar: Der allgemeine Eindruck birgt sehr direkt Begrifflichkeiten, welche im Umkehrschluss Zugang zu dem ihn konstituierenden Phänomenalkomplex bieten: Die hierin wirksamen substantiellen Ambivalenzen und Widersprüche oszillieren zwischen politischem Liberalismus und freiem Markt, einer konservativen Lebenshaltung und zeitweise Orientierung auf in einer Monarchie lebendigen Strukturen, persönlichen Freiheiten und sozialer Gebundenheit, politischer Gleichheit und sozialer Ungleichheit. Tocqueville ist von diesen Widersprüchlichkeiten geprägt.

Der Wechsel der Perspektive eröffnet ihm den erhofften Zugang zu den Tiefenstrukturen der neuen demokratischen Ordnung.[90] Karin Amos hat diese Ambivalenz exemplarisch herausgearbeitet:

---

88 Ebd., S. 210 f.

89 Sicherlich hat Tocqueville in seinen Reisen die amerikanischen Verhältnisse zu einem historisch betrachtet ausgesprochen günstigen Zeitpunkt beschrieben, vgl. hierzu die bereits erwähnte Darstellung von Louis P. Masur in: 1831: Year of Eclipse, Hill & Wang, New York 2002. Neben einer lebendigen Darstellung der großen Transformation des mittleren Westens beschreibt Masur auch die Methodik Tocquevilles: „T. would take the undigested interviews and insights of his journey and transform them into a penetrating analysis of an American democracy characterized by individualism, self-interest, and solitude.", S. 152 f.; „Beaumont noted that ,the sole interest which absorbs the attention of every mind is trade. It's the national passion' ", ebd. In der Konsolidierungsphase zwischen Unabhängigkeit und herannahendem Bürgerkrieg treten in außergewöhnlich deutlicher Form die Grundkonstituenten der neuen Ordnung hervor.

90 Vgl. hierzu die Perspektivwechsel über die gezielt in verschiedenen Formaten platzierten Gedanken in der Voyage au Lac Oneida, Œuvres, I, S. 353–354, sowie in Quinze jours dans le désert, ebd., S. 391–392, 409, überhaupt in den Eindrücken während der Reise nach Saginaw: „Civilization was both a destructive and a creative force. It marked ends as well as beginnings. It registered as well moments of sublimity – the emotions of ,religious terror' called up by the immensity of the apparent chaos of the wilderness, pulsating with vegetative life, seemingly eternal, hence superior to the changing fortunes of human beings spread over an old continent, but at the same time made new by the end of one culture and the start of another. Human power

„Tocqueville's complex and dynamic concept of democracy differs strikingly from the American democratic concept as revealed in the early self-definition of the United States. Primarily, because to Tocqueville, democracy was not automatically a morally superior form of society. Even successful democracies like the United States were not automatically free from the threats of despotism or anarchy. In contrast to his view, Americans saw their society as an exception, where democracy was morally superior and safely established."[91]

Antriebsmoment für alle weitergehenden Überlegungen Tocquevilles in dieser Hinsicht ist denn auch die Sorge, das Fundamentalprinzip der Gleichheit wirke in seiner spezifischen Rationalität außerhalb von Norm und Ethik – und trage genau deshalb den Keim einer neuen, bislang unerkannten Form von Tyrannei beständig in sich.[92] In einem möglichen Eskalationskonstrukt seiner politischen Theoriebildung stehen sich der Typus des Revolutionärs, welcher die Begrenzung des freien Willens nur über die Begrenzung der faktischen Möglichkeiten akzeptiert, und der Typus des demokratischen Bürgers der Moderne mit seinem *a priori* festgelegten Handlungsspielraum gegenüber. Sein Selbstbegriff, welchem die Sympathien Tocquevilles gelten, findet sich wiederum in der Idee einer „gemäßigten, geordneten und durch Glaube, Sitten und Gesetze gefestigten Freiheit".[93]

Dieser sich hieran abbildende Erfahrungsraum steht dem Gedanken der Perfektibilität[94] diametral entgegen, er entspringt einem Moment vorurteilsfreier Entwicklungsfähigkeit, die dem Einzelnen im objektiven Sinne zugemutet wird.[95] Die hervorstechendste Eigenschaft der demokratischen Gesellschaft ist

over nature was the enactment of God's will. Nature did not have a chance, and the savages who roamed freely throughout its vast reaches would also succumb. The prospects of change raised conflicting feelings of pride and regret that remained for the most part at this inchoate level." Vgl. Harvey Mitchell: America after Tocqueville: Democracy against Difference, Cambridge University Press 2002, S. 80.

91   Karin S. Amos: Alexis de Tocqueville and the American National Identity: The Reception of *De la démocratie en Amerique* in the United States in the Nineteenth Century, Verlag Peter Lang, Frankfurt am Main 1995, S. 55–56.

92   „(...) sie ist allgemein, sie ist von Dauer, sie entzieht sich täglich der Macht der Menschen; die Geschehnisse wie die Menschen dienen alle ihrer Entwicklung." (1,8), in: Habermann, Gerd: AdT-Brevier, S. 79.

93   Alexis de Tocqueville, ER, 112, vgl. DiA I, S. 65 f.

94   Hier in Kontrast zu der Position Rousseaus zu lesen, insbes. der Mensch/Tier-Vergleich, nicht jedoch in Abgleich zu den geschichts- und kulturphilosophisch aufgeladenen Interpretationen des späten 19. Jahrhunderts.

95   Hecht, Martin: Modernität und Bürgerlichkeit: Die Freiheitslehre Max Webers in Vergleich zu den Freiheitslehren Rousseaus und Tocquevilles, Dissertation Freiburg 1998, S. 83 ff.: „Tatkraft erscheint hier als gesellschaftsimmanente, habituelle Kontinuität: Ein Hindernis liegt auf der Straße; der Durchgang ist versperrt, der Verkehr steht still; alsbald bilden die Nachbarn eine beratende Gesamtheit; aus dieser Stegreifversammlung entsteht eine ausführende Gewalt, die dem

dabei die atomistische Tendenz ihrer Grundkonstituentien. Alle sichtbaren und unsichtbaren Verhaltensregeln und Codes der Feudalgesellschaft sind unverhofft, und oftmals ohne direkten Ersatz, obsolet geworden: Tocqueville macht dies in seinen Beispielen der Ansprache deutlich, denn der „Gentilhomme" gerät zum *Jedermann* – „Gentleman" und setzt sich in der Beschreibung der Charakteristika des neuen Geldadels fort. Gleichzeitig existiert in der Figur des Gentil-Homme ein Spannungsfeld zwischen Ehrschutz und Meinungsfreiheit, was seine Existenz über das rein kulturanthropologische Moment hebt.[96]

Die Juristen stellen dabei nach Ansicht Tocquevilles eine gewandelte Erscheinungsform der Aristokratie in der Demokratie dar, sind sie doch für die fallweise Auslegung und damit Wahrung der (legalistischen) Pflichtgebote verantwortlich, einem der wenigen ewigen Merkmale dieser neuen Ordnung. Doch auch hier ist die gesellschaftliche Rückbindung über das Instrument der Geschworenenbank als Moment der Legitimierung unauflöslich gegeben. Das Vakuum dieser atomistisch orientierten Verfasstheitsform füllt die Verbindung von Individualbegriff und der Gleichheit der Bedingungen – die Berechtigung (nicht die Befähigung oder Anleitung) zum *pursuit of happiness* ist hier heutzutage der bekanntere Begriff. Die Umkehr einer zuvor als natürlich empfundenen vertikalen Ordnung bedingt dabei gleichzeitig ein „nahezu unstillbares Verlangen"[97] nach materieller Verbesserung. In diesem Bindeglied eines „virtuosen Materialismus" (Zetterbaum) zur ökonomischen Sphäre wird ihre Vereinnahmungsfähigkeit deutlich: Demokratie überführt die Verantwortlichkeit für erfolgreiches Handeln in die Hände von Protagonisten, welche ursprünglich weder wissen, worumwillen sie in einem spezifischen Moment genau handeln oder was sie glauben sollen:

Übel abhilft, bevor irgendeiner der Beteiligten an eine Obrigkeit dächte, die es außerhalb der hier gebildeten gibt."

96 Vgl. Meskouris, Johannes: Der Schutz vor gerichtlichen Verurteilungen zur Unterlassung von Meinungsäußerungen nach dem Grundgesetz und nach der Verfassung der Vereinigten Staaten von Amerika, in: Der Staat, Zeitschrift für Staatslehre und Verfassungsgeschichte, Deutsches und Europäisches Öffentliches Recht, Duncker & Humblot, Berlin, 48. Band 2009, Heft 3, S. 355 ff.: „(...) einer verfaßten Obrigkeit ist Selbsthilfe zuwider: Um sie zu unterbinden und ihr Gewaltmonopol zu wahren, mußte sie ihrerseits effektiven Ehrschutz gewährleisten. (...) mit dem demokratischen Gemeinwesen kam die Meinungsfreiheit. Als ‚Grundlage jeder Freiheit überhaupt' ist sie unabdingbar für das Funktionieren des demokratischen Verfassungsstaats. Erst sie macht Menschen frei, ihre geistigen Fähigkeiten zu entwickeln. (...) im Spannungsfeld zwischen Ehre und Kommunikationsfreiheit [Anm. d. V. kommt dem Staat / der Verfassung die Schlüsselrolle zu]."

97 Marwin Zetterbaum: Alexis de Tocqueville, in: History of Political Philosophy, hrsg. v. Leo Strauss und Joseph Cropsey, University of Chicago Press, Chicago 1987, S. 761.

„By this means a kind of virtuous materialism may ultimately be established in the world, which would not corrupt, but enervate, the soul and noiselessly unbend its springs of action".[98]

Dieses von Tocqueville angeführte Ergänzungsbedürfnis der politischen Ordnung verlangt nach transzendenten Bindungen und bedingt eine Transformation des religiösen Rituals der alten Ordnung.[99] Hierüber eröffnet sich ein neuer Erfahrungsraum in ungeahnter Vielfalt und Dynamik: Eine Gesellschaft in auferlegter Gleichheit, sich selbst und den eigengeschaffenen Strukturen überlassen, in deren Wirkungsmatrix ab einem spezifischen Moment der Selbstentfaltung aus der Systemnatur heraus notwendigerweise Kräfte der Selbstleitung etabliert werden müssen. Die lebensweltliche Entsprechung dieser notwendig transzendenten Bindungen sieht Tocqueville in einer speziellen Ausprägung der Zivilreligion, „it may be combined with a species of religious morality"[100], als primär amerikanisches Phänomen.

Als allgemeines Phänomen ist der Eindruck eines ‚virtuosen Materialismus' das zur Teilhabe offenstehende dynamische Bindeglied zu jenen speziellen Leitformen transzendenter Bindung, wie sie nur die Demokratie in ihrer modernen Erscheinungsform hervorzubringen vermag.

1.4 Problemstellung

„Ich gestehe, in Amerika habe ich mehr als Amerika gesehen."[101]

Tocqueville formuliert eine soziologische und politische Problematik, deren Zustandekommen er dem Gründungsprozess der modernen Demokratie und ihrer gesellschaftlichen Anverwandlung zuschreibt, aus einer existentiellen Reflexion vor dem Hintergrund seiner persönlichen Erfahrung und der Lebenswirklichkeit einer als gleich und frei empfundenen Gesellschaft Amerikas, er schreibt:

„(…) ausgerechnet diese Grundsätze, die in den europäischen Nationen unbekannt oder mißachtet waren, verkündete man in den Wildnissen der Neuen Welt; sie waren das Zukunftssinnbild (…) hier schuf die menschliche Einbildungskraft, der schöpferischen Ursprünglichkeit ihrer eigenen Natur überlassen, eine früher nie dagewesene Gesetzgebung. (…) In der moralischen Welt ist somit alles eingeteilt, geordnet, vorgesehen, von vornherein entschieden. In der politischen Welt ist alles im Fluß, um-

---

98   Ebd.
99   Vgl. Herb 2005, S. 22 f.
100 Vgl. Zetterbaum 1987, S. 761.
101 DiA (Manesse), Bd. I, S. 16.

stritten, ungewiß; dort ein passiver, doch freiwilliger Gehorsam; hier Unabhängigkeit, Geringschätzung der Erfahrung und Argwohn gegen alle Autorität. Weit entfernt, sich zu schaden, gehen diese so entgegengesetzten Bestrebungen den gleichen Weg und scheinen sich gegenseitig zu stützen."[102]

Nutzt man die Dynamik des Begriffspaares Gleichheit und Freiheit und seiner systematischen Entwicklungsfähigkeit im Tocqueville'schen Œuvre als ein erstes, ordnend wirksames Erschließungsmittel, gelangt man bereits bis zu den Präliminarien seiner Systematik. Grundlage hierfür sind seine tiefergehenden Erschließungsschritte der Demokratieanalyse im zweiten Band der DiA, in der die Schilderungen der besonderen amerikanischen Umstände zunehmend zur Illustration allgemeiner Aussagen über den Innenzustand demokratischer Gesellschaften herangezogen werden. Über die neuartige Erfassung dieses Wirkungsmoments im politischen Raum hinaus taucht hierbei zwangsläufig die Frage nach den Protagonisten und den Ankerpunkten ihrer individualisierten Weltschau auf, welche sich in den *pivotal points* in Form der Institutionen konstituiert. Diese finden sich angesiedelt im Erfahrungsraum eines Verfasstheitszustandes, welcher von Anbeginn, ab einem gewissen Punkt grundlegender reflektierter Stabilisierung und immer erneut zwingend selbst-konstitutiv bleibt: Der Entwicklungsgang reicht von den „Lawes Divine, Morall and Martial"[103] bis hin zu dem komplexen Beziehungsgeflecht einer institutionalisierten demokratischen Ordnung, wie sie Tocqueville im Paradigma der *commune* identifiziert:

„(…) das Gemeindeleben ist gewissermaßen ständig gegenwärtig; täglich wird es durch die *Erfüllung einer Pflicht* oder durch die *Ausübung eines Rechtes* spürbar. Dieses politische Leben versetzt die Gesellschaft in eine andauernde und zugleich friedsame Bewegung, die sie rege erhält, ohne sie zu beunruhigen. (…) Die Volkssouveränität in den Gemeinden ist nicht ein alter, sie ist ein *ursprünglicher* Zustand"[104].

Dies findet sich umfassend in der Sekundärliteratur bestätigt, aktuell etwa bei Serge Audier.[105]

Vorherrschend im Gang durch die Erfahrungswelten einer modernen, polyzentrisch orientierten Demokratie ist hierbei der sich verfestigende Eindruck, ein Geflecht verschiedenartiger Prozessabläufe konstituiere eine Ordnung, deren

---

102 DiA (Manesse), Bd. I, S. 54–55.
103 Vgl.: „For The Colony in Virginea Britannia. Lawes Divine, Morall and Martiall. Alget qui non Ardet. Res nostrae subinde non sunt, quales quis optaret, sed quales esse possunt", in: First Hand Accounts of Virginia, 1575–1705 http://bit.ly/ghn7dt.
104 DiA (Manesse), Bd. I, S. 76m.
105 Audier, Serge: Tocqueville, notre contemporain? Article publié initialement dans la revue Études, Avril 2006, vgl. http://bit.ly/gx0AcX.

Ausprägung sich über die kontingenten Handlungsmuster ihrer Protagonisten manifestiert. Da sie deren Wirken unterworfen bleibt, ist ihr gleichzeitig keine Wertneutralität zu eigen: Verfassungsrahmen, Repräsentanten und Institutionen bilden hier bei unablässiger Aktivität die äußeren und notwendigen Grenzen ihres Wirkungsraumes. Innenleitung, kollektive Handlungsschemata, wechselweise Bezugnahme auf historisch-traditionale Leitbilder und ihre progressiven Antagonisten verfügen sich hierbei zu einer einzigartigen Grunddynamik gesellschaftlicher Prozesse. Anhand des Merkmals ihrer Unauflöslichkeit, ihrer inhärenten Fragmentierung, dem Beziehungsgeflecht einer lebendigen Zivilgesellschaft, lässt sich gleichzeitig eine qualitative Bewertung einer freiheitlich-prosperierenden Lebenswirklichkeit vornehmen.[106]

Tocqueville sieht die westliche Welt an der Schwelle zu einer egalitären Demokratie im technischen und industriellen Zeitalter, deren segensreich wie schicksalhafte Veränderungen in einer bestimmten Form von Tapferkeit des Denkens, Wollens und Tuns in Form einer besonderen Aufgabenstellung gestaltet werden sollen.

Ein Teil dieser frühen Analyse wird bei Raymond Aron mit der Aufnahme in den sozialwissenschaftlichen Kanon begründet.[107] Hier gilt Tocqueville vorrangig als der Entdecker des Sozialen als der Einheit der Gesellschaft in ihren verschiedenen Erscheinungsformen und deren Verflechtungen. Tocquevilles Verdienst besteht für die Interpreten hier darin, die Demokratie nicht mehr nur als eine Regierungsform, sondern als eine die gesamte Gesellschaft und die Haltungen der Menschen/der sie konstituierenden Bürger bestimmende Daseinsweise begriffen zu haben, wie sich in den zugrundeliegenden Quellen wiederholt bestätigen lässt: Dem allgemeinen Eindruck folgend gibt es bei Tocqueville den Kunstgriff, die eigenen Beobachtungen zunächst um die Kernbegriffe Familie, Erwerbsleben, soziale Gemeinschaft kreisen zu lassen, um diesen Komplex in seinen verschiedenen Entsprechungen im zweiten Band der *Demokratie in Amerika* zu allgemeinen Aussagen über den Phänomenalkomplex der modernen Demokratie heranzuziehen.[108]

---

106 Wie es uns heute angesichts zahlloser Indizes sehr geläufig ist.
107 Vgl. Aron, Raymond: Hauptströmungen des soziologischen Denkens. Montesquieu, Auguste Comte, Karl Marx, Alexis de Tocqueville. Bd.: 1, Köln, Kiepenheuer & Witsch, 1971.
108 Von einem aus phänomenalen Entsprechungen zusammengesetzten Phänomenal*komplex* zu sprechen gestattet uns in vorliegender Arbeit, der Multi-Modalität jener Verhältnismäßigkeiten näherzukommen, aus denen heraus sich in alltäglichen Prozessabläufen demokratische Ordnung konstituiert. Mit der Etablierung einer Sprache der Evaluation, die sich nicht auf technische Begriffsgeläufigkeiten reduzieren lässt, wie später in der Soziologie oftmals dominierend, gestattet Tocqueville dem Leser ein Hindurchgehen durch jene Erscheinungsformen des Demokratischen, die uns auf der Ebene subjektiver Wahrnehmung als Erfahrungswelten entgegentreten können. Dieser Beschreibung folgt die begrifflich-systematische Einhegung über die Identifizie-

In der Tiefendimension seines Ansatzes verbindet sich hierbei psychologisches, soziologisches und historisches Herangehen zu einer einzigartigen Methode, welche, wohl zunächst ohne direkt einem Erkenntnisziel zu unterliegen, zu der Idee einer solidarischen, auf liberalen Grundsätzen fußenden Gemeinschaft führt.[109] Die Offenheit der Gesellschaft stellt dabei für die eigentliche Gemeinschaft ein ambivalentes Moment dar. Die Bedeutung von öffentlich im sozialpsychologischen Sinn tritt hier neben den bekannteren Zuordnungen[110] in den Vordergrund: Die jeweilige Gemeinschaft schützt den Einzelnen vor einem Höchstmaß an Offenheit, dem er anderweitig, in der Gesellschaft und entlang ihrer Konformitätsmuster, ausgesetzt ist.

Gesetzgeber, Regierungen und Gerichte treten in ihrer Fähigkeit zur Einflussnahme gegenüber diesem umgekehrten Wirkungsmoment zurück, ohne ihre grundlegende Bedeutung einzubüßen. Über die Erkenntnis der Unmöglichkeit einer Gegenüberstellung der Situation in Frankreich und Amerika als Glücksfall und Vorbedingung zu einer tiefergehenden Auseinandersetzung weist der Entwicklungsweg der Tocqueville'schen Systematik auf das *intricate mobile*[111], eine unauflösliche, gewebeartige Verflechtung im Sinne Montaignes und damit auf

---

rung von Sitten und Gesetzmäßigkeiten, deren subjektive Entsprechungsform der Passion und Interessen die unendliche Variabilität eines selbstgewählten Lebensweges aufscheinen lässt. Im Umkehrschluss lässt sich hieraus die Notwendigkeit institutioneller Arrangements erschließen, deren Wirkungsfähigkeit der rechtschaffenen Ausprägung von Handlung Orientierung zu geben vermag. Über die Identifizierung der Motivationsgründe folgt also im Rekurs auf die eingangs angestellten Beobachtungen die Schilderung der politischen und geistigen Organisation. Die grundsätzliche Weite des Betrachtungsansatzes und der hieraus hervorgehende theoretischsystematische Nutzen wären ohne die Idee eines Phänomenal-Komplexes nicht in der besonderen Form, wie sie uns bei Tocqueville vorliegen, möglich.

109 Inwieweit diese Vorgehensweise tatsächlich einen dritten Weg eröffnet – neben Staats- oder marktzentrierten Ansätzen –, wird im Fortlauf der Arbeit noch deutlicher hervortreten. Bereits jetzt lässt sich jedoch die Feststellung treffen, dass die Modernität der Analysen Tocquevilles sich zu einem Gutteil aus seiner phänomenal zentrierten Erschließungsweise erklären lässt, die nicht der Versuchung des Deutungsnutzens einer Partei, allgemeinen politischen Richtung oder einem Geschichtsbild anheimfällt. Wie allgemein bekannt hat diese Vorgehensweise den Verbreitungsgrad und die Wirkung seiner Schriften, hier insbesondere Bd. 2, deutlich eingeschränkt, da sie nicht eine in sich argumentativ-dogmatisch kohärente Systemschrift, sondern Reflexionen über die äußeren und inneren Bedeutungszusammenhänge eines gesellschaftlichpolitisch bestimmbaren Systems darstellen.

110 „Der Einzelne hat neben dem Innenraum, in dem er sich mit seinem Denken und Fühlen bewegt, eine nach außen gewendete Existenz, nicht nur auf einzelne bestimmte Menschen gerichtet, sondern in größter Offenheit (...) gemildert nur in der ‚Gemeinschaft‘, mit der ihn einige Vertrautheit verbindet, in großen Zivilisationen in weit darüber hinaus ausgedehnter Offenheit ausgesetzt der Gesellschaft." Noelle-Neumann, Die Schweigespirale, S. 89 ff.

111 Die Idee eines interdependenten Mobile, aufbauend auf dem Gewebegedanken Montaignes findet sich bei Roger Boesche: Why Could Tocqueville Predict so Well?, in: Political Theory, Bd. 11, Nr. 1 (Feb. 1983), S. 79–103, vgl. http://bit.ly/hPNduo.

den Aufwuchsweg derjenigen Kräfte, welche eine Gleichheit der Bedingungen in Konfluenz hervorbringen und als kontingent etablieren.

Noch gilt die Demokratie als die große, bislang nicht erlebbare Alternative. Die Ambivalenz, legalisierende Einbindung und Wirkungsfähigkeit ihrer selbstgegebenen Institutionen zielt dabei im deterministischen Anteil seiner politischen Theorie auf den einzigen Umstand, welcher sich immer dem Wirkungsmoment der Gleichheit entzieht: Die vorliegende Idee der Gleichheit erstreckt sich niemals auf intellektuelle Fertigkeit – der neue Mensch des demokratischen Zeitalters sieht sich dem Zwang ausgesetzt, innerhalb weniger Generationen einem ungeheuren Anpassungsdruck auf verschiedenen Ebenen gerecht werden zu müssen.

Gleichzeitig beschreibt Tocqueville eine Lebenswelt, in der unendliche Variationsschemata endlicher Progression unablässig fortlaufen und auf der subjektiven Erfahrungsebene als Ausprägung individualistischer Lebensführung, auf der kollektiven Ebene als Fortschrittsmoment erfahren und begriffen werden.[112] Die moderne Veränderung der Arbeits- und Lebenswelten ist hierbei ein Teil des Ausdrucks verschiedener Veränderungs- und Anpassungswellen. Wichtig hierbei erscheint die notwendige Unterscheidung zwischen dem Eindruck eines ‚neuen Menschen', welcher analog zu den dominierenden Institutionen der modernen Demokratie sozialisiert wird, und dem ureigentlichen Moment eines geradezu naturgemäßen Herausbildens einer von allgemeiner Begutachtung bestimmten Ordnung, deren Haupt-Protagonisten einige charakteristische Eigenschaften teilen, welche sie in ihren Zielen zusammenführt.

Heute haben wir uns an ein Denken in sektoralem Bezugsrahmen und Gruppen gewöhnt. Das Projekt der Neubegründung der Demokratie erweist sich hingegen als ein Amalgam aus Versatzstücken, die teils kontinentaleuropäischer Tradition in Gegenwart, teils Anleihen aus der Antike, teils völlig neuen Einflüssen entspringen; Tocqueville schreibt:

> „Das Bild, das die amerikanische Gesellschaft bietet, ist (…) von einer demokratischen Farbschicht bedeckt, unter der man hin und wieder die alten aristokratischen Farben hindurchschimmern sieht. (…) Die wahre Bildung entspringt hauptsächlich der Erfahrung, und hätte man die Amerikaner nicht nach und nach daran gewöhnt, sich selbst zu regieren, so böte ihnen das Buchwissen, das sie besitzen, heute keine sehr große Hilfe zum Gelingen. (…) Der in den demokratischen Ländern lebende Mensch (…) entdeckt neben sich nur ungefähr gleiche Wesen; er kann also an irgendeinen Teil des Menschengeschlechts nicht denken, ohne daß seine Gedanken

---

112 Hier sei in diesem Zusammenhang auf die besondere Begriffsaufladung des *individualisme / égoïsme* bei Tocqueville verwiesen, die im Gegensatz zu der positiven Aufladung der Gegenwart zu sehen ist. Sie ist bei ihm als Ausprägungs- und Entwicklungsmustern des Despotismus verwandt beschrieben.

sich erweitern und ausdehnen, bis sie das Ganze umfassen (...) so wird das Bedürfnis, in allem gemeinsame Regeln zu finden, eine gewisse Zahl von Dingen in einem Begriff zusammenzufassen und eine Gesamtheit von Tatsachen aus einer einzigen Ursache abzuleiten, eine heftige und oft blinde Leidenschaft des Geistes."[113]

Den Ausprägungen des Transformationsprozesses in der Wirklichkeit folgt die politisch-strategisch, zunehmend fraktionell orientierte Debatte zwischen Föderalisten und Anti-Föderalisten: Die Idee und Entfaltungsfähigkeit der Freiheit als kontingent zu etablieren erscheint in diesem Moment der tiefergehenden Auseinandersetzung folgerichtig als Erziehungs- und Bewusstseinsfrage. Über das Selbstverständnis und Handeln Einzelner beginnt der Aufwuchsweg jener Institutionen, deren fortgesetztes Wirken in seiner ganzen Ambivalenz die Anwesenheit einer unsichtbaren Regierung in Form des *indirect government* bedingt, trägt und gleichzeitig in einem System gestufter Loyalitäten seine schädlichen Auswüchse abzuwehren hat.

Die *égalité des conditions* bildet hierbei durchgehend das Grundaxiom der Tocqueville'schen Überlegungen, gefolgt von dem Eindruck spezifischer Mœurs, deren Wirkungsursprung weit vor den Gesetzen und geographischen Umständen steht und in ihrer begrifflichen Aufladung hier besser aus dem Blickwinkel einer frankophonen Vorprägung zu erschließen ist.[114] Aus dem Geist, dem Gefühlsleben und den Gewohnheiten der Bürger in der Gesellschaft treten die Institutionen als Ankerpunkte einer zunehmend rationalen politischen Organisation des Staates hervor.

Umgekehrt bietet der Zustand einzelner Institutionen von hier an wiederum die Möglichkeit zum Rückschluss auf die zugrundeliegenden Sitten und Gebräuche, welchen sie ihre besondere Existenz verdanken, und damit fortgesetzt einen Blick auf den Innenzustand der Gesellschaft: Die zugrundeliegende Art und Weise ihres Aufwuchses gestattet zugleich ihre Inanspruchnahme als Transparenz- und Verifikationskriterium und durchbricht in seiner Entwicklungsfähigkeit die äußerliche Form ihrer Ordnungsrolle. Der rationale Weg des Aufwuchses legitimiert die etablierte Ordnung von beiden Seiten: zum einen über das einzelne Subjekt als Protagonist des hierüber etablierten Verfasstheitszustandes, zum anderen über die grundlegende Transparenz, welche dem unvermittelt von außen herantretenden, aufmerksam forschenden Besucher die legitimen Grundkonstanten sichtbar vorführt.[115]

---

113 DiA (Manesse), Bd. I 53, 352; Bd. II 27 ff.
114 Vgl. die Anmerkungen von Boesche zur Prognosefähigkeit Tocquevilles, 1983.
115 „(...) ihre Verordnungen scheinen noch in Kraft zu sein; die Obrigkeiten (...) führen denselben Namen, aber (...) die Tätigkeit, die Energie, die (...) fruchtbaren Tugenden, die sie eingeflößt haben, sind verschwunden. Diese alten Institutionen sind gleichsam abgestorben, ohne ihre

Tocqueville etabliert damit in seiner politischen Theorie entgegen den Erklärungsmodellen der Vertragstheoretiker die Demokratie *als spezifische Lebensform*. Der tiefergehenden Erschließung der Grundkonstanten soll das Protokoll der landestypischen Gebräuche nicht den Weg versperren: Der folkloristisch angehauchte Reisebericht à la Beaujolais wirkt in anderen Gefilden.[116] Die *société américaine* wird in Tocquevilles Diskurs als *paradigmatisches Erklärungsmodell* angeführt, die Beschreibung landestypischer Eigenheiten im engeren Sinne des Reiseberichtes bewusst auf andere Schriften ausgelagert; dies gilt für das gesamte Œuvre des Autors und findet sich als bewusster Schritt in persönlichen Äußerungen bestätigt.[117]

Form verloren zu haben." 85, Toc-Brevier. Die Wahrnehmung ihrer Etablierung beinhaltet gleichzeitig die Befähigung zu Korrekturmaßnahmen, sollte sich ihre Abwesenheit bestätigen – was nur durch das Transparenz-/Legitimitätsgebot möglich ist.

116 Ohne Beaujolais hier Unrecht tun zu wollen, muss der Vollständigkeit halber angemerkt werden, dass er mit dieser Form der Berichterstattung lediglich der allgemeinen Zeitströmung folgt; viele der Texte sind stark von der Idee des Entdeckers oder Expeditionsleiters geprägt und erscheinen entsprechend folkloristisch aufgeladen. Vgl. auch den Reisebericht Thomas Hamiltons, wie eingangs vorliegender Arbeit zitiert.

117 So in den Schriften *In der Wildnis* und in den verschiedenen Reiseberichten: *Voyage en Algérie*, *Voyage à Italie* (verschollen).

2 Entwicklungsschritte

„Frankreich ist nur ein Land. Amerika ist ein Modell."[118]

Seine Grundthese besagt, dass sich der Geist eines demokratischen Amerika vorwiegend in seiner Lebensform, in der Umwälzung der Sitten und in der moralischen Umgestaltung äußert. Amerika führe keine neue Rechtsprechung und keinen neuen Staat ein, nur die praktische Legitimität einer Lebensform, aus deren Ausgestaltung wiederum die Impulse für die ihr entspringenden konstitutionellen Elemente entstammen, so Tocqueville. Das Heil fließt nicht aus dem Göttlichen oder dem Staat, sondern aus „idealer praktischer Organisation", wie Jean Baudrillard schreibt.[119]

Der implizite *Geist eines Landes*, insofern man ihn so nennen kann, ist in dieser Konstellation allerdings auch Vorbote einer Umwälzung des gesellschaftlich-politischen Raumes bis hin zu jener äußeren Repräsentationsform, welche sich auf dem alten Kontinent Staat nennt. Eine Exploration seiner gedanklichen Vorgehensweise muss sich deshalb immer der Gefahr bewusst bleiben, im Zeitbild eines Landes das eigentliche Phänomen in seiner relativen Erscheinungsform zu sehen und nicht die Ursprungsgründe seiner Transformation.

Das spezifische Erkenntnisinteresse Tocquevilles bewegt sich entlang der verhandelten Phänomene zwischen Tradition und Moderne, Suche nach Verortung in den bekannten Erscheinungsformen des Politischen, und es findet fortlaufend Ausdruck in seinen Reflexionen über die Möglichkeiten eines modernen Gemeinwesens.

In vorliegender Arbeit soll deshalb in drei großen Fragekomplexen Tocqueville in seiner besonderen Methode und den hieraus hervorgehenden Erkenntnissen über die Grundlagen der modernen Demokratie neu gedacht werden. Zentral ist hierbei die Frage nach ihrer Strukturbildung und die Abstrahlung dieser Überlegungen in das einhegend wirkende Modell einer Deliberationsdemokratie, das durchgehend die äußere Grenze des Erschließungsrahmens vorliegender Untersuchung bildet. Die empirischen Elemente, Reflexionen und die Einbindung von Interpreten aus der politischen Ideengeschichte sollen hinsichtlich der Theoriebildung bei Tocqueville in einen systematischen Gesamtzusammenhang gestellt

---

118 Jean Baudrillard, in: Amerika, Matthes & Seitz Berlin, 1995.
119 Ebd., S. 130 ff.

werden und hierdurch in ihrem eigentlichen Bedeutungszusammenhang aufscheinen. Ihre Zusammenführung bildet das Leitmotiv vorliegender Arbeit; das
Aufweisen ihrer Interdependenzen führt uns zu ihrer Festschreibung in einem
Modell, das uns Schnittstellen in die Gegenwart eröffnet, und findet dort seinen
vorläufigen Abschluss.

Für Tocqueville liegt der Symbolwert Amerikas in seiner *verwirklichten
Utopie*. Seine Ideenfolgen werden durch die Stadt- und Naturlandschaften, in
denen er sich mit seinem Freund Gustave de Beaumont bewegt, ohne Unterhalt
in Bewegung gehalten und zugleich immer wieder neu justiert und fokussiert.
Sie haben ihn zu jeweils zusätzlichen Beschreibungen und Bildern angeregt, die
er nicht in seine Exploration des modernen Gemeinwesens einfließen lassen
möchte und sie daher zweifach getrennt veröffentlicht: In Stil und Form stehen
sie dann jeweils für das althergebrachte Format des Erlebnisberichts und für die
Zeugnisse des Reisenden. Hier unterscheidet er sich nach seinem Selbstbekenntnis an den Leser, wie im ersten Kapitel der *Demokratie in Amerika* gegeben[120],
nun auch in der Frage der literarischen Stilform bewusst von anderen Interpreten.

Diese Unterscheidung findet im ersten Komplex vorliegender Arbeit ihren
Niederschlag: Über die Muster des Sozialen, die er in den Erfahrungsräumen
einer modernen Gesellschaft verortet, findet Tocqueville zum Bild einer Transformation der Öffentlichkeit, in der er das Beziehungsgeflecht des Sozialen als
die zentrale Form der Institutionalisierung geistiger Gewohnheiten verwirklicht
sieht und damit ihre konstitutionell orientierte Ausprägungsfähigkeit vorweg-
nimmt. Der vergleichenden Vorgehensweise kommt dabei eine strategische Rolle zu, sie soll den Unterbau auf der Suche nach den konditionalen Gesetzen, aus
denen sich die neue Ordnung konstituiert, konstruieren helfen.

Auffällig ist bereits zu einem frühen Zeitpunkt seiner Überlegungen die Suche nach der ‚guten Methode' und der ihr gemäßen Sprache: Der Stil seiner
Beschreibungen soll für sich genommen lediglich das Vehikel für den Transport
der zugrundeliegenden, kritisch reflektierten Probleme bilden:

> „His stylistic ideal was (…) to avoid ornaments of any kind. The reason for this, he
> explained, was that the style should be the mere vehicle of thought; its aims should
> be clearness and brevity. The idea of avoiding difficult topics was (similarly) alien
> to Tocqueville as a thinker."[121]

Seine Kunst besteht nun darin, die Strukturelemente einer dystopischen Botschaft zum Bestandteil einer kritisch-rationalen Analyse reifen zu lassen, ohne
diese mit den schwermütigen Gefühlsbildern einer Absage an das ‚gute Alte' zu

---

120 DiA Bd. I (Manesse/ DVA 1959), S. 23 f.
121 Swedberg 2009, S. 89.

überfärben. Gleichzeitig beruhen die Analysen Tocquevilles im Verlauf der Gestaltwerdung der DiA zunehmend auf einem breit abgestützten Quellenkörper.[122] Den Siegeszug von Wissenschaft, Technik und Bildung begleiten tektonische Verschiebungen im Bereich des persönlichen, sozialen und politischen Lebens in Form einer nachhaltigen Verschränkung von *Vita contemplativa* und *Vita activa*[123] – sie finden ihren Ausdruck im Siegeszug veränderter Bildung und Verfahrenstechnik, in Arbeitsteilung und in der Selbstorganisation des Sozialen und Politischen. Diese Verschiebungen lösen zunächst Unbehagen aus und bleiben, hinter aller Vernunft verborgen, von der „Beklemmnis der Zweifel" begleitet.

Die Untersuchung der politischen Verschiebungen verläuft bei Tocqueville erstmals in einem eigenen, selbstgesetzten Erschließungskorridor einer kritisch-rationalen Analyse auf Grundlage empirischer Beobachtungen und verlangt damit nach einer grundlegend neuen Erschließungstechnik: „The significance of democracy was to be worked out in a different context than the political or, alternatively, (...) the political was to be contextualized differently."[124] Im Blickpunkt steht eine zunehmend demokratisierte Zivilgesellschaft; Wolin schildert Tocquevilles Unbehagen angesichts der immer homogener werdenden Gesellschaft und einer wachsenden Staatsmacht:

---

122 Vgl. Schleifer: „Particularly after 1835, readings not directly related to America entered increasingly into Tocqueville's thinking and writing process. He began to study and restudy a much broader range of works than he had found either the time or the need to read while he worked on the first half of his book. Letters and other materials indicate that between 1835 and 1840 he consulted, among great works of philosophy or political theory, the writings of Plato, Aristotle, Plutarch, Thomas Aquinas, Machiavelli, Montaigne, Bacon, Descartes, Pascal, Montesquieu, and Rousseau. Of other seventeenth-century French authors, he read La Bruyère, Charles de Saint-Evremond, and Madame de Sévigné; and from the eighteenth century, Fontenelle, Jean-Baptiste Massillon, and Malesherbes, as well as the famous Encyclopédie. During this brief period he also apparently read, more miscellaneously, Rabelais, Cervantes, the Koran, and various books by his contemporaries, especially Guizot, Lacordaire, and François-Auguste Mignet. But demonstrating any firm and specific connection between these extensive readings and the last volumes of the Democracy remains nearly impossible. Unlike the 1835 drafts, which, as we shall see, often referred explicitly to many American works, the 1840 manuscripts only rarely hint at how a particular writer or book might have contributed in any precise way to the shape of Tocqueville's grande affaire. So almost all claims to influences on the 1840 Democracy by one author or another must continue to rest on the grounds of parallel ideas and other broad similarities", vgl. http://bit.ly/fnpJ1g.
123 Vgl. Wolin 2006, S. 77 ff.
124 Ebd., S. 307 f.

„(...) he alone demonstrated the relationship between the importance of culture as expressing a conception of politics in which the dominant power was anonymous and the arrival of a modernity that diminished politics while professing to expand it."[125]

Er arbeitet heraus, dass die von Tocqueville genannten Gegenmaßnahmen, „encouraging civil associations, a free press, reviving local Government, strengthening the judiciary (...), and defending private rights", letztlich nur verzögernden Charakter hätten: „Equality's telos is toward centralization and hence the political has to be reconceived, not primarily as the citizenly practice of self-government but as an unrelenting struggle."[126] Die von Wolin zu Recht gestellte Frage „how does a Traveler turn Theoros?" ist dann Ausdruck der Empfindung eines klassischen Widerspruchs zwischen der Vielheit in der Einheit des Gedankenbildes bei Tocqueville und der Geistesarbeit (*desk research*) eines institutionell gebundenen Akademikers in der Gegenwart. Der erkenntnisschauende Reisende Tocqueville fügt die Bilder seiner Anschauung in Notizen, Zeugnisse und Bilder. Der erkenntnisteilende Literat Tocqueville präsentiert sich in den Pariser Salons seiner Zeit als der reflektierte Bewältiger der Erkenntnisteilhabe, deren Schlüsse er aufbereitet und paradigmatisch geordnet in sein Werk überführt hat. Er hat seine Reise mit einer eigenständigen Grundhaltung und einem Rechercheauftrag begonnen und ist zurückgekehrt mit dem Rüstzeug eines methodisch experimentierfreudigen, in der Praxis versierten Interpreten einer komplexen soziopolitischen Gemengelage zwischen vertrautem Kontinent und dem Landozean der Moderne. In der Überführung seiner individuellen Eindrücke in ein wertfrei gehaltenes Beobachtungs- und Sondierungsschema begeht er wie auf einer zweiten, nun virtuellen Reise das Terrain seiner Ersterkundung neu, durchlebt erneut die Schauplätze und Etappen seiner Exploration der polyzentrischen Ordnung einer modernen Demokratie.

In diesem erneuten Hindurchgehen kreuzen sich beständig persönliche, politische und theoriebestimmte Motivation, angesichts einer modernen Demokratie die Frage nach ihrer Substanz und deren Strukturwerdung zu stellen. Diese Frage wird in Form einer besonderen Methode an die Struktur herangetragen, ohne dass diese Frage selbst ausgesprochen wird, vorgestellt oder in ihrer Rolle benannt. Der moderne Mensch und die Mentalität der Demokratie, die Strukturwerdung des Selbst und, hinter allem stets bei Tocqueville präsent: die Beklemmnis der Zweifel[127], verbunden mit dem Gestus, den eigenen Landsleuten

---

125 Ebd., S. 315 f.
126 Ebd., S. 369 f.
127 „Tocqueville was a true modern in his belief that doubt was central to modern man. But there the resemblance ended. If the methodical was aesthetically repugnant – it smelled of uniformity

über die Ambivalenzen einer neuen Ordnung hinweg die Furcht vor der Neuheit einer vollständigen *égalité des conditions* zu nehmen. Amerika ist ein Modell, in dem die Exploration angesichts der dort bereits erprobten Neuheit demokratischer Strukturen noch den Ursprungsgründen und Anleihen begegnet, wohingegen Frankreich als ein geradezu schicksalhaft in seinen widersprüchlichen Binnenstrukturen gebundenes Land erscheint. Der von Tocqueville in Amerika empfundene, zentrale Eindruck der neuen demokratischen Ordnung ist ein dicht verwobenes, schier unauflösliches Nebeneinander von Herzensgewohnheiten und Kausalbeziehungen. Die Bürger dieser neuen Ordnung fällen rationale Schlüsse und orientieren sich in zahlreichen Angelegenheiten des öffentlichen Lebens an sachlichen Abwägungsschemata, scheinen jedoch gleichzeitig in Religionsfragen, patriotischer Empfindung und kollektiven Handlungsmustern von einer überschwänglichen Emotionalität getragen, ohne dies je als Widerspruch zu empfinden:

> „Der weiterhin Glaubende hat seinerseits keine Angst, seinen Glauben vor aller Augen zu zeigen. In denen, die seine Hoffnungen nicht teilen, sieht er eher Unglückliche als Gegner; er weiß, dass er, ohne ihrem Beispiel zu folgen, ihre Achtung erzwingen kann; er befindet sich also mit niemandem im Streit; und da er die Gesellschaft, in der er lebt, keineswegs als einen Kampfplatz ansieht, wo die Religion beständig gegen zahllose erbitterte Feinde kämpfen muss, liebt er seine Zeitgenossen, deren Schwächen er verurteilt und deren Irrtümer er gleichzeitig beklagt."[128]

Es ist also eine Art von förderlichem, öffentlich präsentem Grundwettstreit etabliert worden, welcher sich, wenn man einen Begriff aus der Ökonomie entlehnt, über Performance-Level definieren lässt.[129] Politik ist zentraler Bestandteil dieser kausal messbaren sozialen Handlungsmuster, jedoch nicht primär im Sinne der Steuerung von Prozessen oder nur mit Blick auf die gesellschaftlichen Eliten, sondern in Betonung der Bürger und ihres individuell bewertbaren Handelns. Fragwürdige Traditionsbestände sind dann die Elemente, welche den förderlichen Wettstreit verfälschen oder konkret behindern, indem eine Gruppe sich, um etwa einen legitimatorischen Vorteil zu erlangen, auf den vermeintlich höheren

---

– doubt was Tocqueville's demon. He confronted doubt after having first known certain (…) In Dante's vision, hell had its circles of increasing gravity. For Tocqueville they were, in sequence, three: personal, political, and theoretical." Wolin 2006, S. 80.

128 DiA (Manesse), Bd. II, S. 345 f.

129 Auch: PL-Wert. Die Wertbeimessung kann durch qualitative und quantitative Indikation erfolgen, in vorliegender Arbeit wie in dem Beispiel der Indexierung des relativen Demokratisierungsgrades. Allerdings darf die rational-empirische Einhegung eines überkomplexen Phänomens in der politischen Praxis nicht die Perspektive konsensualer Entscheidungsfindung künstlich verengen (vgl. aktuelle Ereignisse im Rahmen von Planfeststellungsverfahren und die sich hieran anschließenden Bürgerkontroversen wie „S21").

Wert dieses oder jenes Elements berufen kann. Auch diese Bewertungsfähigkeit ist neu, führt sie doch ein rationales Moment und damit eine neue Balance in ein tief von affektionalen Beziehungen geprägtes Verhältnis zwischen Individuen und Sachleitthemen ein. Folglich sind bei Tocqueville die *kausalen* Analysen inhärenter und unabdingbarer Bestandteil einer jeden funktionalen, vergleichenden Analyse. Die Frage ist dann, woher sie ihre Erkenntnisrichtung beziehen: aus einer Grundhaltung des Autors, aus einer durch Erfahrungswissen und Reflexion schrittweise modifizierten Haltung oder in Abgleich zu den (durchaus antagonistisch wirksamen) Lehrmeinungen in der akademischen Welt und Ideengeschichte?

Sicher ist, dass es bei Tocqueville nicht die eine Haltung, sondern aus Erfahrung und Interesse schöpfende Lebensthemen und intellektuelle Herausforderungen gibt, an denen entlang sich sein Erkenntnisinteresse immer wieder neu ausrichtet. Seine Schilderung der Revolution von 1848 bietet hierzu ein besonders eindringliches Zeugnis.[130]

Es gibt bei ihm, wie durchaus zu erwarten gewesen wäre, nicht die eine, besonders hervorstechende Art von demokratischem Dogmatismus, sondern Toleranz, Neugier und Teilhabeinteresse, die in einem erkenntnisfördernden Wechselspiel stehen. Indem er auch Standpunkte der anderen Partei durchspielt, durchaus auch rein hypothetisch oder virtuell gelagert, schärft er den Erkenntnisgehalt seiner Aussagen. Als ein Beispiel von vielen: „Die Menschen können ohne dogmatische Glaubenssätze nicht bestehen, und ich würde sogar behaupten, daß sie diese ruhig haben sollten."[131] Er möchte mit allem Vorwissen abschließen, das ihm über seine Sozialisation und akademische Prägung zuteilwurde:

> „(...) und bedenke ich dann die Anstrengungen, mit denen man dieses auf Grund von jenem zu beurteilen sucht, und wie man aus dem, was vor zweitausend Jahren geschah, das Kommende unserer Zeit voraussehen will, so möchte ich am liebsten meine Bücher verbrennen, um auf einen so neuartigen sozialen Zustand *nur neue Gedanken* anzuwenden."[132]

Seine Auseinandersetzung mit dem Komplex einer demokratischen Moderne und ihrer Implikationen für den soziopolitischen Bereich lässt sich jenseits der Ebene ihrer methodisch-systematischen Erschließung in vier sich wechselseitig überschneidenden Phasen darstellen, mit eingeschlossen die Variationen seiner politischen Position entlang seiner Lebensetappen: Freiheit, Vielfalt und öffentliche

---

130 Vgl. Tocqueville, Alexis de: Erinnerungen, Karolinger Verlag Wien und Leipzig 2010, insbes. S. 69 f.
131 DiA (hrsg. v. Reeve/ Bowen 1945), Bd. II, S. 20 f.
132 DiA (Manesse), S. 349 f. Der Abschnitt bezieht sich auf Neuengland und die dort zur Anwendung kommenden Bildungselemente innerhalb der öffentlichen Institutionen/Lehranstalten.

Tugend, schließlich eine besondere Form der Selbstregulierung durch die Bürgerschaft prägen *die erste Phase* seiner tiefempfundenen, sehr persönlich gehaltenen Auseinandersetzung mit den Chancen und Risiken einer modernen Volksherrschaft. Tocqueville ist durchaus ein skeptischer Bewunderer ihrer Ausprägungen in der Wirklichkeit. Insbesondere die gesellschaftliche Dynamik und ein als förderlich empfundener Wettstreit ihrer Repräsentanten prägt seine Haltung in dieser Zeit.

Dieser ersten, bereits skeptisch durchfärbten Begeisterung[133] folgt dann ab 1840, deutlich hervortretend im zweiten Band der *Demokratie in Amerika*, eine *von zunehmendem Pessimismus geprägte Haltung*, begleitet von Distanznahme zu den liberalen Lehren der *Doctrinaires*. Tocqueville sieht das Schicksal der Demokratie und der aus ihr hervorzugehenden, persönlichen Freiheit in Frankreich mit wachsender Sorge. Er sucht nach politischen Möglichkeiten, um die Partizipationskräfte von Land und Mittelklasse beleben zu können, und verbindet dieses Wirkungsinteresse mit durchaus vaterländischen Anhaltspunkten. Beide Motive mit den ihnen eingeschriebenen vaterländisch und imperialistisch aufgeladenen Implikationen tragen mit zu seinem persönlichen und politischen Engagement in Algerien bei, wo er sich, vollständig ambivalent, aber ganz dem Stil seiner Zeit folgend, für eine prononcierte Vorherrschaft Frankreichs ausspricht.[134]

In der Zeit der 1848er Revolution tritt schließlich *die dritte Phase* seines politischen Denkens hervor. Tocqueville wirkt als politischer Schriftsteller, als Abgeordneter, schließlich sogar kurzzeitig als Minister und sucht erneut nach Mitteln, den drohenden gesellschaftlichen Umschwüngen einer als drohend empfundenen sozialen Transformation über das Entgegenstellen der Vorzüge einer freiheitlichen Ordnung zu begegnen. Er ist hierfür bereit, außenpolitische Positionen in Frage zu stellen, und betont in seinen öffentlichen Stellungnahmen energischer als jemals zuvor (inneren) Frieden und (soziale) Sicherheit, bis hin zur Unterstützung sozialpolitischer Programme. Letztlich sind nur wenige seiner Initiativen erfolgreich; nach dem Staatsstreich Bonapartes von 1851 sieht er seine persönliche und politische Mission gescheitert.

Sein Urteil zu gesellschaftlich verortbaren Transformationsprozessen ist zu diesem Zeitpunkt bestens geschärft; zu 1848 schreibt er etwa in seinen Erinnerungen:

---

133 Worin man zu diesem Zeitpunkt noch stärker einen Vorzug hinsichtlich einer kritischen Aufarbeitung von Chancen und Risiken sehen mag.

134 Als eine Quelle unter vielen, in denen sein Engagement in der Kolonialfrage kritische Aufarbeitung erfährt, vgl. Brogan, Hugh: Alexis de Tocqueville: Prophet of Democracy in the Age of Revolution. A Biography, Profile Books London, 2006, S. 330, insbes. S. 611.

„Es war eine Tradition von Gewalttätigkeiten, die ohne richtiges Verständnis kühlen Herzens befolgt wurde. Obwohl ich ahnte, daß die weitere Entwicklung des Stücks furchtbar sein würde, konnte ich die handelnden Personen niemals ganz ernst nehmen; alles erschien mir wie eine schlechte Tragödie, die von Provinzschauspielern gespielt wird. (…) Der Tumult lebte wieder auf, wuchs an und gebar sich sozusagen fortzeugend immer wieder selbst. Denn das Volk war seiner nicht mehr Herr genug, um einzusehen."[135]

Nun beginnt mit dem Rückzug aus der politischen Praxis *die vierte Phase*, in der er mit dem geschärften Blick des erfahrungsgesättigten Gelehrten historische Ereignisse mit ihren sozialen und politischen Erscheinungen verbindet: In der Vor- und Nachgeschichte Frankreichs zu 1789 sieht er über die Aufarbeitung der grundlegenden Transformationsprozesse die Möglichkeit, die eigentliche Größe seines Heimatlandes angemessen reflektiert darzustellen: Zumindest das politische Erbe der großen Revolution soll gerettet werden. Im Rückzugsraum geistiger Autorschaft sieht er sich „als Bürger eines geistigen Vaterlandes" den Auswirkungen des zeitgenössischen Bonapartismus entzogen.

2.1 Reflexion und Systematisierung

„Die Polis war eine Lebensform. Der Staat ist eine rationale Anstalt."[136]

Notwendig erscheint an diesem Punkt die Eingrenzung des Tocqueville'schen Demokratiebegriffs anhand inhaltlicher Kriterien: Da er keine systematische Theoriebildung im engeren Sinn betreibt, sieht er den Weg der wissenschaftlichen Reflexion als ein Mittel, für den Raum, in dem sich politische Ordnung entfaltet, Handelsmaximen zur Herstellung der angestrebten Balance zwischen Freiheit und Gleichheit bereitzustellen. Dieser Raum ist per se selbstkonstitutiv und den modalen Qualitäten einer in ihn verschränkten Sozialordnung unterworfen, deren Protagonisten wiederum das lebendige Kontinuum seines Konstitutionsprinzips darstellen.

Als Antagonisten finden diese Maximen sich in *Société civil* und *État social* etabliert. Auch wenn sie innerhalb des systematischen Rahmens der Tocqueville'schen Analyse nur bedingt im engeren Sinne wissenschaftlicher Theoriebildung weiter differenziert werden, so gilt doch: Als nicht hintergehbare ethische

---

135 Alexis de Tocqueville: Erinnerungen (in der Übersetzung von Dirk Forster), Karolinger Verlag Wien 2010, S. 60 f.
136 Bubner, Rüdiger: Polis und Staat. Grundlinien der politischen Philosophie, Suhrkamp Verlag, Frankfurt am Main 2002, S. 17.

Postulate innerhalb eines emphatisch formulierten Politikbegriffs dienen sie gleichzeitig als Platzhalter für die sozialpsychologische Disposition des *homme politique* in der modernen Lebenswelt demokratischer Gesellschaften.[137]

Der Hauptansatzpunkt seiner Überlegungen entspringt dem Eindruck, die politischen Strukturen dienten gleichzeitig als Antriebsmoment und Ausdruck der gesellschaftlichen Entwicklung. Der beständige Verweis auf allgemeine Prinzipien und ihre Wirkungsfähigkeit, die Überführung seiner politischen Theorie in den Raum von auf die Methode bezogener Urbarmachung im Sinne einer umfassenden Systematisierung stellt hierbei eine besondere Herausforderung dar: Vor einer möglichen Hinführung auf eine Unterscheidung zwischen negativer und positiver Freiheit sind die systematischen Elemente aus dem freien Spiel der Kräfte der Antagonisten *Société civil* und *État social* herauszulösen und über ein eigenes Erschließungsschema im Sinne der angestrebten Untersuchung nutzbar zu machen. Er hat dies zu einem früheren Zeitpunkt so beschrieben:

> „Die Französische Revolution wird allen, die nur sie allein betrachten wollen, ein dunkles Rätsel bleiben; in den Zeiten, die ihr vorangehen, hat man das einzige Licht zu suchen, das sie aufzuhellen vermag. Ohne ein klares Bild der alten Gesellschaft, ihrer Gesetze, ihrer Fehler, ihrer Vorurteile, ihrer Erbärmlichkeiten und ihrer Größe wird man nie begreifen, was die Franzosen während der sechzig Jahre, die dem Sturze jener alten Gesellschaft folgten, getan haben; aber dieses Bild würde noch nicht genügen, wenn es sich nicht auch auf das Naturell unserer Nation erstreckte."[138]

Die Reflexion nimmt hierbei die Rolle eines grundlegenden Eintrittsmittels in eine bewusst aus den unmittelbar präsenten Eindrücken herausgehobene Form der Allokation von Zeichen, Voraussetzung und Ausdruck jener Instrumente und Hindernisse der allumfassenden Progression der menschlichen Angelegenheiten ein.[139] Sie ist das Zwischenmittel einer Form der einsichtsfördernden Teilhabe an den präeminenten Prozessen, wobei diese erst die kollektive Progression durch das dynamische Ineinanderwirken des wohlverstandenen Selbstinteresses bedingen. Gleichzeitig scheint sie dabei bei Tocqueville in jedem Urteil eine Festlegung auf eine bestimmte Form der Darstellung zu bedingen, die dann jedoch in Gegensatz zu dem ursprünglich intendierten Gehalt treten kann und damit ihre eigene Aussagefähigkeit zu delegitimieren droht: Endliche Form des Urteils und philosophischer Aussagegehalt sind in diesem Prozessablauf widerstrebende Faktoren. Hier ein Problemkonstrukt an den Anfang der Überlegungen zu stellen, wie es das Interesse an einer stringenten Grundrationalität fordert, „falsch

---

137 Vgl. Herb 2005, S. 38.
138 Der alte Staat und die Revolution, Reinbek 1969, S. 179 f. (zuerst L'Ancien Régime et la Révolution, Paris 1856).
139 Innerhalb der bereits beschriebenen Konstituierungsabläufe.

unter ihrem Anschein mathematischer Wahrheit"[140], hätte angesichts der unbedingten Neuheit und Offenheit des politischen Entwicklungs- und Erfahrungsraumes, welcher sich Tocqueville hier eröffnet, die Reichweite seiner politischen Theorie wohl unnötig beschnitten.[141]:

> „Manche seiner Analysen politischer und sozialer Phänomene vermitteln den Eindruck, Erklärungen, andere, Deutungen anzubieten. Der Unterschied besteht darin, daß eine Erklärung darauf abzielt, überzeugend und einzigartig zu sein und ihre Konkurrenten zu disqualifizieren, während eine Deutung es akzeptiert, eine unter anderen zu sein. Eine Erklärung will überzeugen, eine Deutung verführen. *Eine Erklärung will wahr sein, eine Deutung gerecht.*"

So wie Michael Hereth es beschreibt, drängen Selbsthaltung und Erkenntnisinteresse Tocquevilles auf Substanz und Methodik, aus der schließlich die Prognosen erwachsen. Diese Haltung bleibt nicht auf eine schriftstellerisch oder akademisch gefasste Form besonderer Betätigung mit einem selbst gewählten Gegenstand der Betrachtung beschränkt, sie sieht auch nicht die Weltgeschichte als „Poesie im größten Maßstab": Sie ist Ergebnis und Ausdruck einer als ganzheitlich empfundenen geistigen und charakterlichen schöpferischen Anstrengung, jenseits von Illusion, Utopie oder Verzweiflung immer das Sinnhafte zu denken.

Dass die Idee der Freiheit dabei immer auch an das Bild eines Schöpfers gebunden bleibt, steht für ihn außer Frage:

> „Gott allein kann ohne Gefahr allmächtig sein (…). Moral, Religion, und Ordnung, Freiheit und Gleichheit der Menschen vor dem Gesetz sind (…) heilige Dinge, unauflöslich vereinigt in den Augen Gottes."

Ohne die Akzeptanz dieser Vorbedingung lässt sich in seinen Augen die Freiheit nicht verteidigen – die Demokratie ist als Organisationsform der Gesellschaft und des Politischen eben nicht wertneutral, sondern ein immer erneut aktualisiertes Konstitutionskontinuum, innerhalb dessen verschiedene Kräfte, oft vertreten durch die Protagonisten des Politischen, um die jeweilige Vorherrschaft ringen. Ihr Wirken ist uns über die Idee der permanenten Revolution vertraut; als Begriff hat sie Tocqueville seinen Eindrücken der Französischen Revolution und ihrer Nachwirkungen entnommen.

Der Verweis auf dieses Fundamentalprinzip der modernen Demokratie weist auf zeitlose systematische Zusammenhänge: Die Progression lässt sich über die Neusetzung der Bindungskräfte nachweisen; hieraus lässt sich in einem

---

140 OC, 1978b, S. 112 f.
141 Vgl. Albert Salomon: Tocqueville's Philosophy of Freedom, in: The Review of Politics (Indiana University), I, 1939, S. 42–89. Inwieweit sich seine Theorie über den Weg der Analyse heraus abbilden lässt, vgl. in vorliegender Arbeit Kap. 2.V. f.

Nebengang zur vorliegenden Diskussion möglicherweise auch der Eindruck jenes eigentümlichen Zusammenwirkens von progressiven und konservativen Kräften in der amerikanischen Revolution erklären, wie wir sie in den *Federalist Papers* und in den Selbstzeugnissen der *founding fathers* dokumentiert finden. In einem wohl welthistorisch einmaligen Vorgang beförderten sie gleichzeitig den endgültigen Abschied von feudalistischen Strukturmerkmalen und den Aufwuchs einer Neuordnung der ökonomischen Sphäre.

Das Streben nach Macht um der Macht willen kann hierüber als ein Merkmal von Irrationalität erscheinen. Freiheit ist demgegenüber die vernunftgeleitete Ausweitung einer Form von Selbst-Beherrschung, im wesentlichen Sinne auf die Beziehungen zu den anderen Gesellschaftsmitgliedern gerichtet. Triebkraft dieses rational-demokratischen Realismus ist nicht der Wille zur Macht, welcher eine Status-quo Ordnung, wie auf dem *alten Kontinent*, in Bestand hält, sondern der Wille zur Freiheit.[142]

Die hiermit einhergehende, durchaus ambivalent zu wertende Entgrenzung traditionaler Bindungskräfte lässt sich im Amalgam der amerikanischen Identitätsbildung nachweisen: Nirgends anders ist die Suche nach öffentlichen Leitbildern – „people that matter" – stärker ausgeprägt; die *town parade* bei Tocqueville ist über die Medienlandschaft unserer Tage lediglich auf die Bühne absoluter Gleichzeitigkeit gehoben, nicht jedoch in Wirkungsweise, Rolle und Bedeutsamkeit geändert worden.[143]

Der Selbstbegriff der Individualität inmitten der atomistischen Natur einer freiheitlich-demokratischen Ordnung lässt sich dabei über die Rückbindung an die Institution im Sinne Constants als negative Freiheit deuten: Private Glückssuche und die institutionell abgesicherte Unabhängigkeit des Einzelnen wird bei Tocqueville über einen Bewusstseinswandel, zusammengeführt mit positiver Freiheit, zum Antriebsmoment der Wahrnehmung politischer Teilhabe. Der Begriff eines *allgemeinen Bürgersinns* wirkt, stellt man ihn dieser systematischen Einhegung demokratischer Verfasstheit als Lebens- und Selbstbegriff gegenüber, seltsam unbestimmt: Der Verzicht auf institutionelle Abwehrrechte und individuelles Glück, wie wir ihn bei Rousseau finden, wird von Tocqueville abgelehnt oder zumindest eingeschränkt: Die Synthese von Erfahrungsraum und politischer Theoriebildung lässt ihn bereits über diese Form der Wahrnehmung hinausbli-

---

142 Vgl. Charles Krauthammer: Democratic Realism, http://bit.ly/fWmppc.
143 Allem Informationsgehalt ist eine materialistische Basis zu eigen, deren Wesensgehalt auch durch die unendliche Vervielfältigung und Varianz nicht ausgeweitet werden kann. Natürlich gibt es immer unendlich viel Allzu-Allgemeines, doch dient sein Vorhandensein vorrangig der Unterhaltung.

cken.[144] Ein erster Blick führt zu dem Eindruck, Tocqueville stünde hier der πολιτικὴ κοινωνία näher mit ihren verschiedenen Aggregationsebenen bürgerlicher Befähigung zur Selbstgestaltung des Lebensraumes als den kontraktualistischen Modellen mit ihren Zuordnungsschemata und der diese Erkenntnis gestaltenden Reflexion über die Zusammengesetztheit[145], Grundlage, Grenze und den Zweck des Politischen.[146] Er gibt sich zu diesem Punkt seiner Erschließung nicht mit Zuordnungsschemata zufrieden, deren methodische Dominanz die Reflexionsfähigkeit hemmt, sondern geht, tastend suchend, im Inventar abendländisch geprägter Bezugsschemata voran.

Die methodische Befähigung Tocquevilles, aus erfahrungswissenschaftlichen Grundlagen deduktive Schlüsse zu ziehen, führt zu einem im Sinne der Theoriebildung gewinnbringenden Zusammengehen beider Bereiche: In systematischer Hinsicht entspringt hierüber der Eindruck des unausweichlichen Voranschreitens der (liberalen) Demokratie als Verfassungsform der Moderne.[147] Hier kann man noch einen Schritt weitergehen, indem man sie als die exklusive Gesellschaftsform, den *État social* der Moderne sieht, nicht mehr als eine mögli-

---

144 Die Konstanz bestimmender Elemente der Theoriebildung bei Rousseau und ihre quasi-materialistische Behaftung, wie im Eigentumsbegriff besonders deutlich, in dem die (bürgerliche) Gesellschaft, aus der Bestimmung als ein Ort von Reflexivität und Normenlegitimierung, aber auch von Enfremdung gekennzeichnet, ihre physische Verortung findet. Auf der einen Seite kann damit der Einzelne sich erst in der Sphäre des Politischen, seiner natürlichen Befähigungs-Ausprägung folgend, sich zum Menschen erheben, auf der anderen Seite ist er, bestimmbaren Vorbedingungen folgend, in eine von sozialen Prozessen geprägte Welt gestellt, deren Ausformungen er folgt.

145 Sowie die stoffliche Ausgestaltung und Komposition.

146 Ein aus Teilen zusammengesetztes Ganzes formt die Gesellschaft als Ausformungsvariable des Politischen auf den Aggregationsebenen der Einzelnen, ihrer Körper und Seelen, gefolgt von ihren Haushalten, hierhin zu der Agora verbunden über ihre Freundschaften und Geschäftsbeziehungen, deren Vorhandensein wiederum zu der dritten Ebene der Polis verbindet. Auf die Methodik Tocquevilles bezogen, und u. a. bei Dilthey so bestätigt, findet sich diese Wahrnehmung des Politischen als Aggregat verschiedener Assoziationsebenen und ihrer jeweiligen Modalitäten im Auseinandersetzen der interdependenten Elemente. Unter Bezugnahme auf Boesche, Boudon et al. kann man hieraus jeweils Tocquevilles Prognosebefähigung aus dem Willen zum Objektivismus entwickeln. Vgl. Kap. 3.X.

147 Wir wissen heute, dass nur eine Minderheit von Gesellschaftsordnungen eine verhältnismäßig liberal orientierte Form des Gemeinwesens etabliert hat. Bereits der Kern Westeuropas besitzt hier eine große Bandbreite unterschiedlich ausgeprägter demokratischer Gemeinwesen, oftmals noch mit Elementen (repräsentativer) Monarchie versehen. Der eingangs angeführte Demokratieindex (TE Democracy Index) bietet hierfür eine erste Übersicht und Orientierung. Wenn man von der liberalen Demokratie als der Verfassungsform der Moderne spricht, setzt man das Bild einer progressiven politischen Ordnungsform in die Welt, deren Rechte und Pflichten jeden ihrer Bürger in einer vormals nicht erlebbaren Form zu einem Teil ihrer selbst geraten lassen. Sie ist als primär soziales Phänomen äußerer Ausdruck einer Ordnung, die zur Selbst-Konstitution ermächtigt ist und deren Gestaltung individuell erlern- und ausübbar ist.

che Staatsform unter anderen oder Reminiszenz an die antike Volksherrschaft. Mit dieser Deutung steht die Demokratietheorie Tocquevilles auch gegen den später von Arendt und anderen vorgenommenen Versuch, über einen Rückgriff auf das Ideal der alten Demokratie Entwicklungsziele für eine „Re-Demokratisierung" Westeuropas nach den beiden Weltkriegen zu formulieren.[148] Er entwickelt zu diesem Punkt gewissermaßen das Leitmotiv seiner Untersuchung: die Schilderung der Demokratie als soziales Phänomen vermittels der *égalité des conditions* als fortschreitender Prozess und hervorstechendste Eigenschaft; Demokratie als ein relativer Verfasstheitszustand: *pivotal points* und ihre Protagonisten, selbst-konstitutiv aus dem dynamischem Wechselspiel freigewordener Kräfte entsprungen und doch bis hierhin fragil, in der eigentümlichen Unbestimmtheit der demokratischen Ideale befangen und nicht fähig, über sich selbst Gewissheit zu erlangen; herausgelöst aus jeder transzendenten Ordnung und doch auf transzendente Bindungskräfte angewiesen.

Erst über den Aufwuchs von Institutionen entsprechend stabilisiert, da als kontingent legitimiert[149], eingebettet in die Umweltbedingungen der sozialen Konditionen und die historische Situation in Identität, Partizipation und Repräsentation und schließlich einzelnen herausragenden, charismatischen Protagonisten, im Sinne Webers und durchaus kontrovers, verdeutlicht besonders in den weniger bekannten Fragmenten[150] Tocquevilles über die Ambivalenz der Medien als Institution. Die Bürger als Mitglieder der demokratischen Transformationsgesellschaft verfügen über keine vollständigen und logisch konsistenten politischen Überzeugungen.[151]

---

148 Vgl. Hereth, Michael: Alexis de Tocqueville: Die „Sitten" und die Exportfähigkeit der Demokratie, 2007 (unveröffentlichter Aufsatz): „Eine Tradition ‚kommunitaristischen' Denkens, die von Aristoteles ausgeht und bis zu H. Arendt reicht, ist somit die republikanisch-partizipatorische, in deren Zentrum die Idee des tugendhaften Aktivbürgers steht, der sein gutes Leben mit dem Wohl seiner politischen Gemeinschaft und seiner Rolle darin immanent verknüpft sieht. Eine andere Tradition führt zu Hegels Rechtsphilosophie, in welcher das Fehlen einer ‚sittlichen Substanz' in Theorien des L. bemängelt wird. Demzufolge bleiben insbes. kontraktualistische Legitimitätsmodelle dem historisch und ethisch situierten Charakter einer politischen Gemeinschaft äußerlich und gelangt nicht zu einer Konzeption ‚substantieller Freiheit', in der die individuelle, gemeinschaftliche und institutionelle ‚Sittlichkeit' vereint sind." Insofern ist auch der Begriff einer Re-Demokratisierung fraglich, ist doch in den meisten Ländern, historisch-ideell betrachtet, mit dem Ende des Kriegs keineswegs ein Ende repräsentativer Monarchie gegeben und der Neubeginn republikanischer Tradition nur schwerlich in Einklang mit einer umfassenden Re-Demokratisierung zu sehen, die zuvor noch, wie immer in Abgleich mit den Vereinigten Staaten, jene große, bislang nicht erlebbare Alternative dargestellt hatte.
149 Entlang dem Selbstbegriff einzelner Gruppen.
150 Vgl. Mitchell 2003.
151 Buchstein 2003, S. 258 ff.

Politische Entscheidungen allein von (veränderlichen) Ansichten abhängig zu machen ist unverantwortlich, denn ein Bürger muss möglichst aktiv am politischen Prozess teilnehmen, um sich zum einen mit den politischen Entscheidungsabläufen und mit der Demokratie zu identifizieren, zum anderen aber auch, weil er als Bürger in den prozesshaften Abläufen des Politischen seine eigenen Beschränkungen und Interessen kennenlernt und damit politisch dazulernt, um dann (idealer- oder notwendigerweise) die Interessen der gesamten Gemeinschaft zu berücksichtigen. Dabei gründet sich die Legitimität der äußeren und inneren Ordnung auf das Einzige, was sie wirklich tragen kann: Die geäußerte und – wiederholbar – faktisch vollzogene Zustimmung ihrer Bürger. Überall dort, wo es allgemeingültige Rechtsverhältnisse gibt, schließen sich über die Dynamik der hieraus hervorgehenden Entwicklungsprozesse Freiheit und Gleichheit mit ein.

Diese rational orientierte Form der Selbst-Instanzsetzung eröffnet auf der Ebene des Subjektiven ein Orientierungsmoment, eine Verortung angesichts des Panoramas unendlicher Möglichkeiten, welche sich dem Einzelnen in Form von unablässig ablaufenden Entscheidungsketten entgegenstellen. Ist damit der im Innersten auffindbare Kern des Ganzen auf das Rationale orientiert? Die Dynamik unablässig sich herausbildender Entscheidungspotentiale bedingt die Notwendigkeit vorgreifender Hoffnung als Form personaler und kollektiver Orientierung und Motivation. Versatzstücke rational planbaren und ausführbaren Handelns und Gestaltens werden in den verschiedenen Lebensabläufen immer erneut von Phasen schicksalhafter Begebungen, dynamisch neusetzend, unterbrochen.

Bevor wir weiter die jeweiligen Interdependenzen identifizieren und in ihrer Modalität erschließen, was nur unter Hinzunahme der politischen Ideengeschichte und ihrer Theoreme gelingen kann, sei ein Ausblick auf die weiteren Elemente der Selbstkonstituierung erlaubt: Die Errungenschaften einer neuen Ära und ihr Gefahrenpotential, intermediäre Gewalten und die Herausbildung gesinnungspolitischer Parteien, das Dogma der Volkssouveränität und das Prinzip der Mehrheit bieten keine sichere moralische Kompetenz und befördern einen Ergänzungsbedarf der politischen Ordnung. Gefunden wird dieser bei Tocqueville schließlich in den Ideen, Gefühlen, Sitten und Gewohnheiten – den *Habits of the Heart*.

Diese Gewohnheiten des Herzens sind dabei nur auf den ersten Blick ein ungenau gesetzter Sammelbegriff, entspringt die Idee ihrer Existenz und Wirkungsfähigkeit doch direkt einer tiefergehenden Auseinandersetzung mit der Idee des kritisch-rationalen Individualismus, wie wir ihn systematisch erschlossen bei Descartes finden.[152] Diese Auseinandersetzung bleibt dem Leser leicht verbor-

---

152 Der Begriff *cœur*, Herz, ist ein Fixpunkt in der Begriffsbildung bei Tocqueville, in der er sich offensichtlich an die Erörterungen bei Pascal anlehnt: Das Herz ist ein einer vielfältig aufgebau-

gen, ist uns doch heute die Figur des modernen, unabhängigen Individualisten Allgemeinbegriff geworden und in seiner ganzen Ambivalenz tief in die Gesellschafts-, Kunst- und Kulturgeschichte der Gegenwart und ihre Deutungsmuster eingegangen. Am Scheidepunkt des politischen Enthusiasmus ist seine Existenz und die Gegensetzung einer anderen Handlungs- und Haltungsweise jedoch der Fixpunkt für die Verortung der großen Veränderung im Einzelnen.

Politisches Denken entspringt aus diesem Handlungsfeld nicht nur dem Oszillieren zwischen den Polen des wahren Selbst oder der Gesamtheit der Gesellschaft sondern – und das ist gänzlich neu – einem Dazwischen, entsprungen aus der Bereitschaft, das Zusammen und Miteinander verschiedener Menschen ernst zu nehmen. Es ist zugleich der Aufbruch aus einem Vernunftbild der Natur, die alle menschlichen Angelegenheiten in einem großen zusammenstimmenden Moment allumfassender Gleichzeitigkeit mechanisch, vital oder dynamisch zusammenführt. Die Vernunft bringt alles in einen großen Übereinstimmungszusammenhang. Das vernünftige Selbst begreift sich als ein Etwas, das größer ist als das Individuum. Diese Verwerfung der Leidenschaft, in der das sachliche Interesse in die Leidenschaft eindringt und diese auf einen Zweck hin funktionalisiert; alle Tugend[153] wird der Ertragsrechnung unterworfen.

Wo das Dogma der Volkssouveränität und das Prinzip der Mehrheit – schlichte Organisationsprinzipien – keine sichere moralische Kompetenz bieten und diese sich im Nukleus der demokratischen Gesellschaft in den Ideen, Gefühlen, Sitten und Gewohnheiten findet, worüber ist dann der äußere Rahmen gesetzt, woraus entwickelt sich die Idee der Repräsentation, und woher bezieht diese ihre Legitimation? Die weitergehende Erschließung des Innen in mittelbarer Auseinandersetzung mit Descartes und der Idee eines Anti-Kartesianismus findet ihre Fortsetzung in der Erschließung des Außen, mithin, Verfassung, Institutionen, Staat und Gesellschaft in der unmittelbaren Auseinandersetzung mit den Ideen Montesquieus, insbesondere der Mischverfassung.

Die Antinomien des Rationalismus und der Habitus des modernen Menschen äußern sich nicht allein in gesellschaftlichen Belangen, sie wirken gleichermaßen in der Idee der Repräsentation, die nur widerspiegelt, was die spezifischen Konstituenten der Idee einer freien, allgemeinbürgerlichen Gemeinschaft bedingen. Raymond Boudon sieht diesen Weg der Bewusstwerdung ähnlich:

---

ten Konnotation die eigentümliche „Personenmitte des Menschen, sein Existenzzentrum, in dem sich Wollen und Begehren, Fühlen, Erkennen und Entscheiden eigentümlich bündeln und sich die Wertstrukturen des Menschen ausbilden." Vgl. Zwierlein, Eduard: Blaise Pascal, Junius Wiesbaden 2002, S. 15–16.
153 Und damit alles Streben.

„Die charakteristische Komplexität der demokratischen Gesellschaften hat zur Folge, dass der *homo democraticus* dazu neigt, allgemeine und abstrakte Ideen zu schätzen, die ihm ohne große Anstrengung Anhaltspunkte zu seiner Orientierung bieten."[154]

Insofern erscheint eine Einbindung beider Seiten, des Innen und des Außen, analog zu der tiefergehenden Erschließung des Tocqueville'schen Demokratiekomplexes notwendig. Sie sind jeweils durch den Protagonisten, dessen Einfluss auf die jeweiligen Bereiche nachgewiesen ist, vertreten. Bei Tocqueville geschieht die Hinführung an das Außen über die Beschreibung des zugrundeliegenden Phänomenalkomplexes, wie sie ihm und in Nachfolge uns im geschilderten Alltag Amerikas, in seinen Gesprächen und Begegnungen, seinen Bildern, Notizen und Reflexionen versammelt, entgegentritt.[155]

Diese Hinführung wirkt als quasi-empirische Grundlage seiner Phänomenal-Empirie in Amalgamierung und Surrogat: Grenzen und Regeln werden von außen an die von unten aufstrebende demokratische Ordnung herangetragen: Sie erscheinen ob ihrer Instanzsetzung in den dynamischen Demokratieprozessen amalgamiert. Für Tocqueville besteht die Voraussetzung zu einer tiefergehenden Auseinandersetzung mit den grundlegenden Elementen des Sozial-Politischen in der Haltung, die sozialen Phänomene von den Handlungen und Glaubensüberzeugungen der Menschen her zu erklären und hiervon ausgehend die relativen Gründe und Motivationen zu finden, von denen sie geleitet werden. Erst durch die Abkehr von den Methoden der Geschichtsphilosophie ist es möglich geworden, zu den (modalen) Elementen des Sozialen als Grundfeste des Politischen vorzudringen. Ohne die voranstehende Offenheit des methodischen Ansatzes wäre es ihm nicht möglich gewesen, die dynamischen Fragmente der neuen Gesellschaftswirklichkeit systematisierend abzubilden – daher an dieser Stelle die Einführung des Amalgams als begrifflicher Ausdruck für diesen von Tocqueville reflektierten Vorgang. Die Analyse Tocquevilles setzt sich zusammen aus seinen Beobachtungen des Verhaltens, der Vorstellungen, der Glaubensüberzeugungen von Individuen innerhalb der (intersubjektiven) Ausprägung ihrer jeweiligen Lebensräume. Dies führt zu dem Problem, inwiefern sich in Unterpunkten klären lässt, ob die Frage nach der grundlegenden Unterscheidung zwischen politischer Ordnung und dem Gesellschaftszustand einer Nation zulässig erscheint: Die Art und Weise des gegenseitigen Einwirkens und das Aufweisen der Verbindungs-

---

154 Vgl. Boudon, Raymond: L'exigence de Tocqueville: la ‚science politique nouvelle', The Tocqueville Review/Revue Tocqueville, 2005, 37, 2, 13–34; in deutscher Fassung: Berliner Zeitschrift für Soziologie, 2005, 459–472.

155 Eine gute Übersicht der tatsächlichen Reiseroute bietet http://www.tocqueville.org/chap4b.htm (zuletzt aufgerufen 10.10.2010).

wege wird hier notwendig; *Société civil* erscheint gegen den *État social* gestellt.[156]

Kontingenz und Integrationsfähigkeit der Ordnungsinstanzen, die Einbindungsfähigkeit der Religion und der Selbstbegriff der tätigen Individuen bedingen die Suche nach Verifikation und Legitimierung ihrer wechselseitigen Handlungsvorhaben in *Actions and Events*. Der Nebenpfad dieser Erkundung ist die Darstellung demokratischer Repräsentation und der historischen Verbindungslinien, aus denen sie sich entwickelt. Entgegen der oftmals anderslautenden Vorstellung, die antiken Vorbilder hätten eine Art ewiges Leitbild etabliert, leitet sich in den modernen Entsprechungsformen demokratischer Repräsentation nur ein winziger Restbestand dieses Teils des politischen Körpers überhaupt von den Urpräliminarien ab: Wirkmächtiger sind die monarchische Komponente, regional-traditional-föderale Prägung oder die jeweilige Gruppenzugehörigkeit. Dies wird zu einem späteren Zeitpunkt entsprechend behandelt.

Empirische Tatsachen und die Fähigkeit Tocquevilles, deduktive Schlüsse im Sinne der eigenen Theoriebildung zu ziehen, führen uns an dieser Stelle zu dem Problem der Eingangsfrage: Die schwer zu entschlüsselnde Botschaft Tocquevilles dient als Herausforderung zu einer Neuinterpretation. Die Attraktivität des Geschichtsdeterminismus und die Notwendigkeit des politischen Bürgerhandelns, die neuzeitliche Illusion einer Rückkehr zu den Ursprüngen der griechischen Polis bei Arendt und ihrem Projekt einer Wiederbelebung des Politischen im Zeitalter des Konformismus, die Konformität der Masse mit ihren Bürgerty-

---

156 Und ermöglicht erst die Einnahme eines möglichst neutralen Standpunktes gegenüber dem beobachteten Phänomen, nachfolgend verdeutlicht anhand von zwei Beispielen: „Das durch die Gleichheit der Bedingungen entfesselte Wohlstandsstreben und der in seinem Gefolge auftretende Individualismus sollen durch die spirituelle, intellektuelle, gewohnheitsmäßige und institutionelle Ausrichtung der Bürger auf die Freiheit gemäßigt und in freiheitsfördernde Bahnen gelenkt werden. Diese Zielsetzung weist einmal auf den Vorrang politischer Freiheit im Denken Tocquevilles hin; mit der Betonung dieses Primats der Freiheit gegenüber dem Wohlstandsstreben deutet Tocqueville aber auch ein Primat der Politik gegenüber der Ökonomie an, das über den höheren Rang des Gutes Freiheit hinausgeht. Politische Freiheit ist eine Voraussetzung für Wohlstandsstreben und Reichtum und nicht umgekehrt, wie dies ein moderner Topos meist undebattiert behauptet, ihre Folge." Michael Hereth: Alexis de Tocqueville. Die Gefährdung der Freiheit in der Demokratie, Baden-Baden 1979, S. 60. Die Aufarbeitung der Französischen Revolution bei Tocqueville folgt einer vergleichbaren Methodik: „Tocqueville zeigte, aufgrund intensiver Archivforschung, die historische Kontinuität jenseits des politischen Umbruchs auf: In Staat und Institutionen vollendete die Französische Revolution das Werk der französischen Monarchie, die Zentralisierung. Das war eine völlig neue Sicht der Revolution, die bisher als totaler Bruch mit dem Alten betrachtet worden war. Tocquevilles Werk, in dem historische und soziologische Betrachtungsweisen eng verbunden sind, hat die weitere Geschichtsschreibung tief beeinflusst und spielt noch heute eine wichtige Rolle in der wissenschaftlichen Debatte über die Französische Revolution." Beate Gödde-Baumanns in: Rüdiger vom Bruch/Rainer A. Müller (Hrsg.): Historikerlexikon. Von der Antike bis zur Gegenwart, München 2002, S. 338.

pen bei Riesmann und das Erklärungsmodell einer deliberativen Demokratietheorie bei Habermas: Die von Tocqueville erschlossenen primären Grundkonstanten des modernen Demokratiephänomens finden bis in die Theoriebildung der Gegenwart ihre Fortsetzung. Der Kernbestand seiner Untersuchungen erklärt uns zeitlos die Herausforderungen und Ambivalenzen einer demokratisch orientierten (Neu-)Ordnung, wie sie ihren Bürgern täglich multikonstellational neu entgegensteht. Diesen Nukleus und den Weg Tocquevilles zur Erschließung seiner kompositiven Wesenheit systematisierend aus der allgemeinen Diskussion herauszulösen ist der Hauptanspruch vorliegender Arbeit.[157]

2.2 Forschungsstand: Interpreten einer demokratischen Moderne

> „What Tocqueville wrote was not a manifesto but an essential reflection
> on political life –
> which is to say our life in so far as we exist as social creatures."[158]

Die Vielfalt der behandelten Fragen, die Weite seines Ansatzes und die vielfältigen hieraus entwickelbaren Implikationen haben ein nahezu unübersehbares Angebot an Antworten, Stellungnahmen und Fachaufsätzen geschaffen. Trotz einer Vielzahl wissenschaftlicher Aufsätze, die verschiedene Aspekte der Arbeit Tocquevilles im Allgemeinen und die gesellschaftlichen Umstände der demokratischen Verfasstheit Amerikas im Speziellen zum Thema haben, gibt es bislang nur vereinzelt Arbeiten, welche die grundlegende soziophilosophische Motivation seiner Gesellschaftsanalyse in Erwägung ziehen und in systematisierender Absicht darzustellen versuchen.

Eine Ausnahme bilden in jüngster Zeit die Arbeiten von Joshua Mitchell, welcher die religionsphilosophische Motivation, die geistigen Vorbilder und

---

157 Die notwendige Haltung sowie Teile der Neuausrichtung meines persönlichen Erkenntnisinteresses verdanken sich an dieser Stelle deutlich dem nachhaltigen Eindruck einer Lektüre von Wolins *Political Theory as a Vocation*: „In the way we understand the world we are partly debtors of Marx, but also of de Maistre, partly of Lenin and also of managerialism." Vgl. ebenfalls die Stellungnahme von Sven Olaf Berggoetz: „Zugleich polemisierte der Skeptiker von Anfang an gegen den Wandel der Politikwissenschaft zur modernen Sozialwissenschaft, die Dominanz der Methoden und die Suche nach einfachen Lösungen. In seinem berühmtesten Aufsatz *Political Theory as a Vocation* betont Wolin stattdessen die Bedeutung von *tacit knowledge*: „These extra-scientific considerations may be identified more explicitly as the stock of ideas which an intellectually curious person accumulates and which come to govern his intuitions, feelings, and perceptions. They constitute the sources of his creativity, yet rarely find explicit expression in formal theory." Vgl. http://bit.ly/gB1eye.

158 Kimball, Roger: Tocqueville today, in: The New Criterion Bd. 19, Nr. 3, November 2000, S. 25–42.

Leitideen Tocquevilles untersucht,[159] und Martin Hecht, welcher aus einem sozi-
ohistorisch motivierten Ansatz heraus vergleichend den praktischen Freiheitsge-
danken bei Rousseau, Tocqueville und Max Weber in Hinblick auf mögliche
Verbindungslinien und gegenseitige Theoriebildung prüft.[160] Mit Ausnahme der
Arbeiten von Harald Bluhm, Karlfriedrich Herb und Oliver Hidalgo sind in den
letzten Jahren im deutschsprachigen Raum keine umfangreichen Untersuchungen
veröffentlicht worden.[161]

Diese Situation mag zum einen dem Umstand geschuldet sein, dass Tocqueville in seinem Werk keine systematische politische Theorie im engeren Sinne
vorstellt; vielmehr gilt es, aus zahlreichen verstreuten Stellen, die sich hauptsächlich im zweiten Buch von *Über die Demokratie in Amerika* finden, die konstituierenden Elemente seiner Theorie herauszulesen. Zusätzlich bilden die bis
dato nur auszugsweise veröffentlichten Notizen und die Korrespondenz Tocque-

---

159 Joshua Mitchell. The Fragility of Freedom: Tocqueville on Religion, Democracy, and the
American Future. University of Chicago Press. 1999, S. 288. Nicht zu verwechseln mit Harvey
Mitchell; vgl. Harvey Mitchell. Individual Choice and the Structures of History: Alexis de
Tocqueville as Historian Reappraised. Cambridge University Press, 1996, S. 290.

160 „Auch für Tocqueville liegt es auf der Hand, daß sich eine in die Sitten eingegangene Freiheit,
wie sie sich in seinen Beispielen ausdrückt, nicht in ‚werksheiligen‘, kathartischen Einzelaktio-
nen erschöpfen kann, sondern als ganzheitliches Stimulans kontinuierlichen Handelns auftreten
muß." Hecht, Martin: Modernität und Bürgerlichkeit, 1998, S. 55 ff. Im Verlauf vorliegender
Arbeit wird noch deutlicher hervortreten, was in dieser kurzen Erwähnung der Arbeit von Martin Hecht nur unzulänglich zum Ausdruck kommt: Seine Idee, einem beobachteten Phänomen
als Ganzheit über eine besondere Methodik eine Gruppe von Protagonisten entgegenzustellen
und hierdurch tiefer in die jeweiligen Reflexions- und Systematisierungsprozesse hineinzugehen
zu können, wenn auch in soziohistorischer Hinsicht, hat die spätere Hinzunahme bestimmter Interpreten in vorliegender Arbeit deutlich beeinflusst. Nicht so sehr, wie vielleicht anzunehmen,
hinsichtlich der Erschließung des Phänomenalkomplexes, sondern vielmehr als Reduktionsvor-
gang, über dessen Einwirkung sich das Erscheinungsbild eines überkomplexen Weltvorgangs,
seine werkimmanente Urbarmachung für die Gesamtheit der ihm entgegengestellten Bild- und
Theoriemuster und die hier hinein wirkenden Vorgänger-Interpreten in ein kohärenteres Aussa-
geschema fügen lassen als bislang möglich. Sein methodischer Ansatz ist diesbezüglich ein
wichtiger Impuls für den in vorliegender Arbeit präsenten Versuch zu sehen, den Analysevor-
gang durch die Hinzunahme intersubjektiver Perspektivebenen aufzuwerten.

161 Herb, Karlfriedrich, Hidalgo, Oliver: Alexis de Tocqueville, Campus 2005. Hereth, Michael
[Hrsg.]: Alexis de Tocqueville, Zur Politik in der Demokratie, ders.: Freiheit, Politik und Ökonomie, Piper München 1974. Hereth, Michael: Alexis de Tocqueville. Die Gefährdung der Freiheit in der Demokratie, Baden-Baden 1979. Hidalgo, Oliver: Unbehagliche Moderne: Tocqueville und die Frage nach der Religion in der Politik, Campus 2006. Hier findet sich eine ambiti-
onierte Erhellung der Position Tocquevilles über den Weg einer Nietzsche-Interpretation, worüber das gegenseitige Wirkungsverhältnis von Religion und Freiheit deutlicher hervortritt. Bei
Bluhm findet sich eine präzise Bestandsaufnahme der Debattenfrage zu Tocqueville in Deutschland, die im Übrigen die Qualität der lebendigen (Fach-)Debatte in den Einzelwissenschaften
nicht berührt, hier jedoch im Sinne von Einzelfragen die bereits angeführte Vereinnahmung
vornimmt. Vgl. Bluhm, Harald: Die Ordnung der Ordnung, Akademie-Verlag Berlin, 2007.

villes die zweite wichtige Grundlage für eine Darstellung und Diskussion seiner praktischen Freiheitslehre, wie man es ausführlich in den Arbeiten von J. P. Mayer[162], bei George W. Pierson[163] und zuletzt eindrucksvoll bei Sheldon S. Wolin[164] bestätigt findet.[165] Mit Ausnahme der angeführten Arbeiten, welche als Meilensteine in der Beschäftigung mit der Tocqueville'schen Demokratietheorie, seiner Methodik und seinem Werk allgemein gelten dürfen, gibt es eine Vielzahl von Publikationen, welche sich mit nahezu beliebig herausgenommenen Einzelaspekten, jeweils kontrastierend mit Gegenwartsfragen, beschäftigen.[166] Hier reicht die Bandbreite von historisierenden Darstellungen wie *Tocqueville in our time*, wobei die Rolle als Hausphilosoph des amerikanischen Traums hindurchschimmert, bis hin zu Beiträgen aus der Feminismusdiskussion.[167]

Eine zweite Gruppe bilden die zahlreichen Werkausgaben; seit dem Jahr 2010 liegt zudem erstmals auch in deutscher Sprache eine Auswahl seiner Korrespondenzen und einzelner Vorträge vor.[168] Die dritte Gruppe bildet sich aus den eingangs angeführten systematisierenden Werken, welche zum einen über eine begrifflich-antagonistische Rahmensetzung (wie bei Mitchell), zum anderen über die ideengeschichtlich orientierte Gegenüberstellung bis zu dreier Phäno-

---

162 Mayer, J. P.: Alexis de Tocqueville: Analytiker des Massenzeitalters, C.H. Beck München 1972.
Mayer, J. P.: Alexis de Tocqueville, A Commentated Bibliography, Revue Internationale de Philosophie, 13, 1959, S. 350–353. Ders.: Alexis de Tocqueville: A Biographical Study in Political Science, New York 1960.

163 Pierson, George Wilson: Tocqueville in America, Oxford University Press, New York 1938.

164 Wolin, Sheldon S.: Tocqueville between two Worlds: The making of a political and theoretical life, Princeton University Press 2001.

165 In jüngster Zeit scheint sich der Fokus der Tocqueville-Interpretationen zusehends auf die Frage nach transnationaler Identität und Selbstorientierung, unabhängig von dem 200. Geburtstag Tocquevilles auch in der populärwissenschaftlichen Diskussion zu verschieben, siehe u. a. in der Mai-Ausgabe des *Atlantic*: Bernard-Henri Lévy: In the footsteps of Tocqueville: America in foreign eyes, in: The Atlantic Monthly, Boston Massachusetts, May 2005, S. 54–90. Lévy folgt der Reiseroute Tocquevilles unter aktuellen Gesichtspunkten und interessiert sich insbesondere für die anhaltende Integrationsfähigkeit, das Selbstverständnis und Selbstbild der Amerikaner nach den Anschlägen des 11. September 2001 auf Grundlage eines Interesses der nationalen Selbsterfahrung. In diesem Kontext ist auch der Essay „Liberalism in the context of transnational power" von Stephen Holmes einzugliedern: „Freedom is a relative not an absolute value. It is cherished more or less depending on its consequences in the context at hand. Insularity popularizes liberty from governmental surveillance, regulation and coercion by reducing the risk that such individual freedom will expose the population to foreign aggression", in: The Tocqueville Review/La Revue Tocqueville, Bd. XXII, Nr. 2-2001, S. 12–34.

166 Die topische Vielfalt im Tocqueville'schen Œuvre bietet hier ein reiches Betätigungsfeld.

167 Welch, Cheryl: De Tocqueville (In our Time), Oxford University Press 2001.

168 Bluhm, Harald: Kleine politische Schriften / Alexis de Tocqueville. Hrsg. von Harald Bluhm. Unter Mitwirkung von Skadi Krause, Akademie Verlag Berlin, 2006. Die beste Übersicht bietet jedoch Brogan 2006, S. 688 f.

menal-Interpreten die grundlegenden Elemente der Tocqueville'schen Theorie-bildung herauszuarbeiten suchen. *The Tocqueville Review / La Revue Tocqueville* bildet diesen fortlaufenden Diskurs weitläufig ab, auszugsweise ebenso das Berliner Journal für Sozialwissenschaften.[169]

Inhaltlich und methodisch bieten wiederum die aus den Sozialwissenschaften vorliegenden Arbeiten eine umfangreiche, oft im Interesse des eigenen Blickwinkels vereinnahmende inhaltliche und methodische Darstellung. Die Zahl der Arbeiten zeigt sowohl das ungebrochene Interesse als auch die vielfältige Wirkung der Tocqueville'schen Lehre. Wenn überhaupt, so hat sich ein Konsens über die analytische Qualität der Demokratieanalyse der *Demokratie in Amerika* und über die vorgefundene Methodik ihres Autors gebildet, weiterhin der Eindruck einer vielfältigen Zugänglichkeit des Werks, welche zugleich den eingangs erwähnten vielfältigen Interpretationsansätzen Raum bietet.[170]

Auffällig sind hierbei die zahlreichen Übereinstimmungen in Detailfragen, wie etwa zu Freiheit und Gleichheit, dem gezeichneten Bild der modernen Demokratie oder der Rolle der Institutionen und der Religion. Ein allgemeiner Konsens über die Grundlinien der Interpretation oder der Versuch einer Klärung der Tocqueville'schen Systematik scheint sich dabei allerdings bislang nur in Ansätzen herausgebildet zu haben: Die meisten Beiträge erscheinen in ihrem Anspruch als Sekundäranalysen, die erste Hinweise zu liefern imstande sind; in der wissenschaftlichen Diskussion stehen sie in den meisten Fällen erstaunlich beziehungslos nebeneinander.[171] Der Nutzen seiner Lehre bildet sich ab im Erkenntnisinteresse aufeinanderfolgender, in der Hemisphäre westlicher Demokratien geprägter Generationen:

Zum einen scheint eine gesellschaftskritische Diskussion der Tocqueville'schen Lehre von Zeit zu Zeit eine Veröffentlichungsform zu bedingen, welche vor der Folie der jeweilig gegenwärtigen Verhältnisse die Erkenntnisse Tocque-

---

169 Vgl. http://bit.ly/hpeeEq sowie http://bit.ly/dL6YC8.

170 „Today (...) we feel the need to converse with Tocqueville's ,complex mixed messages of dire warning and hopeful counsel' (Welch 2000, 217) that stimulate reflection on contemporary political dilemmas in general and on American politics and culture in particular. Tocqueville's writings appeal across ideological divides (...) (his) particular combination of historical, philosophical, and sociological investigations provides us with a set of prescient psychological insights into the democratic mind and teaches us important lessons about how to moderate and educate democracy through the art of association, he is ,the first anthropologist of modern equality' and the unsurpassable horizon of our times (Welch 2000, 23)." Journal of Democracy, Tenth Anniversary Issue, 2000: Alexis de Tocqueville, S. 23.

171 Siehe hierzu: J. v. Stackelberg, Bemerkungen zur Sekundärliteratur über Alexis de Tocqueville, Heidelberg 1954; J. P. Mayer: Tocqueville: A Commented Bibliography, in: Revue internationale de philosophie 13 (1959), S. 313–319.

villes abarbeitet; zum anderen dienen die Beobachtungen Tocquevilles oft nur mehr als begleitendes Zitat in der jeweiligen Argumentationsführung:

> „Tocqueville's complex and dynamic concept of democracy differs strikingly from the American democratic concept as revealed in the early self-definition of the United States. Primarily, because to Tocqueville, democracy was not automatically a morally superior form of society. Even successful democracies like the United States were not automatically free from the threats of despotism or anarchy. In contrast to his view, Americans saw their society as an exception, where democracy was morally superior and safely established."[172]

Das jeweilige Aufkommen zahlreicher Publikationen zum Ende des 19. Jahrhunderts, in den dreißiger Jahren und siebziger Jahren des letzten Jahrhunderts dürfen hierfür als Belege dienen; auch in letzter Zeit gibt es erneut eine differenzierte Diskussion der Identitäts- und Kulturfrage entlang von Transformationsprozessen.

Ein anderes Extrem zu verkörpern kommt den Arbeiten zu, die – bewusst oder unbewusst – eine direkte Auseinandersetzung mit den Thesen Tocquevilles betreiben, ohne in ihrem vorgefassten Erkenntnisinteresse auf ein derartiges Ziel ausgerichtet zu sein: *Die einsame Masse* von David Riesman[173] oder die Arbeiten von Gary Wills[174] dürfen hier als Beispiele gelten. Während Riesman die (Vor-)Arbeit Tocquevilles zu einer brillanten Analyse des amerikanischen sozialen Selbstbewusstseins nutzt, verlangt Wills nach einem „objective account" und einer Offenlegung der „material bases of a national culture": „Tocqueville reasoned a priori rather than from the facts he found in America. He ,divines'

---

172 Amos, Karin S.: Alexis de Tocqueville and the American National Identity: The Reception of De la democratie en Amérique in the United States in the Nineteenth Century, Verlag Peter Lang, Frankfurt am Main 1995, S. 55–56. Besonders deutlich bei Dahrendorff, R.: Die angewandte Aufklärung: Gesellschaft und Soziologie in Amerika, München 1963.

173 Riesman, David (u. a.): Die einsame Masse, Rowohlt 1967. Die Arbeit Riesmans erscheint – ohne seinen innovativen Ansatz hier schmälern zu wollen – beinahe als soziomethodologisch gefärbte modernisierte Neuausgabe der Demokratie in Amerika, Riesman scheint – unbewusst oder bewusst – ähnlich der Arbeit John Stuart Mills stark von Tocqueville beeinflusst; zahlreichen Kapiteln der „einsamen Masse" sind längere Tocqueville-Zitate vorangestellt; „geistige Haltung" und „soziales Selbstbewußtsein" entfalten über *social engineering* gesellschaftsprägende Wirkung, womit der Tocqueville'sche Gedanke der Volkserziehung hier eine Neuauflage zu erleben scheint.

174 Wills, Gary: Inventing America: The Federalist. His significance in the development of the philosophy on which our government is based, Penguin 2001; Wills erscheint in der Tocqueville-Diskussion als scharfer Kritiker der Tocqueville'schen Methode; er wirft ihm unter anderem vor (zuletzt in einem im New Yorker erschienenen Aufsatz: Wills, Gary, Did Tocqueville „Get" America?, in: New Yorker, 29. April 2004, S. 40–62), wesentliche kulturprägende Elemente in einem durch seine Herkunft vorbestimmten Blickwinkel übersehen zu haben und zusätzlich methodisch unsauber zu arbeiten.

America or ‚intuits' it"[175], schreibt Wills. Putnam setzt den von Riesman begonnenen Diskurs in *Bowling Alone* fort und aktualisiert die gesellschaftlichen Konditionen der soziologisch orientierten Rezeption Tocquevilles.[176]

Dieser Zustand scheint vordergründig und naturgemäß anhaltend durch die eingangs erwähnte schwer zugängliche Systematik Tocquevilles begünstigt zu werden: Der teils aphoristische Stil der DiA speist sich aus einer vorwiegend literarischer Tradition verdankten Prägung ihres Autors, die als ein wesentlicher Ansatzpunkt für die Offenlegung seines soziophilosophischen Ansatzes gelten kann.[177] Unterstützend soll dabei eine Darstellung seines Ansatzes über die behandelten Problemgruppen wirken, die auf verschiedenen Diskursebenen vorgestellt und verhandelt werden, wie noch detaillierter auszuführen ist.

In der vorliegenden Arbeit soll der Versuch unternommen werden, unter Zuhilfenahme des systematisierenden Ansatzes in den Interpretationsraum der dritten Gruppe zu gelangen. Über einen Versuch zur Erschließung des antagonistisch gesetzten Begriffspaares Gleichheit und Freiheit und seiner systematischen Entwicklungsfähigkeit im Tocqueville'schen Œuvre gelangt man bereits bis zu den Präliminarien seiner Systematik.

Da sich jedoch in Tocquevilles Werk keine wirkliche Darstellung der Theorie und Methode seiner Gesellschaftsanalyse findet, da er seine Fragestellung nicht explizit gegen andere abgrenzt und sich nicht mit den theoretischen und methodischen Grundsätzen früherer Untersuchungen befasst, sich bewusst auch nicht ausdrücklich in eine bestimmte ideengeschichtliche Leitlinie stellt und im weitesten Sinne keine Parteizugehörigkeit bekundet, erscheint es notwendig, zur Klärung seines wissenschaftlichen Selbstverständnisses und zur näheren Darstellung seiner Theorie auszugsweise die bislang vorliegende Korrespondenz und in der Sekundärliteratur vorgestellten Auszüge aus den Materialsammlungen und Notizen Tocquevilles heranzuziehen.

---

175 Wills 2004, S. 52. In diesem Zusammenhang darf nicht verschwiegen werden, dass Wills zu der Gruppe von Kritikern gehört, welche Tocqueville durchaus unwissenschaftliche Aggregation seiner Schlüsse vorwerfen. Es gibt hier durchaus – und auch in der allgemeinen Rezeption – eine Spaltung in eine Gruppe von Bewunderern einer neuartigen Methodik und eine Gruppe von Kritikern, welche den Erkenntnisgewinn nicht in Abrede stellen, jedoch gewissermaßen weniger dem Weg als dem Ziel vertrauen, da Tocqueville seine Methodik – Präliminarien einer Systematik – nie vorgetragen Eindrücken voranstellt. Interessant hierzu die Diskussion bei Steinert, Heinz: Tocquevilles Forschungsprogramm und kulturindustrielle Politik, in: Berliner Journal für Sozialwissenschaften, 4/2005, S. 541 ff.

176 Die beste Übersicht über das Werk von Robert Putnam bietet: http://bit.ly/eF1OXs.

177 Andererseits bedingt natürlich das (bis dato!) Fehlen einer kommentierten Gesamtausgabe, in deren Umfang aufgrund der Arbeitsmethode Tocquevilles selbstverständlich sämtliche Notizen und die gesamte Korrespondenz enthalten sein sollten, diesen Umstand. Einen Ansatz hat J. P. Mayer unternommen, dessen Ausgabe des Tocqueville'schen Œuvre denn auch eine Grundlage vorliegender Arbeit bildet.

Somit wären als Quellen der Untersuchung zum einen die frühen Schriften und die lebenslange Korrespondenz Tocquevilles, wie sie bislang in der Edition von J. P. Mayer und Pierre Manent vorliegen, anzusehen, zum anderen die beiden Bände von *Über die Demokratie in Amerika* in der Ausgabe der Œuvre Complet[178] sowie der Neuausgabe von Harvey Mitchell und Deborah Wintrop und in der aus Sicht des Autors bis heute für den deutschen Sprachraum führenden Manesse-Ausgabe.[179] Weiterhin erscheint es sinnvoll, zu Einzelaspekten der diskutierten Freiheitslehre nicht allein Interpreten aus der Rezeptionsgeschichte heranzuziehen, sondern darüber hinausgehend in Einzelpunkten auch die ideengeschichtliche Orientierung Tocquevilles aufzuzeigen.[180]

Ausgehend von der These, dass die Demokratieanalyse Tocquevilles von der Frage nach den gesellschaftlichen Strukturbedingungen der politischen Freiheit zu einem soziophilosophischen Problembewusstsein vordringt, soll seine Methode als neuartige Untersuchung politischer, geistiger und wirtschaftlicher Phänomene und ihrer wechselseitigen Wirkungen in Bezug auf die gesellschaftliche Grundstruktur in der Demokratie amerikanischer Prägung kritisch geprüft werden. Diese Prüfung erscheint notwendig, um den besonderen Charakter von *Über die Demokratie in Amerika* zum einen differenziert darstellen, zum anderen, um die eigene Arbeit gegen neuere Interpretationen abgrenzen zu können. Der Schwerpunkt der Untersuchung soll hierbei ausdrücklich auf der Erschließung der politischen Aspekte liegen, jenen Werkteilen, in denen „Amerika als Schilderung und Symbol" den Hintergrund einer modernen Demokratietheorie bildet.[181]

Umstandslos kann man seine Arbeit in eine Reihe mit den Schriften von Locke, Constant und Mill stellen. Damit würde man allerdings Gefahr laufen, zum einen der genannten zweiten Gruppe der Interpreten anzugehören, zum anderen vor dem Hintergrund politischer Theoriebildung wohl nur die zwar reizvolle, aber sich wiederholende Darstellung einer Etappe des politischen Liberalismus bieten. Wesentlich interessanter erscheint der Ansatz, eine Zusammenfüh-

---

178 Alexis de Tocqueville: Œuvres I-III, Bibliothèque de la Pléiade, Editions Gallimard Paris 2004.
179 Alexis de Tocqueville: Democracy in America, hrsg. und übers. v. Harvey Mansfield und Delba Winthrop, The University of Chicago Press 2002. Über die Demokratie in Amerika, Bd. I. und II, Neuedition der originalsprachlichen Ausgabe von J. P. Mayer, herausgegeben und neu übertragen von Theodor Eschenburg und Hans Zbinden, Deutsche Verlags Anstalt Stuttgart 1959.
180 Etwaige Editionsunterschiede in den verschiedenen Ausgaben von *Über die Demokratie in Amerika* sollen dabei nicht im Vordergrund der Untersuchung stehen. Die Arbeit soll keine Werkschau bieten, sondern der Hauptfrage nach dem besonderen Methodik Alexis de Tocquevilles in *Über die Demokratie in Amerika* vor dem Hintergrund des Zielkonflikts von Freiheit und Gleichheit und den hieraus resultierenden Strukturfragen einer demokratisch verfassten Gesellschaft verpflichtet bleiben.
181 Vgl. Villemain 1840, S. 257–263.

rung seiner politischen Theoriebildung und jener Autoren zu wagen, welche seine Fähigkeit, aus empirischen Grundlagen vermittels deduktiven Schließens hinter die Form der phänomenalen Entsprechung zu den Ursprunggründen und Protagonisten zu dringen, wesentlich beeinflusst haben. Vor dem Hintergrund von Wirkungsgeschichte und Phänomen dürfen so die wirkmächtigen Elemente seiner Theoriebildung stärker hervortreten.

Für die werkgeschichtliche Erschließung seiner Theoriebildung besonders interessant erscheint eine etappenweise Betrachtung seines gewandelten Erkenntnisinteresses: in den Reisenotizen selbst, in der konzeptionellen Phase in den fünf Jahren bis zur Veröffentlichung des II. Bandes der DiA im April 1840 sowie der gewandelte Blick Tocquevilles nach 1840.[182] Unter den von Tocqueville in Notizen und Korrespondenz angeführten Autoren treten besonders Pascal und Rousseau hervor; dass der Einfluss der Montesquieu'schen Methode demgegenüber zurücktritt, wird von Rezensenten kritisiert.[183] Dabei ist dies gerade die spannendste Frage, denn mit dieser Absage an die Mischverfassung eröffnet sich für Tocqueville ein gänzlich neues Kapitel politischer Theoriebildung, sie ist das eigentliche moderne Element, wie noch nachzuweisen sein wird.[184]

Er schreibe eine Geschichte ohne Menschen, so lautet die gängige Kritik, den Historiker interessierten eher die anonymen Strukturen und weniger die handelnden Individuen. Der Kommentar von Villemain, im zweiten Band finde die philosophische Methode ganz missbräuchlich Anwendung[185], illustriert zum einen ganz hervorragend die unmittelbare Auseinandersetzung Tocquevilles mit den Größen der politischen Ideengeschichte[186], verbunden mit einer klaren Absetzungstendenz; zum anderen ist sie das Fenster, das sich hier eröffnet und uns direkt in den Diskurskern vorliegender Arbeit führt.

---

182 „Häufig nehmen die abstrakten Reflexionen über die (demokratischen) Gesellschaften einen solchen Raum ein, daß Tocquevilles konkrete Ausführungen zu den Vereinigten Staaten zu bloßen Illustrationen abgleiten (…) im vierte Teil machen sie nunmehr 2% des Textes aus", Jardin, André: Alexis de Tocqueville, Leben und Werk, Campus 2005, S. 225 f.

183 Vgl. Drescher 1964, 202–216. Bereits im Mai 1840 schreibt Villemain kritisierend, während im ersten Band die „Montesquieusche Methode" auf Amerika angewendet worden sei, würden im zweiten Band ganz generell die Sitten in der Demokratie „durch mißbräuchliche Anwendung der philosophischen Methode" untersucht, Amerika würde „als Schilderung und Symbol" vereinnahmt. Villemain 1840, S. 257–263. Tocqueville reagiert auf diese und andere Rezensionen in ausführlichen Briefen, welche in vorliegender Arbeit zu einer Erhellung seiner idealtypischen Konzeptionsidee beitragen können. Nur die Rezension Mills erkennt er in dieser Hinsicht als legitim an.

184 Vgl. Kap. 10 in vorliegender Arbeit.

185 Vgl. Drescher 1964, S. 202–216.

186 Auf welcher spezifischen Grundlage, sprich akademischen Vorbildung, wird nachgewiesen in Kap. 10 ff. in vorliegender Arbeit.

Mit einbezogen in die methodisch-systematische Analyse der politischen Theoriebildung bei Tocqueville bietet dieser Ansatz die Möglichkeit, neben einer möglichst umfassenden Erschließung der Leistungsfähigkeit und Reichweite seines Erklärungsansatzes die ideelle Fortschreibung der französischen politischen Ideengeschichte auszugsweise darzustellen. Raymond Boudon schreibt hierzu:

> „Erstens beruht sie auf dem Prinzip der Wertfreiheit; zweitens ist ihr Ziel die Erklärung der soziopolitischen Phänomene mit Hilfe einer allgemeinwissenschaftlichen Vorgehensweise; drittens schreibt sie der vergleichenden Vorgehensweise eine strategische Rolle zu; viertens sieht sie ihre Aufgabe in der Suche nach konditionalen Gesetzen, wobei diese als Resultate individueller Verhaltensweisen im Sinne Webers interpretiert werden und charakteristische gesellschaftliche Prozesse aufzeigen sollen; fünftens schließlich definiert sie den Begriff der *guten Theorie* ausgehend von Kriterien, die in der Erkenntnistheorie auch noch heute allgemein anerkannt sind."[187]

Seine Methodologie erlaubt es Tocqueville, kontinuierlich wirkende, grundlegende Tendenzen der modernen Gesellschaft zu identifizieren. Daher rührt der Eindruck von Zeitlosigkeit, den Tocquevilles Werk über weite Strecken vermittelt.

2.3 Wiederbesuch einer Theoriebildung der Entdeckung

„Virginia, Earth's only Paradise!"[188]

Im Gesamtwerk Tocquevilles findet eine fortlaufende Auseinandersetzung mit zwei Problemgruppen statt, die sich in die Frage nach den Problemen der modernen Staatszentralisation versus die dialektische Spannung zwischen Freiheit und Gleichheit aufteilen lässt. Diese Auseinandersetzung ist grundsätzlich durch das historische Bewusstsein des Autors motiviert[189], verläuft jedoch nie zeitnah zu den großen geschichtlichen Ereignissen seiner Epoche. Selbst der kurze, in John

---

187 Boudon, Raymond: Tocquevilles Plädoyer für eine neue politische Wissenschaft, in: Berliner Journal für Soziologie 15, Heft 4/2005, S. 459–472.

188 Vgl. http://xroads.virginia.edu/~hyper/HNS/Garden/drayton.html. Eine kurze Übersicht über dieses Subgenre findet sich hier: http://xroads.virginia.edu/~hyper/hns/garden/rengarden.html (zuletzt aufgerufen 12.10.2009).

189 „He hoped to be able to offer ,an ensemble of reflections and insights on the current time,' that is to say, a history that would shed light on ,the cause, the character, the significance of the great events that formed the principal links in the chain of our time." Craiutu, Aurelian: What Kind of Social Scientist Was Tocqueville?: A Reply to Gary Wills, Indiana University 2004.

Stuart Mills Zeitschrift *London and Westminster Review* 1836 veröffentlichte Essay „Über den sozialen und politischen Zustand Frankreichs vor und nach 1789" versteht sich eher als Vorstudie zum *Alten Staat* denn als zeitnahe Gesellschaftsanalyse.[190]

Von der Arbeit an der DiA bis zu den einzelnen Büchern, aus denen sich *Der alte Staat und die Revolution* zusammensetzt, scheint sich der Blickwinkel Tocquevilles verschoben zu haben: Während noch in der *Demokratie in Amerika* der in dem oben genannten Problempaar zum Ausdruck kommende soziophilosophische Ansatz die Unvereinbarkeitsdiskussion von Freiheit und Gleichheit ‚von unten', von der Strukturfrage ausgehend, über einen anthropologisch beeinflussten Kulturgedanken behandelt und damit dominiert, wandelt sich dieser Ansatz zu dem Versuch, aus dem geschichtlichen Leben und damit aus einem geschichtsphilosophischen Ansatz die Kategorien eines umfassenden Lebensverständnisses abzuleiten:

> „Ich muß irgendwo für meine Ideen die solide Basis und den Inhalt der Fakten finden. Ich kann dies nur finden, wenn ich Geschichte darstelle; wenn mich eine Epoche fesselt, deren Darstellung mir zum Anlaß dient, um die Menschen und Dinge unseres Jahrhunderts zu malen, und daraus (...) ein einheitliches Gemälde zu formen. Nur das lange Drama der Französischen Revolution vermag mir diese Epoche zu geben."[191]

In den späteren Arbeiten über die algerische Kolonialsituation[192] und im bereits erwähnten *Alten Staat*[193] richtet sich das Erkenntnisinteresse des Autors also über eine geschichtsphilosophisch orientierte Betrachtung allgemeiner Phänomene auf ein erfahrungsgebundenes Deutungsmuster der ihm zukommenden Lebenswirklichkeit, das er in einem einheitlichen Bild zu fassen versucht.

---

190 Diese Sichtweise findet sich u. a. bestätigt bei Gannett, 2003, S. 23.
191 Aus einem Brief an Kergorlay während Wanderungen im Sorrent, weiter: „Gewiß werde ich zweifellos die Fakten mitteilen; ich werde ihrem Faden folgen; aber mein Hauptanliegen wird nicht die Erzählung sein. Vor allem würde ich die Prinzipien verständlich zu machen suchen (...) zeigen, wie die verschiedenen Ereignisse daraus hervorgegangen sind; wie das Kaiserreich gekommen ist, wie es sich inmitten der von der Revolution geschaffenen Gesellschaft festsetzen konnte; welches die Mittel sind, deren es sich bedient hat, welches die wahre Natur des Menschen ist, der es gegründet hat, worin sein Erfolg bestand, seine Niederlage; den vorübergehenden und dauerhaften Erfolg, den er auf die Geschichte der Welt und besonders auf das Schicksal Frankreichs ausübte", vgl. Correspondance d'Alexis de Tocqueville et de Louis de Kergorlay (Hors ser Connai), Editions Gallimard Paris, 1977, S. 25f.
192 Alexis de Tocqueville, Notes du voyage en Algérie de 1841, in: Œuvres, Gallimard Paris 2004, s. a. Rapports sur l'Algérie, 1847, ebenfalls Œuvres, Gallimard Paris 2004.
193 Alexis de Tocqueville, L'ancien régime et la révolution, 1856, in: Œuvres, Gallimard Paris 2004.

Dieser gewandelte erkenntnistheoretische Ansatz unterscheidet sich wesentlich von dem theoretischen Impetus der DiA und kann zur besseren Illustration
des Letztgenannten dienen: Werden in den späteren Werken spezifische Entwicklungslinien über einen vorgefassten methodischen Ansatz eingefügt in eine
bildhaft darzustellende Rahmenhandlung, gestaltet sich das Erkenntnisinteresse
der *Demokratie in Amerika* wesentlich anders. Schon hier bieten die universellen
Grundsätze, welche den Betrachtungswinkel des Autors bestimmen, die erste
Ansatzmöglichkeit zu einer Diskussion seiner Lehre.[194]

Die Sorge, dass das Gesicht des Einzelnen sich „in der allgemeinen Physio-
gnomie" verlieren könne, motiviert Äußerungen Tocquevilles, die das Grund-
satzprogramm einer Kulturkritik der Gegenwart vorwegzunehmen scheinen;
dabei ist Tocqueville, wie bereits eingangs angemerkt, stets Parteigänger in eigener Sache und rechtfertigt sich in diesen Zeilen zum Ende des zweiten Buchs der
Demokratie in Amerika gegenüber dem Leser, dessen Bewusstsein er für die
antizipierten Gefahren der Demokratie schärfen möchte: Hier dringt der Wille
zur volkserzieherischen Wirkung der eigenen Thesen durch die allgemeinere
Betrachtung; der universelle Ansatz wirkt in der Strukturdiskussion. Die „Vergangenheit, die die Zukunft nicht mehr erhellt", lässt den Verstand im Dunkeln
tasten; die Lehren der Geschichte halten in der Betrachtung der vorliegenden
Phänomene ihre Entwicklungslinien verborgen, der methodische Ansatz folgt
diesem erkannten Malus.[195]

Die „ungeheure Verwirrung" der menschlichen Angelegenheiten, aus deren
Mitte eine neue Gesellschaft entspringt, noch halb von den „Trümmern der alten" bedeckt, verlangt nach einem ordnenden Deutungsmuster, dessen Wirkungsinteresse auf eine Durchdringung dieser Welt gerichtet ist, innerhalb derer
der menschliche Geist sich durch die gemeinsamen Bemühungen aller entwickelt
und sein Wirkungsstreben auf eine rationale Ordnung richtet. Dieser Eindruck
verlangt nach einer Darstellung und Deutung der innewohnenden Motivations-
und Organisationsmuster, nach der Erläuterung der zugrundeliegenden Orientierung, mithin der Darstellung *des neuen Bürgertypus*, den diese Ordnung trägt.

Erneut wiederholt sich der Eindruck, dass die uns hier begegnenden Phänomene Elemente konkreter Universen sind, Zeugnis für der menschlichen Natur

---

194 „Die politische Welt wandelt sich, von nun an müssen wir für neue Übel neue Abhilfe finden.
    Der staatlichen Gewalt weitere, aber sichtbare und unverrückliche Grenzen zu stecken; den Ein-
    zelnen gewisse Rechte einzuräumen und ihnen den unangefochtenen Genuß dieser Rechte zu
    garantieren; dem Individuum das bißchen Unabhängigkeit, Kraft und Originalität, das ihm ver-
    bleibt, zu bewahren; ihm neben dem Staat seinen Platz anzuweisen und ihn gegenüber dem
    Staat zu stützen: das halte ich für die vornehmste Aufgabe des Gesetzgebers in der kommenden
    Zeit." DiA (Manesse), Bd. II, S. 348 f.

195 Ebd., S. 361.

zugrundeliegende, unablösbare Elemente, nicht die Fragmente einer systematischen Konstruktion oder Fachdiskussion: *Ihnen entspringt Handlung*:

> „Although Tocqueville's work contains the most important concrete political analysis, it is a philosophical one, pointing out the conditions of modern life, the political possibilities, and the place of personal perfection"[196].

Die Kernfragen, auf den für den Autor fassbaren Bereich dieser neuen Gesellschaftswirklichkeit gerichtet, bleiben stets einem philosophischen Reflex verpflichtet, dem sie ihre Existenz verdanken.

> „Tocqueville's purpose in the Democracy is to show men how they might be both equal and free, and by not equating democracy with any institutional form associated with it, (…) Tocqueville underscores his fear that the real driving force of democracy, the passion for equality, is compatible with tyranny as well as with liberty. Tyranny might very well coexist with what appear to be democratic institutions."[197]

Stellt man Vorgehensweise des Autors und die antizipierte Werksystematik der DiA gegeneinander, ergibt sich zunächst ein unausgewogenes Bild, welches die Darstellung einer systematischen Orientierung der Methodik deutlich erschwert, zumal der Autor selbst zeitweise alle Hinweise breit zu streuen versteht.[198]

Diese Breite des Interpretationsspektrums und die hieraus begünstigte Deutungswillkür werden durch mehrere Faktoren befördert: Am wirkmächtigsten erscheint die Tatsache, dass Tocqueville sich in seinem gesamten Werk nur unwillkürlich gegen die theoretischen und methodischen Grundsätze früherer Untersuchungen abgrenzt oder als Nachfolger anderer Interpreten positioniert. Er entstammt keiner Schule; zum Zeitpunkt der Veröffentlichung des ersten Bandes der *Demokratie* ist er als Autor in Frankreich völlig unbekannt. Durch die fehlende Auseinandersetzung mit der Methodik früherer Arbeiten erscheint die grundlegende Fragestellung seiner Untersuchung zunächst *unscharf und ungenügend begrenzt*: Er bietet an keiner Stelle seines Werks eine wirkliche Darstellung von Theorie und Methode seiner Gesellschaftsanalyse, nur in Ausnahmefällen definiert er die verwendeten Begriffe: Ein erster Zugriff bietet sich *ex negativo* über die beschriebenen Phänomene an.

---

196 Weiter: „From his view, human life is an incessant striving toward the fulfilment of its obligation to state and nation, and an aspiration toward perfection through spiritual freedom." Salomon, S. 281.

197 Strauss, Leo; Cropsey, Joseph (Hrsg.): History of Political Philosophy, University of Chicago Press 1972, S. 761 ff.

198 Als ein Beispiel unter vielen darf nachfolgende Textstelle dienen: „So blieb die Demokratie ihren ungezügelten Neigungen überlassen; sie wuchs heran wie die Kinder ohne väterliche Aufsicht, die sich in den Straßen unserer Städte selbst erziehen und nur die Fehler und Probleme der Gesellschaft kennen", DiA (Manesse), Bd. I, S. 21 f.

Die Rolle des Hinweisgebers fällt in diesem Fall wiederholt der umfangreichen, lebenslang geführten Korrespondenz sowie seinen sämtlichen anderen Schriften zu, deren theoretischer Gehalt zum einen, im Fall des *Alten Staats, ex negativo* erfolgreich zur Durchdringung und Unterscheidung der gewandelten Methodik dienen kann; zum anderen, im Fall von *In der Nordamerikanischen Wildnis*[199], der kurzen Schrift *Über den sozialen und politischen Zustand Frankreichs vor und nach 1789*[200], der Diskussion der algerischen Kolonialsituation und in der Studie *Mémoire on Paupérisme* von 1835 überhaupt erst den nötigen Hinweis auf eine Vervollständigung einzelner Elemente der Strukturdiskussion bietet, wie besonders in der sozialorientierten Diskussion politökonomischer Fragen deutlich wird.[201]

Weithin sind diese Hinweise jedoch trotz ihrer in Einzelfällen treffenden Deutlichkeit eher als Fingerzeige denn als bislang fehlende Fragmente einer neu aufzuschlüsselnden Systematik zu verstehen. Es erscheint deshalb notwendig, in Einzelaspekten der vorliegenden Arbeit den von Tocqueville vorgestellten Interpretationsspielraum künstlich zu verengen, um aussagenorientiert arbeiten zu können.

Hierzu soll besonders die umfangreiche Korrespondenz unterstützend dienen. In einem Brief an Kergorlay nennt er Montesquieus „Größe und Verfall der Römer" als ideengeschichtliches Vorbild, zweifelt jedoch an der Möglichkeit, „von Menschen und Dingen der eigenen Epoche leidenschaftslos und offen" sprechen zu können; einen vergleichbaren Hinweis versagt er dem Leser der *Demokratie in Amerika*.[202] Die Interpretation Tocquevilles wird neben dem vo-

---

199 Alexis de Tocqueville: In der Nordamerikanischen Wildnis. Eine Reiseschilderung aus dem Jahre 1831, Reclam Stuttgart 1960.

200 Alexis de Tocqueville: État social et politique de la France avant et depuis 1789, in: Œuvres, Bibliothèque de la Pléiade, Gallimard Paris 2004.

201 Drescher, Seymour; Himmelfarb, Gertrude (Hrsg.): Alexis de Tocqueville, Memoir on pauperism: Does the public charity produce an idle and dependent class of society?, Ivan R. Dee Chicago 1990.

202 Dem Brief an Kergorlay, geschrieben während der Vorarbeiten zum „alten Staat", kommt eine Schlüsselposition zu, insofern er das Interesse Tocquevilles, Geschichtsprozesse universell und abstrakt zugleich abzubilden, verdeutlicht; das geschichtliche Leben stellt ihm die Kategorien des Lebensverständnisses zur Verfügung: „Gewiß werde ich zweifellos die Fakten mitteilen; ich werde ihrem Faden folgen; aber mein Hauptanliegen wird nicht die Erzählung sein. Vor allem würde ich die Prinzipien verständlich zu machen haben, zeigen, wie die verschiedenen Ereignisse daraus hervorgegangen sind; wie das Kaiserreich gekommen ist, wie es sich inmitten der von der Revolution geschaffenen Gesellschaft festsetzen konnte; welches die Mittel sind, deren es sich bedient hat, welches die wahre Natur des Menschen ist, der es gegründet hat, worin sein Erfolg bestand, seine Niederlage; den vorübergehenden und dauerhaften Erfolg, der er auf die Geschichte der Welt und besonders auf das Schicksal Frankreichs ausübte." Zit. n. Der alte Staat und die Revolution", hrsg. v. J. P. Mayer, Anmerkungen, S. 304, Briefstelle zit. n. Œuvres VII, hrsg. v. G. Beaumont, S. 257 ff.

rangehend erwähnten tendenziell unsystematischen Ansatz weiterhin erschwert durch die verschiedenen, unterschiedlich aufeinander bezogenen und doch wesentlich in der Diskursführung voneinander abhängigen Entfaltungsebenen allgemeiner Beobachtungen, historischer Verweise und theoretischer Diskursführung in der *Demokratie in Amerika*: Alexis de Tocqueville ist nicht der unvoreingenommene Beobachter eines ihm bislang unbekannten Aggregatzustandes einer Gesellschaftsform, als der er sich dem Leser vorstellt.[203] Zwar ist über die Werkstruktur der im Zeitabstand von fünf Jahren veröffentlichten zwei Bände der *Demokratie in Amerika* ein erster Einblick in die von Tocqueville angelegte Argumentationsstruktur möglich, eine Deutung seines Interpretationsansatzes lässt sich jedoch im Wesentlichen nur aus dem Werkganzen unter Zuhilfenahme des bereits erwähnten Problempaares und der verschiedenen, unterschiedlich aufeinander bezogenen und wesentlich in der Diskursführung voneinander abhängigen Ebenen der *Demokratie in Amerika* verwirklichen. Dies soll im Folgenden unter dem Überbegriff der Diskursebene versucht werden.

2.4 Diskursebenen

> „Wohin gehen wir also? Niemand vermag es zu sagen, denn
> dafür fehlen uns schon die Vergleichspunkte"[204].

Der erste Band der DiA bietet eine grundsätzlich orientierte, hauptsächlich beschreibende Darstellung der Verfassungswirklichkeit und politischen Verhältnisse Amerikas. Hieran angeschlossen folgt eine Untersuchung der Auswirkungen des egalitären Prinzips der Volkssouveränität auf die grundlegenden Sitten und Institutionen des öffentlichen Lebens, veranschaulicht unter Zuhilfenahme zahlreicher Beispiele, welche sich an Lebens- und Handlungswelten, mithin Phänomenal-Räumen, orientieren.[205] Diese Beobachtungen verlaufen größtenteils ana-

---

203 „Ich gestehe, daß ich in Amerika mehr gesehen habe als Amerika; ich habe dort ein Bild der reinen Demokratie gesucht, ein Bild ihrer Neigungen, Besonderheiten, ihrer Vorurteile und Leidenschaften; ich wollte sie kennenlernen, und sei es nur, um wenigstens zu erfahren, was wir von ihr zu erhoffen oder zu befürchten haben", DiA, S. 31 Weiterhin: „Mein Instinkt konnte mich keineswegs zu dem einen oder anderen ziehen [Demokratie oder Aristokratie, d. A.]; in einem Wort, ich war so hübsch ausbalanciert zwischen dem einen und dem anderen, zwischen Vergangenheit und Zukunft, daß ich weder naturgemäß noch instinktiv das eine oder das andere bevorzugte." (Übers. d. A.), Tocqueville in einem Brief an Henry Reeve, Paris.
204 Vgl. Quellenangabe in Pkt. 121.
205 „Ich gestehe, daß ich in Amerika mehr gesehen habe als Amerika; (...) ich habe dort ein Bild der reinen Demokratie gesucht, ein Bild ihrer Neigungen, Besonderheiten, ihrer Vorurteile und

log zu der von Tocqueville und Gustave Beaumont eingeschlagenen Reiseroute, auch wenn dieser Umstand von Tocqueville nicht explizit erwähnt wird[206] und hier nur ein weiteres, für den Betrachtungswinkel der vorliegenden Diskussion nebensächliches Detail darstellt. Allgemeine Illustrationen folgen hier oftmals der Erörterung sachlicher Probleme, zumeist steht der historische Blick der gesellschaftskritischen Diskussion voran und bietet dieser eine erfahrungsorientierte Grundlage. Dies geschieht nicht durchgehend: Tocqueville folgt keinem selbstauferlegten Regelwerk für seine Betrachtungen und sieht sich nicht notwendigerweise in einer selbstgewählten geistigen Gefolgschaft:

> „Wohin gehen wir also? Niemand vermag es zu sagen, denn dafür fehlen uns schon die Vergleichspunkte: die gesellschaftlichen Bedingungen sind heute in der christlichen Welt einander mehr angeglichen, als sie es jemals zu irgendeiner Zeit in irgendeinem Land der Erde waren; so versperrt uns die Größe dessen, was geschieht, den Blick auf das was noch geschehen kann (…) das vorliegende Buch ist völlig unter dem Einfluß eines religiösen Schauders geschrieben, den der Anblick dieser unwiderstehlichen Revolution im Herzen des Verfassers hervorgerufen hat."[207]

Unbewusst wirken dennoch die geistigen Väter einzelner Segmente, deren Aussagen Tocqueville zu einem größeren Ganzen fügt, indem er wesentliche Punkte als Antagonismen oder als unterstützend hinsichtlich seines Aussageinteresses in den fortlaufenden Diskurs einbindet. Referenz und Zeugnis für diese Vorgehensweise sind seine Ausführungen in der Korrespondenz sowie die zeitgenössischen Werkkommentare. Ihre jeweilige Aussagefähigkeit soll in einem späteren Abschnitt der Arbeit kritisch geprüft werden. Sie sollen jedoch in ihrer Rolle innerhalb des Werkganzen so verstanden werden, wie Dilthey es unter Bezugnahme auf Tocqueville beschrieben hatte: „(…) seine Zergliederung ist auf das Zusammenwirken der Funktionen in einem modernen politischen Körper gerichtet."[208]

Leidenschaften; ich wollte sie kennenlernen, und sei es nur, um wenigstens zu erfahren, was wir von ihr zu erhoffen oder zu befürchten haben." DiA (Manesse), Bd. I, S. 16.

206 „It had been Ohio and New Orleans – not his own aristocratic training – that had taught him the specific defects in manhood suffrage. It had been Andrew Jackson, and the Congress of the United States that had driven home to him the mediocrity of American leadership. The antitariff men and South Carolina had underlined the dangers of free assembly; and it had been none other than Jared Sparks who had first uttered the tell-tale words: ‚tyranny by the majority'. As for the differences and antagonism between North and South, the problems of the Indian and the negro slave, Tocqueville now saw *them in terms of personal experience*." Pierson 1959, S. 435.

207 „Das Buch bekennt sich durchaus zu niemandes Gefolgschaft; ich hatte, als ich es schrieb, weder im Sinn, einer Partei gefällig zu sein, noch eine Partei anzugreifen; ich wollte nicht anders, nur weiter sehen als die Parteien; und während sie sich mit dem Morgen beschäftigen, galt meine Aufmerksamkeit der Zukunft." DiA (Manesse), Bd. I, S. 16, 19.

208 Vgl. Dilthey 1970, S. 125 ff.

86

Über die beschriebenen Schritte hinaus richtet sich der Blick Tocquevilles auf eine in den Strukturmerkmalen der neuen Gesellschaftswirklichkeit angelegten Ordnung allgemeiner und spezifischer Natur demokratischer Verfasstheit:

> „Die Völker können (…) aus ein und derselben Gesellschaftsordnung zwei große politische Folgen ziehen: Die Folgen sind sehr verschieden, entspringen aber dem gleichen Sachverhalt. Die Angloamerikaner (…) waren glücklich genug, dem Absolutismus zu entrinnen. Die *historischen Umstände, ihre Herkunft, ihre Bildung und vor allem ihre Sitten* [Mœurs im Original, d. A.] ermöglichten es ihnen, die Souveränität des Volkes zu begründen und zu behaupten.“[209]

Der zweite, ursprünglich im Abstand von fünf Jahren veröffentlichte Band untersucht die in dieser *beobachteten Ordnung angelegten Strukturmerkmale* und darüber erkannten Tendenzen zu einer freiheitlich oder despotisch geprägten Herrschaftsordnung des neuen gesellschaftlichen Zustands:

> „In einem zweiten Teil beabsichtigte ich den Einfluss darzustellen, den die Gleichheit der gesellschaftlichen Bedingungen und die demokratische Regierung in Amerika auf das bürgerliche Leben, auf die Gewohnheiten, Vorstellungen und Sitten ausübt“[210].

Tocqueville baut damit auf der von ihm selbst geschaffenen analytisch-empirischen Legitimationsgrundlage des ersten Bandes auf; nach der beschreibenden Darstellung der politischen Verfasstheit folgt nun die *auf generelle Einsicht und Ursprünge von Transformation gerichtete Analyse.*

Die Widerspiegelung der zuvor dargestellten egalitären Gesellschaftsform soll in den sozialen Bedürfnissen und Normen, in der Denk- und Gefühlswelt und schließlich im Selbstverständnis des neuen Bürgertypus nachgewiesen werden, was nicht ohne eine gewisse theoretische Überhöhung, begleitet von einer teilweise kulturpessimistischen Tendenz, stattfindet:

> „Was ich von Amerika sage, gilt übrigens für fast alle Menschen unserer Tage. Die Menschheit büßt im Kern ihre Vielfältigkeit ein; in allen Winkeln der Welt findet man die gleiche Art des Denkens, Fühlens und Handelns“.[211]

Anpassungsfähigkeit wird hier oftmals auf den Konformitätszwang falsch verstandener Gleichheit reduziert: Ein Leben in *unentzweiter kollektiver Praxis* zu führen, als verfasste *Einheit einer sittlichen Welt* scheint zu diesem Punkt das

---

209 DiA (Manesse), Bd. I, S. 62. Vgl. zur Begriffsklärung den beigefügten Aufsatz von Hereth im Anhang vorliegender Arbeit sowie Kap. 2.VI.xix., vgl. ebenfalls Dahrendorf, Ralf: Konflikt und Freiheit, Piper München 1972, S. 188 f.
210 DiA (Manesse), Bd. I, S. 17.
211 DiA (Manesse), Bd. II, S. 248.

eigentliche Aufklärungsziel Tocquevilles zu sein. Die eingangs angeführten Hinweise auf die aufeinander bezogenen Ebenen der Tocqueville'schen Argumentationsführung bilden damit den Vordergrund der vorliegenden Diskussion: Die I. Absicht der politischen Wegweisung ist nicht ohne die grundlegende II. Schwerpunktsetzung seiner Analyse zu erklären, während diese wiederum den III. Blickwinkel der Beschreibung diktiert: Wenig überraschend steht zu Beginn und Ende der politischen Wegweisung ein vom Gedanken der Volkserziehung geprägtes Erkenntnisinteresse. Den drei unterschiedlichen (Entfaltungs-)Ebenen der *Demokratie in Amerika* kann damit ein dreifach zu unterscheidendes Erkenntnisinteresse zugeordnet werden: An erster Stelle steht dabei eine **1.** *beschreibende Gesamtdarstellung* der gesellschaftlichen und politischen Neuerungen des in der neuen Welt *angelegten* Amerikas; eine spätere Aussage Tocquevilles bestätigt diese Einschätzung:

> „Nous partons dans l'intention d'examiner en détail et aussi scientifiquement que possible tous le ressorts de cette vaste société américaine dont chacun parle et que personne ne connaît."[212]

Der Weg über die beschreibende Darstellung neuartiger Phänomene erlaubt es Tocqueville, in einem zweiten Schritt zu einer **2.** *auf allgemeine Erfahrung zielenden Analyse* vorzudringen, in der das gesuchte „Bild der Demokratie" seinen analytischen Gehalt aufweisen soll, ausgehend von der möglichen Einsicht in den grundsätzlichen Charakter:

> „J'avoue que dans l'Amérique j'ai vu plus que l'Amérique; j'ai ai cherché une image de la démocratie *elle-même*, de ses penchants, de son caractère, de ses préjuges, de ses passions."[213]

Ein Abbild der Demokratie als spezifische politische Verfasstheit, als Gesellschaftszustand führt in der antizipierten Methodik Tocquevilles an dieser Stelle zu der Frage **3.** nach den allgemeingültigen *Strukturmerkmalen einer egalitären Gesellschaft*; es gilt, freiheitsbewahrende Funktionen den freiheitsgefährdenden, inhärenten Tendenzen bestimmter politischer Sitten und Institutionen auf dem Boden der Gleichheit gegenüberzustellen:

> „Ich wollte zeigen, was in unseren Tagen ein *demokratisches Volk* ist, und durch dieses überaus exakte Gemälde wollte ich auf den Geist der Menschen meiner Zeit eine doppelte Wirkung ausüben",

---

212 A. d. Tocqueville, B. V., S. 414.
213 Hier im Original zur Hervorhebung von *elle-même* vgl. DiA (Manesse), Bd. I, S. 16.

schreibt er an seinen Freund Eugène Stoffels am 21. Februar 1835.[214] Der analytische Blick Tocquevilles verfolgt nicht allein die möglichen Entsprechungsformen angenommener Verhältnisse, sondern lässt sich von einer möglichst umfassend angelegten Betrachtung der gesellschaftlichen und kulturellen Verhältnisse zu seinen Schlüssen leiten. Der ganzheitliche Ansatz lässt bereits zu diesem Punkt vermuten, dass die Vorbedingung für eine Akzeptanz demokratischer Ordnung die Akzeptanz einer breiten Vielfalt eines (sittlich) Guten ist. Inwiefern diese Untersuchung typischer Strukturmerkmale in ihrer Reflexion tatsächlich auf das Bild der amerikanischen Demokratie gerichtet bleiben kann, ist eine Nebenfrage in der hier geführten Diskussion (und bliebe ohnedies lediglich auf den zugrundeliegenden Diskurs bezogen). Als Zwischenstand bleibt festzuhalten, dass ein gewisses Prinzip der Wertfreiheit eine möglichst umfassend angelegte Betrachtung begünstigt, aus der sich im Anschluss eine allgemeinwissenschaftliche Vorgehensweise herausbilden kann.[215]

Als dritter und letzter Schritt wirkt schließlich das politische Ziel, die bereits erwähnte politische Wegweisung, auf die Thematik der Analysen; eine grundsätzliche Motivation, die in ihrem Wirkungsinteresse auf die Verhältnisse in der französischen Heimat gerichtet erscheint. Diese Interpretation findet sich bestätigt in einem Brief Tocquevilles an Eugène Stoffels, in dem er zwei entgegengesetzte Gruppierungen als Adressaten seiner Wegweisung nennt: Sowohl die „un-

---

214 Weiter: „Denen, die sich ein Idealbild der Demokratie gemacht haben, einen glänzenden Traum, den sie leicht zu verwirklichen glaubten, habe ich gezeigt, daß sie das Bild mit falschen Farben ausgestattet haben; daß die demokratische Regierung (...) sich nur vermittels gewisser vernünftiger Bedingungen behaupten kann, wie die einer Privatmoral und von Glaubenshaltungen, die wir keineswegs haben und die man erst erarbeiten muß, ehe man daraus politische Konsequenzen ziehen kann. (...) die Gesellschaft hat sich in Marsch gesetzt und führt die Menschen jeden Tag mehr der Gleichheit der Bedingungen entgegen; daß man also nunmehr zwischen den hinfort unvermeidlichen Übeln wählen müsse; (...) [zwischen einer] demokratischen Gesellschaft ohne Poesie und ohne Größe, aber voller Ordnung und Moralität (...) oder einer demokratischen Gesellschaft voller Unordnung und Verderbtheit (...). Ich wollte die Begeisterung der ersteren kühlen und ihnen, ohne sie zu entmutigen, den einzig möglichen Weg zeigen, der einzuschlagen ist." Œuvres, S. 438.

215 Nach Ansicht des Autors gibt es hier zwei Möglichkeiten der Fortführung dieses Gedankens: Hervorhebung der objektiven Erschließungsfähigkeit Tocquevilles, bezogen auf die Phänomen-Reflexion, oder, durchaus interessanter, der Versuch Tocquevilles, sich der partiellen Selbsttäuschung von Objektivität zu unterziehen, um zwischen den verschiedenen möglichen Betrachtungswinkeln des Realphänomens interchangieren zu können. So sehr, wie ihm die verschiedenen Fraktionen in der Heimat bewusst sind, kennt er im Verlauf seiner Untersuchung die jeweilige Entsprechung in der traditionalen Moderne der amerikanischen Situation. Gerade für die Fortschreibung der vielfältigen Auswirkungen der unablässig voranschreitenden Gleichartigkeit der Verhältnisse liegt hier eine auf die Systematisierung bezogene, besondere Spielart der Erschließung vor.

einsichtigen Gegner wie die leidenschaftlichen Anhänger" einer demokratischen Regierung in Frankreich sollen in die Lage versetzt werden, in der Beschreibung einer sozial nivellierten Gesellschaft die unaufhebbare Voraussetzung einer realistisch orientierten politischen Theorie und Praxis zu erkennen. Als „Warnung und Auftrag für ihr zukünftiges politisches Handeln" soll ihnen der Hinweis auf die nötigen demokratischen Strukturbedingungen der politischen Freiheit und ihrer Entartung, der Despotie gelten:

> „Mais en parlant des notions que me fournissait la Société américaine et française, j'ai voulu peindre les traits généraux des Sociétés Démocratiques dont aucun complet modèle n'existe encore".[216]

Allgemeiner gehalten ist diese Wirkungsabsicht bereits in der Einleitung der *Demokratie in Amerika* formuliert:

> „Die Demokratie belehren, ihre religiösen Überzeugungen nach Möglichkeit beleben, ihre Sitten reinigen, ihre Bewegungen in eine Ordnung bringen, nach und nach ihre Unerfahrenheit durch Einsicht in die Staatsgeschäfte, ihre blinden Neigungen durch die Kenntnis ihrer wahren Interessen ersetzen, ihre Regierung Zeit und Ort anzupassen: das ist es, was den Menschen (...) als oberste Pflicht auferlegt ist."[217]

Zwar wird der Begriff der *démocratie* von Tocqueville analytisch verwendet, entspricht ihm jedoch ein klar zuzuordnender Gesellschaftszustand, wie er sich über auffindbare Tatsachen beweisen ließe? Der Demokratie steht als nichtstatischer Begriff, als Kennzeichnung für die Gleichheit der Verhältnisse, die *égalité des conditions*, als begriffliche Markierung eines prozesshaft etablierten Zustands vor. Er kennzeichnet keinen feststehenden Tatsachenzusammenhang, keine statisch auffindbare und vollständige Gleichheit der gesellschaftlichen oder politischen Wirklichkeit entspricht ihm. Der Begriff *démocratie* dient vielmehr als aufschließendes Element zu der Vorstellung eines allgemeinen Prinzips im Sinne einer erkennbaren Tendenz, einer Orientierung hin zur Fassung des sozialen Geschehens. Tocqueville macht sie über die Verwendung der Formulierung *„égalité des conditions"* kenntlich.[218]

Damit entsteht der *Begriff der Demokratie* aus der *Spannung eines konkreten sozialen oder politischen Zustands*; zu dem abstrakt gehaltenen Modell eines egalitären Systems bildet er das mit „diesem Herrschaftstyp einhergehende so-

---

216 AdT, OC (Mayer), VI/ I, 330.
217 DiA (Manesse), Bd. I, S. 9.
218 Demokratie ist bei Tocqueville immer zunächst Begriff für die Gleichheit, nicht in streng politischem Sinne, sondern als Zustandsbeschreibung eines *état social*; Begriffe wie *lois politique, le peuple, l'égalité, le sentiment de l'égalité, le mouvement* und, wie bereits angeführt, *état social* werden in diesem Bedeutungsrahmen mit Demokratie gleichgesetzt.

ziale Konstitutionsprinzip."[219] Einzelnen Strukturelementen oder dem solchermaßen aufgefassten Ganzen einer existierenden Gemeinschaft kann somit die
Eigenschaft zugesprochen werden, demokratisch zu sein, wenn sie sich dem
einmal wie vorgestellt konstruierten Typus in ihrer Fassbarkeit annähern. Bedingt ist diese Sichtweise hauptsächlich durch eine grundsätzliche Akzeptanz,
das empirisch Mögliche dem Modellcharakter einer antizipierten Ordnung gegenüberzustellen.

Auf diese Art und Weise kann Tocqueville verschiedene Erscheinungsformen seines analytischen Begriffs unter Zusätzen vorstellen: *démocratie, état
social démocratique, société démocratique* werden unterschiedlichen Erscheinungsformen ein und desselben Phänomens zugeordnet. Dies kann nur deshalb
gelingen, da der Begriff eine Orientierung hin zu einem antizipierten Zustand
erlaubt, obwohl die jeweiligen Erscheinungsformen nicht voll ausgebildet sind.
Dass der Abgleich zur beobachteten Wirklichkeit nicht über ein starres Modell,
sondern über einen Vergleich mit ihrer phänomenalen Ausprägung erfolgt, erklärt den Eindruck großer Aktualität. In der Parallelverwendung von *démocratie*
und *égalité des conditions* drückt sich dies zuerst aus. Beiden Ausdrücken
kommt bei Tocqueville die Eigenschaft zu, wechselseitig eine schwer fassbare,
vom Prinzip der Gleichheit bestimmte gesellschaftliche und politische Wirklichkeit zu bezeichnen. „The carving of sovereignty into spheres was not easy to
understand."[220]

Heute befinden wir uns immer inmitten einer Vielfalt von Begrifflichkeiten,
über die jedes einzelne Element in der Öffentlichkeit Bedeutungszuweisung
empfängt: Damals ist es das tastende, teils erratische Suchen nach den Grundbe-
griffen, in denen die neue politische Ordnung zum Ausdruck kommen soll. Sie
ist tatsächlich das Resultat einer tastenden Terminologie, verursacht durch die
Tatsache, dass die Analyse der neuen Welt nach einer neuen Fassung des zugrundeliegenden Begriffs verlangt.[221]

---

219 Vgl. Hecht 1998, S. 33 f.
220 Pierson 2000, S. 434.
221 „Not that the literary sources supplanted the materials of experience. On their visits to Albany
     and Boston and Washington, they had been appalled to discover how seldom and how badly af-
     fected official records and statistics was kept in the United States. As a substitute for the real
     thing, Hazard and Pitkin and the almanacs was hopelessly inadequate. And even in the field of
     their own history, the Americans had as yet produced no broad survey, nor any single work of
     the first class. It would, therefore, been utterly impossible for Tocqueville to have made up his
     commentary wholly, or even largely, out of second-hand materials, assuming that he so desired.
     That was the first reason. And the second was even stronger. To put it baldly, it never occurred
     to him to become a mere compiler. His whole plan was to rely on books about America only for
     information and corroboration, and then only for those sections in his own work where the em-
     phasis was to be on description and detailed analysis. (…) he was to make an extensive use of

Wenn sich bereits die Klassenunterschiede verwischt haben, wenn ein wirkmächtiges Prinzip die ursprüngliche Rolle der Verordnungen ersetzt[222], folgt der Begriff der zugrundeliegenden Wirklichkeit, deren Erscheinungsform mit der alten Sprache nicht mehr vollständig zu greifen ist. Dem vereinzelten Individuum, über den negativ konnotierten Begriff des *individualisme* gekennzeichnet, wird das Extrem in Knechtschaft lebender Menschen entgegengestellt:

> „Die Gleichheit erzeugt in der Tat zweierlei Neigungen: die eine führt die Menschen unmittelbar zur Unabhängigkeit hin und kann sie plötzlich bis in die Anarchie treiben; die andere lenkt sie auf einem längeren, verborgeneren, aber sicheren Weg zur Knechtschaft. Die Völker gewähren die erste leicht und widerstehen ihr, von der anderen lassen sie sich mitreißen, ohne sie zu sehen; diese gilt es vor allem aufzuzeigen."[223]

Als eine erste Möglichkeit, der tastenden Terminologie Halt zu gewähren, kann hier die Diskussion neuartiger ökonomischer Erscheinungsformen auf der Grundlage und im Vergleich zu der kulturprägenden Funktion der französischen Agrarreform dienen: Erfahrungsgrundlage, Erscheinungsform und Begriff greifen über den philosophischen Reflex ineinander: Die ökonomische Sphäre in ihrer frühindustriellen Ausprägung trägt noch die Spuren ihrer Verwandlung: Noch ist der Großteil der Gesellschaft von der Prägung einer industriellen Erwerbssituation unbelastet. Die Frage nach den kulturellen Identifikationsmerkmalen entwickelt über die Betrachtung der verwandelten Erwerbssituation eine überraschende Wirkungskraft, deren Elemente in die Grundfesten der demokratisch verfassten Gesellschaft und ihre freiheitliche Ausprägung zu greifen scheinen.

Hierüber bietet sich in großer Eindringlichkeit das Bild einer veränderten Gesellschaftsgruppe, welche über ihren verwandelten sozialen Status politische Wirksamkeit erlangt:

> „America, then, might be the test not of whether a bourgeois republic was possible but whether the class that had made its way by the pursuit of wealth and status could develop into a politically serious class. (...) Tocqueville's conclusion (...) was hope-

---

such printed assistance only for the second, fifth and eighth chapters of his first volume, and for the eighth and tenth chapters of volume two." Pierson 2000, S. 439.

222 Vgl. zur Verwischung der Klassenunterschiede zum Ausgang des 18. Jahrhunderts: „Sie hatten die gleichen Ansichten, die gleichen Gewohnheiten, folgten den gleichen Neigungen, ergaben sich den gleichen Vergnügungen, lasen die gleichen Bücher und sprachen die gleiche Sprache." Nur in ihrer formalen Rechtsstellung unterschieden sie sich noch. Aus dem Nachwort zu: Alexis de Tocqueville, Der alte Staat und die Revolution, hrsg. v. J. P. Mayer. Reinbek 1969, S. 308.

223 AdT, DiA, hrg. v. J. P. Mayer, München 1976, S. 783 f.

ful: ‚There is one thing that America proves conclusively and which I had previously doubted: it is that the middle class can govern a state.' "[224]

Die Wahrnehmung dieser unwahrscheinlichen Dynamisierung des Status quo ist wesentlich von zwei Faktoren begünstigt, die ihre Wurzeln in der spezifischen Methode Tocquevilles haben: In seinem Selbstverständnis sieht er sich bereits entfernt von der Debatte um *Vita contemplativa* oder *activa* – die Wirkung der Wissenschaften auf die Verbesserung der allgemeinen Lebensbedingungen kommt in der Bewusstwerdung neuer Lebensformen und Lebenswege zum Ausdruck. Mit dem Anbruch der Moderne und dem allgemeinen Fortschreiten der Gleichheit der Bedingungen, der *égalité des conditions*, wandeln sich die Rollen von Theorie- und Praxisverständnis; die Herausforderung allgemeiner Partizipationsmöglichkeit, die sich über die freiheitlich verfasste Gesellschaft eröffnet, wirkt in diese Richtung. Über die Frage nach einer spezifisch politischen Kultur wird nicht allein der wesentliche Unterschied zu den Autoren der *Federalist Papers* und ihrer Schlüsse, sondern auch die Positionierung der Tocqueville'schen Methodik innerhalb der europäischen zeitgenössischen Diskussion deutlicher.

---

224 Sheldon S. Wolin: Tocqueville between two worlds: The making of a political and theoretical life, Princeton University Press 2001.

KONTEXT UND METHODE

3 Erfahrungsräume einer demokratischen Gesellschaft

Entgegen den ursprünglichen Plänen der Gründungsväter entwickelte sich die Regierung in Amerika nicht im Rahmen einer gleichmäßigen, allmählich angleichenden Konsolidierung zu einer *centered political nation* heran, sondern bot das Bild einer von widerstrebenden Elementen in verhaltener Entwicklung fixierten Staatsmacht, deren Verfasstheit verblüffende Ähnlichkeit mit den antizentristischen Artikeln der Konföderation aufwies. Zusätzlich stellt die politische Wirklichkeit der Jacksonian Democracy eine der Hochphasen liberal aufgeladener föderalistischer Ordnung dar. In den Beobachtungen Tocquevilles findet sich dieses Element historischer Wirklichkeit widergespiegelt, ohne auf den Zeitabschnitt beschränkt zu bleiben: Der Autor *erhöht die Darstellung* der amerikanischen Demokratie zu einem *Bild der Demokratie in ihrer (modernen) Wesenhaftigkeit.* Als zukünftiger Status einer europäischen Neuordnung lassen sich in ihr Vorerfahrungen einer als revolutionär empfundenen Epoche der Neuerungen durchleben. Als positives Beispiel soll diese Erfahrung helfen, die Furcht vor den tiefgreifenden Neuerungen der modernen demokratischen Ordnung bei den europäischen Zeitgenossen zu mildern. Tocqueville ist überzeugt, dass die Amerikaner adäquate Antworten auf die inhärenten Gefahren dieser tiefgreifenden Veränderung des sozialen und politischen Raumes gefunden haben. Dabei sieht er im Gegensatz zu den allermeisten seiner Zeitgenossen ihr Zustandekommen nicht als von einem allgemeinen Volksgeist als Klammer umfassten gesellschaftlich-rechtlichen Prozess, wie etwa bei François Guizot[225], sondern als Zusammenwirken von politisch-gesellschaftlichen Faktoren unter der Über-Idee allgemeiner, nichtkonditioneller Gleichheit und der absoluten Souveränität der Volksherrschaft.

Als prozesshaft etablierter Zustand ist ihr als zentrales generatives Faktum einer neuen politischen Ordnung die *égalité des conditions* zu eigen: Einer alles

---

225 Vgl. Guizot, François: Histoire de France, Verlag Carl Winter, 1929.

durchdringenden, gleichwohl äußeren Gleichheit sieht sich ihr in reaktiver Form persönliche Freiheit entgegengestellt. Als regressives Element gerät sie zu einem Ausdruck der staatlichen Ordnung. Auf ideell-ahistorischer Grundlage entfaltet sich für die mit einem spezifischer Religiosität entspringenden Sendungsbewusstsein versehenen Siedler bislang nicht erfahrbare Freiheitlichkeit.

Ihr Vorhandensein bildet im Bewusstsein aller nachfolgenden Generationen das zentrale Merkmal einer neuartigen politischen Kultur, deren gesellschaftliche Wirklichkeit an den Beginn der Teilhabe ein Moment der Selbstorientierung[226] setzt. In der Erörterung der Ursprungsgründe jener Neuen Welt setzt sich Tocqueville grundsätzlich mit den phänomenalen Entsprechungen einer zwischen sozialer und politischer Sphäre oszillierenden Kultur auseinander. Große Aufmerksamkeit widmet er dabei der Existenz von Zwischengewalten, welche als Bindeglied zwischen staatlicher und lokaler Ordnung fungieren sollen. Die allumfassende Umwälzung gesellschaftlicher Wirklichkeit in Staat, Wirtschaft und Kultur, welche die Demokratisierung herbeizuführen imstande ist, bildet dabei den Ausgangspunkt seiner weitverzweigten Untersuchungen, nicht das Resümee.

Diesem Eindruck entsprechend steht in vorliegender Arbeit als Anfangspunkt der Untersuchung der Eindruck grundlegender ökonomischer Veränderung. Als Ansatz zur Aufschließung einer Auseinandersetzung phänomenaler Entsprechung bietet die Darstellung einer veränderten ökonomischen Sphäre bei Tocqueville die Möglichkeit, zwei zentrale Beobachtungen des Autors der vertiefenden Darstellung voranzustellen: Zum einen das Selbstverständnis eines neuen Bürgertypus und die Wirkungsräume in einer veränderten politischen Ordnung, zum anderen die Integrationsfunktion einer marktwirtschaftlich organisierten ökonomischen Sphäre, über die sich bestimmte gesellschaftliche Prozesse wie das veränderte Generationenverhältnis und die veränderte soziale Mobilität abbilden lassen. In den Schilderungen der spezifischen Psyche einer neu herausgebildeten universellen Mittelschicht zeigt sich der innovative Gehalt der Tocqueville'schen Ideen.

Seine Untersuchung ist grundsätzlich geprägt von der Frage nach den Möglichkeiten der Freiheit in einer von egalitären Grundsätzen bestimmten Demokratie; einer empfundenen dialektischen Spannung zwischen Freiheit und Gleichheit folgt die Erkundung ihrer sozialbildlichen Entsprechung. Dieser Eindruck stand der methodischen Konzeption vorliegender Arbeit voran, ihr Erkenntnisinteresse soll stets auf die Erkundung des individuellen Ansatzpunktes der Überlegungen Tocquevilles gerichtet bleiben.

---

226 Über die Idee der moralischen Institution, beginnend in der Selbstverpflichtung auf individueller und fortgesetzt auf intersubjektiver Ebene.

In starkem Kontrast zu seiner praktischen Vorgehensweise bilden seine Aufzeichnungen lediglich ein Orientierungsmerkmal[227] seiner Analyse, welche stets auf allgemeine Aussagen orientiert bleibt. In methodisch-systematischer Hinsicht bildet der erste Band der *Demokratie* damit die erfahrungsgebundene Grundlage des zweiten, worin sich das enorme öffentliche Interesse erklären mag. Dieser Erfolg blieb dem im Abstand von fünf Jahren erschienenen zweiten Band versagt; dabei stellt er den Höhepunkt des analytischen Zugriffs des Autors auf die Wesenhaftigkeit und Strukturen der Demokratie in ihrer modernen Entsprechung dar. Tocqueville entstammt in methodisch-systematischer Hinsicht keiner Schule und versagt sich eine politische Eigenpositionierung, was die zeitgenössische Einordnung des zweiten Bandes erschwert haben mag und den fehlenden Publikumserfolg erklären kann.

Dieser Eindruck soll in vorliegender Arbeit nicht unberücksichtigt bleiben und stellt doch gleichzeitig den größten Ansporn dar, zwischen Phänomen und Methode einer *antizipierten Systematik* des Autors näherzukommen. Streckenweise scheint die Multidimensionalität des *Tocqueville'schen Forschungsinteresses* Gefahr zu laufen, die hieraus fortentwickelte systematische Struktur zu verbergen, durchaus mitverursacht durch eine gewisse Begriffsunschärfe, über deren Zweck bislang Uneinigkeit herrscht.[228]

Hier kommt bisweilen der Wunsch auf, Tocqueville hätte in einem dritten Band in systematischer Hinsicht zum Abschluss gebracht, was er anderweitig skizziert oder in Paradigmen fasst. Vielleicht hätte allerdings die Festschreibung als eigenständige politische Theorie auch das Konzept der Zeitlosigkeit aufgehoben; als Ausgangspunkt einer vertiefenden Untersuchung wäre es jedoch von großem Interesse, wie auch von Cheryl Welch beschrieben: „(...) he seems to retain a *greater measure of normative and exploratory power* – and intellectual provocation – than that of many other nineteenth-century thinkers."[229]

---

227 Vgl. Bluhm 2006, Einführung zu seiner Neuausgabe und Erstübersetzung ausgewählter Schriften Tocquevilles.

228 Vgl. Boudon 2005 S. 471, weiterhin Baudrillard 1995, S. 130–132.

229 Vgl. Welch 2001, S. 1, vgl. weiterhin: The Third Democracy: Tocqueville's Views of America after 1840, Aurelian Craiutu and Jeremy Jennings, The American Political Science Review, Bd. 98, Nr. 3 (Aug., 2004), S. 391–404: „Two things are worth noting in Tocqueville's analysis in Volume Two of Democracy in America. First, he suggested that the Americans were moderate and responsible individuals, who knew well their interests and rights, were capable of controlling their passions, and were not easily swayed by mob flatterers or demagogues. The idea that democracy might chronically engender violence and turmoil or that the market might become uncontrollable precisely because of the growing multiplicity of interests seems rather implausible based on Tocqueville's account that ascribed to Americans common sense, temperance, and moderation. Volume Two of Democracy in America dealt surprisingly little with the perils of prosperity and the limits of abundance. Moreover, Tocqueville had little to say here about the possibility of the economic sphere invading the political realm and corrupting its insti-

Der innovative Gehalt der Tocqueville'schen Analysen, deren Erkenntnisse, etwa in der Schilderung einer transformierten Öffentlichkeit und der ambivalenten Rolle ihrer Vermittlungsorgane, zeitlose Gültigkeit beanspruchen, dämpft eine auf Systematik gerichtete Erwartungshaltung. In diesen Fällen ist man dankbar für die Bereitschaft Tocquevilles, vorzugsweise entschieden dem „schlechten Weg zu folgen, als zögerlich zu verharren."[230]

Der Eindruck verschiedener Diskursebenen bietet sich bereits in den einleitenden Sätzen des Autors und ließ sich im Text bestätigen.[231] Der Eindruck eines *spezifischen Reflexes*, immer dann hervortretend, wenn der Autor dem Eindruck eines Phänomens ausgesetzt ist, hier eingesetzt als *Hervorbringungsmerkmal einer eigenen Methodik*, hat sich zu diesem Punkt der Untersuchung nicht weiter erhärten lassen. Ursprünglich zur vertiefenden Auseinandersetzung der spezifischen Vorgehensweise des Autors eingeführt, konnte er nur auszugsweise nachgewiesen werden und muss in dieser Hinsicht wohl als Hilfskonstrukt einer weiter auseinandersetzenden Erörterung der Tocqueville'schen Methodik angesehen werden. Hilfreich war seine Hinzunahme insofern, als sie den Zugang zu den zunächst verdeckten Elementen seiner Theorie über die *Idee eines generativen Moments* oder Zentrums seiner spezifischen Vorgehensweise gestattet. Es sollte damit keine eigene ‚Quasi-Empirik' oder ‚Methodik' unter Zuhilfenahme selbst-

---

tutions. Yet, in Volume Two of Democracy in America, he discussed the possibility of the rise of an ‚industrial aristocracy' in democratic America. This new type of manufacturing aristocracy, he argued, would be different from the old one, since its goal would be only to make use of the population rather than to govern the country. ‚It is one of the hardest [aristocracies] that has appeared on earth,' surmised Tocqueville (2000, 532), ‚but it is at the same time one of the most restrained and least dangerous.' All things considered, in Tocqueville's opinion, the possible emergence of an industrial aristocracy was not enough to call into question the image of an accomplished American democracy. For the author of Democracy in America, this was to change after 1850, as he became more and more concerned about the consequences of the unbridled spirit of enterprise at the core of the American way of life. Second, in spite of his dislike of the French rising bourgeoisie of his time, Tocqueville was more or less silent about the limitations of the American middle class. He praised the latter's outstanding spirit of enterprise and showed how democracy favors new developments in industry and multiplies the opportunity for various lucrative enterprises. He wrote sine ira et studio about the independent spirit of the (American) middle class, its restlessness, and the multiplicity of its (economic) enterprises, which he saw as a distinctive characteristic of democracy that opens up new vistas and careers to all individuals, regardless of their station in life. To be sure, one will find in Tocqueville's balanced interpretation neither the vitriolic attacks on the boundless cupidity of the Americans that underlay the conservatives critiques of America such as Saint-Victor's Letters from the United States of America (1835) nor the profound dislike for the American vulgar mores and the prosaic American way of life expressed by Victor Jacquemont and Stendhal in the 1820s." Hier als Abschnitt wiedergegeben, da im Original lediglich als Mikrofilm verfügbar, d. A.

230 Vgl. AdT, DiA, Bd. II, Kap. 10.

231 Und ist eingangs vorliegender Arbeit bereits umfassend dargestellt worden.

entwickelter argumentativer Instrumente Lücken füllen oder überdecken, was uns oftmals zunächst nur als Fragment entgegenzutreten scheint. Es soll auch nicht eine zweite Folie der Reflexion erhellen helfen oder zusammenführen, was in der eigentlichen Intention des Autors getrennt gehalten ist: Das *generative Zentrum* seiner Ideen ist von einer Haltung begleitet, aus deren Vorhandensein sich wesentliche Elemente bedingen. Mit der Annahme einer solchen Haltung versucht man nun eigentlich nur, den Weg der Diskursführung nachzuverfolgen, ohne wiederum selbst ein methodisches Konstrukt, etwa zur bewussten (oder unbewussten) Einschränkung der Aussagebasis, diesem gegenüberzustellen.

Wenn Guellec ein regelrechtes „System der Argumentation und des Widerspruchs" etabliert sieht, gewissermaßen eine *Anti-Methode* also, welche sich aus den Modalitäten ihrer Begrifflichkeiten speist, versucht sie als generatives Zentrum einen der Erkenntnis förderlichen Kernpunkt zu schaffen, um den herum sich die Begrifflichkeiten ansiedeln?[232] Dieser Vorgehensweise entspringt das Bild eines Problemkonstrukts, dessen Zusammensetzung sich aus den ersten Eindrücken einer besonderen Form des analytischen Schließens Tocquevilles verdankt. In dem Versuch, der Erkenntnis der Erkenntnis, mithin den Reflexionen Tocquevilles und der ihnen zugrundeliegenden Motivation als erstem Antriebsgrund in systematisierender Hinsicht näherzukommen, lässt sich der nächste Schritt abbilden: Auf diese Weise lässt sich zuallererst ein schlüssigeres Bild seiner *Vorgehensweise* entwickeln, welche tatsächlich zwischen zwei Welten oder Kraftfeldern jeweils zu verharren oder zu oszillieren scheint und dynamische Bindeglieder in beide Richtungen unterhält: Sowohl praktisch als auch methodisch ist die Vorgehensweise Tocquevilles in einem Zwischenzustand zwischen politischer Philosophie und den Anklängen einer modernen Sozialwissenschaft befangen. Als Reiseschriftsteller verfügt er nach seiner Heimkehr in die alte Welt über einen beträchtlichen Notizenschatz, den es zunächst auszuwerten gilt; überdies ist ja noch der versprochene Kommissionsbericht vorzulegen.[233]

Schreibt er dabei in großen Teilen eine *Phänomenologie des Sozialen* in der modernen Demokratie, wie es zuletzt Claude Lefort so beschrieben hat?[234] Lefort schreibt über die zur Anwendung kommende Methode:

---

232 Vgl. seine Stellungnahme hierzu in: The Tocqueville Review / La Revue Tocqueville – Tocqueville et l'esprit de la démocratie, textes réunis par Laurence Guellec, Paris, Les Presses de Sciences po. coll. Fait politique, 2005.

233 Für einen Überblick vgl. http://www.tocqueville.culture.fr/fr/voyages/v_ameri-006.html (zuletzt aufgerufen 15.10.2009), sowie ebd.: „Pré-rapport d'Alexis de Tocqueville et de Gustave de Beaumont, adressé à M. le Garde des sceaux, 10 juillet 1831".

234 Lefort, Claude: Tocqueville: A Phenomenology of the Social, in: Eduardo Nolla (Hrsg.): Liberty, Equality, Democracy, New York University Press, 1992, S. 103 ff.

„(...) when he does not posit oppositions, Tocqueville makes rigorous distinctions, or rather breaks concepts apart: a line is clearly drawn between equality and freedom, between the social state and the political institution. Thus he clarifies the picture and creates the distance necessary to judge. (...) Tocqueville's project seems to be inspired by phenomenology, following Merleau-Ponty when he quotes Husserl to this effect: in every civilization, one must discover the idea in a Hegelian sense, that is, not a physical-mathematical law, accessible to objective thought, but the formula of a unique relation in regard to one's fellow being, to the nature of time and earth, a particular way of giving form to the world (...) he (Tocqueville) discovers that experience has more than one meaning and works at grasping the opposite aspects of the same phenomenon and at understanding how the oppositions refer from one phenomenon to the other."[235]

Tocquevilles Grundthese bleibt ja darin bestehen, dass sich die allgemeine, relative Konstitution Amerikas wesentlich in seiner Lebensform, in der Transformation der Sitten und in einer allgemeinen moralischen Umgestaltung des Innen und Außen der neuen Ordnung ausdrückt, deren Sphären gleichzeitig unauflöslich miteinander verwoben sind.[236] In Amerika werden keine neue Rechtsprechung und kein neuer Staat eingeführt, kein Vertragswerk oder mythischer Geist steht der praktischen, alles durchdringenden Legitimität der Lebensform voran. Alles entspringt praktischer Organisation, ist jedoch von einer moralischen Perspektive seiner selbst umfasst, zu deren Ausdruck die unmittelbare Forderung nach Beglückung, nach ihrer materiellen Wirksamkeit, verbunden mit einem immanenten Rechtfertigungsdrang geraten kann. Allen lebenswirklichen Ausprägungen der demokratischen Grundkonstitution bleiben alle Ambivalenzen immerfort und nicht ablösbar verbunden.

Bis zu diesem Punkt unterscheidet ihn wohl nur der analytische Gehalt einzelner Tagebuchnotizen und unausgesprochener Gedanken von den farbenreichen Erfahrungsberichten seiner Zeitgenossen.[237] An dieser Stelle konzeptioneller Vorarbeit, an deren Ende nach neun Jahren die Veröffentlichung des zweiten Bandes der *Demokratie in Amerika*, der Beginn einer Parlamentskarriere und die Aufnahme in die Académie Française stehen, *erhebt der analytische Geist des*

---

235 Lefort 1992, S. 111 f.
236 Vgl. Boesche 2006.
237 Von Pierson ist die Schätzung von etwa 2.000 Reiseberichten vergleichbarer Couleur überliefert, wobei der tatsächliche Umfang – verbunden mit den obligatorischen Techniken von Oral History und Pamphletkultur – höher gelegen haben dürfte. Interessant aus deutscher Sicht ist bspw. der Bericht von Gustorf, Frederick Julius: The Uncorrupted Heart. Journal and Letters 1800–1845, University of Missoury Press 1969. Was in herausragendem Maß für Beaumont gilt, darf im Umkehrschluss für die Vielzahl der anderen Berichte gelten: Sie sind oftmals exotisch aufgeladene Erlebnisberichte, im atemlosen Stil eines ‚aus erster Hand' erlebten, wundersamen Widerfahrnisses geschrieben.

Autors die Reiseeindrücke zu einem Bild der wesenhaften Gestalt der Demokratie moderner Prägung zwischen alter und neuer Welt.

Während sein Freund Beaumont über das Sozialproblem der Sklaverei in den Südstaaten schreibt,[238] erkundet Tocqueville die Wesenhaftigkeit der modernen Demokratie und der allumfassenden Veränderung, welche aus dem generativen Faktum der *égalité des conditions* erwachsen: Er sucht nach den Ursachen für die ihm entgegentretenden Phänomene, und innerhalb der Ursachen wiederum nach ihren (konditionalen) Gesetzmäßigkeiten, die sie über die Wirkung einer Einzeltatsache heraufheben auf das Plateau *allgemeiner Aussagen.* Raymond Boudon schreibt hierzu:

„Tocquevilles Komparatismus beruht letztlich auf der Beobachtung, dass die vergleichende Methode ein effizientes Mittel darstellt, um zu genau definierten Gegenständen zu gelangen. Er macht sich diese Strategie zu eigen, weil er eine erklärende und keine deutende Konzeption der soziohistorischen Phänomene hat: Tocqueville geht es eher um eine wissenschaftliche Erklärung als um eine ‚literarische' Deutung."[239]

Folgt man dieser Darstellung, so ließe sich seine Vorgehensweise damit in folgende Schritte unterteilen: Gründe finden für die Existenz von Tatsachen – als Ergebnis eines Vergleichs, gefolgt von oder voranstehend als Vorbedingung: möglichst exakte Tatsachen finden – die einem Vergleich entstammen. Diesen Schritten voran steht wiederum das ‚Prinzip der Wertfreiheit', dessen Erschließungsfähigkeit auf dem Plateau der Argumentationsführung, bei Boudon das vierte Charakteristikum, wieder hineinwirkt in die Suche nach den konditionalen Gesetzen, den Handlungsmaximen bei Guellec. Die Frage nach dem Begriff der guten Theorie schließt die versammelten Charakteristika ab und verweist gleichzeitig auf Elemente der Erkenntnistheorie unserer Gegenwart.[240]

---

238 Beaumont, Gustave de: Marie oder die Sklaverei in den Vereinigten Staaten, Paris 1835.
239 Raymond Boudon: Tocquevilles Plädoyer für eine neue politische Wissenschaft, in: Berl. J. Soziol., Heft 4, 2005, S. 459–472. Boudon weiter: „(Seine Methode) (…) hat es ihm erlaubt, eine Vielzahl grundlegender Tendenzen zu erkennen, die wir auch heute (…) noch immer beobachten können: Das Fortbestehen der Ausnahmestellung der Religion in Amerika, die Neigung des französischen Staates zur Fettleibigkeit und die Schwierigkeit, ihn zu reformieren, die Laisierung der modernen Gesellschaften, das Auseinanderbrechen, die Privatisierung und Verweltlichung der Religionen, das Verschwinden der traditionellen Quellen der Autorität, die Herrschaft der öffentlichen Meinung, die Ausbreitung des Vulgären und der Oberflächlichkeit im Hinblick auf die kulturellen Hervorbringungen, die Entwicklung des Relativismus und des Skeptizismus; aber auch die Verfeinerung der Sitten, die starke Zunahme der Rechte, den Kult der Menschenrechte, die Anerkennung der Gleichheit aller, die Entwicklung des Individualismus oder die Entstehung einer breiten Mittelklasse."
240 Boudon sieht fünf Charakteristika, aus denen heraus sich die politische Theorie Tocquevilles bestimmen lässt: Seine „neue politische Wissenschaft" ist durch fünf Charakteristika gekenn-

Einer ideengeschichtlich zu verortenden Vorprägung des Autors entspringt eine systematisierende Einordnung beobachteter Phänomene, was besonders in der Darstellung der Staatlichkeit demokratischer Prägung oder der Darstellung der spezifischen Wirkungsfähigkeit der Religiosität amerikanischer Gestalt deutlich wird. Andere Einflüsse entspringen der lebenslang geführten Korrespondenz Tocquevilles, welche überdies in methodischer Hinsicht als überraschender Hinweisgeber gewertet werden darf: Hier ragen – in ihrer Nützlichkeit für das Erkenntnisinteresse vorliegender Arbeit – besonders die Schriftwechsel mit Stoffels, Mill oder Henry Nassau Senior heraus.[241]

Hinter der methodischen Auseinandersetzung beobachtbarer Phänomene steht die *Bewusstwerdung einer Theorie.* Einzelne Merkmale dienen dabei der Kennzeichnung eines spezifischen Verfasstheitszustands; zugleich dienen sie in ihrer Wesenhaftigkeit einer stets weiter differenzierenden Methodik, welche sich ihren Betrachtungsgegenständen anzupassen versteht: Diese Vorgehensweise fördert das Bild einer politischen Kultur zutage, als deren paradigmatische Entsprechung der *commune*-Gedanken gelten darf. Ursprungsgrund und bewusstseinsprägendes Orientierungsmoment schließlich ist eine spezifische Religiosität, deren Vorhandensein in ihrer Entsprechungsform als Garant der Freiheit gelten darf, in deren „tausend Kleinheiten"[242] sie führt.

Die Schilderung ihrer Wirkungsfähigkeit, Rolle und Funktion führt zu der Frage nach dem Vorhandensein einer *demokratischen Seele* und schließlich der Vorstellung einer *universellen demokratischen Identität.* Diese Idee soll auch in vorliegender Arbeit stets in Abgleich zu abschnittsweise durchdringenden Schilderungen von Phänomenen mit Lokalcharakter dienen. Ziel ist nicht eine Erschließung einer primär amerikanisch geprägten modernen Demokratie in all ihren Einzelheiten, sondern die hierüber hervortretende Gestalt einer allgemeinen

---

zeichnet: I. Sie auf dem Prinzip der Wertfreiheit II. Ihr Ziel ist die Erklärung der soziopolitischen Phänomene mit Hilfe einer allgemein-wissenschaftlichen Vorgehensweise III. Sie schreibt der vergleichenden Vorgehensweise eine strategische Rolle zu IV. Sie sieht ihre Aufgabe in der Suche nach konditionalen Gesetzen, wobei diese als Resultate individueller Verhaltensweisen im Sinne Webers interpretiert werden und charakteristische gesellschaftliche Prozesse aufzeigen sollen V. Sie definiert den Begriff der ,guten Theorie' ausgehend von Kriterien, die in der Erkenntnistheorie der Gegenwart weiterhin bestimmend sind. Nachweis siehe obenstehend / Z. 244.

241 Die in vorliegender Arbeit angeführten Zitate aus den Briefwechseln Tocquevilles mussten allesamt Nennungen in der verfügbaren Sekundärliteratur entnommen werden.

242 „Die Menschen legen die Größe der Einheit in die Mittel, Gott in das Ziel; daher kommt es, daß diese Idee der Größe uns in tausend Kleinheiten führt. Alle Menschen in den gleichen Marschtritt zu zwingen, sie dem gleichen Gegenstand zuzuführen, ist eine menschliche Idee. Eine unendliche Verschiedenheit ihrer Handlungen zuzulassen, aber sie derart zu verbinden, daß alle diese Handlungen durch tausend verschiedene Wege zur Vollendung einer großen Absicht führen, ist eine göttliche Idee." DiA (R), S. 310.

Grundsätzen und Bewegungsgründen entspringenden Idee einer modernen Demokratie, wie sie in einer unaufhaltsamen Bewegung ab der ersten Instanzsetzung ihren Siegeszug in den westlichen Ländern begann und heute als höchste Instanzwahrerin idealer und grundsätzlicher abendländischer Werte und Überzeugungen dienen kann.[243]

Der innovative Aussagegehalt der Analysen Tocquevilles kann bereits eine Systematisierung hinsichtlich einer allgemeinen politischen Theorie erlauben. Er ist dabei nicht mit dem systematisierenden Impetus seines besonderen methodischen Ansatzes zu verwechseln. Tocqueville selbst hat hierzu nur äußerst selten öffentlich Stellung genommen und deutet das mögliche Vorhandensein einer *eigenständigen* Theorie in seinen Werken nur auszugsweise an.[244]

Als Präsident der Académie des Sciences Morales et Politiques spricht er am 3. April 1852 zum ersten Mal öffentlich über seine Idee der politischen Wissenschaften.[245] Äußerer Anlass ist ein Essaywettbewerb um die Frage:

> „Vergleichen Sie die Moralphilosophie und die politische Philosophie von Platon und Aristoteles mit den Lehren der größten modernen Philosophen zu denselben Gegenstandsbereichen. Würdigen Sie, was an diesen Systemen zeitabhängig und falsch und was daran wahr und unermeßlich ist."[246]

Er spricht zunächst über das klassische Dilemma zwischen der Frage nach dem gesunden Menschenverstand und der Idee einer Regierungskunst, die sich in gewissen Grundzügen erlernen lässt. Insbesondere Politiker, so Tocqueville, verwiesen gerne auf den Menschenverstand und aberkennen der Idee einer politischen Wissenschaft ihren empirischen Impetus. Er möchte zwischen Wissen-

---

243 „Tocqueville's decision to come to America was almost a voluntary version of the kind of enforced exile that the tsar was imposing at this time on ‚troublesome' Russians. (…) Tocqueville and Beaumont diligently visited American prisons (the most famous of which were Sing Sing and the Eastern State Penitentiary, in Philadelphia), but *the official project was a pretext for a much larger, private endeavor:* Tocqueville wanted to see what the future looked like, and to write a great book about it. ‚Not to determine whether democracy shall come, but how to make the best of it when it does' was John Stuart Mill's succinct assessment, when he reviewed the first volume of ‚Democracy in America.' The friends set sail from Le Havre on April 2, 1831, and landed thirty-eight days later at Newport, Rhode Island. Tocqueville thought the town ‚a collection of little houses the size of chicken coops,' but found the neatness charming. They set off immediately for New York, in a steamboat of intimidating size and sophistication." James Wood: Tocqueville in America. The grand journey, retraced and reimagined, The New Yorker, 17. Mai 2010, vgl. http://nyr.kr/aOMxAU.

244 Vgl. Kap. 2.V.xv. in vorliegender Arbeit. Die Frage nach einer eigenständigen Theorie ist einer der sensibelsten und gleichzeitig strittigsten Punkte in der Werkrezeption; sie ist das ewiglich, unwiederbringbare *missing link* in nahezu jeder Erörterung seiner Ideen.

245 Tocqueville, Alexis de: Kleine politische Schriften, hrsg. v. Harald Bluhm, in: Schriften zur europäischen Ideengeschichte Bd. 1, 2006, S. 49 ff.

246 Vgl. Bluhm 2006, S. 54 f.

schaft und Regierungskunst unterscheiden: Die Wissenschaft ist ihrer Natur gemäß feststehend, sie gründet sich auf die Natur des Menschen, auf seine Interessen, seine Fähigkeiten, seine von Philosophie und Geschichte offenbarten Bedürfnisse und Instinkte: Diese werden als ewig und kontingent etabliert. Die Wirkungsidee ist die Lehre von den Gesetzen, welche der allgemeinen und der bleibenden Lage des Menschen bestmöglich entsprechen.

Die Regierungskunst ist *beweglich, eine praktische und tätige Staatskunst*, mit den alltäglichen Herausforderungen ringend, „der Vielfalt der Vorkommnisse unterworfen", an deren Lösung sie sich im Lichte der Allgemeinheit abarbeitet, gleichzeitig aber gehalten, Sorge für die vorübergehenden Bedürfnisse des Augenblicks zu tragen und einen Ausgleichsraum für die „flüchtigen Leidenschaften" der Zeitgenossen zu bieten. Verkennt man die natürlichen Grenzen der zweiten, läuft man Gefahr, so Tocqueville, neue Symptome mit alten Heilmitteln kurieren zu wollen: „Wie viele von uns haben nicht, den Geist von gelehrtem Schleier umhüllt, im Jahr *1789* das Jahr 1640 und im Jahr *1830* das Jahr 1688 erblickt?"[247]

Politische Wissenschaft und die Kunst zu regieren werden am Beispiel der Figur des Literaten als gänzlich verschieden dargestellt. Die politische Wissenschaft muss einen nahezu unermesslichen Raum von der allgemeinen Philosophie bis zu den „elementaren Arbeiten im Zivilrecht" abdecken; in ihrer Grenzenlosigkeit bietet sie dem Blick keinen eindeutigen Gegenstand und ist leicht mit jenen Kenntnissen zu verwechseln, die sich direkt oder indirekt auf den Menschen selbst beziehen.

Sie wirkt damit vielgestaltig in jenem dynamischen Zwischenraum nichttechnischer Fertigkeiten und Phänomene, wie sie die Lebenswirklichkeit immer wieder neu hervorbringt. Was aber sind ihre Grundkonstanten? „Man sieht sie über regelmäßige Stufen vom Allgemeinen zum Besonderen und von der reinen Theorie zu den Gesetzestexten und den Tatsachen herabsteigen"[248]. Sie setzen sich hierbei wie folgt zusammen:

- Unter Zuhilfenahme ausführlicher Geschichtsdarstellungen/abstraktes Studium des Menschen – Naturrechte – dem Gesellschaftskörper zukommend – von Menschen geformt/Gesetze für die Gesellschaft nach ihren ursprünglichen oder übernommenen Formen/Regierungssysteme nach Bedingung, Ort und Zeit: Platon, Aristoteles, Machiavelli, Montesquieu, Rousseau
- Der Nationen-Staat/als Gesellschaft – gebunden über das Völkerrecht: von Grotius, Pufendorf

---

247 Vgl. Guizot, François: Histoire de la révolution d'Angleterre, depuis l'avènement de Charles Ier jusqu'á la restauration de Charles II, 2 Bde, Paris 1826/1827.
248 Vgl. Bluhm 2006, S. 54 f.

- Voraussetzung der politischen Wissenschaft in ihrem allgemeinen und theoretischen Charakter: Beccaria, A. Smith
- Institutionen, Verträge, Verfassungen und Gesetze erklären und auslegen: Cjas, Domat, Pothier (von der Idee zu den Tatsachen herabsteigen)

So verengt und konkretisiert sich im Weg von den Ideen zu den Tatsachen das Feld der politischen Wissenschaften und bleibt doch gleich: Abstrakte und allgemeine Wahrheiten, einzelne Gegebenheiten und Institutionen und die Theorie, welche sich auf alles stützt, schließlich die Kommentare der Rechtsgelehrten: Bei allen zivilisierten Völkern sind die politischen Wissenschaften Schöpfer oder Gestalter jener allgemeinen Ideen, aus denen die spezifischen gesellschaftlichen Umstände erwachsen, unter denen Politiker handeln und Gesetze entstehen:

> „Sie hüllen jede Gesellschaft gleichsam in eine Art Begeisterung ein, die den Geist von Regierten und Regierenden gleichermaßen belebt und woraus die einen wie die anderen, oft ohne es zu wissen, und manchmal ohne es zu wollen, die Prinzipien ihres Handelns ableiten. Die Ungebildeten sind die einzigen, die in der Politik nur die Praxis erkennen."[249]

Unter welchen Begleiterscheinungen ist dann die Französische Revolution hervorgetreten?[250]

- Nicht die Politiker des 18. Jahrhunderts, die Könige, Minister, Lehnsherren: Sie sind zu beklagen, denn sie haben etwas anderes geschaffen, als sie wollten, und letzten Endes etwas hervorgerufen, was sie völlig ablehnten.
- Die Menschen jener Zeit, die nie an öffentlichen Angelegenheiten teilhatten
- Die Schriftsteller: Sie alle säten im Geiste unserer Väter all jene neuen Keime, aus denen politische Institutionen und bürgerliche Gesetze den Vorfahren ubekannt, hervortraten.

---

249 Vgl. Bluhm 2006, S. 55 f.
250 Vgl. Tocqueville: „Die Französische Revolution wird allen, die nur sie allein betrachten wollen, ein dunkles Rätsel bleiben; in den Zeiten, die ihr vorangehen, hat man das einzige Licht zu suchen, das sie aufzuhellen vermag. Ohne ein klares Bild der alten Gesellschaft, ihrer Gesetze, ihrer Fehler, ihrer Vorurteile, ihrer Erbärmlichkeiten und ihrer Größe wird man nie begreifen, was die Franzosen während der sechzig Jahre, die dem Sturze jener alten Gesellschaft folgten, getan haben; aber dieses Bild würde noch nicht genügen, wenn es sich nicht auch auf das Naturell unserer Nation erstreckte." Tocqueville, Alexis de: Der alte Staat und die Revolution, Reinbek 1969, S. 179 f. (zuerst L'ancien Régime et la Révolution, Paris 1856).

Und weiter:

> „Die Anzahl der Grundvorstellungen ist nicht so groß, wie man annehmen könnte, (wenn sich auch viele damit befaßt haben) und je nach den Menschen und Zeiten dieser Gegenstand viele Aspekte hat und den Schleier, der ihn immer umgibt: Bezeugung der Unwissenheit des Menschen, nicht aber der Produktivität des menschlichen Geistes. Die moralischen und politischen Wissenschaften stellen einen ständigen Neubeginn dar, sie bezaubern und überraschen."

Dass ihre doktrinär orientierten Vertreter auch zu verführen vermögen, wird nur mittelbar erwähnt.[251]

Um auf den eingangs genannten Wettbewerb zurückzukommen: Tocqueville zitiert die Bemühungen des einzigen Bewerbers und lässt den Preis neu ausschreiben. Ein Namensvetter Bodins gewinnt den zweiten Wettbewerb um die Frage: „Welches sind die Reformen, die aus juristischer und philosophischer Sicht notwendig sind, um unsere Zivilprozeßordnung zu verstehen?"[252] Interessant für den Erkenntnisfortschritt vorliegender Arbeit ist die Passage der Rede Tocquevilles, in welcher er explizit auf die einzelnen Abschnitte der Siegerschrift eingeht, erlauben sie doch einen direkten Rückschluss auf *das methodisch-theoretische Selbstverständnis Tocquevilles*: Der historische Teil der Arbeit (er beginnt bei den Römern und wird bis in die Gegenwart fortgesponnen) sei beachtlich („Die Befehle unserer alten Könige hat man nur in unsere Gesetzesbücher übertragen"), hingegen der sich hieran anschließende, die Schlüsse des ersteren zu reflektieren suchende philosophische Abschnitt schade ihm eher, da er weniger beurteilt als beschreibt: „Der Autor scheint eher ein besserer Zeichner denn ein großer Maler zu sein".[253]

Weshalb diese ausführliche Bezugnahme auf die Akademierede Tocquevilles? Sicherlich hat er an anderer Stelle vergleichbare Ansprachen gehalten, doch nur in wenigen lassen sich gleich an einer ganzen Reihe von Einzelthemen

---

251 Ebd., S. 55 f.: „Sie wiederholen oft, was sie bereits auf andere Art ausgesagt haben, sie bieten nur eine kleine Zahl an Wahrheiten an, die nicht besonders alt sind, und einige wenige Irrtümer, die nicht veraltet schienen, kannte man den Zeitpunkt ihrer Entstehung. Hätten wir nur mehr Belesenheit und ein besseres Gedächtnis, würden uns die meisten jener Sozialtheoretiker die wir heute beobachten und die uns zu Recht als gefährlich erscheinen, obendrein nichtssagend vorkommen. Es ist möglich, (durch das Studium der berühmtesten Autoren, die sich im Lauf der Jahrhunderte mit den moralischen und politischen Wissenschaften beschäftigt haben) die Hauptgedanken wieder zu entdecken, die auf diesem Gebiet Geltung hatten, (und sie, nachdem sie auf eine recht geringe Anzahl von Theoriesträngen zurückgeführt wurden, miteinander zu vergleichen und zu beurteilen)."

252 Vgl. Bluhm 2006, S. 55 f.

253 Bluhm 2006, S. 57.

programmatisch sein Selbstanspruch und methodisch-theoretischer Selbstbegriff so einfach und direkt festhalten:

Da ist an erster Stelle *die Selbstverortung* in der langen Abfolge von Schriften, die wenige Kernfragen variieren. Diese Variationen werden als selbstverständlich vorausgesetzt, dieser Eindruck wiederum entstammt der Überzeugung, die Natur des Menschen sei im Gegensatz zu dem von den Naturwissenschaften bestrittenen nahezu unendlichen Erfahrungsraum endlich und anhand eines Grundkorpus von Vorbegriffen eingrenzbar und auseinanderzusetzen. In den langen Abfolgen der Ideengeschichte sieht Tocqueville als altruistisches Moment ein *brüderliches Selbstinteresse* am Wirken:

> „Man kann sich davon überzeugen, wenn man alle Autoren, die sich mit den soeben genannten unterschiedlichen Stoffen befassen, untereinander vergleicht und darauf achtet, wie sie sich, so entfernt sie auch voneinander zu stehen scheinen, dennoch die Hände reichen und einander unablässig beistehen."

Mit ihrer „unwiderstehlichen Macht" und ihrem „so wunderbaren Leuchten" reflektieren die politischen Wissenschaften *einen unausgesprochenen Erfahrungsraum menschlicher Praxis.* Und siehe da, aller sonstigen Zurückhaltung zum Trotz – „ich habe nur eingefügt, was der Summe meiner Eindrücke entsprach" – wird den formalisierten politischen Wissenschaften unversehens eine der Schlüsselrollen in *der Prägung öffentlicher Aufmerksamkeit und in der politisch-phänomenalen Willensbildung* zugesprochen: „sie hüllen jede Gesellschaft in eine Art Begeisterung ein (...), woraus die einen wie die anderen, oftmals ohne es zu wissen, (...) die Prinzipien ihres Handelns ableiten."[254]

Der Begriff der politischen Wissenschaften ist hierbei bewusst weit gefasst. Er unterliegt nicht den heutigen strengen, formal-akademischen Kriterien eines tendenziell auf sich selbst orientierten Systems der Beurteilung externer realphänomenaler Strukturkomplexe und der hieraus hervorgehenden, schleichenden Marginalisierung der Einzelwissenschaften, betrachtet man ihre Einflussfähigkeit im Hinblick auf die großen Fragen und Herausforderungen der Gegenwart. Die Gesamtheit einer lebendigen Pamphletkultur, öffentlicher Aussprache und Teilhabe durch bewusste Einbindung; das verborgene Wirken der Gelehrten mit ihrem Selbstanspruch, in den historisch-systematischen Gesamtkomplex der Ideale ihrer Zeit Eingang gefunden zu haben, dem Schattenlauf an den Höhlenwänden zu entfliehen und im Licht der Wahrheit einen ständigen Neubeginn aus sich selbst hervorzubringen folgt den mäandrierenden Erkenntniswegen eines dynamischen Diskurses über die großen Fragen ihrer Zeit.

---

254 Alle Zitate entnommen der bereits angeführten Rede Tocquevilles, vgl. Bluhm 2006, S. 55 f.

Nicht in den ruhigeren Gefilden der Theorie und den Wegen der kastenartig organisierten Parteien, die eine Beherrschung basisdemokratischer Prozesse über ihre Selbstorganisation abbilden möchten, ist diese Wirklichkeit der Reflexion phänomenaler Abbilder wahr geworden: Die Akademie (Française, d. A.) sieht er berufen, „dieser *notwendigen wie Furcht erregenden Wissenschaft* eine Heimstatt und Ordnung zu bieten".[255] Damit sind erneut die Zwischenkräfte zum Träger einer ausgestalteten gesellschaftlich-politischen Neuordnung geworden, ganz in der Rolle der bereits in den Bildern der in Amerika offenbar gewordenen Binnenstruktur der in der modernen Demokratie skizzierten Transmissionsfunktion.

3.1 Der Blick des Reisenden. Die Weltsicht eines Theoros

> „Es gibt für den Menschen nichts Unfruchtbareres als einen abstrakten Gedanken. Ich beeile mich daher, schleunigst zu den Tatsachen zu kommen. Ein Beispiel wird meinen Gedanken erhellen"[256]

Die Hauptgedanken und eine überschaubare Anzahl an Theoriesträngen, innerhalb deren spezialisierter Diskussionen das allgemeine Erkenntnisinteresse seinen Fortgang findet, erlauben folgend auf den Vergleich „von den Ideen zu den Tatsachen"[257] eine individuelle Beurteilung. Wo der Diskurs dem Blick keinen eindeutigen Gegenstand bietet, weitet er doch den Blick auf die zugrundeliegen-

---

255 Wie einer Anmerkung Beaumonts zu entnehmen ist, konnte er diese Passage nicht vortragen, vgl. Bluhm 2006, Anmerkungen S. 53 f.
256 DiA (Manesse), Bd. II, S. 250.
257 Vgl. Lefort 1991: „(…) they show how, after having separated the social from the political, Tocqueville is able to bring them together again. (…) to designate a differentiated environment that develops through its own internal and palpable division, in all of its parts. Tocqueville lets himself be guided by the exigency of his investigation. He explores the social tissue minutely without fear of discovering contradictory properties in it. I would venture to say that he makes cuts in this tissue and looks in each of its parts for the possibilities that it contains, that is, with the knowledge that in reality ‚everything holds together'. Thus he does not hesitate to draw all of the possible consequences from individualism – which does not mean that the dynamism of democracy can be limited to that of individualism. Or else he draws all of the possible consequences from the new function of public opinion – which does not mean that he simply condones the tyranny of the majority. Or else he examines the final effects of the power of state growth, without, however, adopting the thesis of a democratic despotism. (…) This exploration requires the formulation of general ideas and, more precisely, of conceptual oppositions, such as those between equality and hierarchy, freedom and servitude, authority and self-affirmation, society and the individual, religious belief and unbelief etc. The overlapping of language and experience is such that he must clarify the meaning of words to get to the things themselves." S. 110.

den Einzeltatsachen.[258] Die Protagonisten dieser Wissenschaft sollen sich nicht anmaßen, über praktische Lebensfragen zu entscheiden, diese sollen vielmehr *in einen allgemeinen Interessenkomplex überführt und diskutiert werden.* Indirekt wird über den Abgleich zwischen Wissenschaft und politischer Praxis der Kanon der Ersteren beschrieben:

> „Die Kunst zu schreiben (...) beschert ihnen [den wissenschaftlichen Literaten, d. A.] den Gefallen am Endgültigen, am Schwierigen, am Geistreichen und am Ursprünglichen, während gerade die großen Gemeinplätze die Welt umtreiben. (...) Jene hervorragenden Schriftsteller, die sich zugleich als Staatsmänner ausgewiesen haben, konnten nicht deshalb überzeugen, sondern obwohl sie es [Literaten, d. A.] waren."[259]

Logik der Gedanken und die in der öffentlichen Regierungsführung und der gesellschaftlich begründeten Aufnahme ihrer Handlungen wirksamen Leidenschaften stehen in unauflösbarem Widerspruch zueinander. Es ist damit gerade nicht die Respektabilität des feinsinnig-gelehrten Diskurses, welche zu einer Transformation des öffentlichen Diskurses in politische Handlung befähigt, sondern die alltägliche Abarbeitung an den Herausforderungen, welche sich aus der Vielgestaltigkeit des gesellschaftlich-politischen Interessenkomplexes herausbilden. Nur wer über die schöpferische Erkenntnis der zugrundeliegenden strukturbildenden Prozesselemente zu der (relativen – nie absoluten) Beherrschung ihrer vielfältigen Erscheinungsbilder (auch in einem persönlichen Reifeprozess) gelangt, kann eines Tages das Attribut des Staatsmännischen auf sich beziehen. Weshalb aber nur eine relative Bewältigungsbefähigung des Einzelnen in seiner repräsentativ abgebildeten Rolle oder der jeweiligen Institution in ihrer Zwischenrolle? Baudrillard hat dies sehr konzise beantwortet:

> „Es gibt keine ideologischen oder philosophischen Regierungsprinzipien mehr, sie sind heute zugleich naiver und konjunkturgerechter. Das heißt nicht, daß es keine Strategien mehr gäbe; allerdings gibt es nur modale, keine finalen Strategien mehr. (...) Die Vorherrschaft der Lebensgewohnheiten und die Hegemonie der Lebensform bringen es mit sich, daß das abstrakte Universelle des Gesetzes der konkreten Regulierung des Tausches weicht. Das Gesetz verlangt keine Zustimmung: es erwartet, daß man es kennt und annimmt."[260]

---

258 Ist er doch nicht-stofflich und phänomenal-systematisch-strukturell orientiert.
259 Bluhm 2006, S. 50.
260 Und weiter: „Im amerikanischen System dagegen verblüfft, daß Gehorsamsverweigerung noch nie zur Ehre gereichte und Überschreitung oder Andersartigkeit noch nie etwa einbrachten. Wir sehen im berühmten amerikanischen Konformismus ein Zeichen sozialer und politischer Schwäche. Dabei wird hier nur die Zustimmung über konkrete Regulierung anstatt über abstrakte Gesetzgebung und über informelle Einrichtungen anstatt über formelle Instanzen eingeholt.

Zu einer Lösung der hierüber aufgeworfenen Fragen trägt nunmehr ein allgemeines kritisches Bewusstsein bei, dessen Zustandekommen sich einer besonderen Ausprägung öffentlicher Moral verdankt.

Öffentliche Stellungnahmen erlauben einen guten Einblick in den gereiften Standpunkt und die Debattenfestigkeit des Politikers und Autoren Tocqueville, doch sie fassen nur zusammen, was für ihn in den zwanzig Jahren seit seiner Erstbegehung dieses ungewissen, fordernden Terrains in vielen Einzelschritten zu einem Gesamtbild reift. Ein teils beglückender, teils belohnender, aber auch mit Ungewissheit und Schmerzen, Einsamkeit und Selbstzweifeln behafteter Prozess findet in dieser Rede einen überraschend kraftvollen Ausdruck.

In der Auseinandersetzung mit einigen der Einzelschritte in seiner Bewusstwerdung einer neuen Art des Zugangs zu dem Charakter des Politischen in der modernen Demokratie mit den teils unvorhersehbaren Wendungen und der langwierigen Hinarbeit zu seiner phasenweisen Veröffentlichung lässt sich jedoch ein tieferer Eindruck gewinnen, dessen Schlüsse uns direkt zu dem allgemeineren Phänomenkomplex leiten.

Besonders reizvoll erscheint hierbei, tiefer in den Bewusstseins- und Schöpfungsprozess einzutreten, aus dem heraus Tocqueville in Abgleich mit seinen Reiseerfahrungen, welche bewusst in Einzelpublikationen einflossen, wie *In der Nordamerikanischen Wildnis*, ebenso in Beaumonts *Marie und die Sklaverei*[261] die einzelnen Bestandteile einer Theorie der modernen Demokratie entwickelt. Verblüffend ist hierbei zunächst eine besondere Methodik, die äußerst umfangreichen Materialsammlungen zum Trotz oftmals nur einen sehr kleinen Ausschnitt hiervon in die endgültige Publikation einfließen lässt. Es finden sich lange Inventarlisten von Verhaltensweisen und Gebräuchen, Interviewnotizen, geradezu poetisch anmutende Skizzen der unabänderlich wirksamen zugrundeliegenden Dynamiken von Freiheit und Despotismus in ihrem ewigen Widerspruch und eine reichhaltige Korrespondenz, in welcher Teile der eigentlichen Diskussion und ihre Prüfung stattfinden.

Was würde es bedeuten, sich von einer Regel loszusagen (…) man muß diese konventionelle und pragmatische Solidarität der amerikanischen Lebensgewohnheiten verstehen die aus einer Art moralischen Pakt und nicht auf sozialer Übereinkunft beruht; sie läßt sich weniger mit dem Straßenkodex vergleichen, aus dem jeder ausscheren kann, als mit dem Konsens, der den Autoverkehr auf den Autobahnen regelt. (…) Dieser Konformismus ist nicht naiv: er ergibt sich aus einer Abmachung auf der Ebene der Lebensgewohnheiten, aus einem Gesamt an Regeln und Modalitäten, das damit erst funktioniert, einer fast spontanen Zustimmung bedarf. Wir hingegen leben hinsichtlich unseres Wertesystems von einer fast genauso ritualisierten Gehorsamsverweigerung." Baudrillard, Jean: Amerika, Matthes + Seitz 1995, München, S. 132 f.

261 Marie ou l'esclavage aux États-Unis. Tableau de mœurs américaines. (1835). Der Volltext ist hier verfügbar: http://classiques.uqac.ca/classiques/beaumont_gustave_de/marie_ou_esclavage_aux_EU/Marie_esclavage_EU.pdf (zuletzt aufgerufen 16.10.2009).

Die Genese der einzelnen Ideen findet also in unterschiedlichen Formen, Medien und auf verschiedenen Reflexionsebenen ihren Entwicklungsraum. Damit einher geht der mehrfache Wechsel der geographischen Orte, an denen sie entstehen, immer in ständiger Verbindung zu einem letztlich recht übersichtlichen Kreis an Personen. Diese Phase unterscheidet sich wesentlich von der eingangs dieses Kapitels geschilderten ersten Auswertungsphase nach Rückkehr aus den Vereinigten Staaten: Auf die Darstellung allgemeiner Lebensgewohnheiten und Erscheinungsformen einer neuen Gesellschaftsordnung folgt nun der Einstieg in eine neue, grundsätzlich-theoretisch orientierte Ebene der Auseinandersetzung, deren Wesensgehalt sich stärker als bislang in die Richtung einer allgemeinen Theorie hin entwickelt.

Die hierbei angefertigten Notizen Tocquevilles stützen diesen Eindruck. Zum einen findet eine grundsätzliche Auseinandersetzung mit den grundsätzlichen Wesensmerkmalen der modernen Demokratie in ihrer ganzen Ambivalenz statt, wobei die jeweilige Diskussion einzelner Ambivalenz immer in Abgleich mit den negativen Entwicklungsmöglichkeiten einer bestimmten phänomenalen Ausprägung zurück auf den grundsätzlichen Wesensgehalt führt und ein System von Leitformen und Begrifflichkeiten zur Konditionierung dieser jeweiligen Wesenheiten entwickelt wird:

> „Conditions once equal, I admit that I no longer see any intermediary between a democratic government and (…) the government of an individual [im Original: „d'un seul", d. A.] operating without control."[262]

---

262 Ebd: „(…) I do not doubt for an instant that we will arrive with time at the one or at the other. But, I do not want the second; if an absolute government ever managed to establish itself in a country democratic in its social condition and demoralized like France, we cannot imagine what the limits of tyranny would be; we have already seen some fine examples of this regime under Bonaparte and if Louis Philippe were free, he would make us see many even more perfect ones. There remains then the first. I hardly like that one any better, but I prefer it to the other, moreover if I fail to reach the former, I am certain that I will never escape the other. So between two evils, I choose the lesser. But it is very difficult to establish a democratic government among us? Agreed. Also, I would not attempt it if I had a choice. Is it impossible to succeed at it? I doubt very much that it is impossible, for apart from political reasons which I have not the time to develop, I cannot believe that for several centuries God has pushed two or three hundred million men toward equality of conditions in order to bring them in the end to the despotism of Tiberius or Claudius." Tocqueville an Kergolay, undatierter Brief, zit. nach O. C. (Mayer), Jardin et Lesourd, 13:1, S. 373. Im Vergleich hierzu die bereits angeführte Stelle aus der ursprünglichen Notiz: „today. Liberty with its storms. Despotism with its rigors. No middle ground. Something like the Roman empire. So there is only one path to salvation. To seek to regulate liberty, to moralize the Democracy. For me, I believe that the undertaking is possible. I do not say that it is necessary to do as America. I do not say that the Americans have done the best. Is there only one type of Republic? Only one type of Royalty? Likewise there is more than one way to make the Democracy reign. (,Elsewhere Than in America, Would Laws and Mores Be

Zum anderen richtet sich diese originär auf die amerikanische Situation gerichtete Diskussion immer stärker zunächst auf die Situation in Frankreich; anhand zahlreicher historisch-gesellschaftlicher Bezüge treten die verschiedenen Erscheinungsformen über den Abgleich deutlicher hervor, um fortgesetzt in einem nächsten Schritt auf die Ebene einer allgemeinen Diskussion demokratischer Phänomenalprobleme zu gelangen:

> „The great object of the lawmaker in democracies thus must be to create common affairs which force men to enter into contact with one another. The laws which have this result are useful to all peoples; to democratic people they are necessary. Here they augment the well-being of the society; there they allow the society to survive. For what is society, for thinking beings, if not the communication and the intercourse of mind and hearts? (…) I have treated free institutions as diminishing égoïsme, what is involved here is showing them as necessary to civilization among democratic peoples"[263].

Und schließlich entwickelt sich der Theoriegehalt seines Denkens nicht ohne Hinweisgeber aus der ihm bekannten Geschichte der politischen Ideen:

> „Particularly after 1835, readings not directly related to America entered increasingly into Tocqueville's thinking and writing process. He began to study and restudy a much broader range of works than he had found either the time or the need to read while he worked on the first half of his book. Letters and other materials indicate that between 1835 and 1840 he consulted, among great works of philosophy or political theory, the writings of Plato, Aristotle, Plutarch, Thomas Aquinas, Machiavelli, Montaigne, Bacon, Descartes, Pascal, Montesquieu, and Rousseau. Of other seventeenth-century French authors, he read La Bruyère, Charles de Saint-Evremond, and Madame de Sévigné; and from the eighteenth century, Fontenelle, Jean-Baptiste Massillon, and Malesherbes, as well as the famous Encyclopédie. During this brief period he also apparently read, more miscellaneously, Rabelais, Cervantes, the Ko-

---

Enough …?')." Aus seinen Arbeitsmanuskripten, nachgewiesen in: Yale, CVIa, tome 2. Weiterhin: „To delude ourselves that we could stop the march of democracy would be folly. May God grant us some more time to direct it and to prevent it from leading us to despotism, that is, to the most detestable form of government that the human mind has ever imagined" (Drafts, Yale, CVb, Paquet 13, S. 29). Weiterhin: „I believe that tyranny is the greatest of evils; liberty, the greatest of goods. But as for knowing what is best for preventing the one and bringing about the other among peoples, and whether all peoples are made to escape from tyrants, there is where doubt begins" (Drafts, Yale, CVh, Paquet 3, Cahier 3, S. 97). Alle Texte sind in der angeführten Form ebenfalls online verfügbar per: http://bit.ly/hR7xJB.

263 On the use of which the Americans make of associations in Civil Life, Drafts, Yale, CVg, „Rubish", tome 3. Vgl. Democracy (Mayer), S. 513–517.

ran, and various books by his contemporaries, especially Guizot, Lacordaire, and François-Auguste Mignet."[264]

Interessanterweise verschiebt sich hierbei der Fokus zunehmend von der Einforderung allgemeiner Mœurs zu der Idee regulativer Rechtsnormen. Kennt man den Aufwuchs der Rechtsordnung und die Idee des Korpus der Gesetzgebung bei Tocqueville mit dem verlängerten Arm der Geschworenenbank in die Institutionen der Rechtsprechung hinein, stellt dies zwar keinen wirklichen Bruch mit der ersten Idee der allgemeinen Existenz und Durchwirkungsfähigkeit der Mœurs auf allen Ebenen der Gesellschaftsordnung dar, bildet jedoch die Weiterentwicklung zu einer allgemeinen Theorie anhand allgemeiner Phänomene, überführt in eben diesen Reflexionsrahmen, gut ab. In seinen Notizen für das zweite Buch der DiA findet sich bereits eine Skizze für das Entwicklungsschema, aus dem sich das argumentative Gerüst entwickelt:

> *„Today.*
> *Liberty with its storms.*
> *Despotism with its rigors.*
> *No middle ground.*
> *Something like the Roman empire.*
> *So there is only one path to salvation. To seek to regulate liberty, to moralize the Democracy. (...)*
> *Is there only one type of republic? Only one type of Royalty? Likewise there is more than one way to make the Democracy reign."*[265]

Manche Muster aber sind für die Ausformung von demokratischen Ordnungselementen unabdingbar, und diese Muster bilden über den Bezugsrahmen des Sozialen eine Struktur, die sich zunächst über den Eindruck eines bestimmbaren Geistes einer Kultur oder einer bestimmten Verfassung der öffentlichen Angelegenheiten kenntlich macht. Tocqueville folgt mit dieser besonderen Wahrnehmung einem Schema der Betrachtung, das er bereits im Unterricht bei Abbé Dubios schrittweise entdeckt und entwickelt hatte, der Idee eines generativen Zentrums aller hieraus ableit- und erklärbaren Angelegenheiten:

> „(...) each social mobile exhibits one or more ‚generating principles' that convey the spirit or character of the whole. The generating principle in Indian culture, was the Hindu religion: ‚The manner of greeting each other; (...) the rules of civility and po-

---

264 James T. Schleifer, The Making of Tocqueville's Democracy in America, Foreword by George W. Pierson (2nd edition) (Indianapolis: Liberty Fund, 2000). Chapter: CHAPTER 2: An Expanding Task Resumed, vgl. http://bit.ly/dWKJlv.

265 Vgl. den bereits angeführten Abschnitt aus dem Arbeitsmanuskript, S. 178.

liteness that must reign among them, all is ruled by superstition and has religion for a theme'."[266]

Diese besondere Form der Wahrnehmung, welche als Teil seiner Methode eine systematisierende Betrachtung entwickeln hilft, wendet er später erneut auf das Beispiel des Hineinwirkens feudalistischer Gewohnheiten auf die wirtschaftlichen Gegebenheiten des mittelalterlichen Europa an:

> „Every institution that has long been dominant, after establishing itself in its natural sphere, extends itself, and ends by exercising a large influence over those branches of legislation which it does not govern. The old feudal institutions still entered into the very texture of the religious and political institutions of almost the whole of Europe; they had also given rise to a host of ideas, sentiments, manners, and customs which, so to speak, adhered to them."[267]

Diese Anhaftung und Anverwandlung vormalig einer Gruppe vorbehaltener Gewohnheiten auf die Allgemeinheit bedingt eine Durchwirkung des sozialen Gewebes, welches diese Angelegenheiten über das Moment des Politischen abbildet und hierüber verhandelbar, öffentlich und schließlich legitim oder illegitim macht. Die Idee einer subtilen Durchwirkungsfähigkeit eingeübter sozialer Handlungen und Techniken, welche Tocqueville hier in einem weiteren Rahmen betrachtet, wird ihn später bei seinen Überlegungen zu dem unablässigen Vordringen der Gleichheit, folgend auf die Forderung nach der Gleichheit der Bedingungen oder Konditionen leiten. Im Rahmen der Untersuchung zu den besonderen Grundlagen, auf denen sich das Politische in der Ausprägungsform der amerikanischen Demokratie herausbildet, schränkt er die zu untersuchenden Merkmale jedoch auf eine Untersuchung der Wesenszüge ein, welche das Politische bestimmen.

Gleichzeitig geht er hier einen Schritt weiter zu ihren konstitutiv wirksamen Elementen: Er erklärt zu den Mœurs, die er untersuchen will: „Ich beschränke mich jetzt darauf, das unter ihnen zu beschreiben, was zur Erhaltung der politischen Einrichtungen beiträgt."[268] Im Buch folgen dieser Ankündigung drei Kapitel über die christliche Religion und ein Kapitel über die Geisteshaltung, die Gewohnheiten und die praktischen Erfahrungen der Amerikaner. Danach finden wir das Kapitel mit der zitierten Überschrift, das die zentrale Bedeutung der Mœurs für die Stabilität der amerikanischen Union hervorhebt.

---

266 Vgl. Boesche 2006, S. 5 f.
267 OC (B), VII, Nouvelle correspondance, S. 135 f.
268 Vgl. auch: „Die Umgangsformen *wachsen im allgemeinen aus dem Kern der Sitte hervor*, und manchmal sind sie außerdem das Ergebnis einer willkürlichen Übereinkunft zwischen bestimmten Menschen. *Sie sind natürlich und anerzogen zugleich.*" AdT, DiA (Manesse, 1987), Bd. II, 14, S. 320 f.

Das wichtigste Zwischenergebnis seiner Überlegungen zur Genese und Konstitution der Demokratie in ihrer modernen Ausprägungsform beschreibt Tocqueville in der Überschrift eines Unterkapitels:

> „Die Gesetze tragen mehr zur Erhaltung der demokratischen Republik in den Vereinigten Staaten bei als die geographischen Umstände und die Mœurs noch mehr als die Gesetze."[269]

Mit anderen Worten gesprochen kann dies nur bedeuten: Die Mœurs sind für die Stabilität der amerikanischen Union wichtiger als die Verfassung, und sie sind auch wichtiger als die besondere geopolitische Lage des Landozeans Amerika.

> „Die allgemeinen Begriffe zeugen nicht von der Stärke, sondern eher von der Schwäche der Vernunft; denn in der Natur gibt es keine genau gleichen Wesen; keine übereinstimmenden Tatsachen; keine Regeln, die sich unterschiedslos und gleichförmig auf mehrere Dinge gleichzeitig anwenden ließen. Die allgemeinen Begriffe haben das Wunderbare an sich, daß sie dem menschlichen Geist erlauben, über eine große Menge von Dingen gleichzeitig schnell zu urteilen; andererseits aber liefern sie ihm immer nur unvollständige Kenntnisse. Was sie dem Geist an Weite gewähren, entziehen sie ihm an Genauigkeit"[270]

Wenn man jedoch nicht zu den allgemeinen Begriffen vordringen kann oder möchte, deren Bestimmungsgründe die Grundlage einer theoretischen Struktur bilden können, welchen Nutzen hat dann die Veröffentlichung der persönlichen Reflexionen? Dies ist nur möglich, wenn sich zur Lebensaufgabe herausbildet, was in skizzenhaften Bemerkungen beginnt: Aufklärung über die Bedingungen der Möglichkeit von Politik, in der Gerechtigkeit als gleiche Freiheit existiert. Was zu diesem Punkt der Untersuchung immer deutlicher zutage tritt und sich auch nicht durch Anleihen, Ausweitung der Begriffsdiskussion oder die anhaltende Entwicklung möglichst ausschweifender Assoziationsschemata verdecken lässt, ist die Erkenntnis, dass Tocqueville keine allgemeine Theorie der Demokratie entwickelt hat und wohl auch nicht entwickeln wollen konnte. Dieser Eindruck motiviert zu einem Gutteil die vorliegende Untersuchung, war es doch gerade der Wunsch nach einer Systematisierung der Analysen Tocquevilles durch die verortbaren Phänomene hindurch, vermittels des Abschreitens des Weges der Methode selbst, aus dem sich das Interesse nach einer tiefergehenden Erschließung motivierte.

---

269 AdT, DiA 1961, S. 319 f.
270 Ebd., 1961b, S. 20.

Dieser Wunsch darf einen nicht daran hindern, immer erneut eine Zwischenstandsanalyse vorzunehmen, in der sich die bisherigen Arbeitsschritte, auf das leitende Erkenntnisinteresse orientiert, versammeln.

Wenn man dann, wie in vorliegendem Abschnitt, gewissermaßen den Weg von der phänomenal orientierten Weltsicht durch die Skizzen zu der Systematisierung im Werkrahmen gegangen ist und die verschiedenen Anknüpfungspunkte in ihrer dynamischen Modalität weitestgehend erschließen konnte, dann darf man die Elemente einer Theorie nicht zu einem Modell fügen, dem sie in Folge nicht standhalten würden.[271] Tocqueville selbst stellt sich in dieser Angelegenheit überraschend als Fürsprecher heraus: Er ist ein Gegner allgemeiner Theorien; nur die Analyse der konkreten Gesellschaft und ihre Besonderheiten interessieren ihn, was er in seiner Werkfolge denn auch wiederholt unter Beweis gestellt hat.[272] Es stellt sich dennoch im Durchgang der von Tocqueville in den Lebenswelten der modernen Demokratie versammelten, so sichtbar wie wesenhaften Elemente wiederholt die Situation ein, dass man erst tastend, dann teils unschlüssig, teils halb ahnend nach den Verbindungsstücken einer normativen

---

271 Unter den verschiedenen Kommentaren aus dem Blickwinkel der Politikwissenschaft vgl. insbes. die Stellungnahme von Thomas Pfetsch, Theoretiker der Politik, S. 342 f.: „Einzelne Beobachtungen werden verallgemeinert und erhalten dadurch den Status von Hypothesen; [sie] heben die Darstellung aus der reinen Betrachtung heraus und laden zu empirischer Überprüfung ein. Das Spiel mit dialektischen Gegensätzen, Ähnlichkeiten und Unähnlichkeiten gehört zu den Stilmitteln Tocquevilles. (...) Kritisiert wurde, dass Tocqueville den Begriff der Demokratie nicht eindeutig abgegrenzt hat. Welches ist die abhängig zu erklärende und welches die unabhängige zu erklärende Variable? Ist es die Demokratie, die bestimmte Einstellungen und Erwartungen der Menschen erzeugt, oder sind es die gesellschaftlichen, religiösen oder wirtschaftlichen Verhältnisse (...)? Bei Tocqueville ist beides möglich: (...) Einfluß oder Herrschaft der Demokratie über die Sitten, über die Politik etc. Andererseits betont er die geistigen und religiösen, die wirtschaftlichen und gesellschaftlichen [notwendigen] Gegebenheiten, die Demokratie erst tragfähig machen." Der Kommentar Pfetschs bezeugt symptomatisch die Wahrnehmungsschemata ‚politischer Literaten' außerhalb des gängigen *groupspeak*, identifizierbar durch das Suchen nach der Verwendung eingeführter, verbindlich gewordener Begriffs- und Phänomenalschemata.

272 Beginnend mit dem Selbstzeugnis im ersten Band der DiA, das ihn die großen, ‚schicksalhaften' Erklärungsschemata geradezu abstießen, vgl.: „Ich für mein Teil *hasse diese absoluten Systeme*, die den gesamten Gang der Geschichte von großen, schicksalhaft miteinander verketteten Grundursachen abhängig machen und die Menschenmehr oder weniger aus der Geschichte des Menschengeschlechts streichen. Ich finde sie eng in ihrer angeblichen Größe und falsch unter ihrem Anschein mathematischer Wahrheit", fortgesetzt in den einleitenden Worten des zweiten Bandes der DiA: „Inmitten der uns trennenden, widersprechenden Ansichten habe ich versucht, für den Augenblick die günstigen Einstellungen oder entgegengesetzten Empfindungen, die jede in mir wachruft, aus meinem Herzen zu verbannen. (...) Der Gegenstand, den ich darstellen wollte, ist unabsehbar; denn er umfaßt nahezu alle Gefühle und Gedanken, die der neue Zustand der Welt erzeugt. Ein solcher Gegenstand übersteigt sicherlich meine Kräfte; es ist mir nicht gelungen, ihn zu meiner Zufriedenheit zu behandeln." AdT, DiA 1987, S. 12.

Theoriebildung sucht. In der Fortschreibung politischer Ideengeschichte hat man sich an die paradigmatische Etablierung systematisch-kritischer Erklärungsansätze gewöhnen lassen. Ereignisse, denen ihrer Natur nach etwas grundsätzlich Akzidentielles anhaftet, und ihre welthistorische Einbindung in den Entwicklungsablauf konkurrierender Erklärungsschemata möchten wir unablässig in ein System einbinden und somit eine Annäherung an die Beherrschbarkeit ihrer Ausprägungen in der Wirklichkeit über die methodisch-systematisch orientierte Einbindung ihrer modalen Elemente erreichen. In der Erstinstanzsetzung einer modernen Mehrheitsgesellschaft ist Kommunikation im öffentlichen Raum dann aber plötzlich Aufklärung über die Bedingungen der Möglichkeit von Politik, sprich eine an die Bürgerschaft in ihrer ganzen Vielgestaltigkeit auf der Grundlage der Verfassung gegebene Information über die relativen Möglichkeiten der Ausgestaltung, Teilhabe und Machtteilung ihrer gesamten Lebenswahrscheinlichkeit. Indem so die Schrift gewissermaßen vom Tempel genommen wird, ist gleichzeitig der Gegenstand der Betrachtung als Moment der Erschließung grundsätzlich unendlich geworden, es sei denn, man reduziert ihn bewusst auf seine wesenhaften Elemente.[273] Was George Steiner[274] als das „Wellenspiel gewöhnlichen Denkens" bezeichnet, dessen schöpferische, eruptive Unterbrechung die kreativen Ausbruchsmomente konzentrierten Denkens leisten, ist als Haltung

---

273 Und die Bedingtheiten ihrer Wirklichkeitswerdung.

274 Steiner, George: Warum Denken traurig macht, Suhrkamp 2006, S. 23 f. Steiner führt zum einen den in der Ideengeschichte voranstehenden Gedanken von Schelling fort, zum anderen – und hierüber ist er besonders für vorliegende Untersuchung von Interesse – schreibt er über die besondere Erschließungsfähigkeit der melancholischen Reflexion, welche in ihrem Wirken als kosmische Hintergrundrauschen zu einem unablässig mäandrierenden Weltvollzug / Weltgeschehen bildet. Der leitende Gedanke, den er seiner Untersuchung voranstellt und der eine Art von durchgehendem Leitmotiv bildet, ist Schelling entlehnt: „Dies ist die allem endlichen Leben anklebende Traurigkeit, die aber nie zur Wirklichkeit kommt, sondern nur zur ewigen Freude der Überwindung dient." (F. W. J. v. Schelling, Über das Wesen der menschlichen Freiheit, vgl. hier insbes. „(...) aber Wille, in dem kein Verstand ist, und darum auch nicht selbständiger und vollkommner Wille, indem der Verstand eigentlich der Wille in dem Willen ist. Dennoch ist sie ein Willen des Verstandes, nämlich Sehnsucht und Begierde desselben; nicht ein bewußter, sondern ein ahndender Wille, dessen Ahndung der Verstand ist. Wir reden von dem Wesen der Sehnsucht an und für sich betrachtet, das wohl ins Auge gefaßt werden muß, ob es gleich längst durch das Höhere, das sich aus ihm erhoben, verdrängt ist, und obgleich wir es nicht sinnlich, sondern nur mit dem Geiste und den Gedanken erfassen können. Nach der ewigen Tat der Selbstoffenbarung ist nämlich in der Welt, wie wir sie jetzt erblicken, alles Regel, Ordnung und Form; aber immer liegt noch im Grunde das Regellose, als könnte es einmal wieder durchbrechen, und nirgends scheint es, als wären Ordnung und Form das Ursprüngliche, sondern als wäre ein anfänglich Regelloses zur Ordnung gebracht worden." S. 72 f. Nicht ablösbar von ihren biographischen Zufällen ist die oft melancholische Weltsicht Tocquevilles wohl wichtigstes Antriebsmoment ihrer Überwindung, wozu Schelling und Steiner als sein Interpret als überraschender Stichwortgeber auftritt und uns obendrein eine stärker systematisierende Wahrnehmung dieser besonderen Handlungsweise Tocquevilles erlaubt.

zur Erkenntnis bei Tocqueville lange präsent: Er legt sein Bekenntnis, seine *Confessiones* ab aus dem Betrachtungswinkel eines *zum Theoros gewandelten Reisenden*, dessen Blick über die schöpferisch zerstörten Grundfesten der traditionalen Staatslehre schweift und keinen Halt findet. Denn für das, was ihm als unvollständiges Bild in der Neuen Welt entgegentritt, gibt es kein etabliertes Modell, nur zahllose Ansätze zu einer möglichen Erklärung. Nun doch den Versuch zu unternehmen, eine allgemeine Theorie zu entwickeln, bedeutet in diesem Zusammenhang denn auch zunächst, über allgemeine Aussagen spezifische Problemstellungen lösen zu wollen:

1. Wenn man diese Aussagenfassung quantitativ nennt, spezifische Probleme jedoch als qualitativ ansetzt, ist eine allgemeine Aussage an ein stetes Nachgreifen hinsichtlich dynamischer Prozesse gebunden, aus denen sich die Wahrnehmung eines spezifischen Phänomenalkomplexes entwickelt. Die Ebene der Protagonisten, aus deren Präsentsein sich eine beständige Aktualisierung dieses dynamisch bestimmten Komplexes ergibt, ist damit nur unscharf einzufassen, ist eine allgemeine Aussage doch an statische Vorbedingungen geknüpft. Die Prozessebene ist jedoch bis in die Zieldimensionen aktiven Tätigseins hinein abbildbar.

Die Ebene der als Entitäten bestimmbaren Institutionen, in deren Vorhandensein die Interessen dynamischer Gruppierungen ihren besonderen Ausdruck finden, reflektiert einen allgemeinen Willenskomplex, welcher in seiner öffentlichen Funktion als repräsentativ wahrgenommen wird. Ihnen zwischengeschaltet ist die Prozessebene, deren Vorhandensein über einzelne Aktivitäten qualifiziert und quantifiziert werden kann. Die Idee der Gleichheit begünstigt hierbei den steten Zwang, sich in bedingter Transparenz als angemessene Vertretungsform gebündelter Meinungen oder Interessen zu verstehen. Sie kann jedoch gleichermaßen die Aussagefähigkeit der vertretenen Einzelinteressen einschränken, insoweit sie zu allgemein gehaltenen Vorbedingungen unterworfen werden. In einer kleinen Skizze fasst Tocqueville diesen Arbeitsschritt zusammen – später hat er ihn mit dem Ausdruck „Liebe der Unabhängigkeit" ersetzt:

2. *The liberal tendencies of equality –*
    No respect.
    No immobility.
    Multitude and variety of desires.

Dieser Entwicklung steht die Idee der Freiheitlichkeit entgegen, etabliert sie doch einen Entfaltungsraum unabhängiger Infragestellung der jeweils anderen Interessen auf Grundlage eines nötigerweise qualifizierenden Diskurses:

3. Verschiedenen Repräsentanzentitäten, welche aus diesen Prozessen hervortreten, verbleibt schließlich die Funktion und Aufgabe, komplexe Prozesse der schöpferischen Auseinandersetzung für jedermann verständlich und – soweit möglich in ihrer allgemeinen Funktion – transparent und damit bewertbar zu machen.

Allein die Nachvollziehbarkeit des öffentlichen Diskurses mit allen seinen Erscheinungsformen und die gegenseitige Wahrnehmung tätigen Handelns wiederum sorgen für einen steten Wettbewerb der besten Lösung, welche schließlich immer wieder erneut um allgemeines Verständnis wirbt:

4. Die allgemeine Verstetigung dieser Wettbewerbssituation, ihr Eingehen in das öffentliche Bewusstsein und das Hervortreten identifizierbarer Protagonisten lässt über ihre historischen Momente die ersten Elemente einer nationalen Erinnerungskultur hervortreten.

Die Verortbarkeit und Wirkungsfähigkeit einer allgemeinen Kultur der Vergegenwärtigung als Erinnerungskultur lässt beizeiten eine Gesamtheit von Verhaltensbestimmtheiten und sozial bestimmbarer oder erwerbbarer Umgangsformen als Erinnerungskultur hervortreten. Sie ist in ihrem Wesensgehalt, in ihrer Vielfalt, ein bewertbarer Ausdruck allgemeinen und individuellen Verhaltens und folglich allgemeinen und besonderen Aussagen unterzogen. Die Grundlage dieser Aussagen wiederum ist ein Moment praktischer Vernunft, aus welchem sich ihre Bewertbarkeit ableitet – gäbe es diese Herleitung nicht, wäre das Ergebnis aller Handlung grundsätzlich offen und mithin unbestimmbar, ist sein Ergebnis doch an keinerlei Bedingungen zu knüpfen. Die Analyse der „konkreten Gesellschaft"[276] („und ihrer Besonderheiten") ist vordergründig ein rationales Herantreten an einen Gegenstand[277], welcher sich in seiner Vielfalt und Gleichzeitigkeit

---

275 Vgl. Tocqueville: Equality Naturally Gives Men the Taste for Free Institutions, Arbeitsmanuskript im Original, Yale, CVIa, tome 4.
276 Vgl. Boudin 2006, S. 460 f.
277 „I am never precisely sure where I am going or whether I will ever arrive. *I write from the midst of things and I cannot see their order as yet.* (...) I want to run but I only drag along slowly. You know that I do not take pen in hand with the prior intention of following a system and of

einer objektiven Grundsätzen folgenden Form der Erschließung zu entziehen scheint.

Gleichzeitig entspricht dieser nichtrationalen Fassung auch, eine gewisse moralische Normativität für das Handeln der Bürger zu erkennen und für das Handeln der Repräsentanten, der Politiker, einzufordern. An sich ist Handlung als öffentlicher Vorgang aber nur dann bewertbar, wenn sie allgemeinen und besonderen Maßstäben unterworfen wird. Unterschiedliche praktische und institutionelle Regelungen geraten dann unversehens in den Verdacht, nur verwalten zu wollen, was eine lebendige Bürgerkultur in einem unausgesetzten täglichen Ringen neu in Instanzen und für sich in die Welt setzt.

Politisches Handeln ist hier nicht allein das Handeln einer bestimmbaren Kaste sogenannter Politiker, sondern der lebendige Gesamtkörper aller Bürger, die sich auf das Funktionieren des Gemeinwesens angewiesen und auch verpflichtet wissen, mithin ihr (politisches) Handeln einem Postulat praktischer Vernunft unterstellen.[278] Vorbedingung ist jedoch, politisches Handeln könnte sich an diskursiv ausweisbaren und somit verallgemeinerbaren Standards orientieren, womit wir auf eine Instanzsetzung moralischer Normativität stoßen und uns nachfolgend die Frage der Vernunftbegründung stellen müssen, schließlich gilt auch immer: Die besonderen Gegebenheiten in Europa und Frankreich erzwingen unterschiedliche praktische und institutionelle Regelungen.[279]

---

marching at random toward an end. I give myself over the natural flow of ideas, allowing myself to be borne in good faith from one consequence to another". Aus einem Schreiben Tocquevilles an J. St. Mill, vgl. Wolin 2001, S. 86.

278 Ohne eine Einengung der menschlichen Wesenheit auf das Moralische ihrer Bestimmtheit vorzunehmen.

279 „Könnte man sich nicht eine demokratische Gesellschaft denken, in der die nationalen Kräfte stärker zentralisiert wären als in den Vereinigten Staaten, in der das Volk eine weniger unmittelbare und zwingende Herrschaft über die allgemeinen Geschäfte ausübt, und in der dennoch jeder Bürger, mit gewissen Rechten versehen, in seinem Bereich am Wirken der Regierung beteiligt wäre? Was ich bei den Angloamerikanern sah, läßt mich glauben, daß diese Art von demokratischen Einrichtungen, wenn sie vorsichtig in die Gesellschaft eingeführt, sich mit den Gewohnheiten nach und nach vermischen und allmählich mit den Meinungen des Volkes selbst eins würden, anderswo als in Amerika Bestand haben könnten." (Tocqueville 1961: 324) Die wechselseitige Übernahme eines als Systems identifizierten gesellschaftlich-politischen Zustands beinhaltet ihre ganz eigenen Schwierigkeiten, wie sich auch bei Michael Hereth bestätigt findet: „Das ‚anderswo' aber ist nicht die ganze Welt. Tocqueville redet nur von den Ländern Europas und besonders von Frankreich, für die er die amerikanischen Verhältnisse als vorbildlich preist. Und selbst was die mögliche Übernahme demokratischer Grundprinzipien anbetrifft, ist Tocqueville vorsichtig. Sie können – umsichtig betrieben – den Europäern helfen, mit der schon zuvor langsam in einem langem Geschichtsprozeß entstandenen Gleichheit der Bedingungen erfolgreich umzugehen." „Für Tocqueville steht aber fest, daß die Demokratie, die er in Amerika studiert und deren revolutionären Durchbruch er in Frankreich analysiert, nur unter sehr genau bestimmbaren Bedingungen eine Ordnung ist, die Stabilität, Freiheit und Recht her-

Es kommt ein Punkt in dieser Untersuchung, an dem man schließlich Stellung beziehen muss angesichts der versammelten Aussagen zu der *Theoriebildung eines Autors und der ihr im Rekurs zugrundeliegenden Realphänomene*: Ideengeschichtlich eingebettet, diskurstheoretisch aufgeladen und methodisch reflektiert steht man der Erschließung einer neuen (Gesellschafts-)Ordnung, eines späteren Mythos, befangen gegenüber. Wie aber kann man die bereits geschilderten modalen Elemente der Wirklichkeit über den Weg der Reflexion in eine Form systematischer Betrachtung fügen, die Vergleichbarkeit erlaubt? Und, noch hierüber weitergehend: Welche Protagonisten der Ideengeschichte können stellvertretend zentrale Elemente der Beweisführung Tocquevilles weiter erhellen helfen, wenn sie nicht ohnehin jene (verdeckten) Hinweisgeber sind, deren Wirken wir wesentliche Erkenntnisfortschritte bei Tocqueville verdanken?

Nichts geschieht für sich allein, ohne zugrundeliegenden Anstoß, ohne Bezugsrahmen, ohne Antagonismen oder ganz einfach ewig drängende Neugier zum Vergleich: Für alle Wesenheiten der Entsprechung des Politischen in der gesellschaftlichen und staatlichen Wirklichkeit gab es Interpreten ihrer besonderen und allgemeinen Ausprägungen und derer Einflussnahme auf das Leben der Einzelnen und der Gesellschaft in Abgleich. Immer erneut findet man hier ein ‚Innen‘ und ein ‚Außen‘ der Beobachtung und Reflexion der Empfindung, die Idee von Transzendenz und Intersubjektivität, relationaler Bindung, Entscheidungen und ihrer Konsequenzen. Das beobachtbare Innen trägt hierbei deutlich die Grundzüge subjektiver Einsetzung oder Empfindungen, deren relationaler Bezugsrahmen über verschiedenen Aggregationsebenen von Wirklichkeit und Wirklichkeitswerdung zu einem ‚Außen‘ gesellschaftlich-staatlicher Orientierung und Ordnung gelangt. Das Vorhandensein dieses Dualismus in der Ordnungswerdung ist dann die Fortsetzung jenes eingangs vorliegender Arbeit geschilderten Wechselspiels affektiver und rationaler Bewegungsgründe von Handlung und Haltung.

Dabei ist die Idee einer Ordnung nicht als das statische Element einer allgemeinen Lehre zu verstehen. Es ist vielmehr die Einsetzung eines diskursiven oder in der erfahrbaren Wirklichkeit etablierbaren Bezugsrahmens von Handlung und Selbsterkenntnis durch sie und in ihr; eine Allegorie auf die *Fortschreibung der Utopie* einer gleichen und freien Gemeinschaft in ihrer politischen Seinswerdung als Gesellschaft. Sie drückt sich über Bilder und Vergleiche aus, deren Hervorbringung die Idee sozialer Konditionen als generatives Zentrum zugrunde

---

beiführt. Anders gewendet: Es gibt Länder und Zivilisationen, in denen die Folge der Einführung demokratischer Ordnungsprinzipien und Institutionen mitnichten Stabilität, Freiheit und Recht sein wird.“ (aus einem bislang unveröffentlichten Aufsatz, siehe Original im Anhang vorliegender Arbeit).

liegt. Inwieweit Tocqueville in der Lage ist, seine Eindrücke zu einem kohärenten Bild zu versammeln, ohne in den geschilderten Elementen der Wirklichkeit Anleihen in der theoretischen Nomenklatur seiner Zeit zu nehmen, soll im Übergang zur Auseinandersetzung seiner Methodik in den folgenden Kapiteln deutlicher werden.

Wir werden sehen, ob sich der folgende Ausspruch beweisen lässt:

„Eine tiefe Einsicht in die *condition humaine* und in die Moderne geht von allen Analysen Tocquevilles aus. Seine Leidenschaft für die Freiheit und seine Furcht vor der anonymen Tyrannei der öffentlichen Meinung, des ‚politisch Korrekten‘, aber auch der doppelten Tyrannei der öffentlichen Macht und dessen, was er ‚die gesellschaftliche Macht‘ nennt, sind unmittelbar zu erkennen. Doch wenn sie auch die Wahl seiner Forschungsgegenstände inspirieren, beeinflussen diese Bedenken nicht seine Analysen. Sein Werk geht weit über diese Allgemeinheiten hinaus."[280]

---

280 Boudin 2006, S. 471 f.

4 Paradigma und Theoriebildung bei Tocqueville

> „(…) the praises of political localism, both as a training school for citizenship and as a device to keep (…) the citizens interested (…) and happily occupied."[281]

> „Je suis bien convaincu que les sociétés politiques sont, non ce que les font leurs lois, mais ce que les préparent d'avance à être les sentiments, les idées, les habitudes de cœur et d'esprit des hommes qui les composent, et que le naturel et l'éducation ont fait ceux-ci."[282]

> „Omwana takulila nju emoi."[283]

Von der Vorstellung sozialer Konditionen als generatives, ambivalentes Faktum hin zu der Idee einer universellen demokratischen Identität ist kein kleiner Schritt; in der Erschließung der zugrundeliegenden und immer weiter verfeinerten Methode wird er jedoch immer verständlicher. Der Einbindung einer vergleichenden Vorgehensweise und der Suche konditionaler Gesetze zur Aufdeckung charakteristischer gesellschaftlicher Prozesse steht ein Eindruck voran, dessen Wirkung auf den Rezipienten stets das zugrundeliegende Erkenntnisinteresse zu überlagern droht: Man folgt Tocqueville über sein Selbstbekenntnis in die Untiefen der Bilder, in denen er die Wesenheiten beobachteter Phänomene in einen allgemeinen Rahmen der Betrachtung zu fügen versucht. Mit ihren Ambivalenzen lockt er auf allerlei Einzeltatsachen, die imstande sind, den Blick auf die eigentlich prägenden Phänomene und den aus ihnen hervorgehenden Entitäten zu verstellen. Sicherlich kann man entlang der Einzeltatsachen seinen jeweils eige-

---

281 Pierson 2000, S. 435.
282 Alexis de Tocqueville an Claude-Francois de Corcelle, 17. September 1853, in: BT VI, S. 251. Hier kommen auch erneut die bereits erläuterten Liens und Mœurs zur Sprache, wenn es weiter heißt: „Si cette vérité ne sort pas, de toutes pas, de mon livre, s'il ne porte pas les lecteurs à faire sans cesse, dans ce sens, un retour sur eux-memes, s'il n'indique pas, à chaque instant, sans afficher jamais le prétention de leur enseigner, quels sont les sentiments, les idées, les Moeurs qui seuls peuvent conduire à la prospérité et à la liberté publiques, quels sont les vices et les erreurs qui en écartent au contraire invinciblement, je n'aurai point atteint le principal et pour ainsi dire l'unique but que j'ai en vue."
283 Abgeleitet aus dem Proverb: „It takes a whole village to raise a child", vgl. Hillary Clinton: „It takes a village", Simon & Schuster, New York 1996. In wörtlicher Übersetzung aus dem Dialekt Lunyoro/ Nigeria: „Ein Kind wächst nicht nur in einem Haushalt auf" – im übertragenen Sinne die Einbettung in die sozialen Konditionen auf der ersten Aggregationsebene.

nen Zugang zu dem geschilderten Gesamtkomplex finden, nur dringt man eben nicht zu den generativen Wesenheiten vor. Gleichzeitig ist diese Offenheit wiederum auch Beleg für die Konzeption der DiA, ein möglichst allgemeines Publikum, nicht zuletzt die gegenwärtigen und zukünftigen Protagonisten der geschilderten Ordnung, anzusprechen und nach Möglichkeit mit den Ambivalenzen der Zukunft vertraut zu machen. Zu diesem Impetus finden sich immer wieder Selbstzeugnisse des Autors, die er in Abgleich zu den beobachteten Phänomenen, Zeitläufen und ihrer Wechselwirkung auf die Protagonisten der konstituierten Ordnung stellt.

Auch die weitreichende Verästelung der Rezeptionsgeschichte der DiA stellt dies unter Beweis, mit unterschiedlichen Ausprägungen, welche oftmals Gegenwartsfragen folgen: In den jeweiligen Zeitläufen findet sich eine Vielzahl von Rollenbildern, denen aus heutiger Sicht einmal der Soziologe Tocqueville, dann der Historiker, schließlich der Sozialprophet, gefolgt von dem öffentlichen Bild des liberal-konservativen Politikers mit seinen heute teilweise frappierend althergebracht anmutenden Positionen entspringt, wenn auch seine Selbstwahrnehmung und seine Entscheidungen als Politiker anders ausfielen.[284] Dieser Rollenwechsel ist in vorliegender Untersuchung jedoch nur insofern von Interesse, als sich aus ihm einige Züge der besonderen Vorgehensweise Tocquevilles leichter erschließen und erklären lassen.

In Einzelfällen kann das biographische Element eben doch Motivationsgrundlagen und Schwerpunkte der Festlegung des Erkenntnisinteresses erklären helfen. Sie sollen uns jedoch nicht den Blick auf die tiefergehende Auseinandersetzung mit der Frage verstellen, inwieweit wir es mit dem Ansatz einer Phänomenologie der in Amerika herrschenden Realität einer modernen Demokratie zu tun haben. Was folgt nun dem Verweis auf die Entitäten? Ein Paradigma der modernen demokratischen Ordnung, von dem ausgehend sich die Einzeltatsachen zu jenem Ziel versammeln, „ein Gemälde zu liefern, das streng richtig wäre und zugleich lehrreich sein könnte"[285]. In jedem Bild findet sich ein Punkt, auf den sich die Aufmerksamkeit sammelt, eine Gruppe von Menschen, die aufmerksamkeitsheischende Dynamik entwickelter Szenen, die herausgehobene Geste einer Figur, welche den Betrachter als ein Element des Spiels, das die Kunst mit uns treibt, in die Bildsituation hineinführt: Bei Tocqueville ist die erste

---

284 Durch die Rekonstruierung einer andersgearteten Methodik dringt stets der Eindruck eines zwischen zwei Welten befangenen Geistes, dessen Wirkungsabsicht mit dem Abschluss der Demokratie in Amerika neue Felder zu erschließen in der Lage war. Tocqueville selbst hätte es wohl einfacher formuliert: „Ich habe in dieses Gespräch nur eingefügt, was all den Eindrücken entsprach, die ich bereits erhalten hatte".

285 Alexis de Tocqueville, in: Habermann, Gerd: Freiheit oder Gleichheit: Ein Alexis de Tocqueville-Brevier, Ott Verlag 2005, S. 36.

Gruppierung, welche der Schilderung der äußeren Gestalt Amerikas folgt, die „Umschreibung der Gemeinde"[286]. Wolin wagt den interpretatorischen Schritt, hier eine methodisch gelagerte Verbindung zwischen Tocqueville und Aristoteles herzustellen, insoweit es die Erschließung eines organisierten Gemeinwesens betrifft:

> „Tocqueville began his inquiry into democracy from an Aristotelian distinction between a society in which a few men aimed at fine actions and noble ideas and one in which many lived according to modest goals, most of which were material."[287]

Die Kriterien zur Unterscheidung der hinleitenden Merkmale sind das zentrale Einhegungsmerkmal der aufschließenden Analyse: Das Paradigma dieser *commune* bietet Tocqueville die Möglichkeit, innerhalb eines überschaubaren Rahmens die prinzipiellen Unterschiede zu der europäischen Situation, womit hauptsächlich die französische gemeint ist, herauszustellen.

In dem *Phänomenalkomplex des New England Township*[288] laufen nun verschiedene Entwicklungslinien zusammen, welche Vertrautes und Neues vereinen. Familie, Erwerbsleben und soziale Gemeinschaft sind die klassischen kontinentaleuropäischen Merkmale und Tugenden, welche in eine ,Village Identity' hineinwirken. Neu ist, dass aus ihnen selbst eine *Ordnung neuer Prägung* zu entstehen scheint. Neu ist ebenfalls die regionalkulturelle (Selbst-)Prägung einer Siedler/Frontier-Kultur. Neu ist schließlich auch die Koexistenz von Christentum und Demokratie als Form einer vergemeinschaftenden Ordnung ohne den Überbau einer (wenn auch repräsentativen) Monarchie.[289] Das voranstehende Zitat über die „Formen, ohne die Freiheit nur durch Revolutionen voranschreitet" erhellt diesen Umstand dahingehend, dass die neue demokratische Ordnung zunächst keine präsenten, Aufsichtspflichten wahrnehmenden und entwickelten

---

286 AdT, DiA (Manesse), Bd. I, S. 23 ff. und S. 69 ff.
287 Wolin 2006, S. 191.
288 In unserem heutigen Verständnis eine Kleinstadt oder Kreisstadt mit eigenem Verwaltungskörper und eigenen Organen der politischen Willensbildung und ihrer Ausübung.
289 An dieser Stelle nur als Verweis zu verstehen; zur Frage des Christentums und der modernen Demokratie unter Bezug auf Tocqueville siehe unter anderem: Seymour Drescher: Dilemmas of Democracy, University of Pittsburgh Press, 1968; mit Schwerpunkt auf die Erörterung des institutionellen Geflechts Robert D. Putnam: Making Democracy Work, Princeton University Press 1993; Elinor Ostrom: Understanding Institutional Diversity, Princeton University Press 2005; John C. Spencer: American Institutions and their Influence, The Echo Library 2005; unter Einbeziehung der Normengebilde Campagna, Norbert: Die Moralisierung der Demokratie: Alexis de Tocqueville und die Bedingungen der Möglichkeit einer liberalen Demokratie, Junghans 2001; besonders Hidalgo, Oliver: Unbehagliche Moderne: Tocqueville und die Frage der Religion in der Politik, Campus 2006.

Institutionen kennt – sie muss diese *aus sich selbst heraus entwickeln und pflegen*. Demokratie in der Gestaltwerdung der *commune* ist damit auch nicht notwendigerweise eine moralisch überlegene Form der Organisation von Gemeinschaft, auch wenn dies zu den Gründungsmythen Amerikas gehört; sie ist auch keine primär individualistischen Tugenden entspringende Form der äußeren und inneren Verfassung einer Gesellschaft: „In contrast to his view, Americans saw their society as an exception, where democracy was morally superior and safely established."[290]

Diese Beobachtung Tocquevilles ist einer der wesentlichen Scheidepunkte in seiner Diskussion der (demokratischen) amerikanischen Gesellschaft[291]: Hieraus entspringt die Idee einer fragilen Ordnung mit inhärenten, institutionalisierten Sicherungsmechanismen und nötigen Frühwarnsystemen, gefolgt von der Diskussion einer neuen Form von eingeprägten Eigenschaften, welche gleichzeitig in ihrer Ambivalenz zur Unterwanderung und schleichenden Auflösung dieser Ordnung fähig sind.[292]

Die Demokratiewerdung einer aus Statthaltern europäischer Regenten, Siedlern, Handelsreisenden und Kaufleuten jeder Couleur, religiöser Erweckungser-

---

290 Vgl. Wolin 2006, S. 185.
291 Der Begriff der ‚modernen amerikanischen Gesellschaft' ist hier immer im Abgleich zu den europäischen Verhältnissen zu sehen, insofern ein Vergleich der (äußeren) Verfassungsformen vorgenommen wird. Bekanntlich gelten zahlreiche Organisationsformen und Institutionen europäischer Gesellschaften als die Hauptvorbilder der ihnen nacheifernden amerikanischen Pendants, beispielsweise in der Organisation der Nationalökonomie oder im Bildungswesen. Was sich grundsätzlich unterscheidet, ist die neuartige Form der Interaktion und ihre Interdependenz.
292 An dieser Stelle eine Anmerkung zu dem hier eingeführten Begriff der ‚demokratischen Ordnung': Ihn hier zu verwenden erscheint insofern sinnvoll, als eine Beschreibung eines Zustands der δῆμος κρατείν nach Auffassung des Autors den Weg der Erkenntnis zu den tragenden Elementen verstellt. Volksherrschaft als Zustand ist der erste Eindruck – tiefgreifend und richtungsweisend, aber eben nur eine erste Beschreibung. Auf ihn muss in der Zusammensetzung – daher die Einführung der „(modernen) demokratischen Ordnung" – der Beobachtung und Schlüssen entspringenden Begriffssprache ein Sammelbegriff folgen. Selbstverständlich ist dies nicht die Begriffssprache des Zeithistorikers, welcher den Zusammenfluss monarchisch-traditioneller Elemente in der jungen amerikanischen Gesellschaft mit den ersten Elementen moderner demokratisch-staatlicher Ordnung in einzelnen Phasen darstellt, wie etwa im Begriff einer ‚Jacksonian Democracy'. Diese Debatte soll hier ausdrücklich nicht geführt werden, vielmehr an originären Phänomenen orientiert Aufwuchs, Ambivalenz und Legitimation demokratischer Institutionen in ihrer originär amerikanischen Ausprägung vor dem Hintergrund der Untersuchungen Tocquevilles in eine allgemeine, moderne Demokratietheorie des Autors eingefügt werden. Werk und Phänomen, Phänomen und Diskursebenen lassen in ihrem Wechselspiel einen Reflexionsraum entstehen, welcher unseren Eindruck des amerikanischen Exzeptionalismus auf die (Diskurs-)Ebene allgemeiner Merkmale moderner, demokratisch geprägter Gesellschaften hebt. Ein Teil der Empfindung, die uns die Zeitlosigkeit und Faszination des Tocqueville'schen Œuvres übermittelt, liegt hierin begründet.

wartung folgenden Auswanderern und schließlich Ureinwohnern zusammengesetzten Lebenswelt mag durch äußere Umstände begünstigt worden sein, und sie
hat wiederum selbst außergewöhnliche Protagonisten hervorgebracht und Bio-
graphien neuer Art entstehen lassen.[293]
   Sie entspringt jedoch wohl weitaus weniger einem historischen Determinismus, welcher auf seinem Schild die überlegene neue Ordnung in ihr Amt
hebt, auch wenn dies für *God's own country* immer wieder reklamiert wurde, als
vielmehr einem Zyklus des immer fortwährenden Neubeginns: Das mehrfache
Beginnen der amerikanischen Demokratie von den Pilgrim Fathers über das
Ringen um Unabhängigkeit hin zu ihrer Verfassungsgebung, dem zweiten Beginn, scheint grundlegend für die Selbst(er)findung und narrative Tradierung der
amerikanischen Nation. Wichtig bleibt die Unterscheidung zu den Wesensmerkmalen einer modernen demokratischen Kultur, deren Erschließung sich
Tocqueville im Wesentlichen widmet.[294]
   Von den Lebensgewohnheiten der Familie, den Rollenmustern der Ge-
schlechter, den Einübungsritualen des öffentlichen Lebens und der Institutionen

---

293 Inwieweit diese Debatte mit der Amtseinführung des 44. Präsidenten der Vereinigten Staaten
   als vorläufig abgeschlossen gesehen werden kann, bleibt fraglich, da sich hier Fragen nach einer
   universellen demokratischen Identität, deren fortlaufende, verfeinerte Ausprägung sie den ursprünglichen Phänotypen zunehmend entlehnt hat, mit Fragen nach der Exklusivität einer politischen Ordnung vermischen – eine Reihe von Autoren sieht eine zunehmende Entfremdung von
   dem ursprünglichen ideell-religiösen Grundgehalt amerikanischer Prägung hin zu einer stärker
   materiell orientierten Wahrnehmung der eigentlich politisch-ökonomischen Ordnung durch Ein-
   wanderer, die ethnischen Gruppen entstammen, bei denen eine grundsätzliche Anerkennung einer abendländisch geprägten Gesellschafts- und Politikkultur nicht mehr vorausgesetzt werden
   kann. Der Wanderarbeiter ersetzt den Siedler, der polyglotte Vielreisende den Unternehmer. Die
   Fähigkeit zur Rekonstituierung zeigte sich jedoch gerade in der Neuwählerbeteiligung, beginnend in der Caucus-Phase, und lässt sich an einer Vielzahl von Einzelereignissen nachverfolgen.
   Die Befähigung zur Rückbesinnung auf die zentralen, generativen Elemente der demokratischen
   Ordnung amerikanischer Prägung bleibt konstant. Diesen inneren Phänomenen steht gerade vor
   dem Hintergrund der ideellen Aufladung ursprünglich stärker interessengeleiteter außenpoliti-
   scher Szenarien die Frage nach der Exportierbarkeit der demokratischen Ordnung amerikanischer Prägung gegenüber. Aktuelle Ereignisse wie die Umsturzbewegungen in Ländern wie Tu-
   nesien, Ägypten und Libyen scheinen diese Annahme zu stützen, berufen sich doch die zumeist
   jugendlichen Träger der Umsturzbewegungen auf die Grundwerte freiheitlicher Lebensführung
   auf egalitärer Grundlage. Auch hier werden interessanterweise immer wieder erneut die Vereinigten Staaten (mit begünstigt durch die große Gruppe von Staatsangehörigen muslimischen
   Glaubens, etwa in Chicago/Boston) als Sehnsuchtsort benannt, weniger die Staaten der Europäischen Union.
294 Die Diskussion einzelner Merkmale kann dennoch zu einer tieferen Auseinandersetzung der
   zugrundeliegenden Phänomene führen, findet jedoch in vorliegender Arbeit immer in Abgleich
   zu der modernen demokratischen Idee als solcher und von den (oftmals folkloristisch ange-
   hauchten) örtlichen Erscheinungsformen einer jungen proto-amerikanischen Kultur Anwendung.

bis hin zu den Repräsentativinstanzen, über die eine zugrundeliegende Ordnung sich nach außen hin identifizieren lässt, tritt ein weiteres Moment innerhalb der *gedanklich konstruierten Gesamtheit* hervor: die Nicht-Unterscheidung zwischen Privat und Öffentlich, hervorgerufen aus der Erkenntnis, wie sehr öffentliche Erscheinung aus dem privaten Umfeld bedingt ist, schließlich institutionalisiert in der veränderten Erscheinungsform des Religiösen als erste politische Institution; Tocqueville schreibt:

> „Jede Religion wird von einer ihr verwandten politischen Meinung begleitet. Überläßt man den menschlichen Geist seiner Neigung, wird er die politische Gesellschaft und den Gottesstaat übereinstimmend ordnen; er wird (...) die Erde mit dem Himmel in Einklang zu bringen suchen. (...) Sind die Priester aber einmal aus der Regierung entfernt und halten sie sich abseits, (...) so gibt es keine Menschen, die dank ihres Glaubens geneigter wären, die Idee der Gleichheit in das politische Leben hineinzutragen"[295].

Und weiter in Band II der DiA:

> „Mit ihrer Lebensführung bezeugen die Amerikaner, wie sehr sie die Notwendigkeit fühlen, der Demokratie durch die Religion eine sittliche Grundlage zu geben. Was sie in dieser Hinsicht über sich selber denken, ist eine Wahrheit, von der jedes demokratische Volk durchdrungen sein muß."[296]

Auch hier bestimmt ein dritter Weg den Fortgang des Diskurses, wenn man einmal kurz auf die Liberalismusdiskussion zurückblickt: Wenn Tocqueville von demokratischen Gesellschaften spricht oder von *der* demokratischen Gesellschaft an sich, dem Phänotypus kollektiver Ordnungssysteme der Moderne, dann spricht er nicht in Abgleich zu den konkurrierenden Erklärungsansätzen der liberalen Theoretiker. Deren Verhandlungsgrundlage und Ausgangspunkt war zunächst der Abgleich eines konkurrierenden Ordnungs- und Organisationssys-

---

295 DiA (Manesse), Bd. I, S. 332–334.
296 Tocqueville bietet im Übrigen in einem der nachfolgenden Abschnitte einen eleganten Verweis auf den Umstand, dass wir gewissen Einschränkungen verschiedene Formen des Religiösen oder von Weltanschauungen Teil der sittlichen Grundlage sein können, solange sie nur eine Alternative zu den Gefahren des Materialismus bieten: „Sicherlich ist der Seelenwanderungsglaube nicht vernünftiger als der Materialismus; wenn indessen eine Demokratie unbedingt zwischen beiden zu wählen hätte, so zögerte ich nicht und wäre der Meinung, daß die Bürger weniger Gefahr laufen, zu verrohen, wenn sie denken, ihre Seele werde in ein Schwein eingehen, als wenn sie glauben, sie sei nicht vorhanden. Der Glaube an ein geistiges und unsterbliches Sein, das für einige Zeit mit dem Stoff eine Verbindung eingeht, ist der Größe des Menschen so notwendig, daß er auch dann Schönes bewirkt, wenn er nicht mit dem Gedanken an Belohnungen und Strafen verknüpft wird und wenn man sich darauf beschränkt zu glauben, daß nach dem Tode das Göttliche im Menschen in Gott eingeht oder ein anderes Geschöpf beseelt." DiA (Manesse), Bd. II, S. 162–163.

tems innerhalb des territorialen Rahmens einer Lebens- und Gesellschaftskultur feudaler Prägung. Erbschaft und Traditionsabfolge wird die universale Gültigkeit unabwendbarer Rechte entgegengestellt.

Die neue Welt Amerikas aber hat nunmehr eine ferne Ahnung, was Feudalherrschaft bedeutet. Ihr politisches System ist eine Neusetzung ohne eine lokale oder in seinen Protagonisten verortbare, präsente Anknüpfung an Elemente der Feudalherrschaft. Wolin fasst dies treffend zusammen:

> „America's politics was natural rather than historical. America's political practices developed as though written on a *tabula rasa* much as the contract theorists of the seventeenth century had imagined men imposing a civil association upon a state of nature."[297]

Ziel- und Zweckbestimmtheit der Dinge, der Abläufe, von Lebewesen und ihrem Verhalten bestimmen folglich das Tableau des politischen Diskurses innerhalb der bereits genannten Rahmenbedingungen. Die transformierten Ungleichheiten im Amalgam der europäischen Ordnung bleiben als ferne Ahnung einer Tyrannis bestehen; sie dominierten Teile der Verfassungsdiskussion, nicht jedoch den gesellschaftlich-politischen Diskurs, der lösungsorientiert erscheint, da er auf einem Problemkonstrukt gründet.

Er besteht als die geistige Grundlage planmäßigen, folgerichtigen Vorgehens und unterscheidet sich grundlegend von dem Aufwuchs neuer politischer Kräfte im nachrevolutionären Frankreich Ende der achtziger Jahre des 18. Jahrhunderts: Was dort mit Gewalt überwunden wurde, geschah in Amerika fast zufällig, als umstandsbedingte Neusetzung des politischen Spektrums. Beiden Transformationsszenarien bleibt jedoch eine notwendige Begleiterscheinung erhalten: *Der Aufwuchs der Institutionen, die eine neue Ordnung tragen, lässt sich nicht aus sich selbst begründen.* Beiden politischen Systemen bleibt somit ein Grundbestand archaischer Elemente erhalten, aus denen sich Stabilität bedingt: In Amerika ist es Religion als erste politische Institution, begleitet von dem Aufwuchs eines über die Geschworenenbank an die Gesellschaft rückgebundenen legalen Sektors, Tocqueville sieht dies als Fortbestand zumindest eines aristokratischen Prinzips inmitten einer ansonsten majoritätsgebundenen Ordnung.

---

297 Vgl. Sheldon S. Wolin: „From the standpoint of natural politics, ‚history' does not signify a narrative of events, but obstacles such as are represented by vested interests, traditional networks of influence, and settled expectations – in short, everything that has to be taken into account by political actors. To have no history is to face only natural obstacles and one's own limitations", in: The presence of the past. Essays on the State and the Constitution, Johns Hopkins University Press 1989, S. 75.

Ohne hier tiefer in die Debatte über die genaue Positionierung des Religiösen eintauchen zu können, sei dennoch auf einen aus Sicht des Autors eminent wichtigen Unterschied verwiesen: Die Religion und die Kirchen und Gemeinden als Formen ihrer institutionalisierten weltlichen Ausprägung einer Glaubensgemeinschaft und ihrer Gruppendynamiken sind bei Tocqueville Teil der Vorbedingungen für die natürlichen Grundlagen demokratischer Verfasstheit des Gemeinwesens, nicht Teil allgemein-konstitutiver Elemente. Über diesen Punkt lässt sich auch sehr anschaulich demonstrieren, worin in einer zentralen Frage der Konstituierung demokratischer Ordnung (auch in Abgleich zu einer Idee der Republik) Unterschiede zu Rousseau deutlich werden: Alle Religionen der jungen amerikanischen Republik tragen zu ihrem Erhalt und ihrer Stabilität bei, denn sie sind in ihrer Grundidee unterschieden von ihrer amtskirchlichen Ausprägung.

Nicht ein gemeinschaftlich erhobenes bürgerliches Glaubensbekenntnis konstituiert einen Teil republikanischer Ordnung, sondern die lebendige Vielheit und Instanzsetzung konkurrierender Religionen auf Basis des christlichen Glaubens. Diese pluralistische Ausprägung einer religiösen Kultur oder der Anteil dieser spezifischen Ausprägung an den öffentlichen Angelegenheiten ist eine besondere religiöse Fundierung der amerikanischen Demokratie und unendlich dicht verwoben mit den Aspekten einer Zivilgesellschaft. Diese Ausprägung beginnt mit dem Wunsch der Bürger, in Hinblick auf ihr Gemeinwesen, in dem sie leben, einen Sinn zu finden.

Die Überführung dieses Wunsches über seine tätige Ausgestaltung in das transzendente Moment übergeordneter gemeinsamer Ziele und Projektionen auf die Zukunft findet sich in der Ausgestaltung des Glaubens reflektiert. Nicht die Idee der Freiheitlichkeit, sondern die gewohnheitsmäßige Ausübung der ihr anhaftenden Möglichkeiten wird über diese besondere Verbindung von Glauben und Gemeinwesen möglich.[298]

---

298 Die zentrale Stellungnahme hierzu findet sich bei: Robert N. Bellah: Civil Religion in America, in: Daedalus. Journal of the American Academy of Arts and Sciences, 96 (1967), Boston, Massachusetts, S. 1–21, sowie Jean-Paul Willaime: Zivilreligion nach französischem Muster, in: Kleger, Heinz/Müller, Alois (Hrsg.): Religion des Bürgers. Zivilreligion in Amerika und Europa, München 1986 (Religion – Wissen – Kultur 3), S. 147–174. Bellah hat im übrigen zu einem späteren Zeitpunkt die Begriffsschöpfung einer *public philosophy* anstelle der *civil religion* in die Diskussion eingeführt. Vgl. weiterhin: Habits of the Heart: Individualism and Commitment in American Life, University of California Press 1996. Hier wird einer der zentralen Gedanken Tocquevilles weiterentwickelt: Der unauflösbare Widerspruch zwischen Individualismus und der sozialen Orientierung des Einzelnen. Siehe hierzu auch Kap. VII. ff. in vorliegender Arbeit.

4.1 Die Institutionalisierung geistiger Gewohnheiten

„Tes études me paraissent bien entendues."[299]

In steter, zunehmender Konkurrenzsituation befangen steht das Paradigma des Politischen in seiner spezifischen Erscheinungsform. Es ist täglich über tätigen Vollzug sichtbar und doch nur mittelbar in Institutionen zu fassen: Was zunächst als Gewohnheit besteht, benötigt als allgemeine Sitte, auf deren Anwesenheit als Moment der Orientierung in Lebensgewohnheiten jedermann dringend angewiesen bleibt, die bald zertifizierbare Legalisierung, welche aus zwei Richtungen, sanktioniert durch übergeordnete Institutionen oder Prinzipien, und von zwei Seiten, motiviert über Ausbildungs- und Teilhabeinteresse, den Aufwuchs tragfähiger Institutionen garantiert:

„There seemed to exist in the United States certain habits, certain institutional practices, that increased the good effects obtainable from self-government at the same time that they mitigated or even eliminated the dangers inherent in mass control."[300]

Impulserzeugt und wiederholbar ist dann die materialistisch orientierte Erfahrungsmöglichkeit der die politische Sphäre unterwandernden ökonomischen Sphäre, die auf ein materielles Dasein orientiert; leicht greifbar, für jedermann nach außen hin deutlich und als kleinster gemeinsamer Nenner schnellen Zugang zu Anerkennung eröffnend, subkulturerzeugend über die Teilhabe an gemeinsam erlebbaren, materialistisch orientierten Einzelinteressen: Der Hinweis an den Einzelnen, dass es Pflicht und Interesse sein müsse, sich seinem Nächsten als nützlich zu erweisen, findet in der Existenz und Wirkungsfähigkeit freiheitlicher Institutionen seine Entsprechung:

„Zunächst kümmert man sich aus Notwendigkeit um das Allgemeinwohl, dann freiwillig; was Berechnung war, wird zur Neigung; je mehr man sich daran gewöhnt hat, für das Wohl seiner Mitbürger zu arbeiten, desto größer wird die Lust, ihnen zu dienen."[301]

---

299 „Tes études me paraissent bien entendues"; unter „bien entendu" darf man bei Tocqueville höchstwahrscheinlich „gut ausgerichtet" in durchaus funktionalem Sinn verstehen, vgl. Freund, Dorrit: Alexis de Tocqueville und die politische Kultur der Demokratie, Bern/Stuttgart 1974, S. 96u.

300 Pierson 2000, S. 434.

301 Vgl. Tocqueville: „Die freiheitlichen Institutionen der Amerikaner sowie die von ihnen oft bemühten politischen Rechte erinnern jeden Mitbürger in tausendfacher Weise daran, daß er in einer Gemeinschaft lebt. Sie weisen ihn immer auf jene Idee hin, daß es Pflicht und Interesse des Menschen ist, sich seinem Nächsten als nützlich zu erweisen", DiA (Manesse), Bd. II, S. 127.

Die Funktionsfähigkeit und Fähigkeit zur korporativen Identität, welche sich in der Rolle der Institutionen abbildet, verdeutlicht wie kein anderes Merkmal eines spezifischen Verfasstheitszustands Leistungsfähigkeit und Probleme einer freiheitlich-demokratischen Ordnung: Verfasstheit und äußerer Zustand der Institutionen sind stets der erste Indikator, an dessen Beschaffenheit man den inneren Zustand einer Region oder eines Landes erkennen zu können glaubt.[302] Smith fasst diesen Umstand in einer interessanten Bezugnahme zu Machiavelli in einigen Punkten zusammen:

> „Machiavelli, in a passage of remarkable relevance to our own task of understanding institutional success and failure, argued that republican government (though the most desirable form of government where it could be achieved) was destined to fail where social conditions were unsuitable. In particular, where men lack civic virtue and where social and economic life is organized in feudal fashion, there has never arisen any republic or any political life, for men born in such conditions are entirely inimical to any form of civic government'."[303]

Der von Tocqueville vorgenommene Umkehrschluss, welcher über ein Aufzeigen des Erfahrungsflusses dem Eindruck von Lebendigkeit und Dynamik die Erläuterung der Funktionsgenese folgen lässt, entspricht der gewählten Methodik und beweist die Leistungsfähigkeit der Tocqueville'schen Demokratietheorie.[304] Ähnlich verhält es sich mit der Reichweite innerhalb der in vorliegender Arbeit antizipierten Tocqueville'schen Systematik: Die Aufdeckung von Durchdringungsfähigkeit und Beharrungskraft gewisser Prinzipien findet sich widergespiegelt in der Vorgehensweise des Autors, welcher die Verstärkungsmöglichkeit der Bedeutung einzelner Prinzipien, hat er sie erst im Bereich der tableauartigen Ebene präsentiert und getrennt verhandelt, zur Darstellung allgemeiner Verhältnismäßigkeiten zu nutzen versteht: Sozialkulturelle, verfassungspolitische und außenpolitische Bedingungen der Demokratie in ihrer modernen Erscheinungsform entsprechen der gedanklichen Fortsetzung jener in vorliegendem Abschnitt vorgestellten Indikatoren für Vitalität, Wirkungsfähigkeit und Defizite. Die Dar-

---

302 Vgl. Tocqueville: „In den Vereinigten Staaten ist die ganze Erziehung auf die Politik gerichtet; in Europa bereitet sie hauptsächlich auf das private Leben vor. Das Mittun der Bürger bei den Regierungsgeschäften ist zu selten, als daß man im voraus damit rechnen könnte", DiA (Manesse), Bd. I, S. 352.

303 Vgl.: „A feeling for the particular political community as a concrete and continuing entity that is independent of the men and governments in power at any given time and worthy of human affection, loyalty and support. At the core of this ideology of the *vita civile* was the ideal of the model citizen, governing his own affairs in town and country and dutifully participating in the affairs of the state." Bruce James Smith: Politics & Remembrance: Republican Themes in Machiavelli, Burke, and Tocqueville, Princeton University Press 1985, S. 25.

304 Vgl. Schmidt 2000, S. 544 f.

stellung allgemeiner Verhältnismäßigkeiten, ein fein gezeichnete Bild der Natur demokratischer Verfasstheit, bildet den Ausläufer jener allgemeinen Handlungsweisen, deren umfassende Wirkungsfähigkeit Tocqueville früh erkennt. Ein praktischer Nachweis für diese Vorgehensweise findet sich besonders deutlich in den Notizen, welche er während seiner Reise durch die einzelnen Bundesstaaten anfertigt: Lokalkolorit und Individualcharakter des ihm in der Neuen Welt entgegentretenden Bürgertypus sind oft in einer Beaujolais' Schilderungen nicht unähnlichen Art gehalten, wobei Tocqueville nicht an humorigironischen Anmerkungen spart:

> „Der Hauptredner des Tages, ein ortsansässiger Anwalt namens John Van Schaik, sprach mehr als zwei Stunden und rief unter anderem zur Solidarität mit den polnischen Freiheitskämpfern auf; ein örtlicher Gesangsverein lieferte eine amerikanische Version der ‚Marseillaise', darunter Verse wie: ‚In diesem stolzen Land, wo freie Menschen freies Denken schätzen und freies Tun.' "[305]

Der hierauf folgende Satz, welcher in dem Abschnitt über den „philosophischen Geist der Amerikaner" in *Demokratie in Amerika* Eingang gefunden hat, bildet den versprochenen Beweis:

> „Es ist wiederum nicht guter Geschmack und Würde, wonach man bei diesen Volksfesten suchen sollte. Alles in allem hat mich diese Zeremonie mit ihrer Parade *en habit bourgeois*, mit ihren Gewerbeinsignien und ihrer Musik tiefer beeindruckt als unsere großen Feste in Frankreich (…) Unsere Zeremonien haben mehr Brillanz; in jenen der Vereinigten Staaten steckt mehr Wahrheit"[306].

4.2 Die Transformation der Öffentlichkeit

> „ They must find a means of speaking to each other every day (…) of moving in accord without being united. Thus there is scarcely a democratic association that can do without a newspaper."[307]

Ein allmählich fortschreitender Prozess, der allen Bürgern staatsbürgerlichen Status und ökonomische Chancengleichheit verleihen soll, verlangt nach Be-

---

305 Nachgewiesen bei Reeves 1984, S. 39 f.
306 Reeves 1984, S. 40, weiter: „In einer Kutsche an der Spitze der Profession sitzen drei oder vier alte Soldaten, die an der Seite Washingtons gekämpft haben, die die Stadt wie kostbare Reliquien hütet und denen alle Bürger ihre Ehrerbietungen bezeugen (…). Nichts wäre einfacher, als diese Standarten zu belächeln, auf denen geschrieben steht: Vereinigung der Fleischer, Vereinigung der Lehrlinge usw., usw. Doch wenn man darüber nachdenkt, dann erscheinen diese Embleme nur natürlich bei einem Volk, das seinen Wohlstand Handel und Industrie verdankt."
307 Vgl. Tocqueville, DAI (hrsg. v. Mitchell/Mansfield), S. 332.

obachtung und Dokumentation. Die gewissenhafte Selbstvergegenwärtigung und Prüfung sozioökonomischen Wandels, zu dessen Idealtypus des demokratischen État politique Volkssouveränität und Gleichheit der politischen Rechte gehören, muss folgerichtig eine fortschreitend institutionalisierte Form öffentlicher Meinung mit den ihr eigenen Strukturen zur Folge haben.

Diese organartige Entsprechungsform der *öffentlichen Meinung* und ihr Institutionalisierungsprozess stehen in direktem Zusammenhang mit der politischen Ordnung und können in vorliegender Arbeit über die ihr von Tocqueville zugedachte Funktion Anwendung zur Erhellung des spezifischen Verfasstheitszustands der antizipierten politischen Sphäre finden. Zirkulationshäufigkeit und der Zugang zu Presseerzeugnissen selbst an entlegenster Stelle der *frontier* schildert Tocqueville in seinen Notizen. Wenn auch Qualität und Professionalität der unterschiedlichen Publikationen bisweilen sehr zu wünschen übrig lassen mögen, ist das Interesse der Bürger an Neuigkeiten jeder Art dennoch nahezu grenzenlos: Die Presseerzeugnisse überwinden die geographische Entfernung und schaffen einen Raum für die über gemeinsame Teilhabe erfahrener Öffentlichkeit gestellten Ereignisse, welche den Gemeindegedanken in mehr oder minder virtualisierter Form weiterbestehen lassen.

Die über den Prozess der Urbanisierung voranschreitende Fragmentierung des öffentlichen Bewusstseins kann durch die Existenz professionalisierter Vergegenwärtigungsorgane gemildert werden. Beaumont und Tocqueville zeigen sich denn auch überrascht über die geringen Unterschiede in den Mediennutzungsgewohnheiten zwischen Stadt- und Landbewohnern:

> „When by a fearful trail through a kind of wilderness you have succeeded in reaching a dwelling, you are astonished to meet with a civilization more advanced than in our villages. (…) The proprietor is carefully dressed, (…) *usually he has his newspaper beside him*, and his first concern is *to talk politics* with you."[308]

Die Organe verdichteter öffentlicher Aufmerksamkeit sind nicht in einer der Kunst verwandten Szene jenseits einer spezifisch politisch aufgeladenen Kultur zu finden. Sie sind Ausdrucksform und Vergegenwärtigungsinstrumentarium einer raschen Veränderung unterworfenen Sphäre, auch wenn ihre *Durchdrin-*

---

308 Vgl. Tocqueville: „About the practical, religious-minded, solitary pioneer there was nothing rustic, save his log cabin and his temporary surroundings. (…) I could not say in what obscure and unknown corner of the Universe we have been asked how we left France: what was the relative strength of the parties, etc. what questions I know not – questions I could hardly answer without a smile when I considered those who were asking them and the locality where we heard them." Up-State New York, aus den Notizen Tocquevilles, in: Pierson 2000, S. 123.

gungsfähigkeit in beide Richtungen, wenn man sie vertikal begreifen möchte, bedeutend ist.[309]

Die Rolle der ‚vierten Macht' ist in der Gesetzgebung zunächst auf ihre äußeren Grenzen hin festgelegt und, ihrer Natur als Tendenzbetrieb entsprechend, weit weniger unabhängig, als es in ihrem Selbstverständnis und in der Selbstzuschreibung der eigenen Funktion festgeschrieben scheint. Die Medien sind Ausdruck jener präzisen Elastizität der um die jeweiligen Aufmerksamkeitskomplexe verdichteten, veröffentlichten Meinung. In der Beschreibung der universellen Problematik einer Mehrheitsherrschaft, zu der Tocqueville sich in seiner Vorgehensweise über das Porträt lokaler Verhältnisse hin immer orientiert, nimmt die spezifische Form der institutionalisierten, mithin professionalisierten öffentlichen Meinung eine zentrale Stellung in der fortgehenden Erschließung der politischen Kultur der Demokratie ein. Zwar mag es in den Vereinigten Staaten kaum ein politisches Problem, das nicht früher oder später zu einer rechtlichen Frage gerät, geben, doch ist die institutionalisierte Form der öffentlichen Meinung an Artikulation und Auseinandersetzung der Problematik wesentlich beteiligt: Sie gerät zu einem dem Erfahrungsinteresse entspringenden, im Fortlauf den Willen und die Handlungen der Menschen beeinflussenden Instrument.

Voraussetzung für ihren Fortbestand und die immer stärkere Integration ist die Überzeugung, sie nutze dem Bestand einer als förderlich empfundenen Ordnung. Nur wo ihre Rechtsordnung von einer entsprechenden politischen Kultur getragen wird, ist die Demokratie funktionsfähig. Mängeln der politischen Kultur kann unter Zuhilfenahme institutioneller Mittel, unter deren Zuhilfenahme demokratische Erziehung und Integration der Bürger gefördert werden, entgegengetreten werden.

Die stetig wachsende soziale Mobilität verlangt nach professionalisierten Instrumenten, welche diese Aufgabe dauerhaft und nachvollziehbar übernehmen. Indem sich ein Teil der öffentlichen Meinung in ihnen manifestiert, sind sie zunehmend in die Lage versetzt, einen Bereich der politischen Kultur als Integrations- und Vergegenwärtigungsmittel zu durchdringen. Der beobachteten Natur demokratischer Verfasstheit kohärent erscheint die Legitimation der demokratischen Regierung in der politischen Kultur der Bürger, zum freien Zusammenspiel der verschiedenartigen politischen Kräfte. Tocqueville schreibt:

„Meines Erachtens verdient nichts eine größere Aufmerksamkeit als die zu geistigen und sittlichen Zwecken gegründeten Vereine Amerikas. Die politischen und gewerblichen Verbände der Amerikaner fallen uns leicht auf; die anderen aber entgehen

---

309 Vgl. Hennis, Wilhelm: Max Webers „Vorbericht für eine Erhebung zur Soziologie des Zeitungswesens", in: Politisches Denken. Jahrbuch 1995/96, S. 307 f.

uns; und wenn wir sie entdecken, so verstehen wir sie schlecht, weil wir etwas Derartiges fast nie gesehen haben."[310]

In der *Dezentralisation* findet sich ein nötiges Mittel zur Milderung von öffentlich gemachten Gegensätzen und Konflikten. Die Orientierung zum Konsens als Ergebnisziel des Widerstreits pluralistischer Interessen in der Demokratie benötigt jedoch dringend ein Begleitmittel, unter dessen Zuhilfenahme sich der angestrebte Prozess beschleunigen lässt. Als Vergegenwärtigungsinstrument des Gegensatzes zwischen rationalem Bürgerideal und menschlicher Wirklichkeit nimmt sie eine zentrale Rolle ein: „Erst die Existenz von Integrationszentren ermöglicht und fördert Kommunikation."[311] Die Verbindung der Demokratie mit der Freiheit aufzuzeigen gelingt nur entlang von einer spezifischen Methodik entspringenden Verbindungslinien; ebenfalls ist erst hierdurch eine Analyse der konkreten Ursachen der Relationalität politischer Kultur möglich.

Um sich einander zu nähern und einander anzuhören, ist eine *stete Raumüberwindung* in vertikaler wie horizontaler Richtung nötig: Die Überwindung des Individualismus durch freiheitliche Institutionen ist einer der nötigen Beweggründe zur Sicherung der beständigen Kommunikation: Zur größtmöglichen Herauslösung des Einzelnen aus seinen Privatinteressen trägt die spezifische Ausdrucksform öffentlicher Meinung bei, wie sie uns im Pressewesen in synthetisierter Form begegnet: Derivat, Ausdrucksform und Funktionsträger in einem, so könnte man den Platz der Presseorgane bei Tocqueville beschreiben.[312]

Als ‚professionalisierter' Teil einer auf Öffentlichkeit verpflichteten Gemeinschaft kommt ihnen besonderes Interesse zu, womit ihre Bedeutung bereits aus der Schilderung der Zusammenschlüsse im bürgerlichen Leben herausgelesen werden kann:

> „When men are no longer bound among themselves in a solid and permanent manner, one cannot get many to act in common except by persuading each of them whose cooperation is necessary that his particular interest obliges him voluntarily to unite his efforts with the efforts of all the others."[313]

---

310 Vgl. Tocqueville, in Fortsetzung: „Sie sind indessen, wie man zugeben muß, dem amerikanischen Volke ebenso unentbehrlich wie die erstgenannten, und vielleicht sogar notwendiger. (...) Unter den Gesetzen, denen die menschlichen Gesellschaften unterstehen, gibt es eines, das genauer und klarer erscheint als alle anderen. Damit die Menschen gesittet bleiben oder es werden, muß sich unter ihnen die Kunst der Vereinigung in dem Grade entwickeln und vervollkommnen, wie die gesellschaftlichen Bedingungen sich ausgleichen." DiA (Manesse), Bd. II, S. 127.
311 Vgl. Freund, S. 65.
312 Auch wenn man ihre Funktion und Rolle hier ebenfalls wieder aus einer Vielzahl von Einzelstellen herauslesen muss.
313 DiA (Mansfield), S. 334.

Ein Ratgeber, welcher nicht zuerst aufgesucht werden muss, sondern ungefragt an einen herantritt, so sieht Tocqueville Rolle und Gestalt jener Art Zeitung, wie sie in demokratisch verfassten Gesellschaften anzutreffen sei.[314] Der außergewöhnlichen Aufteilung der administrativen Macht folgt die Diversifizierung der Publikationsbasis als emergente Plattform: Entsprechend der dezentralisierten Natur des *body politick* hat sich die Anzahl der Presseerzeugnisse vervielfacht.

Es ist eine notwendige und förderliche Beziehung zwischen den Zusammenschlüssen im bürgerlichen Leben und dem hieraus hervorgehenden Nutzen einerseits und den Presseerzeugnissen andererseits. Die Häufigkeit steht in engem Zusammenhang mit der Natur der Entscheidungsfindung und den Fragen demokratischer Ordnung: Nicht wenige, über einen langen Zeitraum verteilte wichtige Entscheidungen sind zu fällen, sondern eine unendliche Kette kleiner Entscheidungen, welche in ihren Auswirkungen dennoch das Wohl der meisten betreffen, wird dem aktiv eingebundenen Citoyen täglich abverlangt:[315]

> „*These then form a genuine association* established by law in a permanent manner to administer a portion of territory, and *they need a newspaper to come to find them each day in the midst of their small affairs* and tell them the state of public affairs."[316]

Die Verständigung über die gemeinschaftlich erfahrene Teilhabe an dieser Form der Partizipation kann nur vermittels mehr oder minder unaufgefordert an den Einzelnen herantretender Erzeugnisse geschehen. Nicht die Verminderung der Pressesteuer oder ähnliche Handhabungen vermehren ihre Zahl, sondern die aus dem Verfasstheitszustand der Gesellschaft entstehende Notwendigkeit. Zwar mögen die einzelnen Nachrichtenorgane zu einer gewissen Parzellierung der öffentlichen Meinung beitragen, worin sich ihre Natur als Tendenzbetrieb widerspiegelt; doch bilden sie hierdurch den vielfältigen Überbau jener Vereinigungen, innerhalb derer die Bürger sich ohnehin zu organisieren pflegen. Diese Organisationsfähigkeit der Bürger bildet die Voraussetzung für politisches Handeln. Die Autorität des gemeinsamen Beschlusses lässt die Interessen des Ein-

---

314 „A newspaper is a counsellor that one does not need to go seek, but that present itself of its own accord and that speaks to you briefly each day and of common affairs without disturbing your particular affairs." Ebd., S. 334.

315 An dieser Stelle ist jedoch auch ein Hinweis auf die aristokratische Ordnung notwendig: Auch hier kann, wie in der Lage der bei Machiavelli geschilderten kleinen Fürstentümer, eine deutlich dezentralisierte Ordnungsform bestehen, ohne dass damit die Notwendigkeit einhergehen würde, eine spezifische Form der gegenseitigen Verständigung in Gestalt zahlreicher Presseerzeugnisse zu schaffen. Aufgrund der Tatsache, dass sich hier die lokale Macht in den Händen Einzelner befindet, welche durchaus isoliert handeln oder sich ohnedies untereinander kennen und in kleinen Zirkeln treffen und beratschlagen, entfällt die obenerwähnte Notwendigkeit.

316 DiA (Mansfield), S. 494.

zelnen im Sinne einer gemeinsamen Idee zur politischen Forderung geraten. Mit der Schwächung des Individuums wächst die Bedeutung der Presseerzeugnisse; mit der fortschreitenden Gleichheit der Verhältnisse wird ihre Funktion deutlicher: „A newspaper therefore always represents *an association* of which *its habitual readers are the members*" unterstreicht diesen Eindruck.[317]

Als Anknüpfungsmittel, Bindeglied zur Milderung der Fragmentierung und Gegenkraft zur Tyrannei der Mehrheit bilden die Presseerzeugnisse damit *eine Form des geistigen Überbaus* über der Organisationsform der bürgerlichen Vereinigungen. Die Grenzen ihrer Wirksamkeit ergeben sich aus der Natur der Wirkfähigkeit als Tendenzbetriebe: Erst die gewohnheitsmäßige Einübung und die durch den äußeren Rahmen gewährleistete Wiederholbarkeit schaffen den geschilderten Grundbestand an edukativ-strategisch orientierten Kommunikationsformen.

Im Mittelpunkt des hieran neu ausgerichteten Interesses steht nun fortgesetzt die Frage nach dem Rückzug des Bürgers aus der Öffentlichkeit, nach der dem Verlust von Bindungen entspringenden Vereinzelung und den dieser Entwicklung widerstrebenden Faktoren. Von der Rolle des Einzelnen über den Gedanken der Volkssouveränität gelangt Tocqueville zu der Frage nach der Tugend des Bürgers, die jenseits der Staatsgewalt das retardierende Moment der Selbstausrichtung bleibt:

„Ohne Tugend gibt es keine großen Menschen; ohne Achtung vor dem Recht keine bedeutenden Völker: fast kann man sagen, keine Gesellschaft; denn was ist eine Vereinigung vernünftiger und geistiger Wesen, die allein die Gewalt verbindet?"[318]

Diese Selbstliebe, die „ständig dazu drängt, sich gegenseitig zu helfen"[319], ist dabei in ihren Charakteristika wesentlich unterschieden von den Eigeninteressen der bekannten Bienenfabel von Mandeville[320] oder den zweifelhaften Auswirkungen der „amour propre"[321], sie ist vielmehr die wesentliche Wirkungskraft,

---

317 „The newspaper represents the association; one can say that it speaks to each of its readers in the name of all the others, and it carries them along the more easily as individuals are weaker." On the Relation between associations and Newspapers, Alexis de Tocqueville: Democracy in America, hrsg. und übers. v. Harvey C. Mansfield und Delba Winthrop, University of Chicago Press, Chicago 2000, S. 495.

318 DiA (Mayer), S. 274.

319 DiA (Mayer), S. 139.

320 „*Mit Tugend bloß kommt man nicht weit; / Wer wünscht, daß eine goldene Zeit / Zurückkehrt, sollte nicht vergessen: / Man mußte damals Eicheln essen.*" Auszug aus: Der unzufriedene Bienenstock (The Grumbling Hive: or, Knaves Turn'd Honest), Mandeville 1724, S. 67–92.

321 „L'amour de soi, qui ne regarde qu'à nous, est content quand nos vrais besoins sont satisfaits; mais l'amour-propre, qui se compare, n'est jamais content et ne saurait l'être, parce que ce sen-

welche den Einzelnen wieder an die Gesellschaft heranzuführen imstande ist, freilich ohne „zur Tugend zu führen". Durch Gewöhnung mag sie zumindest nahe an diese heranzuführen. Als abgeschwächte Form der „Hingabe an die Gemeinschaft"[322] ist sie dennoch imstande, freiheitssteigernd auf den Einzelnen zu wirken.[323]

Leitend und für den weiteren Fortschritt vorliegender Untersuchung unerlässlich ist dabei die Erkenntnis Tocquevilles, dass das einmal zerrissene ‚Band der Brüderlichkeit' unter den Menschen in dem herannahenden Sozialstaat moderner Prägung in neuer Form weiterbestehen oder neu geknüpft werden muss, um dem vorandrängenden Gleichheitsmoment die Freiheitsrechte des Einzelnen über die Gemeinschaft entgegenzustellen, wie er in einem Notizbucheintrag festhält:

> „Le dernier effort de l'association me parait être dans les sociétés de tempérance, c'est-à-dire dans l'association d'hommes qui s'engagent mutuellement à s'abstenir d'un vice et qui trouvent dans la force collective une aide pour résister à ce qu'il y a de plus intime et de plus propre à chaque homme, ses propres penchants. L'effet des sociétés de tempérance est une des choses les plus remarquables de ce pays-ci."[324]

Dass die ‚Gleichheit' der in ihrer Rolle veränderten *gentil hommes*, der ‚Gentlemen', ihren Niederschlag in der Existenz zahlreicher Klubs, einer Form qualifizierter Nischenöffentlichkeit findet, ist allgemein anerkannt.[325] Den unliebsamen Folgen eines ausgeprägten Individualismus kann man also – folgt man der Argumentation Tocquevilles – mit der Schaffung freiheitlicher Institutionen entgegentreten, die jedoch günstigen Umständen entspringen müssen, um nicht zum Ausdruck in der Folge staatlicher Interessen stehender Maßnahmen zu geraten.[326] Das der ethischen Gemeinschaftsbefähigung entkleidete Individuum, dem im Sinne des säkularisierten Derivats die Kreditwürdigkeit als gesellschaftlich-

---

timent, en nous préférant aux autres, exige aussi que les autres nous préfèrent à eux, ce qui est impossible", Rousseau, Jean-Jacques: Émile, Livre quatrième, vgl. http://bit.ly/g1Byuy.

322 Vgl. Hecht 1998, S. 238.

323 Grundsätzlich scheint in diese Diskussion bei Tocqueville der bereits von Rousseau thematisierte Übergangsprozess von „volonté de tous" zur „volonté générale"; nicht nur das Problem einer verlorenen Gemeinschaft, sondern auch die Selbstzentrierung des Einzelnen will Tocqueville darin gelöst sehen.

324 Am 10. Oktober 1831, vgl. AdT, Cahier Alpahetique (B), OC, Bd. V.1, S. 236.

325 Vgl. M. Hecht, S. 239: „Im Gemeinschaftsverband enden gleichzeitig weltliche soziale und ökonomische Hierarchien. Die ‚Gleichheit der Gentlemen' herrscht im amerikanischen Klub, der puritanische Sektierer behandelt seinen Mitbruder gleichwertig, weil er ihm genauso ethisch qualifiziert gilt: *Patriarchiale und ökonomische Hierarchierungsmuster treten zurück, das Charisma strukturiert eine neue Ordnung.*"

326 Vgl. R. Bubner, Polis und Staat, 2002, S. 183: „(...) wenn Umstände herangereift sind, die der Freiheitsentfaltung nicht im Wege stehen, dann hat der Liberalismus seine Institutionen."

geschäftlichen Qualitätsnachweises geblieben ist, kommt so bei Tocqueville noch nicht vor.[327]

Die Bürgerüberzeugungen wachzuhalten, die Beteiligungsfähigkeit lebendig, das Interesse an politischer Teilhabe groß, gelingt in förderlichen Umständen entsprungener institutionalisierter Form. Der freie Wettbewerb der Eigeninteressen qualifizierter Bürger sichert innerhalb der äußeren Grenzen der Verfasstheit den Fortbestand dieser Ordnung. „Society as an *intricate mobile*"[328] ist mehr als ein auf Kausalzusammenhänge orientiertes Gebilde, innerhalb dessen, der jeweiligen innewohnenden Gesetzmäßigkeit verpflichtet, die Bürgerinteressen in immerwährendem Wettbewerb einander den Rang abzulaufen versuchen: Innerhalb des hier so genannten *interdependenten Netzwerkes* gibt es wirkkräftige Prinzipien, die über ihr Vorhandensein den wesenhaften Geist des Ganzen entdecken helfen.

Ein direkter Indikator ist die Vereinigungsfreiheit als äußere Ausdrucksform persönlicher Freiheit:

> „Neben der Freiheit, allein zu handeln, ist die den Menschen natürlichste Freiheit die, seine Anstrengungen mit denen seiner Mitmenschen zu vereinen und gemeinsam zu handeln. Die Vereinigungsfreiheit erscheint mir deshalb ihrem Wesen nach ebenso unveräußerlich wie die persönliche Freiheit."[329]

Damit kann der vordergründige Gedanke, ja, die persönliche Sorge des Autors, hinter die wir an diesem Punkt der Diskussion vordringen möchten und deren zugrundeliegende Gesetzmäßigkeit innerhalb der Tocqueville'schen Systematik wir Schritt für Schritt erhellen möchten, als die Gefährdung der Freiheit in der demokratischen Gesellschaft dargestellt werden. Sie ist, wenn man sie im Sinne Max Webers betrachtet, rational-sachlich demokratisch legitimiert: Selbstanspruch und Einforderung tätigen Mitwirkens am Gemeinwohl im Sinne der Eigeninteressen kennzeichnen diese Legitimation, als deren wesentliches Element das Eigeninteresse identifiziert werden kann:

> „Sobald die Tugend schwindet, ergreift der Ehrgeiz die dafür empfänglichen Herzen, und der Geiz die Herzen aller anderen. (…) Man liebt nicht mehr, was man vordem liebte. Man war mit den Gesetzen frei, nun will man gegen die Gesetze frei sein. Was Maxime war, nennt man Strenge, was Regelung hieß, nennt man Zwang,

---

327 Vgl. Max Weber, PE I, S. 282–283.
328 Vgl. Boesche 1983, S. 82.
329 DiA (Mayer), S. 221.

was man Vorsicht hieß, nennt man Furcht. Die Genügsamkeit gilt als Geiz, nicht die Besitzgier."[330]

Konkurrierend wirkt in dieser Hinsicht die Idee der Perfektibilität, wie wir sie zunächst bei Condorcet, in ähnlicher Form als Forderung ebenfalls bei Rousseau und Marx finden:

> „Muß nicht endlich das Menschengeschlecht besser werden, sei es infolge neuer Entdeckungen in Wissenschaft und Technik, (…) sei es durch die Fortschritte in den Grundsätzen des Verhaltens und der praktischen Moral; sei es endlich durch die wirkliche Vervollkommnung der intellektuellen, moralischen und physischen Anlagen, die gleichfalls die Folge der Vervollkommnung entweder der Werkzeuge sein kann, welche die Kraft dieser Anlagen steigern und ihren Gebrauch lenken, oder die Folge der Vervollkommnung der natürlichen Organisation des Menschen selber?"[331]

Tugendhaftigkeit als Systemprogramm einzufordern, allgemeine Besserungsfähigkeit einzufordern oder ‚wirkliche Vervollkommnung' im tätigen Vollzug des eigenen Lebens als Indikator für eine zunehmend obsolete Ordnungsnotwendigkeit zu sehen ist Tocqueville fremd; bereits die Forderung amerikanischer Bürger nach einem allgemeinen Tabakverbot sieht er mit Argwohn.

Um nun zwischen den zahlreichen Elementen, welche sich über die teils parabelartige Prägung von Phänomenalbildern bei Tocqueville immer weiter ausufernd versammeln, und ihrer Bedeutung hinsichtlich der ihnen anhaftenden Modalität in Bezugnahme auf die Struktur unterscheiden zu können, benötigt man an dieser Stelle zunehmend die Einbindung von Sammelbegriffen. Nur über ihre Hinzunahme kann man die wesentlichen modalen Elemente hinsichtlich ihrer Strukturrelevanz aus dem allgemeinen Diskurs herauslösen und über die Abfolge der Gedanken einer erkenntnisinteressegeleiteten Erschließung des theoretischen Komplexes bei Tocqueville nutzen. Was einem als Sammelbegriff abschließend vor Augen tritt hinsichtlich des Paradigmas der *commune*, ist die unauflösliche Interdependenz der *civil society*, oder, um hier erneut Robert N. Bellah zu zitieren, der „public philosophy".[332]

Über die Untersuchung der bedingenden Substrukturen, der Institutionalisierung geistiger Gewohnheiten und ihrer Transformation in die allgemeine Exis-

---

330 Vgl. Montesquieu, in Fortsetzung: „Einst stellte das Gut der Privatleute den öffentlichen Schatz dar, nun aber wird der öffentliche Schatz zur Einnahmequelle der Privatleute." Montesquieu, Charles-Louis de Secondat, Baron de la Brède: Vom Geist der Gesetze, Auswahl, Übersetzung und Einleitung von Kurt Weigand, Stuttgart 1993, S. 100–105. Vgl. http://bit.ly/gqgGAu.
331 Condorcet, Esquisse d'un tableau historique des progrès de l'esprit humain, hrsg. v. W. Alff, Köln 1963, S. 194.
332 Vgl. Robert N. Bellah: Individualism and Commitment in American Life: Readings on the Themes of Habits of the Heart, Harpercollins 1997, S. 250.

tenz von Institutionen, welche schließlich in der Vorstellung einer Idee der Institution mündete, blieb eine Frage stets unbeantwortet: Wie lässt sich die Existenz der versammelten modalen Elemente, das Elemente-Ensemble, hinsichtlich seiner Strukturbildung und Dynamik erklären? Über die Auffindung der reinen Existenz hinweg bleibt das Erkenntnisinteresse unablässig auf die eingeschriebene Dynamik seiner Konstituierungsfähigkeit gerichtet, deren Entsprechung in der Wirklichkeit die Frage nach der institutionellen Bedingtheit der Freiheit ist.

4.3 Das Beziehungsgeflecht des Sozialen

Um einen ungefähren Eindruck, methodisch gebunden, als allgemeinen Begriff darstellen zu können, bedient sich Tocqueville bei dem älteren Bild einer Gesellschaft, deren interdependente Beziehungen als ein dicht verwobenes Netz oder Gewebe dargestellt werden: Bereits Montaigne stellt die Gesellschaft als ein „Gewebe, das sich immer weiter selbst vernäht"[333] dar: Das Elemente-Ensemble bei Tocqueville, dessen Struktur unzertrennlich und unauflösbar vereint erscheint, ist letztlich eine Weiterentwicklung des Montaigne'schen Gedankens. Dass eine Veränderung der Musik[334] der Fortbestand der Verfassung gefährdet, verändertes Kinderspiel den Staat Polen in seinen Grundfesten erschüttert und bereits eine Änderung des Scheidungsrechts die Gesellschaft Frankreichs zu zerstören imstande sei, haben bereits andere festgestellt; Tocqueville geht den methodisch entscheidenden Schritt weiter, indem er diesen eher monokausal orientierten Eindruck in seinem analytischen Begriff der *égalité des conditions* und den ihr innewohnenden Gesetzmäßigkeiten verbaut: Durch eine liberale Interpretation Rousseaus wirkt die Hervorhebung des Prinzips der Volkssouveränität, der aktiven Teilnahme der Bürger an der Politik und der Versuch, die Freiheit der Menschen in und durch den Zusammenschluss zu bewahren.[335]

---

333 Richard Sayce: The Essays of Montaigne: A Critical Exploration, 1982, Weidenfeld London, S. 237. Vgl. ebenso das bereits erwähnte Zitat von Tocqueville (via Schleifer, 1984, S. 112).

334 Vgl. Platon: „Wer also musische Bildung und Gymnastik auf die schönste Weise zu verbinden und im richtigsten Maße der Seele zuzuführen weiß, den dürfen wir mit größtem Recht als den vollkommen musisch und harmonisch gebildeten Menschen bezeichnen, (...) – Ganz natürlich, Sokrates, sagte er. – Auch in unserem Staat, also, Glaukon, werden wir wohl eines solchen Aufsehers bedürfen, wenn die Verfassung Bestand haben soll? – Allerdings werden wir notwendig einen solchen brauchen, sagte er." Platon, Der Staat: Die Erziehung der Wächter, Platon, Hauptwerke, Kröner Stuttgart 1973, S. 168 f.

335 Vgl. J. L. Talmon, Die Ursprünge der totalitären Demokratie, S. 34 ff., K. Hornung, Die Dialektik von Emanzipation und Despotismus, siehe auch: H. Dittgen, S. 40: „Wir finden bei Tocqueville die liberale Interpretation der Gedanken Rousseaus, während wir bei Marx die Interpretation haben, die Rousseau für die totalitäre Demokratie haben wirksam werden lassen. (...) Auf

Die *Einforderung aktiver Teilnahme* schließt auch die *Einbindung vermittelnder Institutionen* mit ein, womit der wesentliche Unterschied zu den Forderungen Rousseaus und fortgesetzt von Marx gekennzeichnet ist: Beiden ist die Ablehnung vermittelnder Institutionen und Parlamente gemeinsam, in denen sie nur die Repräsentanten von Partikular- bzw. Klasseninteressen sehen, die nicht mit dem Gemeinwohl übereinstimmen. Auch die freiheitssichernde Funktion der Gewaltenteilung lehnen sie ab. Die institutionelle Sicherung der Freiheit, die Tocqueville sucht, kommt in dieser Form bei ihnen nicht vor. Rousseau richtet seinen *Contrat* gegen persönliche Herrschaft; es gilt, eine Herrschaftsform zu finden, die mit der Willensfreiheit der Menschen vereinbar bleibt.

Wo Tocqueville eine vertikale und horizontale Gewaltenteilung fordert, eine Lehre von den *pouvoirs intermédiaires*, den Zwischengewalten, und den *associations permanentes*, den bleibenden (nachhaltigen) Vereinigungen, entwickelt, bleibt Rousseau die institutionelle Bedingtheit der Freiheit fremd: Die Forderung nach Einrichtungen, die den Verwaltungsdespotismus einer ausgreifenden Bürokratie hindern und den Bürgergeist fördern, die Bürger zu selbstständigem Handeln anhalten und damit die Freiheit des Gemeinwesens sichern, beweist den analytischen Gehalt der *égalité des conditions.*

Die Verwendung eines analytischen Begriffs, verwendet zur tiefergehenden Erschließung des allgemeinen Phänomens, belegt einen weiteren Punkt: Für Tocqueville ist nicht die Wesenheit des Individuums als das ‚Innen' der Ordnung oder die Etablierung vernunftbestimmter Institutionen als Eckpfeiler des ‚Außen' bestimmend:

Der Frage nach der Struktur begegnet er mit einer besonderen Methode zu ihrer Erschließung, ohne dieser besonderen Form der Auseinandersetzung die Formulierung der passenden Methode voranzustellen, ganz wie in der Idee, dass Protagonisten, die sich in der Ausübung ihrer Tätigkeiten beobachtet wissen, eine verfälschte empirische Gruppe darstellen. Die Methode muss sich über die tiefergehende Erschließung der Wesenheit ihres Gegenstandes gemäß immer weiter in den Zwischenräumen der beobachteten Strukturelemente festsetzen und ihre jeweilige Verbundenheit in ihrer ganzen Vielfältigkeit erschließen helfen. Wo die Autoren der *Federalist Papers* die Methoden der modernen Wissenschaft nach Möglichkeit in ihre Republikwerdung einbinden möchten, sieht Tocqueville eine der Folgen der Einbindung der Überlegungen von Descartes in den revoluti-

---

der anderen Seite steht die Betonung des totalitären Anspruchs der Gemeinschaft auf das Individuum, die Hervorhebung der Einheit der *volonté générale*, die keine Abweichungen duldet, und die Annahme eines Gemeinwohls a priori."

onären Umstürzen Europas.[336] Um die Fehleranfälligkeit zu vermindern und der Idee einer (theoretischen Form) von Wahrheit näherzukommen, sollten die Regeln zur Methodenbildung im Lichte des Erkenntnisideals immer weiter verfeinert werden.

Diese kritisch-rationalen Aspekte der Methodenbildung sieht Tocqueville als eine der Hauptursachen einer auf Gleichheit und Individualität orientierten modernen Identität. Indem er hierauf folgend einen Leitgedanken zur Frage der Methode bei Pascal reflektiert, kann er die über die Auslegung von Descartes starke Unterscheidung zwischen Glauben und Zweifel in ein anderes Verhältnis setzen.

Pascal entwickelt die Idee einer möglichen Unterscheidung anhand von Denkformen der Erschließung: *l'esprit de géométrie* steht für die vermittels Grundsatzannahmen vorgehende Erschließung, *l'esprit de finesse* für eine besondere Form der Denkhaltung oder eine Grundhaltung zur Erschließung phänomenaler Ausprägungen in ihrer lebensweltlichen Entsprechung; ganzheitlich aufgefasst, ohne sich diesen Eindruck vermittels der Grundsatzannahmen – der Prinzipien – eintrüben zu lassen.[337] Ein kurzes Beispiel bei Tocqueville darf als weiterer Beleg dieses Eindrucks dienen:

1. Zunächst die phänomenale Ausprägung:

Die Idee der Volkssouveränität analysiert Tocqueville als „die gültige Legitimation der in Sitte und Gesetz verwirklichten Macht in den Händen des Volkes",

---

336 Ohne an dieser Stelle den Vergleich zwischen Federalist und Anti-Federalist-Positionen weiter vertiefen zu wollen, sehen die meisten Interpreten Tocqueville lange auf Seiten der Fraktion der Anti-Federalisten, größtenteils über die Frage relativer versus absoluter Autonomie.

337 Nachgewiesen in den *Pensées* Nr. I sowie Nr. 194, S. 55 f, Nr. 205, S. 61 f. Allgemein zur Frage der Beeinflussung Tocquevilles durch Pascal: P. A. Lawler, The Restless Mind: Alexis de Tocqueville on the Origin and Perpetuation of Human Liberty, Rowman & Littlefield, 1993, insbesondere S. 73 ff. Bei Foucault liest sich diese Aufspaltung im Übrigen so: „Die entferntesten und für uns die am schwierigsten zu umgehenden Folgen des grundlegenden Ereignisses, das der abendländischen *episteme* gegen Ende des achtzehnten Jahrhunderts widerfuhr, können so zusammengefaßt werden: Negativ isoliert sich das Gebiet der reinen Erkenntnisformen, nimmt gleichzeitig Autonomie und Souveränität im Verhältnis zu jedem empirischen Wissen an, läßt den Plan der Formalisierung des Konkreten und der Konstituierung reiner Wissenschaften entgegen allem entstehen und immer wieder entstehen; positive verbinden sich die empirischen Gebiete mit Reflexionen über die Subjektivität, das menschliche Wesen und die Endlichkeit, nehmen sie Wert und Funktion von Philosophie ebensowohl an wie von Reduzierung der Philosophie oder von Gegenphilosophie." Das Folgekapitel nennt Foucault dann „Arbeit, Leben, Sprache: Die neuen Empirizitäten". Michel Foucault: Die Ordnung der Dinge, Suhrkamp 1974, S. 306 ff.

wobei er eine prinzipielle Unterscheidung zwischen Innen und Außen[338] nicht vornimmt. Sie ist in Amerika bereits zum Element des allgemeinen Bewusstseins geraten, eingegangen in das alltägliche Verhalten, sie konkretisiert sich in der politischen Sphäre als Herrschaft der Mehrheit:

> „Aux Etats-Unis, le dogme de la souveraineté du peuple n'est point une doctrine isolée qui ne tienne ni aux habitudes, ni à l'ensemble des idées dominantes; on peut, au contraire, l'envisager, comme le dernier anneau d'une chaine d'opinions qui enveloppe le monde anglo-américain tout entier."[339]

2. Gefolgt in der Vorgehensweise Tocquevilles in dem (wesenhaften) Strukturelement:

Der *Gewebegedanke* eröffnet hier nun die Möglichkeit einer dynamisch orientierten Darstellung gesellschaftlicher Wirklichkeit, deren Strukturelemente aufgrund des allgemeinen Bürgerinteresses notwendig aufeinander bezogen bleiben, ein zeitlos aktueller Gedanke:

> „Gegen den Strich des eigenen Evidenzbewußtseins zu denken (…) Theorie bietet weder Kenntnisse der Welt noch Instruktionen für die Praxis, sondern nur polykontextuale Beschreibungen. Die Praxis komplexer Systeme lehrt uns, daß lose Koppelung ihre fundamentale Stabilitätsbedingung ist."[340]

3. Auf dieser Verfügbarmachung durch die Methodik aufbauend und in die Systematisierung hinein weiter fortschreitend:

Während der Vollzug und somit die Fähigkeit der allgemeinen Wahrnehmung dieser Präsenz einer spezifisch demokratisch verfassten politischen Sphäre ausschließlich auf Öffentlichkeit orientiert erscheint, wird sowohl durch das Hineinwirken der ökonomischen Sphäre (zunehmend Subkultur der demokratischen bereits in der ersten, vom Bild der Manufaktur geprägten frühindustriellen Entwicklungsphase) als auch der zentralistisch orientierten Bürokratie die Entartungsform und Gefährdung der demokratischen Ordnung sichtbar: Der Eindruck gesteigerter Verfügungs- und Verwaltungsfähigkeit des modernen Staates wirkt in dieses Bild hinein; seine Anwesenheit darf als Indikator für die allgemeine Verfasstheit dienen:

---

338 Wenn man an dieser Stelle Riesmann folgen möchte.
339 Alexis de Tocqueville, OC I/1, S. 414 f.
340 Bolz, Norbert: Jenseits der großen Theorien, in: Kulturtheorien der Gegenwart: Ansätze und Positionen, Gerhart Schröder, Helga Breuninger (Hrsg.), Campus 2001, S. 34–48.

„Eine Regierung allein vermag den Kreislauf von Gefühlen und Ideen in einem gro-ßen Volke ebensowenig in Bewegung zu halten und zu erneuern, wie sie alle indust-riellen Unternehmungen leiten kann".[341]

Die spezifische Beschaffenheit dieses Gewebes erlaubt demnach ein frühzeitiges Erkennen demokratiegefährdender Entwicklungstendenzen, die im Voraus der demokratischen Verfasstheit als naturgemäß inhärent aufgefasst wurden. An den Beispielen der Zentralisationstendenzen, wie sie zunächst im Auftreten von zu-nehmend professionalisierter Bürokratie und auch in der neuen Rolle der politi-schen Parteien, von Tocqueville skeptisch betrachtet, sichtbar werden; schließ-lich in der Rolle eines Ausschnitts der Sphäre öffentlicher Meinung, dem profes-sionalisierten öffentlichen Raum der Presseerzeugnisse, lassen sich diese Be-obachtungen näher darstellen. Das Gewebe ist hierbei nur als Denkfigur stoff-lich, seine unendlich dicht verwobenen Strukturen sind in ihrer Wirklichkeits-werdung flüchtig und doch allpräsentes Strukturelement konditionaler Gesetze, welche wiederum als Resultate individueller Verhaltensweisen aufzufassen sind.

4.   Über die Systematisierung hinsichtlich der Prognosefähigkeit weiter orien-tierend:

Der schleichende Übergang eines freiheitlich verfassten Zustands zu einem *Des-potismus neuer Art* entspringt der Beobachtung, dass in der neuen staatlichen Wirklichkeit eine spezifische Form der Gewalt entmaterialisiert wurde. Eine veränderte Verfasstheit muss über die nötigen Korrektive verfügen, die sich nicht allein im Vorhandensein äußerer Elemente wie der Gesetzgebung oder über das Vorhandensein spezifischer Institutionen[342] kenntlich machen lassen:

---

341 DiA (Manesse), Bd. II, S. 128.
342 Erneut wird hierüber sichtbar, wie grundsätzlich die Demokratiekritik (im erkenntnisfördernden
    Sinne) Tocquevilles ausfällt und wie sehr er (in objektiver Hinsicht) seine Überlegungen auf
    grundlegende Merkmale der Wesenheit orientiert. Viele der in der Gegenwart verwendeten In-
    dikatorensysteme weisen nicht den Präzisionsgrad und die begriffliche Trennschärfe in der Ar-
    gumentation auf, wie sie bei Tocqueville vorliegen. Da er qualitative und quantitative Faktoren
    in seinem Analysevorgang verwendet, ist er in der Lage, einen zunächst gefühlten Unterschied,
    eine Variation der äußeren Zeichen auf ihren Ursprungsgrund zurückzuführen und diesen wie-
    derum in Elementen zusammengefasst in die systematische Erörterung einfließen zu lassen.
    Damit ist das Vorhandensein einzelner Institutionen nicht mehr Ausdruck von Demokratie: Ak-
    tuelle Beispiele wie ein ‚demokratischer' Staat Irak sind hierfür ein gutes Übungsbeispiel, denn
    das Vorhandensein einer parlamentarischen Geschäftsordnung geht nicht notwendigerweise
    einher mit demokratischen Kontrollnormen und eingeübten, verbindlichen Verhaltensweisen,
    über die etwa eine Abwahl der Volksvertreter möglich ist. Gleiches gilt für die verfassungsge-
    mäße Demokratie, die sehr oft nur die Maske einer Autokratie ist, wie in verschiedenen Ländern

„Die Fürsten hatten (…) die Gewalt materialisiert; die demokratischen Republiken der Gegenwart haben sie ins Geistige gewandelt (…). In den demokratischen Republiken jedoch geht die Tyrannei nicht so vor; *sie übergeht den Körper und zielt gleich auf die Seele.*"[343]

Den möglichen Erscheinungsformen dieser Intrusion begegnet vorausgreifend und begleitend zugleich der Gedanke eines alle Beziehungen umspannenden Netzes oder unendlich verflochtenen Gewebes, über das sich die interdependenten Verhältnisse einer spezifischen Gesellschaftsverfasstheit abbilden lassen. Über das Bild einer Kultur geht Tocqueville dabei hinaus, unterhalb der äußeren Symptome einer Verfasstheit ist er fortgesetzt an den grundlegenden Mechanismen ihres Erscheinungszustands interessiert, deren phänomenaler Entsprechung, des Empirischen, des Objektiven, des Außen, er kein vorgefasstes Modell entgegensetzt und auf der Ebene des Subjektiven, des Innen, keine Typologisierung voranstellt.

Auf der Individualebene erscheint das *kartesianische Selbst*[344] als Ausdruck eines Schrittes von Inhalt zu Verfahren hingegen als ein kontrolliertes Objekt der Sinneseindrücke und ihrer kalkulier- und korrigierbaren Ausdruckspotentiale.[345] Wie könnte man ihm das Potential schöpferischer Zerstörung oder die Einfühlung in die Entwicklung gesellschaftlicher Potentiale entlocken? Lässt sich die Idee von Pathos auf ihr Nutzenpotential hin erschließen? Wie lassen sich die qualitativen Aspekte einer Sozialordnung auf ihre zugrundeliegenden Wesenheiten in Ausprägung der ihnen eingeschriebenen Dynamiken mit der Idee unablässiger Progression vereinbaren? Und ist ein Gegenentwurf notwendigerweise auf den historischen Komplex hin orientiert? Es sind diese Fragen, die uns seit der grundlegenden Erschütterung des Erkenntniswissens und seiner Hervorbringung in Form einer besonderen Methodenlehre durch Descartes vor ein schier unauflösliches Rätsel stellen. Taylor schreibt hierzu:

> „Die Rationalität ist (…) nicht mehr inhaltlich, also im Hinblick auf die Seinsordnung definiert, sondern prozedural, also im Hinblick auf die Normen, nach denen wir uns in der Wissenschaft wie im Leben beim Aufbau bestimmter Ordnungen richten. (…) Nach Descartes heißt Rationalität, daß man bestimmten Vorschriften ent-

---

Lateinamerikas. Die Einführung qualitativer Faktoren erlaubt es Tocqueville, die Leistungsfähigkeit einer demokratischen Ordnung nachzuweisen, damit beleg- und bewertbar zu machen.

343 Vgl. Offe, S. 32: „Es ist nicht mehr so, daß die Obrigkeit den ‚Leib des Gedankens' mit der Folge der Eskalation politischer Konflikte straft, sondern das Volk greift auf die geistige Substanz des Gedankens selbst zu – mit der Folge konformistischer Akquieszenz."

344 Vgl. zu der Einbettung des Descartes-Diskurses, insbesondere zu dem methodischen Nutzen bei Tocqueville und dessen besonderer Wahrnehmung zentraler Ideen bei Descartes (in Unterscheidung zu Stellungnahmen aus der Gegenwart), Kap. 2.V.xiii. in vorliegender Arbeit.

345 Vgl. Taylor 1994, S. 285.

sprechend denkt. Ausschlaggebend für das Urteil sind jetzt Eigenschaften der Denk-tätigkeit, nicht mehr die inhaltlichen Überzeugungen, die daraus hervorgehen. (…) Rationalität ist nun eine interne Eigenschaft des subjektiven Denkens und besteht nicht mehr in dessen Sicht der Realität."[346]

Wenn das Bild einer Kultur innerhalb der vorgestellten Systematik imstande ist, als Grundlage für die weiterführende Diskussion über den gesellschaftsverän-dernden Charakter der frühindustriellen Revolution zu wirken, wie ist es dann um die der Methodik zugrundeliegende ideengeschichtliche Prägung ihres Au-tors bestellt?

„By insisting on the relation between the whole climate of opinion of a society and its political life, he [Tocqueville, d. A.] burst *beyond the boundary of contemporary political thinking* into a new intellectual world where politics and political change were to be seen, not as the product of the crimes or virtues of rulers, nor as the good or evil consequences of this or that political or economical formula, but as the *mani-festation in public life of a complex of feelings and sentiments*, often unexpressed, often indeed accepted beyond question as part of the natural order of things."[347]

4.4 Motivationsgründe

Drei Motivationsgründe wirken in der methodischen Vorgehensweise Tocque-villes: Er lehnt die Implementierung systematisierender Geschichtsbilder ab: Sie würden dem antizipierten Bild einer Gesellschaftsform (die modalen Entitäten entspringt), zu deutlich entgegenstehen und den Zugriff auf ihre wesenhaften Elemente im Sinne einer Verzerrung erschweren, ganz abgesehen von den Aus-wirkungen auf die angestrebten Möglichkeiten der Theoriebildung. Die Etablie-rung allgemeiner Grundsätze als eine Form der Eingrenzung des Betrachtungs-rahmens würde gleichermaßen der Wahrnehmung des Gesellschaftsbildes als ein unendlich dicht verwobenes Gewebe jeweils abhängiger Elemente entgegenste-hen. Ebenso würde sowohl die sozialwissenschaftliche Vereinnahmung im Inte-resse der eigenen Systematik als auch ein an Archive gebundenes Konstrukt geschichtlicher Prozessabläufe dem *erfahrungsgestützten Erkenntnisinteresse* zuwiderlaufen: „Il n'ya pas de vérité absoluité. C'est donc à l'examen des cir-constances particulières qu'il est sage (…) de s'attacher."[348]

Seine sorgfältige Prüfung der methodischen Eingrenzungs- und Erschlie-ßungsmittel bedingt breitflächige Analysevorgänge: Da sie in ihrem Erfassungs-

---

346 Vgl. Taylor 1994, S. 284.
347 Jack Lively: The Social and Political Thought of Alexis de Tocqueville, Oxford 1962, S. 53.
348 Tocqueville in einem Brief an Kergorlay, I (Bd. V der Gesamtausgabe), Paris 1861, S. 382 f.

prozess phänotypisch orientiert sind, zielt ihre Reflexionsrichtung auf allgemeine Bilder und als Modell auf eine besondere Form der *Gestaltwerdung des Sozialen*, dessen Protagonisten einsam und frei in der Menge sind und doch in kollektiven Prozessen gebunden. Gleichzeitig löst die Etablierung allgemeiner Prinzipien hierbei zunehmend die Handlungsunterschiede zwischen privat und öffentlich auf: Folgerichtig beziehen sich zentrale Fixpunkte des Theorieschemas im zweiten Band der *Demokratie in Amerika* auf den *Entwurf einer symbiotischen Konfiguration der Gesellschaft*, deren Elemente als unauflösbar verwoben präsentiert werden.

In diese Symbiotik fließt in fortlaufender Beobachtung der Eindruck wahrnehmbarer Elemente wie: die Rolle der Frau im Kreis der Familie wie im öffentlichen Leben, die Familie selbst, Besitztum, Erscheinungsformen und Prozessschemata lokaler und regionaler Politikangelegenheiten und ihre Fortsetzung in ihren Repräsentanten und deren Regelung der unablässig betriebenen Angelegenheiten und vieles mehr ein, um hierin zum Abbild einer durch den Gleichheitsgedanken motivierten geschichtlichen Bewegung zu geraten. Federführend bei diesem Gedanken ist der *Eindruck einer unbedingten Interdependenz* der beobachteten dynamischen Elemente, wonach bereits die Veränderung eines einzelnen imstande ist, allgemeine Wirkung auszulösen. Die Ursprünge dieses „Mobile unbedingter Interdependenz"[349] sind bedarfsbezogen aufzuspüren und in die vorliegende Diskussion einzubetten; ist das tatsächlich „ein müßiges, nutzloses Unterfangen, bei einem so intuitiven, selbständigen Kopf wie Tocqueville im Einzelnen einer möglichen Beeinflussung nachzugehen"?[350]

Die jeweils gewonnene Erkenntnis ist entsprechend in einem größeren, umfassenderen Kontext an Handlungsvielfalt zu platzieren, innerhalb dessen zwei gegensätzliche Prinzipien miteinander vereint werden müssen: Die Analyse des politischen Kontextes verlangt nach der Fähigkeit des Autors, das kulturelle Beziehungsgeflecht innerhalb eines historischen Kontextes zu platzieren und damit deutlicher hervortreten zu lassen: Eine grundsätzlich ahistorisch ausgerichtete Analyse gewinnt erst über die Geschichtlichkeit ihren Aussagewert, nicht aber durch systemtheoretische Anklänge.

Schließlich wird erst hierdurch die Bedeutung einzelner Ereignisse und Verhaltensweisen sichtbar und die geschichtsmächtigen Elemente treten in Deut-

---

349 Roger Boesche: Why could Tocqueville predict so well?, in: Political Theory, Bd. 11, February 1983, S. 79–103.
350 Blickt man ‚hinter den Schleier‘, den der Stil seiner Zeit in sein Werk trägt, erkennt man eine weitsichtige, schöpferische Auseinandersetzung mit zentralen Thesen Tocquevilles, insbesondere lesenswert vor dem Hintergrund des historischen Kontextes und den hieraus hervorgehenden, vielfältigen politisch-sozialen Konnotationen: Göring, Helmut: Tocqueville und die Demokratie, Oldenbourg, Berlin 1928, S. 208 f.

lichkeit hervor. Erst jetzt erscheint es möglich, *fallbezogen und abhängigkeits-orientiert (relational)* Voraussagen treffen zu können. Diese Fähigkeit verdankt sich der besonderen Fähigkeit Tocquevilles, einen ausgewählten Teil der vorgefundenen Situation, ausgehend von der Vorstellung eines dynamischen kulturellen Beziehungsgeflechts, als ein das Ganze reflektierendes Element aufzufassen. Sein Bewusstsein ist geprägt von der Überzeugung, eine gründliche Kenntnis einzelner Teile in einem solchen antizipierten Geflecht ermögliche dem Autor, über das Ganze zu urteilen, oder, wie Tocqueville es umschreibt: „In den Einzelheiten zeigt sich das Wesen der Menschen"; der Mensch ist ein Kompositum in seiner Wesenheit, die beständig in sein Handeln fließt.[351]

Nicht der erste Eindruck prägt das Bild, sondern die über die kleinsten Partikel auffindbare Wahrheit, die über die genaueste Kenntnis eines spezifischen Teils begonnene, diskursgestützte Erschließung eines bestimmten Falls. Sie ist allerdings nicht bestimmt für den Fortlauf der Betrachtung, sondern kann als erschließendes Element, über das grundlegende Wesenheiten sichtbar werden, genutzt werden.

Die Entwicklung der Zukunft lässt sich deshalb am besten durch Spannungsfelder beschreiben – und diese müssen den einmal etablierten, trendartig präsenten Tendenzen fortlaufend entgegengestellt werden, damit man zu gültigen Schlüssen kommen kann. Es gibt in der Gegenwart ein ähnliches Problem in der Makroökonomie oder in der (volkswirtschaftlichen) Risikoanalyse: Die Hervorbringung belegbarer Modellkonstrukte ist nur dann möglich, wenn die Methodik und die zur Anwendung kommenden Faktoren vollständig transparent sind.

Erneut hat Tocqueville Elemente seiner besonderen Methode auf ein anderes Werk verlagert, um nicht die Erschließung der Binnenstrukturen des modernen demokratischen Sozialen im technischen und industriellen Zeitalter mit Geschichtsbildern zu überlagern. Schließlich möchte er „sehend sein für das, was ist und unaufhaltsam kommt, wachsam sein für das, was verteidigt werden muß und kann, nicht ausweichen, sondern standhalten", in der „Tapferkeit des Denkens, Wollens und Tuns, die von uns verlangt wird."[352]

Das Geschichtliche und die mit seiner Hinzunahme in den Diskurs verbundene Festlegung auf Rollenmuster des Sozialen oder Ausprägungen bestimmter Formen von Repräsentanten und Institutionen ist stärker als Identitätsstifter einer

---

351 Wenn man diese Anmerkung im Rahmen seiner Auseinandersetzung mit Descartes liest, verfliegt der erste Eindruck einer doch recht allgemeinen Aussage: Der Mensch ist ein Kompositum in seiner Wesenheit, die in sein Handeln fließt, ist herbei die erste Idee Tocquevilles, in deren Folgeschritten der weiteren Erschließung des Gedankens die Rolle intrinsischer Motivationsgründe individuellen und sozialen Handelns der Bürger in der modernen Demokratie aufscheinen, vgl. Kap. 2.V.xiii.
352 Kiesinger 1960, S. 18 f.

kulturellen Zuordnung bei Tocqueville präsent denn als Erschließungselement seiner Reflexionen. Die Minderung seiner vielfältigen Bestimmungsfähigkeit hinsichtlich der Herausbildung eines methodisch-systematischen Erschließungsschemas ist ein wesentlicher Teil in der Fortschreibung der politischen Theorie. Wie in der Übersicht deutlich wird, verdankt sich ein wesentlicher Teil der fortgeschrittenen Erschließungsmethode der *Etablierung einer Sprache der Evaluation*, in der die *Demokratie* als begrifflicher Platzhalter für eine verhältnismäßig endliche Potentialität eines Phänomens dient, das einer Variation von Aktualisierungen unterworfen bleibt.[353]

Tocqueville schreibt letztlich über ein Ordnungsschema, in dem über den Status einer freien Person nicht mehr über den Status als Herrschender oder Beherrschter entschieden wird, sondern in einem selbstgewählten Lebensweg, etwa innerhalb des verfassungsmäßig garantierten Rahmens individueller und kollektiver Entfaltungsfähigkeit und entlang sittlich-moralisch/per Mœurs identifizierbarer Handlungsgebräuche in seinen modalen Assoziationsmustern erkannt werden muss: Bei Tocqueville sind es die individuelle Ausgestaltung der Formen in der Wirklichkeit, die der Gesellschaft Körperlichkeit verleihen.[354]

Ihre Gestaltwerdung soll hinsichtlich der spezifischen Bedingtheit der Handlungen, aus denen sie emporwächst, in einem kritischen Rekurs untersucht werden.[355] Wiederum darf auch hier nicht der Hinweis fehlen: Das kartesianische Ich steht für ein durchgängig kontrolliertes Selbst; die Selbst-Konstituierung des Bürgers bei Tocquevilles erscheint als ein Kompositum aus vernünftiger Selbstleitung und christlichen Glaubenselementen, vermischt mit der Skepsis einer postrevolutionären Generation. Für seine an dieser Stelle versammelten Eindrücke gilt noch: „American actualities validated the best in European aspirations."[356]

---

353 Siehe Anhang: Tabelle politischer Theoreme.
354 Vgl. Hebert, Joseph jr.: Individualism and Intellectual Liberty in Tocqueville and Descartes, in: The Journal of Politics, Bd. 69, Nr. 2, May 2007, S. 534.
355 Vgl. Kap 2.V.xii.
356 Lawyer, John R.: Tocqueville on the Religious Foundations of Democracy, in: The American Benedictine Review, 42:4, Dez. 1991, S. 418–435.

5 Objektivierung des Erfahrungswissens

„The externality of embodiment puts me,
and my actions, in the public sphere."[357]

Eine Reise hat nicht nur einen fortlaufenden Wechsel der Schauplätze zur Folge, sie trägt auch die Möglichkeit des beständigen Erfahrungszulaufs in sich. Sie ist das lebendige Zwischen, das fremde Lebenswirklichkeit und Erfahrung in die Gedankenwelt des Reisenden hineinträgt. Über seine Handlungen verbindet er sich mit den Erlebnissen jener anderen, deren Aktivitäten wiederum auf die individuelle Prägung wirken.

Für den *reisenden Theoros* fügen sich diese allgemeinen Eindrücke nun immer stärker zu einem Bild, dessen Begriffssprache die neu zusammengesetzte Form von Demokratie in ihrer modernen Ausprägung ist: An erster Stelle steht hier der Selbstbegriff des amerikanischen Siedlers, auch wenn dieser längst in einer bürgerlich geprägten Stadtgemeinschaft angekommen ist. Moralische und intellektuelle Autonomie prägen sein Eigenbild: Ihnen wird als direkte Folge politische Freiheitlichkeit zugeschrieben.

Dieses selbstgeschaffene Bild einer Individualexistenz entspringt der Auffassung, jedermann habe das Recht, sich ein eigenes Bild von rechtschaffener Daseinsform, Bedeutsamkeit, ganz allgemein von der Umwelt und dem modernen Mysterium menschlicher Existenz zu schaffen.[358]

In den wechselseitigen, ineinander übergehenden Phasen von Aggregation und Reflexion treten diese Bilder nun, mitbestimmt aus der Vorprägung des Autors, in einen fortlaufenden Wettstreit um die thematisch-begriffliche, phänotypisch orientierte Dominanz innerhalb der Theoriewerdung.

Die Gestalt des modernen demokratischen Bürgers in seinen lebensweltlichen Entsprechungsmustern und Rollen, die antagonistischen Ausprägungsformen der postrevolutionären Phase in Frankreich (mit den ihnen eingeprägten Verbindungslinien und Verschränkungen in das monarchische Zeitalter hinein)

---

357 Vgl. Phenomenological Approaches to Self-Consciousness, http://bit.ly/ykPmi
358 Vgl. Hebert, Joseph jr.: Individualism and Intellectual Liberty in Tocqueville and Descartes, in: The Journal of Politics, Bd. 69, Nr. 2, Mai 2007, S. 525–537.

und das republikanische Bürgerideal eines Rousseau werden auf einem Tableau der fortlaufenden Erörterung präsentiert.[359]

Da aus Sicht Tocquevilles Partizipationsinteresse, Selbstleitung und politisches Handeln die wesentlichen Konstituenten für die moderne Zivilgesellschaft sind, ist die Gestaltwerdung eines Phänotypus essentiell für die Theoriewerdung. Allerdings muss Tocqueville seinen Ideen eine Projektionsfläche bieten und, hieran anschließend, eine Form der Gestaltwerdung: Seinem ersten Eindruck folgend wäre dies bereits mit der Präsenz einer vormals nicht erlebbaren politischen Ordnung erfüllt. Es scheint dies aber ein Raum, weniger eine Gestaltwerdung und damit ein für die Verdinglichung von Ideen nicht unbedingt empfänglicher Ort zu sein:

> „Der amerikanische Geist hält sich allgemeinen Ideen fern; er geht nicht auf theoretische Entdeckungen aus. Die Politik selbst und die Industrie können ihn dazu nicht anregen. In den Vereinigten Staaten macht man unaufhörlich neue Gesetze; (…). Die Amerikaner haben Rechtsberater und Rechtsausleger, die Publizisten fehlen ihnen; und in der Politik geben sie der Welt eher Beispiele als Belehrungen."[360]

Der Bereich des Sozialen erscheint demgegenüber als ein wechselbares Kontinuum, in dem sich an verschiedenen Einstiegs- und Knotenpunkten die Präsenz (der Existenz des neuen politischen Systems) auf eine Art und Weise verdichtet, dass über die handelnden Individuen von einer Verdinglichung gesprochen werden kann. Ihr zur Schau getragenes Selbstverständnis erlaubt in Form individueller Selbstbilder, getragen vom Willen, nach geistiger und moralischer Autonomie als Fundament der Freiheit zu streben, Greifbarkeit: Die von Überzeugungen getragenen Handlungen Einzelner bilden den Kern des anderweitig unendlich ausfasernden Beziehungsgeflechts der zivilen Gesellschaft. Auffinden, Abgleich als Urbarmachung und Einbindung in die fortlaufende Erörterung gehen ineinander über. Zahllose unablässig vonstattengehende Handlungsabläufe werden über konversational-reflexive, systematisierend wirksame Stränge über Zeitläufe und Gegenwart mit den Stellungnahmen anderer Interpreten verbunden. Über die Tragweite ihrer Rollenmuster wird erst durch Anleihen innerhalb der Ideengeschichte, der Beimessung von Geschichtlichkeit und die Einbindung von Stellungnahmen herausragender Interpreten entschieden. Die Entwicklung eines Denksystems und die Einnahme einer reflektierten Grundhaltung stehen sich als Interpretationsmittel entgegen. Vor diesem Hintergrund wird verständlicher, weshalb Tocqueville eine Trennung menschlicher Handlungen von ihrer geisti-

---

359 Tocqueville hat einen Teil dieser Diskussion in seinen Essay *Frankreich vor und nach 1789* ausgelagert, verfügbar etwa bei Bluhm 2006, S. 81 f.
360 DiA (Manesse). Bd. I, S. 347–348.

gen Quelle wie eine Aufspaltung von ansonsten vernünftigerweise ineinander-laufenden Prozessen erscheint. Diese Trennung ist allerdings auch gleichzeitig entscheidendes Moment des Innehaltens in der Strukturbildung der auf die Indi-viduen bezogenen Theoriebildung, ab dem die qualitativen Elemente des Ratio-naldiskurses von Descartes ihre antagonistische Wirkung zu entfalten beginnen.

Das Bewusstsein erfährt in der Diktion Tocquevilles seine Entwicklung und Ausweitung durch das *Ausgesetztsein*, der Gegenkraft zu den Zentrifugalkräften der *Solitude* bei Descartes. Vor dem Hintergrund seiner persönlichen Erfah-rungsbildung beginnt er einen Erschließungsprozess, der seine Fortentwicklung betreibt: Tocqueville ist nicht unvoreingenommen nach Amerika gereist. Die persönliche Vorerfahrung, die Revolutionserlebnisse von Familie und Freunden und der geistige Austausch im bereits geschilderten Umfeld haben ihm ein zwi-schen Ancien Régime, Régime de Terreur und Moderne unvollendetes Projekt der zukünftigen Staats- und Gesellschaftsordnung mit auf den Weg gegeben. Es wird zu seinem Lebensthema, die Leistungen und Probleme, Genese und Funkti-onserfordernisse mit den Mitteln seiner Zeit erfassen und bewerten zu können.

James T. Schleifer hat zentrale Fragen in der Debatte um das vorgefasste Bild Tocquevilles, die angesprochene (oder erdachte) Leserschaft und die „zwei Amerikas" in diesen Tagen erneuert.[361] Die Fragekomplexe gleichen sich an dieser Stelle insofern, als sie seit der Stellungnahme von Francois Furet, „Nais-sance d'un Paradigme"[362], die Unterschiede des Demokratiebildes zwischen den einzelnen Bänden der DiA, ihr Zustandekommen und den Weg von Reflexion und Erfahrungswissen herauszustellen und nachzubilden versuchen. In der Frage des Zustandekommens stützt sich die aktuelle Forschung zunehmend auf die Selbstzeugnisse, Notizen und Schriftwechsel Tocquevilles, insbesondere in der zentralen Frage nach den *Methodenschritten zur Objektivierung seines Erfah-rungswissens.*[363] Da sich hierüber auch die Frage nach dem Auslassen oder der Hinzunahme in den Werkkorpus stellt, sind die angeführten Quellen unschätzba-re Zeugnisse des Erkenntnisinteresses einer ganzheitlich angelegten Arbeitsweise und ein Schlüssel zu einem tiefergehenden Methodenverständnis.

---

361 James T. Schleifer: Tocqueville's Democracy in America: Some key themes reconsidered, in: The Tocqueville Review / La Revue Tocqueville Bd. XXX Nr. 2, 2009, S. 165 ff.
362 Furet 1984, S. 225–239.
363 Vgl. DiA (Manesse), Bd. I, S. 348 f: „Vergleiche ich die griechischen und römischen Republi-ken mit denen Amerikas, die Handschriftenbibliotheken und den rohen Pöbel der ersteren mit den unzähligen Zeitungen, die Amerika durchpflügen, und mit dem geschulten Volk, das dort wohnt; und bedenke ich dann die Anstrengungen, mit denen man dieses auf Grund von jenen zu beurteilen sucht, und wie man aus dem, was vor zweitausend Jahren geschah, das Kommende unserer Zeit voraussehen will, so möchte ich am liebsten meine Bücher verbrennen, um auf ei-nen so neuartigen sozialen Zustand nur neue Gedanken anzuwenden."

Hierüber entwickelt sich die nächste Frage: Inwieweit hat Tocqueville in seinem Methodenverständnis eventuell im Stile einer *theory by choice* gearbeitet? Hierzu gibt es in der Werkrezeption zwei Positionen: zum einen die von Schleifer vertretene und mit entsprechenden Fundstücken unterlegte These, Tocqueville habe aus der Fülle des Materials eine bewusste Auswahl getroffen:

> „The Americans, Tocqueville realized, had discovered a mixed system that balanced public and private involvement, public and private responsibility (…) here, once again, the printed Democracy was shaped not so much by blindness as by choice. (…) He decided to write a philosophico-political work and to concentrate on analyzing democracy. He knew (…) that industrialization was the other great force at work in the modern world, but he chose to leave the full elaboration of that theme to others."[364]

Der Einwand Schleifers erscheint weniger problematisch, da von einer erkenntnistheoretisch-strategischen Einhegung des behandelten Subjekts gesprochen wird, nicht von einer (subtilen) Methodenmanipulation. Tocqueville ist an den zentralen Bewegungsgründen der modernen Demokratie interessiert, nicht an den Produktionsstätten ihrer materiellen Güter.[365]

Die zweite Position, vertreten im Wesentlichen von Autoren wie Gary Wills[366], bezieht sich auf die ebenfalls durch Selbstzeugnisse belegte Vermutung, Tocqueville habe Punkte wie die Frage nach der Tyrannei der Mehrheit durch Intuition erkannt, mithin nicht anhand methodisch-systematischer Beweisführung gearbeitet und sei weiterhin, beispielsweise in der *commune*-Diskussion, einer bestimmten Form von Agrarromantik des Ancien Régime erlegen.

Unabhängig von der Beweiskraft der einzelnen Argumente bei Wills lässt sich seine Argumentation auf die Frage zusammenführen, ob und inwiefern die Untersuchung Tocquevilles auf das Bild einer Demokratie in der Moderne gerichtet ist, deren konstituierende Elemente ihrem jeweiligen Erscheinungsbild unabdingbar zugehören. Wills sieht in Tocqueville einen Autor, der dort hineinerfindet, wo sein Fachwissen dem komplexen Weltphänomen nicht gerecht werden kann, und dem zudem als Außenstehendem die feinen emotionalen Verbin-

---

364 Schleifer 2009, S. 170.
365 Deren Besprechung er in seiner verlegerischen Tätigkeit und in seinem langjährigen persönlichen Austausch mit Nassau Senior ohnedies vorgenommen hat. Die eigens geplante Publikation eines Sammelbandes zu den ökonomischen Fragen der industriellen Moderne kam leider nicht mehr zustande. In seinen Interpretationsmustern folgt Tocqueville hier größtenteils der Gesellschaftskritik an der industriellen Produktion und ihrer Reduktion der menschlichen Figur auf die Einbettung in mechanistisch definierte Prozessabläufe. Den weiteren Rahmen ökonomischer Fragen hat zuletzt Salkever (2009) hervorragend beschrieben. Vgl. hierzu auch Kap. 9 ff. in vorliegender Arbeit, in dem eine Zusammenführung des Mehrsphärenmodells angestrebt wird.
366 Gary Wills: Did Tocqueville „Get" America?, in: New Yorker, 29. April 2004, S. 40–62.

dungslinien zur gesellschaftlichen Wirklichkeit des amerikanischen Lebens verborgen bleiben. Seine Kritik möchte im Wesentlichen den Reiseschriftsteller vor den „ersten Sozialwissenschaftler" stellen.[367]

Heute haben wir freie Wahl, welcher Position wir stärker zusprechen möchten: Nach Begutachtung der allgemeinen Maßstäbe einer methodisch-systematischen Beweisführung, der Herausarbeitung der Reflexionsstränge und Einsichtnahme in die Selbstzeugnisse, in denen Tocqueville den Weg der Methodik nachzuzeichnen versucht, möchte vorliegende Arbeit stärker der Exploration von Boudon, Schleifer und Wolin zuneigen, wenn es um die Frage seiner wissenschaftlichen Arbeitsweise geht.[368]

Im bisherigen Verlauf vorliegender Arbeit hat die Einbettung in den Kontext einer Verfügbarmachung von Fragestellungen durch Erfahrungswissen und Reflexion für eine methodisch stärker kontrollierte Systematisierung seiner Demokratietheorie die zahlreichen Abgleichungsvorgänge, aus denen sich die Strukturbildung seiner Theorie entwickelt, sichtbarer hervortreten lassen. Sie sind nicht allein Ausdruck einer individualisierten Weltanschauung, sondern gleichermaßen Abbild einer konzisen Erschließung des Lebenswelt- und Demokratiekomplexes entlang seiner physisch-umweltbezogenen, historischen, sozialen, politischen, religiösen, psychologischen, kulturellen und ökonomischen Merkmale.

Wegen der Konzentration auf die Analyse der Demokratie treten einige Merkmale stärker hervor, ohne jedoch in ein monokausales Begründungsschema eingefügt zu werden (wie es etwa in einem aus materiellen Beweisgründen konstruierten Weltbild der Fall wäre). So wie sein Objekt der Betrachtung, der Bürger der demokratischen Gesellschaft, stets „ganz persönliche und sehr klare Gedanken, oder sehr allgemeine und sehr unbestimmte Ideen faßt; der Raum dazwischen ist leer"[369], so muss Tocqueville zwischen den Phänomenalgründen seiner demokratischen Ordnung und ihrer Urbarmachung für den theoretischen Diskurs eine Systematik für das Zwischen entwickeln, damit ihm über die „kleinsten Einzelheiten, die kleinsten verwickelten Angelegenheiten" das „gewaltige Bild der Gesellschaft" oder „die noch größere Gestalt der Menschheit"[370] nicht die vernünftigen Lösungen die kontemplativ-spekulative Vorgehensweise verstellen.

Um dieser Diskursfalle zu entgehen, führt Tocqueville schließlich einen anderen Begriff in die Diskussion ein, den eines *rationalen Individualismus*. Woher

---

367 Vgl. Elster 2010.
368 Vgl. Boudon 1980, Schleifer 2009, Wolin 2006.
369 DiA (Manesse), Bd. II, S. 91.
370 Alle ebd.

bezieht er diesen Eindruck, und wie entwickelt sich Handlung aus diesen zusammengesetzten Eigenschaften?

Wo die Freiheitlichkeit des Denkens das öffentliche Credo darstellt, gibt es keine eigentliche Freiheit des Bewusstseins, so Tocqueville.[371] Konzertierte Aktionen (*group think*) bestimmen die gemeinschaftlich wahrgenommene Herrschaftsausübung, kollektive Handlungen vereinen die freiheitlich orientierten Protagonisten, die stets als Repräsentanten von Gruppierungen sozialer, wirtschaftlicher, religiöser und politischer Herkunft und Zusammensetzung auftreten. Es gibt keine ungebundenen Repräsentanten, so wenig wie es in dieser neuen Ordnung einen den Handlungen in der Wirklichkeit nicht zuordenbaren Freiheitsbegriff gibt. Das nicht aufzuhaltende Vordringen der Gleichheit nimmt der Exklusivität ihren eigentlichen Wert; bedeutsam sind nur die Handlungen desjenigen, der teilhat – oder einen Vertreter entsendet.

Wie sieht diese besondere Form von Selbstbestimmung nun aus? Frei und einsam ist schließlich keiner der Protagonisten dieser neuen Ordnung, auch wenn die Selbststilisierung dies immer wieder anders darzustellen pflegt und damit dem Eindruck eines kollektiven Gedächtnisses entgegenzukommen versucht. Hier bietet sich zum einen der ungezwungene Austausch über das ureigene Selbstverständnis und die von ihm ausgehenden Handlungen, zum anderen die Haltung, über sein Schicksal in Gemeinschaft mit anderen selbstbestimmen zu können.

Gleichzeitig wirkt hier eine Dynamik, welche alle nicht auf gemeinschaftlichen Fortschritt oder Nutzen gerichteten Erkenntnisse abwertet, gefolgt von einem neuen Verständnis, worin intellektuelle Freiheit besteht und auf welche Handlungen sie sich auszurichten hat. Dies ist der Verlust intellektueller Freiheit, welchen Tocqueville in Vergleich zu den Verhältnissen im Ancien Régime beschreibt: Gemeint ist nicht politische oder religiöse Zensur, sondern ein tiefgreifender Veränderungsprozess einer intellektuellen Kultur, welche sich nicht mehr in Kontrast zu einer bestehenden Ordnung, einem System oder dem Staat definieren kann und damit ihre ursprünglichen Rückzugsräume zunehmend verliert. Evident ist dabei immer die Grundannahme Tocquevilles, dass hier ein *allgemeines Phänomen* existiert, welches sich nicht auf die Identitätsfindung und Rollenausübung einer einzelnen Gruppe beschränken lässt.

Es ist einem auch nicht durch die tiefergehende Erschließung eines phänotypischen intellektuellen Temperaments zugänglich. Für Tocqueville existiert eine grundsätzliche, allgemeine Einsicht in die ersten Dinge und Ursachen, *begründet in der Natur menschlicher Erkenntnis*: Er kann nicht mehr hinter den Aufriss, hinter die Ablösung einer religiös mitbegründeten Weltanschauung

---

371 Tocqueville 2000 (hrsg. v. Mansfield), S. 431, 435.

zurück, den ihm die Französische Revolution gegeben hat: Er hat deren Dogmatismen zwar abgestreift, bezieht aber aus diesen hinaus gleichzeitig die Fragen angesichts einer neuen Notwendigkeit der Weltsicht, welche ihre Strukturgebung aus einer inneren Beziehung von Wirklichkeitsauffassung, Wertgebung, Zwecksetzung und Regelgebung etabliert hat. Tocqueville schreibt:

> „Mit dem Verschwinden der Kasten und der Annäherung der Klassen, mit der Veränderung der Menschen, die sich regellos vermischen, der Bräuche, der Sitten, der Gesetze, mit dem Auftauchen neuer Tatsachen und dem Erscheinen neuer Wahrheiten, dem Untergang alter Anschauungen, die durch andere ersetzt werden, ersteht vor dem menschlichen Geist das Bild einer idealen und stets fliehenden Vervollkommnung."[372]

Seine tiefe Auseinandersetzung mit den *besonderen Formen der Selbstleitung* angesichts einer offenen Ordnung mit dem Gebot zur rechtschaffenen Verfolgung persönlicher Ziele (*pursuit of happiness*) bleibt weiterhin überdeckt von der Überzeugung, dass die im Menschen sichtbar werdenden Eigenschaften Gottes unverträglich bleiben mit seiner Unendlichkeit und die Bestimmung des Menschen durch ihn mit der Freiheit: Auch wenn die Welterkenntnis nun in einem festen Gerüst ursächlicher Zusammenhänge geleistet werden soll, kann sie sich den Weltwertungen, wie sie über die Religion bestehen, nicht vollständig entziehen. Nur eine in sich zusammengefasste und so gefestigte Persönlichkeit ist der Herausforderung gewachsen, über eine beständige Kraftabgabe das persönliche Leben und über Teilhabe einen Teil der gesellschaftlichen Ordnung zu gestalten. Die Entfremdung des Menschen von der Ursächlichkeit seines Selbst in der Natur findet in der Moderne einer kapitalistisch ausgerichteten arbeitsteiligen Ordnung ihre Entsprechung, der Einzelne ist in einem bislang nicht erlebbaren Maß unendlich auf sich selbst geworfen.

5.1 Motivator Anti-Kartesianismus?

Die Identifizierbarkeit jener geistig-ideellen Selbstprägung, die fortlaufend aus sich selbst schöpfend einen neuen Typus von unabhängigen Aktuatoren des Gemeinwesens etabliert, bleibt ein Trugbild. Der neue Mensch ist in der modernen Demokratie ein Jedermann. Über die Aneignung neuer Attribute, die als individuelle Leistung öffentlich werden, misst er sein Vorankommen. Er ist damit nicht länger auf die materiellen Begleitumstände seiner Bürgerexistenz beschränkt, er kann seine Gestaltwerdung in Figuren- und Rollenbildern betreiben;

---

372 DiA (Manesse), Bd. II, S. 46.

die Umkehr des Kräfteverhältnisses zwischen Nachfolgegeneration und tradierten Rollenmustern ist dabei ein Merkmal des Aufkommens neuer Subjektivierungsformen.

Es gibt jedoch bei einem Versuch zur Verortung der Herausbildung eigenständiger Denk- und Handlungsweisen Plätze, an denen sich die Teilhaber und Protagonisten dieses Transformationsprozesses versammeln: Heute ist er uns sehr geläufig, der amerikanische Campus, und der von ihm ausgehende Impuls hat das Bild des amerikanischen Intellektuellen tief geprägt. Zu Zeiten der Jacksonian Democracy gibt es ihn in dieser global-korporativen Daseinsform nicht, zumindest nicht in der uns geläufigen Form. Es existierte eher eine Salo(o)n- und Clubszene; ideengeschichtlich gewendet möchte man sagen: angelehnt an die von Habermas beschriebenen Lesesalons[373], schlicht im äußeren Erscheinungsbild, bunte Fülle im Inneren und eine überraschend hohe Qualität der Konversation verbunden mit sozialer Vielfalt.[374] Sie sind zusammen mit der öffentlichen Pamphlet- und Zeitungskultur Knotenpunkte, Plattform und Bühne des geistigen Lebens in der Neuen Welt. In ihnen kumulieren die lebendigen Enden jener Netzwerke auf der allerallgemeinsten Ebene. In ihren weitläufigen Verflechtungen laufen die konversationalen Stränge des Sozialen unentwirrbar, unendlich fort.

Tocqueville sieht in dieser schillernden Diskurskultur einen rationalen Individualismus als Grundorientierung etabliert: Er ist uns geläufig aus der von Descartes etablierten Diskussion eines frühneuzeitlichen Rationalismus, zunächst dargelegt in seinem *Discours de la méthode*[375], hier kurz nachgewiesen in seinen

---

373 Habermas, Jürgen: Strukturwandel der Öffentlichkeit, Suhrkamp 1990, S. 209 f.
374 Vgl. die Anmerkungen Tocquevilles hierzu in vorliegender Arbeit insbesondere im folgenden Abschnitt V.ii.
375 Insbesondere im 3. Teil der Abhandlungen, Discours sur la méthode pour bien conduire sa raison et chercher la vérité dans les sciences, 1637, Übers. nach Kurt Fischer, 1867: „Vier Regeln, der Analysis und Algebra entlehnt: Die erste war: niemals eine Sache als wahr anzunehmen, die ich nicht als solche sicher und einleuchtend erkennen (‚évidemment connaitre'; ‚certo et evidenter cognoscere') würde, das heißt sorgfältig die Übereilung und das Vorurteil zu vermeiden und in meinen Urteilen nur soviel zu begreifen, wie sich meinem Geist so klar und deutlich (‚clairement et distinctement'; ‚clare et distincte') darstellen würde, daß ich gar keine Möglichkeit hätte, daran zu zweifeln. Die zweite: jede der Schwierigkeiten, die ich untersuchen würde, in so viele Teile zu zerlegen (‚diviser') als möglich und zur besseren Lösung wünschenswert wäre. Die dritte: meine Gedanken zu ordnen; zu beginnen mit den einfachsten und faßlichsten Objekten und aufzusteigen allmählich und gleichsam stufenweise bis zur Erkenntnis der kompliziertesten, und selbst solche Dinge irgendwie für geordnet zu halten, von denen naturgemäß nicht die einen den anderen vorausgehen. Und die letzte: überall so vollständige Aufzählungen und so umfassende Übersichten zu machen, daß ich sicher wäre, nichts auszulassen."

vier bekannten Grundregeln.[376] Die Idee eines rationalen Individualismus gestattet Tocqueville eine Orientierung der Vielfalt der formalen Ausprägungen auf ihren Wesensgehalt. Unter Zuhilfenahme der vergleichenden Vorgehensweise und dem Auffindungsinteresse hinsichtlich der in konditionale Gesetze ableitbaren individuellen Verhaltensweisen sucht er nach bestimmbaren Grundcharakteristika. Für die Idee eines aufgeklärten Pragmatismus in Verbindung mit einer Neu-Instanzsetzung des Religiösen sieht er den Kartesianismus als passenden Sammelbegriff, dessen bisherige Konnotierung ihn zudem in seiner Methodenkompetenz herausfordert: Die geschilderten kartesianischen Wesenszüge der Bewohner einer modernen Demokratiewelt wirken als dynamisches Motivans der Theoriebildung.

Erneut bilden die antagonistisch-dynamisch-verfeinernd präsenten Thesen eines Protagonisten der Ideengeschichte ein Element des Reflexionsrahmens in der Prozessabfolge der methodischen Erschließung der Tocqueville entgegentretenden Phänomene. Sie dienen ihm, wie sich in den folgenden Einzelpunkten zeigen wird, als ein Hilfsmittel, um sich über die Idee einer Objektivierung des Erfahrungswissens stetig zunehmend aus den allgemeinen Eindrücken und Bildern ein vollständigeres Theorem zu formen. Die in den Lesesalons versammelten Bürger sprechen über das Naheliegendste, unendlich Zukünftige und die mittelbare, mögliche Fortentwicklung der persönlichen Angelegenheiten. Die Themenfelder der Publikationskultur, die ihre Konversationen auffängt, einhegt und widerspiegelt, reichen von den Weltthemen des alten Europa bis hin zu den letzten Indianerkriegen.

Von Anbeginn ist die Behandlung wirtschaftlicher Fragen nicht auf einen eigenen Bereich verschoben; auf der Frontseite nahezu jeder überregionalen Publikation findet sich ein Kaleidoskop an Themen und Fragen, das es zumindest an Vielfalt leicht mit heutigen Formaten aufnehmen kann.

Die Herausbildung eines solchen Nebeneinanders qualitativ ganz unterschiedlicher Informationswertkomplexe und ihrer Rezipienten verlangt nach einer gleichzeitig flexiblen wie konzisen Einhegungsgabe des Interpreten. Alles ist Progression, aber nicht immer neu; deutlich traditionale Elemente stehen unterschiedslos neben absolut Neuem. Dem Kern des Erfahrbaren ist ein rhetorisches Erklärungs- und Vermittlungselement beigegeben, das in raschem Formenwechsel doch die zugrundeliegende Wesenheit nicht verändert. Die Rolle der veröffentlichten Meinung ist in ihrer grundlegenden Ambivalenz eine besondere

---

376 Vgl. Descartes (II.7–10): i): Nichts für wahr halten, was nicht so klar und deutlich erkannt ist, daß es nicht in Zweifel gezogen werden kann. ii) Schwierige Probleme in Teilschritten erledigen. ii)Vom Einfachen zum Schwierigen fortschreiten. iii) Stets prüfen, ob bei der Untersuchung Vollständigkeit erreicht ist.

Herausforderung für Tocqueville. Sie ist allerdings auch ein wesentlicher Antriebsgrund für seine Idee, die Erfassungsfähigkeit seiner Methodik stärker prozedural zu orientieren, wie im Folgenden belegt wird.

Worin besteht nun die Verbindung zwischen den Theoriekomplexen der Interpreten Tocqueville und Descartes, und weshalb wählt Tocqueville im Verlauf seiner tiefergehenden Betrachtung eine andere Akzentuierung, die etwa Wolin von einem *bewussten Anti-Kartesianismus* Tocquevilles als *einen* Schlüssel zu dessen neuer politischer Wissenschaft sprechen lässt?[377]

Im Folgenden soll eine immer an die Verbindungspunkte zu Tocqueville orientierte Darstellung zentraler Aussagen (primär über *progressio/ratio*) die bisherigen Eindrücke belegbar und für den weiteren Fortlauf der Untersuchung nutzbar machen. An erster Stelle wird hierzu der Reflexionsablauf bei Descartes über seinen Ausfluss in die antagonistisch gewendete Anknüpfung bei Tocqueville hinsichtlich der Idee einer unablässigen Progression der menschlichen Angelegenheiten im Angesicht einer selbstleitenden Ratio dargestellt, deren Motivans zunächst der Zweifel ist.

5.2 Zweifel und Progression

Der philosophische Zweifel hat als Teil der Methode immer auch eine gesellschaftlich-politische Konnotation, wenn er die Fragwürdigkeit von um Dominanz ringenden Ideologien oder Dogmen aufdecken helfen soll.[378] Er ist Teil eines über den Individualbereich hinausragenden Ordnungsschemas des Sozialen und Politischen aus der Kraft der individuellen Verstandesleistung, die sich außerhalb von Schulmeinungen orientiert. Wer sich ihrer bedient, kann gleichzeitig den ehrabschneidenden Hinweis auf ein persönliches Fehlverhalten auf Sachfragen orientieren, die es ja nun schließlich gemeinschaftlich zu lösen gilt.

Bei Descartes steht die Idee einer unablässigen, als sinnotwendig-unausweichlich beschriebenen Progression im Mittelpunkt seiner Überlegungen. Sie soll über ihre zentrale Rolle hinaus weiterhin nach wissenschaftlicher Methode bewertbar und physisch verortbar sein. Seine *admiranda methodus* wirkt in ihrer Erschließungsfähigkeit als allgemein gehaltener Ansatz in allen Teildisziplinen und strebt dabei nach der Bewältigung von Kernfragen in dem Sinne, dass sie auf alle Gegenstände unseres forschenden Wissens gerichtet sein kann. Es erscheint folgerichtig, wenn die Hinzunahme historischer Bilder als Erklärungsmuster in diesem Umfeld eines auf die Lösung von Naturproblemen orientierten

---

377 Vgl. Wolin 2006, S. 79.
378 ‚Philosophie‘ hier in der thematisch-begrifflichen Zuordnung seiner Zeit.

Menschen Descartes als widersinnig erscheint, denn der Mensch ist der Situation ausgesetzt, bewusst die (in der Diktion von Descartes gesprochen) zufällig entstandenen Vorstellungen *aktiv zu vergessen* und vermittels seiner Methode ein neues und sicheres Wissen begründen zu suchen.

Dabei ist die von Descartes erdachte Rolle der Rationalität nicht mehr inhaltlich, etwa im Hinblick auf die Seinsordnung, festgelegt, sondern prozedural, als im Hinblick auf die Normen, nach denen sich die beschriebenen Protagonisten inhaltsbezogen oder strukturbezogen beim Aufbau einer Ordnung orientieren, präsent. Rationalität ist hierbei über das erste Unterscheidungsmerkmal hinaus *eine Vorgehensweise entlang einer bestimmten Denkform.* Eigenschaften dieser Denktätigkeit sind wichtiger als die inhaltlichen Überzeugungen, wenn es etwa um die Frage geht, welche Entscheidung Vorrang vor einer anderen haben sollte. Rationalität soll zu einer internen Eigenschaft des subjektiven Denkens reifen und nicht mehr allein in dessen Wahrnehmung der Realität gründen: Endrahmen von aus Betrachtung hervorgehenden Handlungen ist damit eine auf den Schritt aus dem Inhalt zum Verfahren, von bereits bestehenden zu konstruierten Ordnungen beruhende, grundlegende Verschiebung der Fixpunkte menschlicher Selbstleitungsfähigkeit. Im Selbstverständnis des denkenden und handelnden Subjekts ist nun die Möglichkeit gegeben, vollständig unabhängig zu richtigen Schlüssen zu gelangen.[379]

5.3 Der Weg der Methode

In vorliegender Arbeit ist der Weg Tocquevilles als Bild in zweierlei Hinsicht wirksam: einmal als Weg zu den Phänomenalgründen der modernen Demokratie und ihren Entsprechungen in der amerikanischen Wirklichkeit und einmal als Weg einer Methode, die über die Kenntlichmachung ihrer jeweils erkenntnisbe-

---

379 Bei Charles Taylor findet sich ein interessanter Zusatz zu diesem Darstellungsversuch der Methodenkette bei Descartes: „(…) was meine Erkenntnis der Außenwelt betrifft, bleibe ich auf den wahrheitsliebenden Gott angewiesen. (…) die These lautet nicht, daß ich Erkenntnis gewinne, sobald ich glaubend Gott zugewandt bin. Vielmehr ist die Gewißheit der klaren und distinkten Wahrnehmung eine unbedingte und selbsterzeugende. (…) die Existenz Gottes ist zu einer Stufe meines durch die methodische Ordnung evidenter Erkenntnisse fortschreitenden Weges zur Wissenschaft geworden. Die Existenz Gottes ist ein Lehrsatz in meinem System der vollkommenen Wissenschaft. (…) es ist nicht mehr eine Suche nach einer inneren Begegnung mit Gott. (…) das, worauf ich stoße, ist mein Ich: Ich gelange zu einer Klarheit und einer Vollständigkeit der Selbst-Gegenwärtigkeit, die vorher nicht gegeben war. Doch nun gebietet mir die Vernunft, von dem, was ich hier vorfinde, auf eine Ursache und eine transzendente Gewähr zu schließen, ohne die meine inzwischen richtig erkannten Kräfte nicht das sein könnten, was sie wirklich sind." Taylor 1996, S. 286 f.

zogen oder lebensweltlich orientierten Wirkungsmuster direkt dem Nutzen zu einem tiefergehenden Verständnis der Methodenentwicklung bei Tocqueville zugeführt werden. Welche überraschenden Impulse er dabei von seiner (antizipierten) Auseinandersetzung mit Descartes bezog, wird im Folgenden ausführlich erläutert und entsprechend in die Methodendiskussion eingefügt:

Auch für Tocqueville ist die allgemeine Progression das zentrale Merkmal der von ihm beobachteten Transformationsvorgänge. Sie ist bei ihm jedoch eingebettet in ein umfassendes System begrifflicher Identifikationsmuster, dessen Elemente wechselseitig Zeichen, Instrumente und Hindernisse der Progression sein können. Ihnen sind wiederum die äußeren Phänomenbereiche Politik und Religion beigeordnet, deren Gestaltwerdung über die Handlungen der an ihnen teilhabenden und sie über ihre Handlungen tragenden Menschen als Zeichen der Voraussetzung des Ausdruck der Größe der Seele als unbedingte Eigenschaft des Einzelnen gilt. Die Ausweitung des Bewusstseins geschieht einmal durch eine besondere Form des Ausgesetzt-Seins aller Bürger im Bild des Einzelnen, wie es Tocqueville entwirft.

Dieses Ausgesetzt-Sein stellt die Gegenkraft zu der überindividualisierten Selbstbespiegelung der Solitude bei Descartes dar. Das Ausgesetzt-Sein ist in sich und darüber hinaus wie ein förderliches Hineinhelfen in die Erkenntnis, an etwas Großem teilhaben zu können, präsent. Wie aus den Wirkungsmustern bereits erkennbar ist, bezieht sich die Idee der Progression disziplinbezogen bei Descartes auf die Fortentwicklung von Medizin und Ökonomie, bei Tocqueville wiederum auf eine durch die einsichtsfördernde Teilhabe dynamisierte Progression der solchermaßen eingebundenen Akteure auf sozioökonomischer Grundlage.

Die Auseinandersetzung der Methodik Tocquevilles vor dem Hintergrund der Thesen von Descartes hat nun das Ziel, eine verfeinernde Aufgliederung und Auseinandersetzung der Theoremwerdung bei Tocqueville zu erreichen: Die Fokussierung auf die Ratio als Treiber der menschlichen Erkenntnis befördert den Versuch, eine Einhegung der untersuchten Phänomene auf ihren prozessualen Kern vorzunehmen. Prozessorientierte Erschließung bedingt dann die Suche nach dem dahinterstehenden rational-progressiven Nutzenversprechen, dessen Wirkung innerhalb der Methodenbildung eine zunehmende Abtrennung menschlicher Handlung von ihrer geistigen Quelle, bei Tocqueville ihrem Kosmos, bedingt. Der Mensch selbst läuft Gefahr, von seinem höherstehenden Selbst getrennt zu werden, um fortan in einer Form der Uneigentlichkeit seiner spirituellen und physischen Ganzheit fortzubestehen. Diese *Uneigentlichkeit* ist die große

Gefahr der Vereinzelung im neuen Selbst, die im Kollektiv zur einsamen Masse wird.[380]

Dieser Gedanke wird bei Tocqueville in *der Idee der kollektiven Progression* eingefangen und hin zur Nützlichkeit gewendet. Durch das dynamische Ineinanderwirken des wohlverstandenen Selbstinteresses im Phänomenkomplex der gesellschaftlichen demokratischen Moderne soll die Progression ihrer sozioökonomischen Grundlage vertraut und verbunden bleiben. Die Teilhabe ist selbstverständlich mit der Ausübung der bürgerlichen Rechte verknüpft, deren Wahrnehmung als Einfluss des allgemeinen Wohlergehens auf das eigene Glück zurückfällt: „Ein jeder nimmt in seinem Lebensbereich tätigen Anteil an der Lenkung der Gesellschaft."[381] Diese Einbindung wird durch die hierüber entwickelte Begehrlichkeit der Teilhabe am Leben erhalten, deren Gedeihen „als eigenes Werk"[382] empfunden wird. Das eigene Wohlergehen mit dem der Mitbürger zu verbinden ist die nächste Stufe in diesem Beziehungskomplex; in der Lehre vom wohlverstandenen Eigennutz sammelt Tocqueville die hierin zur Anwendung kommenden Beweggründe.

In der Ausdrucksform „aufgeklärter Selbstliebe"[383] sieht er auf individueller Ebene Selbstverständnis und Antriebsgrund versammelt; in der einfach-moderaten, oft sehr kleinteilig auftretenden Wirkungsweise der Lehre vom wohlverstandenen Eigennutz sieht er den eigentlichen Vorteil, insbesondere gegenüber den großen Gesellschaftsentwürfen, in denen die Neusetzung der Wesenhaftigkeit des Menschen alle (auch die alltäglichen) Probleme lösen soll. Das Kapitel der Schilderung und Aufgliederung der Lehre vom wohlverstandenen Eigennutz („Einfluss der Demokratie auf das Gefühlsleben / Bekämpfung des Individualismus durch wohlverstandenen Eigennutz") ist dabei gleichzeitig ein interessantes Beispiel für die methodengestützte Einhegung des beobachteten Bereichs:

Freiheit, öffentlicher Friede und soziale Ordnung bilden den Rahmen, innerhalb dessen die vorgestellte Lehre ihre Wirkung entfaltet. In ihrer Darstellung wechseln Geschichtsbilder, Beispiele individueller Handlungsabläufe, der Verweis auf Protagonisten der Ideengeschichte (Montaigne, Comte, die Autoren der *Federalist Papers*, Calvin) in Vergangenheit und Gegenwart mit dem Hinweis auf die europäische Situation, verbunden mit einer Reihe von Aussagen über die besonderen Auswirkungen der gesellschaftlichen Transformation in der demokratischen Moderne. Es wird der soziale Raum, „die sittliche Welt", der Bildungssektor und schließlich das Zurückgeworfensein des Individuums auf sich

---

380 Vgl. Riesmann 1960.
381 AdT, DiA (Manesse), Bd. I, S. 272 f.
382 Ebd., S. 273.
383 AdT, DiA (Manesse), Bd. II, s. 138 ff.

selbst vorgestellt und verhandelt. Es ist erneut ein steter Wechsel zwischen beschaulicher Betrachtung des allgemeinen Geschehens, Fokussierung auf herausgehoben vorgestellte und verhandelte Lebens- und Handlungsbereiche sowie hieran anknüpfende Spekulationen, die in ihren Reflexionen die geschilderten Bereiche aussagebezogen zu verknüpfen suchen.

Diese kontemplativ-spekulative Vorgehensweise steht dem Denksystem der rational-praktischen Vorgehensweise in verschiedenen Einzelpunkten direkt entgegen: Unsere teleologische Natur möchte Tocqueville im reflektierten Skeptizismus des modernen Menschen verwirklicht sehen, gefolgt von seinen materiellen Eigeninteressen; zugleich erscheint er in seinem Selbstzeugnis als nüchterner Rationalist und agiert im Rahmen der Handlungsmaßgaben des wohlverstandenen Eigeninteresses. Tocqueville entwickelt hieraus das *Modell einer kompositiven Wesenheit der öffentlichen Ordnung, deren Elemente sich aus parallel wirkenden, oftmals miteinander verbundenen Strängen gewebeartig zusammenfügen.* Bei den Menschen ist es die aus anthropologischen Grundkonstanten gefügte Wesenheit, die sich in Handlung und Handlungsfolgeabschätzung, Rollenbild und Rollenmustern in einer Orientierung auf die handlungsbefördernden Wesenheiten der Freiheit in Form der Beziehungsgeflechte ausdrückt und über ihre antagonistischen Wirkungskomponenten institutionelle Entsprechungen baut.

5.4 Die Entdeckung der kompositiven Wesenheit des Sozialen

Was nun an dieser Stelle der Methodenentwicklung geschieht, wird in den meisten Untersuchungen zu Werk und Theoriefindung Tocquevilles von der großen Begriffsdiskussion um Freiheit oder Gleichheit, Subjektivismus und Demokratiewerdung überlagert: Es ist nicht weniger als eine *Verquickung der zwei zentralen Wirkungsstränge* auf der Ebene und in Gestalt der teilhabenden Individuen, aus denen die kompositive Wesenheit des Sozialen und Politischen in der demokratischen Moderne erwächst. Sie erlaubt uns bis heute die Anwendung kausaler Erklärungsschemata, wenn wir die feinen Grundmuster bestehender (politischer und sozialer) Ordnungen auf ihren Wesensgehalt hin untersuchen möchten, und sie erlaubt uns in einem Nebengang, welcher vorwiegend für die Erklärung einzelner Abschnitte der Rezeptionsgeschichte des Tocqueville'schen Œuvre herangezogen werden kann, eine deutliche Zuordnung der verwendeten Erklärungsmuster und Modelle.

Sie erlaubt uns, Zugang zu den innersten Antriebsgründen eines demokratisch organisierten Gemeinwesens zu finden, und eine fortlaufende Dekodierung der hierbei wirksamen Dynamiken, aus denen sich individuelle Handlung immer

wieder neu begründet. Sie ist in der fortgesetzten Methodenreflexion Hauptver-
ursacher für die Idee kausaler Mechanismen und deren Unterscheidung von den
deduktiven Modellen sozialer Interaktion, wie sie andere Interpreten des Sozialen vorgestellt haben. Sie erklärt damit auch die Möglichkeit, aus dem Erklärungsansatz kausaler Mechanismen heraus diesen besonderen Erschließungsan-
satz aus dem situativen, prozessual oder historisch definierten Kontext seiner
Anwendung zu lösen und in Erklärungsmuster der Gegenwart einzubinden.

Die zwei Seiten dieses Arguments gehen zum einem von einem etablierten
Neu-Kartesianismus des *rational choice* aus: Entscheidungsabläufe und ihre
Konsequenzen (*consequence and choice*) bilden hier das in der Theoriebildung
bei Tocqueville fehlende Begriffspaar und stellen die Verbindung zu der Gegen-
wartsdiskussion in der soziopolitisch orientierten Ökonomie dar.[384] Wie Richard
Swedberg[385] zuletzt nachgewiesen hat, ist die Möglichkeit einer Verbindung zur
Verhandlung ökonomischer Fragen nicht so stark dem eigentlichen Werkgedan-
ken Tocquevilles entlehnt, wie man zunächst annehmen möchte: Entscheidend

---

384 Vgl. u. a. Thomas C. Schelling: Micromotives and Macrobehaviour, W. W. Norton & Company
   Ltd., New York 2006, sowie Choice and Consequence: Perspectives of an errant economist,
   Harvard University Press 2005. Für letztere Thesen erhielt Schelling 2005 den Sveriges Riks-
   banks pris i ekonomisk vetenskap till Alfred Nobels mine – allgemein bekannt als Wirtschafts-
   nobelpreis. Vgl. weiterhin Ingo Pies und Martin Leschke (Hrsg.): Thomas Schellings strategische Ökonomik, Tübingen 2006, J. C. B. Mohr, sowie folgende Stellungnahmen von Schelling selbst: „My suggestion is to recognize a comparable art or science of ‚self-management'
   possibly as part of economics. Maybe we could attach the Latin ego to the Greek nomos, and
   make egonomics. (…) I am interested only in the part that might be called strategic egonomics,
   consciously coping with one's own behavior, especially one's conscious behavior. As a motto,
   my colleague David Hemenway has suggested, ‚No Thyself'! (…) Many of the skills and max-
   ims and stratagems for coping with one's own behavior become less mystifying and more famil-
   iar if we can recognize them as the same principles and stratagems that apply to managing
   someone else – someone in a close relation, with a paternalist or senior-junior quality like that
   between parent and child, teacher and pupil, missionary and convert, master and apprentice, or
   guide and follower." In: Choice and Consequence: „The Intimate Contest for Self-Command",
   S. 63.
385 Swedberg, Richard: Tocqueville's Political Economy, Princeton University Press, 2009: „The
   connection between something economic to outside phenomena assumes many different forms
   in Tocqueville's work. The link can be to the nature of the human being, to what people are like
   beyond their homo economicus part, so to speak. Or it can be to the institutional structure of society or its mores, sentiments, ideas, and so on. Economic phenomena are in this way seen by
   Tocqueville as connected to the emotional life of people, to the structure of the family, to the
   organizational forms in society, to the general morality in society, to what happens in the political arena, and more. (Tocqueville) observed different economic phenomena and then tried to
   figure out what made them vary. Variation became as central as the links to other phenomena.
   (…) he viewed the economy as indissolubly connected to the rest of society. There is no separate sphere of the economy. When society moves ahead, so does the economy. (…) There is a
   unity to society, but society moves ahead as much as through conflict as through incremental
   growth.", S. 270.

ist die Frage, inwieweit sich die moderne Ökonomie auf soziale Beziehungsmuster als Teil der Voraussetzungen vernünftiger Prognosebildung einlässt. Die Arbeiten von Schelling erfüllen hier unter der Idee einer strategischen Ökonomik die zentrale Brückenfunktion. Tocqueville sieht in der Abfolge haushälterisch – industriell – wirtschaftlich jeweils interdependente Entfaltungs-, Handlungs- und Wirkungsbereiche der sozialen Protagonisten. Weniger die Konzeptualisierung eines passenden Modells, in dem die einzelnen Sphärenbereiche deutlich getrennt voneinander in ihrer Funktionalität und Prozessorientierung untersucht werden können, möchte er eine gesamtheitlich empfundene Gegenwart mit den über die Reflexionen verfeinerten Eindrücken der empirischen Basis seiner Arbeit konfrontieren. Damit werden einmal aufgenommene Eindrücke von Vorgängen in einem Verknüpfungsvorgang bereichsübergreifend auf ihre wechselseitigen Beziehungen geprüft, die jenseits von Institutionen und ihren Repräsentanten stets auf die Mœurs führen. Die jeweiligen Aspekte eines Phänomens werden den Beimessungsvariablen der Mœurs zugeordnet, die sich in Werte und Gefühle (über die ‚Gewohnheiten des Herzens'), (Selbst-)Bewusstsein und öffentliche Meinung (‚Gewohnheiten des Geistes/Bewusstseins') sowie Bewegungsabläufe in körperlicher Hinsicht (‚Gewohnheiten des Körpers') aufgliedern. Damit werden alle neu auftretenden Muster in ihrer phänomenalen Entsprechung, jeweils entsprechend ihren Auswirkungen auf die physischen wie psychischen Gewohnheiten dekodiert, immer zwei Verortungsbereichen zugeordnet. Diese Verquickung sorgt, wie eingangs geschildert, für eine fortlaufende Verbindung der teilhabenden Individuen und der konstitutiven Elemente; sie ist nicht disziplinbezogen auf einen Ausschnitt festgelegt, sondern Ausdruck einer lebendigen, stets auf Validierung bedachter Aufarbeitung des sozialen und politischen Raums. Diese Vorgehensweise kann uns viel über das Wesen der amerikanischen Identität berichten, deren kompositive Grundstruktur sie widerspiegelt. Heute schreibt Gary Wills sehr ähnlich über diese Frage:

> „(…) he had come out of everywhere. *His multiple points of origin made him adaptable to any situation.* What could have been a source of confusion or uncertain identity he meant to turn into an overwhelming advantage."[386]

Tocqueville spricht gerade deshalb von einer Deformierung des Bewusstseins und damit, bei ihm hieraus hervorgehend, der Identitätsprägung, da ihm diese auf das Rationale orientierte Selbsteinschränkung als Marginalisierung der eigentlichen Fähigkeiten der bewussten Entscheidungs- und Selbstfindung gilt. Schließlich nähert er sich in seiner Vorgehensweise der Selbstprüfung auch dem Selbstbild von Descartes an, der schreibt:

---

386 In: New Yorker, 6. April 2010.

„Und ich habe auch nie bemerkt, daß man durch Schulstreitigkeiten eine vorher unbekannte Wahrheit entdeckt habe, denn während jeder sich zu siegen bemüht, übt
man sich weit mehr, das Wahrscheinliche gelten zu lassen, als die Gründe von beiden Seiten zu wägen, und solche, die lange Zeit gute Advokaten waren, sind deshalb
nachher nicht bessere Richter."[387]

Aus diesen konzentrischen Kreisen der Theoriefindung gilt es im Folgenden die
wesentlichen Elemente der eigenständigen Diskursführung herauszuarbeiten,
über deren Vorhandensein sich wiederum das Bild einer Theorie und ihrer Elemente in Seins- und Wesensbezug entwickeln lässt, welches wiederum aufzu-
gliedern ist in die Descartes-Rezeption bei Tocqueville vor dem 1) Hintergrund
der beobachteten Phänomene, der 2) Einbettung in die methodisch-systematische
Einbettung dieser Phänomene in den Gesellschaftsdiskurs seiner Demokratietheorie und schließlich 3) der zusammenführende Abgleich zwischen den Unterschieden der zeitgenössischen Descartes-Rezeption, der Aufnahme ihrer relevanten Thesen bei Tocqueville, erweitert um einem kurzen Exkurs in die Rezeption
der Gegenwart, wobei diese Form der Bezugnahme bereits im laufenden Be-
weisverfahren immer wieder auftreten wird. Beginnen wir damit also mit dem
Hintergrund der beobachteten Phänomene und den aus ihnen ableitbaren Implikationen für den methodisch-systematischen Diskurs.

---

[387] René Descartes: Abhandlung über die Methode, VI. Erforschung der Wahrheit: Gründe für das
Schreiben. Ebenfalls verfügbar hier: http://www.textlog.de/35540.html (zuletzt aufgerufen
26.10.2010).

6 Sein und Selbst, Teilhabe und Progression

Außerordentlich wichtig erscheint an dieser Stelle die Klärung der Frage, inwieweit Tocqueville den Begriff einer ‚politischen Wissenschaft' verwendet, zu dessen Einbindung ihn offensichtlich die Lektüre der *Federalist Papers* bewogen hat.[388] Diesem Vorgang zugrundeliegend ist die Problematik, eine politische Entität in ein theoretisches Konstrukt umzuwandeln, ohne die Wahlhandlungsmenge der hieran anhaftenden Elemente in einer Form einzuschränken oder auszuweiten, das die Aussagebasis in Beeinträchtigung gezogen wird. Diese Konstruktwerdung wiederum ist auf eine eigentümliche Art und Weise gleichzeitig quasi-empirisch, geschichtsbezogen und in Widerstreit mit einer auf das Rationale orientierten Lehre politischer Institutionen.

Pierson sieht in diesem bei ihm als nahezu unausweichlich beschriebenen Schritt den eigentlichen Bruch mit den politisch-akademischen Orientierungsschemata einer in kontinentaleuropäischem Denken behafteten Theoriebildung:

„In other words, the two young students professed to know of no absolute standards of government toward which all the people should tend. Like the sociologists of a hundred years later, they were talking about the ‚relativity of culture'. *There could be no single standard of judgment*; cultures and governments could only be compared. Simultaneously, Tocqueville and Beaumont were unwittingly making a great advance in the study and writing of history; for they were emphatically denying that history is just past politics; and politics present history."[389]

Das Bild der *commune* ist damit der erste Ort gemeinsamer Erfahrungen, in dem alle Tätigkeit auf das gemeinsame Gut wechselseitig vergemeinschafteter Prosperität gerichtet ist. Organisationssoziologisch betrachtet geht aus dieser Selbstprägung bei Tocqueville jener Teil von selbstverwalteter Ordnung unterhalb der allgemeinstaatlichen Ebene hervor, den wir heute mit dem Begriff der Zivilgesellschaft belegen.[390] Hierüber tritt plötzlich unterscheidbarer hervor, weshalb

---

388 Vgl. hierzu insbesondere Federalist, Nr. 9 / Hamilton, S. 51 f.; Nr. 47 / Madison, S. 324 f.
389 Vgl. Pierson, George Wilson: Tocqueville in America, S. 120.
390 Beck, Ulrich in der SZ, 23.06.2001. Als aktuelle Stellungnahme siehe auch: Thomas Lemke, Susanne Krasmann, Ulrich Bröckling, Gouvernementalität, Neoliberalismus und Selbsttechnologie. Eine Einleitung, 2000, S. 26: „Nicht eine Abnahme staatlicher Souveränität und Planungskapazitäten, sondern eine Verschiebung von formellen zu informellen Formen der Regierung läßt sich beobachten. Diese umfaßt die Verlagerung von nationalstaatlich definierten

171

uns die verwendeten Begrifflichkeiten bei Tocqueville teils recht allgemein erschienen sind: Wo andere *Vertragsidee und Prinzipien des Rechts* zur Anwendung bringen möchten oder gleich als dominierende Prinzipien etablieren, setzt Tocqueville auf den *reflexiven Rahmen moralischer Empfindung*, ähnlich wie bei Alexander Ferguson formuliert. Ulrich Beck schreibt hierzu:

> „Das Faszinosum der Zivilgesellschaft erklärt sich daher, daß dieser Begriff alte Grenzziehungen aufhebt und an die Stelle der Exklusion Inklusion, Aktivierung, neue Identitäten, Verantwortlichkeiten, Macht- und Aufgabenteilung setzt. Wer also von Zivilgesellschaft in einem politisch gehaltvollen Sinne spricht, meint damit eine Reformidee, die die gesamte Gesellschaft, also auch Politik, Staat, Verwaltung, Wohlfahrtsverbände, Interessenorganisationen, politische Parteien etc. einschließt."[391]

Dabei ist dieser Rahmen moralischer Empfindung weit gefasst: Ausdrücklich werden die *Gewohnheiten des Herzens*, die verschiedentliche *(Selbst-)Wahrnehmung* der versammelten Protagonisten, die jeweils vorhandenen unterschiedlichen Meinungen und Themen und die Summe aller Dinge, aus welchen sich die *Gewohnheiten des Bewusstseins* formen, hinzugerechnet – zusammengefasst *das Sein und das Selbst*. Der Rahmen moralischer Empfindung wird zu einem späteren Zeitpunkt gegen die Idee der unendlich voranschreitenden Perfektibilität des Einzelnen unter Vorbedingung des unablässigen Vordringens der Gleichheit in Stellung gebracht.[392] In ihrer natürlichen Grundeigenschaft, keine äußeren Grenzen außer selbstgesetzten und über überlebende Traditionen hineinragende für die von ihnen selbst ausgehenden Handlungen zu besitzen, erweitern die demokratischen Gesellschaften die Idee der Perfektibilität über jedes Maß hinaus.

Wo aristokratisch geprägte Gesellschaften diese natürlichen Grenzen als bewusstes Argument zu Kontroll- und Eindämmungszwecken gebrauchen, kennen die demokratischen Gesellschaften keine äußeren Grenzen. Der Rahmen moralischer Empfindung ist hierbei auch ein *Instrument dynamischer Selbsthemmnis*, wo keine anderen Grenzen gegeben sind oder es an Institutionen mangelt, welche eine prononcierte Wächterrolle übernehmen können. Wichtige Unterschiede zu Ferguson finden sich dann natürlich in der Idee einer unablässig vordringenden Gleichheit: Ferguson sieht hier klassisch die Gefahr der Machtkonzentration und ihr Bedrohungspotential für freiheitliche Institutionen; im Sinne einer ganzheitlich orientierten Betrachtungsweise finden sich zahlreiche

---

Handlungsmustern auf suprastaatliche Ebenen ebenso wie die Etablierung neuer Formen von ‚Subpolitik', die gleichsam ‚unterhalb' dessen operieren, was traditionellerweise das Politische ausmachte."

391 Vgl. Alexander Ferguson: On the Theory of Civil Society, 1767.
392 Vgl. Mansfield 2006, S. 426.

Überschneidungen: Beide möchten die Natur der Gesellschaft nicht allein über die Idee der Interaktion egoistischer Handlungen von Eigentümern erklären und erweitern dieses Bild für eine vollständige Darstellung um gewisse Affekte wie Eitelkeit und Stolz, wie auch um die mildernden Gefühle von Güte oder Freundschaft. Erneut Pierson: „Environment and custom, the frontier, the school and the church, these had been the great *causative influences* in the making of the country".[393]

Was die Zivilgesellschaft damit tatsächlich zu konstruieren helfen scheint, sind *moralische Gefühle*. Sie sind die subjektiv wahrnehmbare Begleiterscheinung der ursächlichen Einflüsse, auch: Kausalmechanismen der Konstituierung der modernen demokratischen Ordnung. Für seine zeitgenössische Gesellschaft sieht Ferguson durch die wachsende Arbeitsteilung die solidarische Kommunikations- und Gefühlsbasis der Zivilgesellschaft bedroht und Tocqueville sieht hierdurch die Befähigung zur politischen Willensbildung gefährdet, die Teilhabe an wesentlichen, grundsätzlichen Gesellschaftsprozessen eingeschränkt und durch Machtkonzentration die freiheitlichen Institutionen angegriffen. Vor diesen Gefahren kann das Recht allein die Gesellschaft nicht schützen, sondern aktives Handeln der Bürger ist zur Erhaltung der Rechtsinstitutionen, wie beispielsweise gegen die Herrschaftsansprüche von Teilen der Exekutive, erforderlich. Zwischen den ‚Neu-Tocquevillianern‘, wie Whittington sie nennt, und ihrer oft enthusiastischen Auslegung seiner Analyse der Zivilgesellschaft und seinen tatsächlichen Analysen besteht ein deutlicher Unterschied:

„A reconsideration of Tocqueville's analysis, and, more important, of his American case, however, suggests that an active civil society is not an unalloyed good for democratic politics. A strong society can be not only a support but also a threat to democracy and liberal democratic ideals. One's evaluation of the health of democratic politics must depend on a study of the effects of political institutions and constitutional structures, as well as of civil society."[394]

---

393 Pierson 1996, S. 124.

394 „The conception of social capital has revitalized the study of civil society. Alexis de Tocqueville's examination of 19th-century America is a major source of inspiration for much of this work. Tocqueville's analysis has been used to help support the idea that a strong civil society is crucial to democratic success." Keith Whittington: Revisiting Tocqueville's America: Society, Politics and Association in the Nineteenth Century, American Behavioral Scientist 42:1 (September 1998), S. 21–32. (Reprinted in Beyond Tocqueville: Civil Society and Social Capital in Comparative Perspective, S. 21–31. Bob Edwards, Michael W. Foley and Mario Diani, Hrsg. Hanover: University Press of New England, 2001).

6.1 Die Muster der Entscheidungsfindung

Der Einstieg in die Untersuchung von Partizipation als Wesenselement des Demokratiekomplexes geschieht bei Tocqueville über die Diskussion von Autorität und ihrer Wahrnehmung, Ablehnung und Implementierung.[395] Rationeller Individualismus als Mittel der Entscheidungsfindung und Selbstbegriffsbildung hat einen negativen Effekt auf die Freiheitlichkeit des Denkens. Tocqueville sieht diese Freiheitlichkeit als Ausdruck von Unabhängigkeit individuell begründeter Handlung in Beziehung zu Autorität als ihrer selbst gegeben.[396] Im Entgegen-Setzen zu externen Entitäten erkennt sich der Einzelne im Spektrum seiner Möglichkeiten: Das Hineinwirken der Autorität in seine innersten Lebensbereiche drängt ihn zu Selbstwahrnehmung, Haltung und Tätigkeit, will er ihren Zielen nicht vollständig entsprechen müssen. Dass dieses Hineinwirken zweifelsohne auch eine neue Grundhaltung reaktiven Desinteresses begünstigen hilft, soll zu einem späteren Zeitpunkt besprochen werden.[397] Wie hinterfragt der Protagonist der Tocqueville'schen Beobachtungen nun diesen Zustand und woraus leitet sich Handlung ab? Die Gestalt der Autorität in der neuen demokratischen Ordnung sieht er ja ohnedies als geschwächt an, insoweit sie nicht begründet, teilbegründet oder nicht delegiert ist: Repräsentation und Transparenz und die aus ihr hervorgehende Legitimierung der jeweiligen Handlungen bleiben rundweg bestehen.

Interessanterweise sieht Tocqueville die Gefahr des Verlusts des freiheitlichen Bewusstseins im Vorhandensein des allgemeinen Glaubens bestätigt, das der Einzelne selbst den Grund für das Vorhandensein allgemeiner und spezieller Tatsachen in sich selbst begründet sehen kann. Folgt man diesem Eindruck weiter, ergibt sich die Frage, um welche Art Autorität es sich hier denn nun eigentlich handelt: Autorität als solche birgt schließlich sowohl ein Moment der Anerkennung als auch ein Moment der Selbstreflexion über die (neu) übernommene und ausgeübte Verantwortung, über deren Gewahrwerdung in Tätigkeit eine Handlung als legitim oder nicht legitim erscheinen mag.

---

395 Mithin den ihr anhaftenden Bewertungs-, Entscheidungs- und Handlungsmustern.

396 Teilhabe lässt sich nicht in einzelnen Handlungsschritten oder einmaligen Aktionen ausdrücken, geschweige denn als wahrnehmbar und folgenfähig innerhalb des geschilderten Bezugsrahmens werten. Erst ihre Einbindung, und damit folgend die Einbindung der sie tragenden oder ausübenden Protagonisten oder sozialen Agenten in einem Netz vielfacher Einbindung und Teilhabe in Form von Aktionen ist Partizipation. Sie ist damit nicht ableitbar von dem Prinzip allgemeiner (Volks-)Herrschaft, sondern konstituiert sie. Die Frage der Autorität ist eines jener traditionalen Elemente, an deren Überführung in den Demokratiekomplex Tocqueville konditionale Gesetze und damit Handelsmaxime zu identifizieren und damit zu systematisieren sucht.

397 Vgl. Kap. 3.X. in vorliegender Arbeit.

174

Autorität mag damit in einer tendenziell verschiedenen Ordnungsformen offenstehenden Gesellschaft in einer indirekt praktischen Schlussfolgerung Legitimität zugesprochen werden. Wenn man zu einem früheren Zeitpunkt ansetzt, noch bevor ein bestimmtes System über seine Institutionen strukturell etabliert und allgemein wahrgenommen werden kann, so tritt die Frage auf, wie eigentlich die Wahrnehmung von Autorität in den beschriebenen Umständen aussieht: Folgen einzelne Gruppen allgemein anerkannten Grundregeln, welche das Zusammenleben im Allgemeinen und Speziellen regeln? Folgen sie einer Regel, auch wenn eine besondere Situation oder Einzelgründe einen anderen Schluss zulassen? Wie sieht diese Entscheidungsfindung aus und von wem wird sie direkt verkörpert, worin findet sie ihre allgemeine, nicht gegenwartsgebundene Begründung? Ist es überhaupt vertretbar im Sinne rationaler Entscheidungsfindung, Regeln zu befolgen?[398]

Die Pflicht zu folgen ist die unausweichliche Handlungsmaßgabe einer Anerkennung von Autorität. Legitim muss sie damit noch nicht sein, denn auch eine De-facto-Autorität kann ihre Subjekte zu Handlungen anleiten. Dies alles sind jedoch äußere Zuschreibungen von Handlungsmaximen, die jeder organisierten Form von Gesellschaft innewohnen. Wichtig erscheint an dieser Stelle, über den allgemeinen Handlungsrahmen zu den inneren Beweggründen vorzudringen. Erneut: In Tocquevilles Idee der Gesellschaft wird das Verhalten der Individuen immer als intentional verstanden. Die sozialen Agenten werden so beschrieben, als strebten sie danach, ihren Interessen bestmöglich zu dienen, wobei sie die aus dem Kontext oder aus dem Interaktionssystem resultierenden Zwänge berücksichtigen, dem sie angehören.[399]

Descartes gibt Tocqueville einen *systematisierenden Hinweis* auf die eigentlichen Beweggründe von Entscheidungsfindung und (allgemein-gesellschaftlich verstanden) bürgerlicher Identitätsprägung: Im *Kontrast* zu einer auf das Rationale orientierten Selbsteinschränkung mit ihrer Marginalisierung der emergenten Fähigkeiten einer bewussten Entscheidungs- und Selbstfindung bildet Tocqueville die Grundlagen seiner politischen Theorie. Der Analytiker setzt voraus, dass die Akteure versuchen, ihre Entscheidungen im Hinblick auf die durch das System definierten Zwänge optimal zu gestalten: Dies ist bereits die Erweiterung der zugrundeliegenden Idee. Die berühmte Stellungnahme Tocquevilles, die Amerikaner seien Kartesianer, ohne jemals Descartes gelesen zu haben, ohne zuvor eine spezifisch akademisch geprägte intellektuelle Kultur etablieren zu können, ist nicht einfach ein *bon mot*: Diese kurze Anmerkung markiert den Übergang

---

398 Vgl. Hurd, 2001, S. 23.
399 Hier in Gegensatz zu der Idee eines auf monolithischen oder individuellen Agenten innerhalb eines sozialen Systems basierenden Handlungs- und Bewertungsschemas verwendet.

zum zweiten Band der *Demokratie in Amerika* und, zentral für die in zwei Richtungen gewendete Erschließung von Werk und Phänomen, den Einstieg in die auf das innerste Moment einer neuen Gesellschaftsordnung gerichtete theoretische Diskussion. Sie ist axiomatisch der Fixpunkt und findet in der beobachteten Gruppe der sich neu herausbildenden Bürgertypen ihr *soziologisches Fundament*. Teilhabe und Gestaltung mit den ihnen zugrundeliegenden zahlreichen Modalitäten von Verbundenheit konstituieren das Politische im Raum öffentlicher Handlungen. Die Verbindung zwischen der kartesianischen Solitüde des doppelt auf sich zurückgeworfenen Einzelnen und der Ausübung kollektiver Handlungen etabliert sich über die Herausbildung und fortgesetzte Verfolgung von Interessen. Eine der Hauptaufgaben (auch der edukativen Wirkungsfähigkeit) ist die Aktivierung der „unendlich auf sich Zurückgeworfenen"[400] über das Motivations- und Interessemoment der Teilhabe. Diese (die Teilhabe selbst) ist wiederum Ausdruck der Ausprägung besonderer und bestimmbarer Formen relationaler Bezugnahme (auf die anderen, eine Gruppe, eine Fraktion etc.). Bezugnahme wiederum gestaltet sich entlang von Verhaltensformen, deren Orientierung ursprünglich auf die Distanznahme zwischen Herrscher und Beherrschtem, Herr und Knecht, oder ganz allgemein auf einer Hierarchie-Architektur aufbaute. Für die vielfältigen Entscheidungsprozesse lassen sich hiermit verschiedene Aggregationslevel zunehmender Interdependenz und damit Komplexität definieren.

---

400 Worin das religiöse Potential aufscheint: „Unendlich zurückgeworfen" dient als Umschreibung für das Moment der gewissenhaften Selbstprüfung.

Autor / Quelle	Hinleitende Bedingung	Ziel	Kontext	Vorläufiges Ergebnis
Salkever	Strikte Unterscheidung zwischen öffentlich und privat relativieren	Problem sittlicher Konsequenzen zeitweiser institutioneller Arrangements darstellen	Etablierung einer Sprache der Evaluation	Vermeidung der Festlegung auf Umstände, die Bürger zum Befolgen der Gesetze bedingen
Aristoteles, Salkever	Nicht Fähigkeiten aneignen, sondern einem Prozess unterworfen sein, der den rechtschaffenen Charakter formt	Prägung sittlicher Charakterzüge/ Rüstzeug gegen Demagogie	Edukabilität des Demos/ Progression der Zivilgesellschaft	Status einer freien Person ist nicht mehr entschieden durch den Status als Herrschender oder Beherrschter, sondern in einem selbstgewählten Lebensweg
Tocqueville	Abkehr von einer Wissenschaft universaler Regeln, natürlicher Gesetzmäßigkeiten	Begrifflich-systematische Einhegung des Phänomens einer modernen Demokratie	Demokratie als begrifflicher Platzhalter für eine verhältnismäßig endliche Potentialität, einer Variation von Aktualisierung unterworfen, einige kompatibel mit Freiheitlichkeit, einige mit Anzeichen eines neuen industriell geprägten Despotismus	Ein neuer Theoros - einer, der Sitten und Gesetzmäßigkeiten identifiziert, um von hier zu weiteren Schlüssen zu gelangen

Abbildung 1: Beispiel einer Begriffsmatrix: Muster der Entscheidungsfindung bei Tocqueville (eigene Darstellung)[401]

Ohne an dieser Stelle die Überleitung in andere Bereiche zu überdehnen, darf hier ein Verweis auf die ursprünglichen Elemente der *Deliberationstheorie* nicht fehlen, deren Grundannahme dem Eindruck entspringt, moderne Demokratie lasse sich nicht auf ein Wahlmännermodell reduzieren, sondern entspringe einem *Diskurs verschiedener Ebenen* (*in personam* ihrer Protagonisten/Akteure), dessen Hervorbringung sich dem Partizipationsinteresse verdankt. Diesem entspricht in der Hervorbringung elementarer Modalitäten der Bereich der Publikationshäuser und ihrer Formate, in denen sich der halböffentliche Diskurs ausdrückt. Eine freiheitlich orientierte politische Kommunität ist in der Darstellung bei Tocqueville bedingt durch eine *dynamische Zivilgesellschaft*.

---

401 Vgl. Salkever 1990, S. 226.

Ihre Aktivbürger, um sich an dieser Stelle einem bereits lange in die Diskussion eingeführten Sammelbegriff des zivilen Teilhabeinteresses[402] zuzuwenden, sind die individuellen Träger eines Aktivierungspotentials, dessen wesentliche Ausprägung der *Dialog* ist – das Ineinander- und Auseinanderfließen der gegenseitigen Zurechnung dessen, worüber man sich unterhält.[403] Die von ihm in Gang gesetzte Dynamik bedingt sich aus der Förderung des eigenverantwortlichen, selbstbestimmten Denkens des Einzelnen, beginnend in den kleinsten Gruppen. Bei Sokrates war es die Idee, dem Aufspüren der eigenen, inneren Haltung zu den Dingen einen geschützten Raum zu geben, aus dem und in dem jeder Beteiligte gleichermaßen Verantwortlicher einer gemeinsamen Wirklichkeit ist. Sie konstituiert sich unmittelbar aus dem Moment heraus, in den hinein Konvergenz und Divergenz der Fragen, dem Erkundungsinteresse der direkten Begegnung entsprungen, wirken.[404]

Der Dialog ist die gemäßigte Form antagonistischer Kräftewege und doch das eigentliche Moment der Konfrontation in den Betätigungsformen des *demokratischen Aktivbürgers*, aus den Kleinstgruppen fortgesetzt in den öffentlichen Foren, über deren Zustandekommen Muster und Handlungsformen sichtbar und damit vergleichbar werden. So beiläufig wie ihr Zustandekommen uns heute erscheinen mag, so unerlässlich ist es dennoch für die schöpferischen Konfrontationsabläufe der öffentlichen Diskursmuster, aus denen sich eine unablässige allgemeine Verständigung und Bewertung der beständig aufgeschlossenen Entscheidungspotentiale entwickelt. Ihre Auffindung innerhalb des Demokratiekomplexes bedingt in der Reflexion eine interessante Hierarchisierung, deren Erkenntnis mancherlei Theoreme einer Welt-Innenpolitik unserer Zeit herausfordert: Überraschenderweise sind das Abhalten von Wahlen und die damit einhergehenden Entscheidungsabläufe nicht an der Spitze der Komplexität des Politischen zu sehen, sondern als *Ergebnis fortgesetzter Partizipation*, deren Strukturwerdung schließlich in ein Modell öffentlicher Zurschaustellung der zugrundeliegenden Modalitäten mündet.[405] Damit ist es „die Gleichheitslehre, die auf den Geist übertragen wird", aus ihrem Vorhandensein bildet sich der öffentliche

---

402 Auf der Ebene der zwischen verschiedenen Gruppenbereichen pendelnden Protagonisten.

403 Vgl. Thukydides 8,76,5; Isokrates 16,17, Aristoteles (Politik) 62,74. Ursprünglich die Πολίτης / *politēs* – begrifflich schwankend zwischen Bürger und Aktivbürger, gewissermaßen Rechtssubjekt und politisches (Aktiv-)Subjekt in einem.

404 Vgl. hierzu insbesondere Dieter Birnbacher und Dieter Krohn: Das sokratische Gespräch, Stuttgart 2002 zur Überführung des antiken Denkkomplexes in die Bilder der modernen Kommunikationstheorie.

405 Womit – und diese Anmerkung sei an dieser Stelle erlaubt – die Idee der Exportierbarkeit einer Demokratie deutlich relativiert wird. Das Abhalten von Wahlen ist im geschilderten Komplex richtigerweise das Resultat der Strukturwerdung einer Volksherrschaft in ihrer lebendigen Teilhabevielfalt als Ordnung und nur mittelbar ihr Ausdruck.

Diskurs, „als ob die Mehrheit auf dem Marktplatz, bloß ohne dessen Getümmel, ihre Beratungen abhielte". Nebenbei werden hier die letzten Reste des Ehr- und Achtungsgebots marginalisiert: „diese Lehre greift den Menschenstolz in seinem letzten Horte an".[406]

6.2 Die Dominanz des Nutzenversprechens

Dabei scheinen der öffentliche Diskurs und das Denken, welchem er entspringt, auf Gebrauchsgründen aufzusetzen:

> „Die Sprache, das Gewand und die täglichen Handlungen der Menschen (...) wecken kein Bild des Idealen. Diese Dinge sind nicht dichterisch an sich (...) das zwingt die Dichter, beständig unter die sinnliche Außenfläche herabzudringen, um die Seele selbst zu erspähen."[407]

Die Idee der Teilhabe ist also zu einem großen Teil *von ihrem Aktivierungspotential bestimmt*, sie geht in ihrer Komplexität weit über die Herausforderung der Entscheidungsprozesse in Wahlen oder öffentlichen Akklamationen hinaus.

Ihre Hervorbringung verdankt sich einer tiefen Verwurzelung in Handhabungen, deren Existenz wiederum durch die auf Teilhabeinteresse orientierende Idee der Gestaltbarkeit gründet. Die Gestaltwerdung von Denkfiguren geht jedoch nicht mit der Hervorbringung einer besonders hochstehenden Sprache in der öffentlichen Teilhabe einher: Das Wissen um ihre Ursprungsgründe ist so allgemeinverständlich verbreitet und wird so tief empfunden, dass es keine Sonderform öffentlicher (Selbst-)Vergegenwärtigung hervorbringt oder ihre Existenz als Versuch einer Überdeckung der tatsächlichen Verhältnisse begreifen könnte. Was hinter dieser Überdeckung hervorragt und von ihrem ornamentalen Ballast befreit werden darf, ist das in zweierlei Hinsicht wirksame *Nutzenversprechen* der einzelnen Handlung als Form von Aktivität und in Ausprägung ihrer Folgen: der Realisierung der bereits beschriebenen Denkfiguren innerhalb bestimmbarer Szenarien.

Diesen Überlegungen folgt nun bei Tocqueville die weitergehende Aufgliederung der Selbstkonstituierung des Individuums in der modernen, von demokratischen Entscheidungs- und Kulturmustern geprägten Gesellschaft. Sein Eindruck folgt den geschilderten Dynamiken insoweit, als er sich schwertut, die Ablösung des Intellekts von den ihm anhaftenden moralischen Wesenheiten oder Gefühlen zu akzeptieren. Eine weitestgehende Ablösung des einen von dem

---

406 AdT, DiA (Manesse), Bd. I, S. 284–285.
407 AdT, DiA (Manesse), Bd. II, S. 88–89.

anderen birgt unauslotbare Konsequenzen für das Geistes-, Gefühls- und, hierauf folgend, Entscheidungsverhalten in sich. Dies ist der Abyssus, der Mahlstrom der Moderne, in den der Weltenreisende Tocqueville in seinen Reflexionsabläufen blickt und dessen Schattenwurf er sich nicht vollständig aussetzen möchte. Eine der Lehren aus den Transformationsabläufen der revolutionären Umbrüche im Frankreich seiner Familie bildet sich in dieser Haltung mit ab:

Das Aktivierungspotential relational orientierter Ausprägungen eines ansonsten recht allgemein beschriebenen Volkswillens bestimmt über das inhärente Nutzenversprechen die Ausprägung in der Wirklichkeit. Interessant ist daher im Folgenden, inwiefern man einen Kern moralischer Gefühle argumentativ-methodisch bestehen lassen kann, ohne die Subversion durch die Einwirkungsfähigkeit eines politischen oder religiös motivierten Zensurwesens heraufzubeschwören.[408] Gleichermaßen in Anspruch genommen ist von diesen Variablen ja auch die besondere Hinneigung des Bewusstseins und der hieraus folgenden Ausprägungen von Handlung und Entscheidungsabläufen, aus denen sich die Gesetze und der sie ordnende Geist erheben. Dieser wiederum ist nicht ein flüchtiges Element der reflexiven Anhaftung an Handlung, sondern eine aus Erfahrungsabläufen gewonnene Abstraktion.[409]

6.3 Individualismus und Handelsmaximen

Ihr werden nun über die Frage der Handelsmaximen die teilweise monothematischen Bilder einer Gesellschaftsordnung entgegengebracht. Und hier darf man, durchaus im Gefolge von Robert Putnam, Tocqueville aus den Vereinnahmungsversuchen einer idealistischen Aufladung der von ihm so beschriebenen Prozesse befreien und ungefiltert den großen Debatten unserer Zeit und damit den konkurrierenden Verständnisbildern unterschiedlicher Gesellschaftsordnungen aussetzen.[410] Von allem quasi-historischen Ballast befreit, kann Tocqueville nun un-

---

408 Das ja trotz alledem immer auch ambivalent anzusehen ist, denn nicht alle Einwirkungsfähigkeit ist ja Manipulation, sondern auch Bedingung jener Elemente, aus denen sich eine identifizierbare Ordnung konstituiert.

409 Als metathematische Entsprechung ihrer partiellen Ausprägung.

410 Diese Idee eines möglichst ungefilterten Zugangs, jenseits der Anhaftungen einer Gegenwartsdebatte und gleichzeitig auch möglichst jenseits der historisierenden oder durch eine Reklamation als Parteigänger für den Liberalismus (vgl. etwa die Wertung durch Habermas) ist zentral für eine tiefergehende Erschließung seines Theoriekomplexes. In der Fortführung der vorliegenden Diskussion und zu ihrem Abschluss, in der Vorstellung einzelner Modelle, die uns einen modernen Blick auf zentrale Grundkonstanten systematischer Analyseabläufe bei Tocqueville erlauben, ist ein möglichst direkter Zugang (auch als bewusstes Gedankenspiel in der Erörterung seiner Methodenwerdung) unerlässlich.

mittelbar in den Ideenkomplex des Sozialkapitals eingeführt werden, einen der großen Versuche unserer Gegenwart, οἶκος und πόλις über die Identifizierung ihrer Grunddynamiken und Interdependenzen, auch der qualitativen und quantitativen Erklärungsmodelle politisch-gesellschaftlicher Wirklichkeit, wieder miteinander zu versöhnen und zugleich vergleichbar zu machen.

Dies geschieht mit dem Ziel, eine Revitalisierung assoziativer Formen des Austauschs als Grundlage eines gemeinschaftlichen Bürgerhandelns zu erreichen. Auch die Erfahrbarkeit von Politik soll neu etabliert werden und damit als Argumentationsmuster ein Tableau der positiven Effekte eines aktiven, aufgeklärten Bürgerhandelns in der Diskussion entwickeln helfen. Gleichzeitig geschieht eine Befreiung des Begriffs der Zivilgesellschaft aus dem Zugriff vereinfachender Erklärungsansätze unter Zuhilfenahme von Begriffsmustern wie ‚Markt' und ‚Community'. Schließlich sind dies zwei in der Gegenwartsdiskussion inflationär überdehnte Begriffe, deren ursprünglicher Wesensgehalt in einer zu starken Konzentration auf das Prozessuale, etwa in der *policy advisory*, vollends verloren gegangen zu sein scheint.[411]

Der Begriff der Zivilgesellschaft als Schlüssel zur Idee einer revitalisierten freiheitlich-gleich orientierten Neuordnung der Republik war in den jüngeren Debatten der erste Versuch, aus den Grundlagen des gesellschaftlich-politisch orientierten Gemeinwesens eine Belebung der Selbstorganisationsfähigkeit zu erreichen.[412] In der aktuellsten Ausprägung umfasst die breitere Debatte nun auch den Bereich des Ökonomischen, das nicht mehr auf die Einzelrolle der Kapitalvermehrung beschränkt bleiben soll. Als qualitatives Element ist es nun zu einem Gradmesser der verschränkenden Interaktionsmuster des gesellschaftlichen Handlungsraums geworden. Die Haushälter der Zivilgesellschaft sind ihrer Rolle als Diskurstreiber entwachsen und haben nun den Auftrag, sinnvolle Verbindungsmuster zu etablieren und über die Idee der Teilhabe mit Mehrwert anzureichern. Diese Teilhabemuster entspringen wiederum der ursprünglichen Ausweitung der ökonomischen Sphäre, deren Wirkungsbereich sich neuerdings auf die vergemeinschaftend wirksame Vermehrung des Sozialkapitals ausgedehnt

---

411 Die Problematik scheint, hier wie auch an anderer Stelle bereits so geschildert, in dem zugrundeliegenden Wunsch nach einer klaren Indikation vormals unklarer oder überkomplexer (Wesens-)Verhältnisse zu liegen. Vgl. exemplarisch Nassim Nicholas Taleb: The Black Swan: The Impact of the Highly Improbable, Penguin 2008; Arendt Lijphart: Patterns of Democracy: Government Forms and Performance in Thirty-Six Countries, Yale University 1999; Avner Greif: Institutions and the Path to the Modern Economy, Cambridge University Press 2006; Axelrod, Robert: Die Evolution der Kooperation, Oldenbourg 2000; Jon Elster: Explaining Social Behavior: More nuts and bolts for the social sciences, Cambridge University Press 2007.

412 Vgl. Richard Sennett: What Tocqueville Feared, in: On the Making of Americans: Essays in Honor of David Riesman, S. 105–125 (Herbert J. Gans, Nathan Glazer, Joseph R. Gusfield, and Christopher Jencks, Hrsg.; Philadelphia: University of Pennsylvania Press, 1979).

hat. Es erscheint daher sinnvoll, im Folgenden von einer Partizipationsdemokratie zu sprechen, wenn man zuvor den Aufwuchs der Verschränkungs- und Interaktionsmuster nachverfolgen konnte.

Vor der Gegenwartsdebatte liegt allerdings eine lange Etappe europäischer Geistesgeschichte, in der von der Idee einer unter monarchischen Leitlinien geführten Republik bis hin zu den verschiedenen Ausprägungsformen eines modernen Flächenstaats die unterschiedlichsten Interpretationsmuster Anwendung gefunden haben. Immer wieder muss man sich dabei aus der Versuchung lösen, dem Erstinterpreten Tocqueville gewissermaßen die Brille der Zukunft aufzusetzen. Vieles, was heute Teil unseres allgemeinen Selbstverständnisses ist, findet bei ihm zum ersten Mal Eingang in ein sich immer weiter ausdifferenzierendes Denkgebäude. Die langen Abfolgen seiner Reflexionen sind hierbei auch Ausdruck einer besonderen inneren Freiheit, über die einem sein Denken und Werk als vollständig neu empfundenes Phänomen begegnet.[413]

Diese Freiheit beginnt mit einer *grundsätzlichen Kritik* an individualistisch-rationalistisch orientiertem Denken: Tocqueville möchte einen deutlichen Kontrapunkt zu einer europäisch geprägten liberalen Denkschule setzen. Er tut dies zunächst, indem er in besonderem Maße die positiven Aspekte und die aus seiner Sicht unerlässliche Einbettung der Religion in der modernen Demokratie betont. Er unternimmt dies fortgesetzt, indem er die Denk- und Verhaltensmuster der Protagonisten in ihrer Wesenheit dekodieren möchte, ohne ihrem Tätigsein und dessen Ausflüssen in die Wirklichkeit präemptiv einhegend ein Modell ihrer Verhaltensmuster entgegenzustellen.

Wie von Serge Audier beschrieben, wird dieser veränderte Denk- und Analyseprozess zu einem späteren Zeitpunkt bei Richard Sennet zu einem wesentlichen Teil seiner kritischen Reflexion über Gestalt und Form einer Zivilgesellschaft:

„Freely interpreted, this theme is still rich with ideas to explore modern problems of civic participation. Such are the stakes in the classic book by Richard Sennet published in 1974, The Fall of Public Man[414], which opens with a quote by Tocqueville on individualism that separates men from their peers to the point of making them forget their shared membership in society. In keeping with such concerns, Sennet

---

413 Wobei natürlich nicht der hohe Selbstanspruch und die steten Zweifel, die Tocqueville fortwährend begleitet haben, verschwiegen werden sollen. Sie sind allerdings nach Meinung des Autors auch Ausdruck einer besonderen Form von Selbstmotivation, die aus dem Zweifel und der kritischen Selbstprüfung eine höhere (begriffliche) Trennungsschärfe in der Aufarbeitung seiner Beobachtungen, Reflexionen und Notizkonvolute bedingen hilft.

414 Vgl. Sennet, Richard: Verfall und Ende des öffentlichen Lebens: Die Tyrannei der Intimität, Berlin Verlag 2008; ebenso The Fall of Public Man, Knopf New York 1974, hier insbesondere S. 16, S. 56, S. 98 ff.; Kapit. "Public Commodities", S. 141 ff.

laments the weakening of public-spiritedness, where the main symptom would be the 'end of public culture' under the growing pressure of a culture based on the privacy of the individual. (…) Because what Sennet fears, after Tocqueville, is 'the collapse of the res publica' (…)".[415]

In einem zweiten, subtiler vorgetragenen Argument nutzt Tocqueville dann den einmal etablierten Kontrapunkt zu einer zwar feinen, aber nicht minder grundsätzlichen Kritik an der *Idee des amerikanischen Individualismus:* Wo „die Vergangenheit die Zukunft nicht mehr erhellt"[416], hat sich in Hinwendung zu dem Grundsatz von *rational choice* eine nicht rückgängig zu machende, endgültige Abkehr von der europäisch geprägten philosophischen Tradition vollzogen: Die Äußerlichkeit meiner (sozialen und politischen) Gestalt bringt mich und all meine Handlungen in den öffentlichen Raum, und niemand kann sich dieser Bewegung entziehen. Es ist die Existenz der alles durchdringenden Gleichheit, der sich auch die Gruppe der Intellektuellen nicht entziehen kann: Wie kann ein Einzelner höhere Einsichtnahme für sich reklamieren, wenn allen die gleiche Fähigkeit gegeben ist? Die Gruppe der rationalen Individualisten begegnet jedem mit Misstrauen, der sie an Einsicht überbieten möchte. An seiner Stelle wirkt die allgemeine (öffentliche) Meinung, deren Beherrschung und Instrumentalisierung im Fokus verschiedener Gruppierungen steht. *Sie gerät zum gemeinsamen Orientierungspunkt der Bürgergemeinschaft.*

Die Dominanz dieses Prinzips übt einen natürlichen, anti-extravaganten Anpassungsdruck aus auf jene, welche sonst durch außergewöhnliche Anstrengungen versuchen, eine höhere Form der (weisen) Einsicht zu gewinnen. Dieses

---

415 Vgl. Audier: „Didn't Tocqueville emphasize that democratic men generally do not like 'manners' and ceremonies? Taking a new perspective on this idea, Sennet laments the decline of the rules of 'civility,' that is to say, certain 'codes' that maintained a 'distance' between individuals, which was indispensable to social life. Democratic societies would forever be invaded by 'incivility,' that is to say 'putting the full weight of one's personality on others.' This change would have grave consequences for politics, as the change in communication techniques of party leaders would attest, always more preoccupied by their 'image', which results in the tendency of their constituents to judge them more on their 'personality' than their actions. According to Sennet, this tendency is in danger of preserving 'structures of domination' and weakening the sense of common good that all dynamic political communities require." Audier, Serge: Tocqueville: Is he relevant today?, Aufsatz, zuerst erschienen in: Revue des revues, sélection de juillet 2006, als: Serge Audier: Tocqueville, notre contemporain?, verfügbar über http://bit.ly/g3nJsk.

416 Vgl. Tocqueville: „Obwohl die Umwälzung, die in der Gesellschaft, in den Gesetzen, Gedanken, Gefühlen der Menschen vor sich geht, noch lange nicht abgeschlossen ist, kann man ihr Werk doch bereits mit nichts vergleichen, was man in der Welt zuvor gesehen hat. Ich gehe von Jahrhundert zu Jahrhundert bis ins fernste Altertum zurück; ich sehe nichts, das dem gleicht, was ich vor Augen habe. Da die Vergangenheit die Zukunft nicht mehr erhellt, tappt der Geist im Dunkeln." Alexis de Tocqueville: État social et politique de la France avant et depuis 1789, in: Œuvres, Bibliothèque de la Pléiade, Gallimard Paris 2004.

normative Moment birgt die Gefahr, die in der Natur des Menschen angelegten intellektuellen Fertigkeiten auf unnatürliche Art und Weise zu beschneiden. *Dem Verschwinden der sittlich begründeten Autorität folgt der Verlust der ursprünglichen geistigen Freiheit.*[417]

Diese Wahrnehmung mag zunächst paradox erscheinen: Wie können Bürger, die über kartesianische Prinzipien Schlüsse ziehen und hieraus ihre Haltung und fortgesetzt Handlungen entwickeln, denn *nicht* eine philosophische Herangehensweise nutzen?

Ihre Vorbedingung bildet ja schließlich ein Befreiungsprozess, welcher die ursprüngliche Verankerung des Selbstbegriffs über eine Identifikation mit Gewohnheiten, Familienmaximen, Systemfragen, Klassenmeinung und bis zu einem gewissen Punkt auch nationalen Vorurteilen aufzuheben imstande ist. Tradition und Gegenwartsphänomene werden zu reinen Tatsachen, aus deren Informationsvorrat ein Amalgam der modernen (demokratischen) Identität erwächst. Die Protagonisten suchen die Gründe für ihre Selbstverfassung in sich und den Dingen selbst. Demzufolge suchen sie stärker als jemals zuvor andere das Leben „über die natürlichen Instinkte menschlicher Intelligenz zu ergründen" und hierüber unabhängige Schlüsse zu ziehen.[418]

Die ganze Aufmerksamkeit ist auf Tatsachen gerichtet: Die Befähigung, unabhängige Schlussfolgerungen zur Maxime des eigenen Handelns geraten zu lassen, hat den Einzelnen zusehends von seinem Glauben (und Vertrauen) an überlegene Einsicht (*superior reason*) entfernt. Die schwierigsten Schlüsse entstehen aus der Notwendigkeit, über die Art und Weise des (Zusammen-)Lebens selbstgestalterisch zu einer allgemeinen Lösung zu kommen. Ernsthaft über die Idee des Zusammenlebens nachzudenken führt einen unversehens in ein mit unendlichen Variablen versehenes Terrain:

> „Der Kosmos ist eine sehr allgemeine Idee, und allgemeine Ideen waren bislang nie ein Beweis für die Stärke menschlicher Intelligenz, sondern stets ein Nachweis ihrer Unzulänglichkeit."[419]

Zurückgeführt auf die Unzulänglichkeiten des anhaltenden Selbstordnungsprozesses der modernen demokratischen Gesellschaft und ihrer Selbstsystematisierung bedeutet die Anwesenheit einer allgemeinen Idee Unwägbarkeit und Ambivalenz: Bürgerschaft kann nicht einfach kognitiv erlernt, nicht antrainiert werden; sie bedarf einer psychischen Verankerung. Sie erfordert Selbst- und Fremdvertrauen, Selbstsicherheit und Ich-Stärke, die man vor allen anderen Einfluss-

---

417 Tocqueville (Mayer), S. 403–410.
418 Tocqueville (Mayer), S. 403, 421, 433.
419 Tocqueville (Mayer), S. 417, 411, 418; vgl. Lawler 1993.

faktoren zunächst in der Familie gewinnt oder verliert und die ihre fortwährende Bestätigung im Alltag erfährt. Erfahrung gerät zu einem Moment der Selbstverortung, in dem der Einzelne zunehmend einem selbstverfassten, tendenziell deistisch aufgeladenen Bild der Weltzusammenhänge, aus denen er die Notwendigkeit seines Handelns abzuleiten sucht, folgt; Tocqueville schreibt:

> „Stoße ich auf ein philosophisches Lehrgebäude, das die körperlichen und die geistigen, die sichtbaren und die unsichtbaren Dinge in der Welt nur mehr als verschiedene Bestandteile eines unendlichen Wesens deutet, das inmitten des dauernden Wechsels und der fortwährenden Wandlung alles Bestehenden als Einziges ewig ist, so fällt mir der Schluß leicht, daß eine solche Lehre, obwohl sie die menschliche Einzelperson aufhebt, oder vielmehr, weil sie sie aufhebt, für die Menschen der Demokratie einen geheimen Anreiz besitzt; alle ihre geistigen Gewohnheiten bereiten sie darauf vor und führen sie zu ihrer Annahme. Sie zieht ihre Aufmerksamkeit naturgemäß auf sich und hält sie fest; sie schürt ihren geistigen Stolz"[420].

Der Weg der Erfahrung führt hierbei nicht notwendigerweise zu jenem unermüdlich wiederholten Postulat des unbeugsamen, stoisch seinen Grundsätzen folgenden Einzelnen, sondern zu der Einsicht in die Notwendigkeit kollektiver Bemühungen: „The myth of rugged individualism continues to strike a powerful inner chord in the American psyche"[421]. Niemand handelt allein, wenn er sein Handeln in Bezug zu den Konventionen und dem Handeln anderer Protagonisten setzt. Bei Descartes ist der Einzelne nur mit den Dingen befasst, welche direkt – materiell – von Bedeutung sind. Tocqueville interpretiert dies als Feindschaft zu den Früchten der intellektuellen Verbindung von praktischem Handeln und vorausschauender Interpretation dieses Handelns. Descartes würde diese Haltung wiederum als nicht notwendige Indifferenz zu nicht direkt notwendigen Dingen werten – und damit aus seiner Argumentation ausschließen.

Wo Descartes Spekulation als unwesentlich wertet, beruft sich Tocqueville auf ein von ihm so erkanntes, permanentes Dilemma zwischen Herz und Verstand und betrachtet eine intellektuell orientierte Grundhaltung als wesentlich für das Verstehen politischen und gesellschaftlichen Handelns und der hieraus erwachsenden Folgen und Wahrheiten. Was Tocqueville in ihrer spielerischen Natur als schützenswert erachtet, die freiheitlich orientierte intellektuelle Betätigung in Form von Wissen und Selbstbestätigung als ‚Nahrung und Genuss', nicht als Gefühl der Zufriedenheit, entspricht nicht dem formalen Plan, welchen Descartes für die Reform des politischen und gesellschaftlichen Lebens vor-

---

420 DiA (Manesse), Bd. II, S. 43–44.
421 Putnam, Robert D.: Bowling Alone: The collapse and revival of American community, Simon & Schuster, New York 2006, S. 24.

sieht.[422] Damit setzt er diese spezielle Form geistiger Betätigung als implizites Element, welches einem grundlegenden und lebenswichtigen Bedürfnis entspringt. Die Seele hat Bedürfnisse, welche nach Befriedigung verlangen,

> „Bedürfnis nach dem Unendlichen und dem Unsterblichen und daß das Bewußtsein naturgemäß nach den höheren Regionen des Denkens strebt, worin es seine Bedürfnisse befriedigen kann."[423]

Dabei stimmt er in einem grundlegenden Punkt mit Descartes überein, dass nämlich alle Anstrengungen auf die Dinge konzentriert sein sollten, welche uns in unserem Menschsein betreffen.[424] Das *kartesianische Selbst* findet zu sich über das Zweifeln an allen Dingen und gestaltet ein seinen unabhängigen Selbstinteressen entsprechendes Universum, ein Ich, modelliert über Einwand und Vorstellung. Dieser Zweckdienlichkeit möchte Tocqueville nicht entsprechen, sie ist ihm wohl, wenn sie ihm auch in ihrer Begrifflichkeit stimmig erscheinen mag, zu wenig subtil, und sie entbehrt aus seiner Sicht des Einflusses der immateriellen Interessen.

Diese bilden einen Teil der geistigen Selbstvergegenwärtigung, die Wissen als gut in sich selbst voraussetzt und nicht nur, wie Descartes, allgemein als existent anerkennt.[425] Tocqueville möchte der Maxime praktischen Wissens nicht bis zum Letzten entsprechen. Probleme, die in sich selbst „die größte Herausforderung für das menschliche Schicksal" bergen, die „Gott und die Menschennatur"[426] herausfordern, stellen für ihn nicht den Ausnahmezustand dar: Sie betreffen jeden Einzelnen von uns in unserem gesamten Handeln, in allen Dingen und zu jeder Zeit – sie sind ihrer Natur gemäß unumgänglich und allgegenwärtig.

Diese Feststellung überrascht nicht, denn es soll ja immer der „Gesamtzusammenhang" des Gesellschaftlichen gedacht werden – samt seinen historischen, politökonomischen, kulturellen, gesellschaftsmoralischen und zukunftsweisenden Bedingungen. Deutlich tritt hier der idealistische Grundgehalt seiner Thesen hervor – konstitutiv werden sie stets von einer Leitidee, der eingangs genannten *idée mère*, getragen. Diese bildete sich ursprünglich aus dem Eindruck Tocquevilles, der Zustand und die Wirkungsfähigkeit der Gleichheit in den politischen Institutionen der jungen Nation sei in den Verhaltensweisen und Regeln bis in das geistige Selbstverständnis der bürgerlichen Individuen hinein wirksam. Umgekehrt kann nun auf dem Weg der vorliegenden Diskussion von den ersten äußeren Eindrücken über die sie tragenden Phänomene hin zum Kern von

---

422 Vgl. Hebert 2007.
423 Tocqueville (Mayer), S. 435, 510.
424 Tocqueville (Mayer), S. 418, 435, 519, 358.
425 Descartes[*Jahr?*], S. 124–125; Rousseau 1979, S. 167.
426 Tocqueville (Mayer), S. 418.

Selbstverständnis und Identitätsprägung aus diesem selbst heraus allmählich das Grundgerüst der neuen, demokratisch geprägten Ordnung schlüssig etabliert werden.

7 Der innerste Punkt (Herz und Verstand)

Die menschliche Natur, bei Tocqueville über den Begriff der Seele diskutiert, bildet den innersten Punkt. Von diesem Kraftzentrum aus lassen sich Grundüberzeugung, äußerer Rahmen und Leitidee auf ihre ureigensten Antriebsgründe hin dekonstruieren. Sie ist auch in erster Instanz Verortungspunkt des individuellen Freiheitsbegriffs:

> „Ich glaube nicht, daß die wahre Freiheitsliebe jemals allein durch die Aussicht auf die materiellen Güter geweckt werde (…). Was zu allen Zeiten das Herz mancher Menschen so stark für sie eingenommen hat, sind ihre eigenen Reize, ihr eigener Zauber, ohne Rücksicht auf ihre Wohltaten; es ist die Lust, unter dem alleinigen Regiment Gottes und der Gesetze sprechen, handeln und frei atmen zu können."

Für die individuelle Erfahrung von Freiheit ist in einer umfassenden Begriffsaufladung das menschliche Herz für Tocqueville Ausgangs- und Verortungspunkt; eine Idee, bei der er Pascals Begriff einer *raison du cœur*, einer ,Vernunft des Herzens', folgt:

> „Das Herz fühlt die Freiheit, nicht der Verstand. *Es ist ein Fühlen, kein Wissen.* Die Freiheit bei Tocqueville läßt sich (…) über einen Gegenbegriff zum Despotismus bestimmen. Das wesentliche Kennzeichen des Despotismus ist, daß er die Menschen trennt, absondert und isoliert."[427]

Mag sein, dass alles, wie später einmal von Adorno so beschrieben, in der „treibenden Sehnsucht, daß es endlich anders werde", sein heimliches Kraftzentrum hat.[428] Die Seele bildet bei Tocqueville den innersten Punkt dieses Kraftzentrums, und sie kann sich nicht zwischen Herz und Verstand entscheiden: Sie

---

427 Weiter: „Demokratische Gesellschaften sind dagegen von einem Individualismus geprägt, der seiner Natur nach zur Vereinzelung führt. Hier wird der Zusammenhang zwischen demokratischer Gesellschaft und Despotismus verständlich." Kreiter, Franz Michael: Freiheit, Gleichheit und die Vorsehung: Über Alexis de Tocqueville, Erstsendung zum 12. Dezember 2010, Deutschlandfunk, vgl. http://bit.ly/esxeCR.

428 Dieses ungelöste Problem gibt es auch bei Adornos Begriff von „offener", „lebendiger" oder „unreglementierter Erfahrung"; vgl. Adorno, T. W.: Soziologie und empirische Forschung, S. 212 f., sowie: Zur Logik der Sozialwissenschaften, S. 553–555.

bleibt einem immateriellen Grundinteresse verpflichtet, die „bewunderungswürdige Ordnung aller Dinge" zu begreifen.[429]

Dieses Interesse bleibt auf das Ordnungsphänomen auch deshalb gerichtet, weil die Demokratie eben gerade nicht eine moralisch überlegene Form von gesellschaftlicher Ordnung bildet und sich auch nicht in der Lage sieht, einen neuen Menschen des demokratischen Zeitalters hervorzubringen. Es gibt dominierende Faktoren – in Form von „Mutter-Ideen", die in generativer Form der Demokratie voranstehen.[430] Geburt und Generationenabfolge bilden Variationen dieser Idee. Die generative Wirkungsweise dieser dominierenden Faktoren bilden die ersten Gründe und Tatsachen ihrer phänomenalen Entsprechungen. Er selbst schreibt sich zu, durch gründliche Beobachtung und Sammeln entsprechender Eindrücke ein treffendes Bild dieser generativen Faktoren in ihrer „offensichtlichen Vielseitigkeit" gewonnen zu haben.[431] *Beobachten und Sammeln als Prozess* bezieht sich hierbei auf die Reiseerfahrungen und Korrespondenzen, wie sie ausführlich etwa bei Drescher und Bluhm nachgewiesen sind.[432]

Der Ursprungsgrund sämtlicher menschlicher Handlung liegt für Tocqueville in einem Geburtsmoment, *prenne naissance*, das dem Einzelnen eine allgemeine Idee von Gott, der menschlichen Natur und den hieraus abzuleitenden Rechten und Pflichten gestattet.[433] Menschendasein entspricht damit recht konk-

---

429 Tocqueville (Mayer), S. 505; vgl. Taylor: „Die Wahrheit, die jedoch tatsächlich hinter den anachronistischen Urteilen sowie auch hinter der kritischen Reaktion des Zeitgenossen Pascal steht, läuft darauf hinaus, daß diese neue Auffassung der Innerlichkeit – also die Auffassung einer auf Unabhängigkeit bedachten Innerlichkeit und der autonomen Kräfte zur Systematisierung durch Vernunft – auch dazu beigetragen hat, der modernen Gottlosigkeit den Boden zu bereiten. Daraus ergibt sich vielleicht sogar eine Teilerklärung jenes frappierenden Faktums, das die neuzeitliche abendländische Zivilisation von allen anderen unterscheidet, nämlich die in ihr überaus weite Verbreitung der Ungläubigkeit." Taylor 1996, S. 287; vgl. weiterhin den Verweis Taylors auf die zugrundeliegende Reaktion Pascals auf das „Cartesische Gesamtprojekt" (Taylor): Pascal, Blaise: Entretien avec M. de Sacy, in: Œuvres de Blaise Pascal, hrsg. von L. Brunschvieg, P. Boutroux und F. Gazier, Paris: Hachette, 1904–1925, Bd. 4, S. 43.

430 Tocqueville (Mayer), S. 315 sowie S. 435.

431 Tocqueville (Mayer), S. 315 ff.

432 Vgl. Seymour Drescher: Dilemmas of Democracy: Tocqueville and Modernization, University of Pittsburgh Press 1968; Bluhm 2005.

433 Womit seine Rollengebung des Schöpfergottes der Idee bei Pascal folgt, ihn gleichzeitig allerdings folgerichtigerweise gegen Descartes stellt (da über den ‚Filter' Pascal besehen), hier unabhängig von der (vgl. Taylor, Salkever, Hebert) durch Descartes ursprünglich intendierten Rollenaufladung, vgl. Hebert: „Tocqueville, who considers the ‚liberty of the intellect something holy' can have no quarrel with the formal aim of Descartes' plan: a reform of political and social life meant to promote the highest intellectual accomplishments, while promoting earthly peace. It is its soundness – both strategic and substantive – that he intends to question when he confronts ‚Cartesian' philosophy in America. Implicit in Descartes' scheme is a view of human nature according to which we are only rightly concerned with the things in this world that materi-

ret einer vorgeschriebenen Ordnung der Dinge, wie sie der Schöpfer dieser Dinge einmal *in die Welt gesetzt hat.*[434]

Dieses Bild erscheint uns zunächst fremd, scheint es doch direkt einer aristokratisch-traditional geprägten Weltsicht verhaftet, wie wir sie stets unterschwellig bei Tocqueville vermuten: Ähnlich wie später bei Max Weber akzeptiert sein Intellekt das Neue, den bürgerlichen Rechtsstaat und die liberale Marktwirtschaft, während er gefühlsmäßig dem Alten verbunden scheint. Der aristokratische Selbstbegriff ist durchdrungen von hierarchisch-ehrverbundenem Denken; als würdevoll wird die Fähigkeit des Einzelnen angesehen, den ihm zugewiesenen Platz in einer solchermaßen wahrgenommenen Ordnung einzunehmen und in der hierin eingeschriebenen Verantwortung die dann gemäße Rolle auszuüben.

Dieser Selbstbegriff steht dem so umfassend skizzierten des skeptisch-rationalen, durch Selbstzweifel geleiteten und auf Vermehrung des materiellen Wohlstands orientierten Bürger (der neuen demokratischen Welt) diametral entgegen. Dieser moderne Bürger, gleich und frei und ungehemmt in der Verfolgung seiner Interessen, agiert gleichwohl nicht vollkommen losgelöst von den Bindungskräften überlieferter Verhaltensweisen und ist auch nicht, wie bereits dargestellt, der neue Mensch des demokratischen Zeitalters, der gleichsam mit einem unbeeindruckten Bewusstsein den ultimativen Neubeginn vollzieht. Hierüber wird deutlich, *worin die eigentliche Kritik Tocquevilles an der Idee des Kartesianismus* besteht, weshalb er zum Anti-Kartesianer gerät: Seinen Beobachtungen entspringt der (altruistische) Typus oder die Haltung eines Bürgers, der *dem allgemeinen Nutzen zuarbeitet, um den persönlichen zu mehren,* und erst hierdurch zu einem vollwertigen Mitglied der Gesellschaft wird.

Dabei stellt er sich selbst in der Öffentlichkeit stets als der nüchtern abwägende Rationalist dar; alle seine Handlungen möchte er im weiteren Rahmen einer Doktrin des wohlverstandenen Selbstinteresses verstanden wissen. Tocqueville folgt dieser Selbststilisierung nicht, er vermutet bereits zu einem frühen Zeitpunkt, dass hinter dem Handlungs- und Selbstmotivationsfeld rational orientierter Entscheidungen ein verborgener Bereich wirkt. Dabei nutzt er gewissermaßen *ex negativo* die Vorarbeit von Descartes, um, sich hieran abarbeitend, eine weitere Ausdifferenzierung seiner allgemeinen Idee zu erreichen. Diese

---

ally concern us. Metaphysical speculation is usually a product of ‚vanity‘, and never a product of any higher instinct." Hebert 2007, S. 533.

434 Diese Instanz-Setzung der Schöpfung als unaufhebbare Vorbedingung menschlicher Existenz ist weniger absolutes Merkmal als ein Element, das zunächst die Orientierung erleichtert. Fortgesetzt bildet er über „die Sprache, das Gewand und die täglichen Handlungen" hinaus, folgt man dem Blick „unter die sinnlich erkennbare Außenfläche" den solcherart „in der Tiefe seines geistigen Wesens" erfassten Menschen. Vgl. Tocqueville, DiA (Manesse), Bd. II, S. 88–89.

sieht im Handlungsfeld von Politik und Religion nicht ein Hindernis oder Instrument von wissenschaftlich oder materiell orientiertem Fortschritt, sondern Ausdruck und Zeichen von Seelenstärke. Wolin nennt diesen Vorgang die *Anti-Methode* Tocquevilles.[435]

Weshalb aber Anti-Methode? Es kann ja nicht etwas in seiner prozesshaften Wesenheit entgegengesetzt zu einem anderen sein, das sich der gleichen Mittel bedient. Der komparatistische Ansatz Tocquevilles ist in seiner Selbstanlage und in der immer weiter verfeinernd wirksamen Reflexion derselben auf Objektivismus und Komparatismus orientiert. *Er schreibt in einem Kontext, der ihn ermutigt, jede Art von Glauben dem Gesetz der Vernunft zu unterziehen, dessen Einhegungsfähigkeit immer wieder mit den Einflüssen des Empirischen konfrontiert wird.*

Hier zeigt sich die Stärke seiner Methodik: Da er sich nicht von vornherein auf einen bestimmten Ausschnitt festlegt, um diesen dann in allen Einzelheiten durchzuarbeiten, kann er *von den allgemeinen zu den speziellen Ursprungsgründen dieser modernen, in ihren Wirkungsmechanismen unentdeckten Gesellschaftsordnung vordringen.* Dieses Hinabsteigen zu den Ursprungsgründen – ein herausfordernder, schmerzhafter Prozess – lässt ihn dabei auch der Versuchung entgehen, der Wirklichkeit eine eigene Systemwirklichkeit als Kreation entgegenzustellen, der sich dann die eigentlichen Wirkungsgründe fügen müssten.[436] Wenn Pascal sagt, er könne Descartes nicht vergeben, ist Tocqueville demselben nagenden Zweifel unablässiger Selbstprüfung unterworfen: Seine Untersuchung bleibt innerhalb des einmal gesetzten Kontextes, und doch unterwirft sie alle Gegenstände ihrer Betrachtung einer besonderen Form der Prüfung, bestimmt aus der Wirkung der identifizierten modal-konstitutiv wirksamen Elemente. Wodurch wird dann das Element der Funktionalität bedingt?

---

435 Vgl. Wolin: „Cartesianism was, for Tocqueville, a main key to understanding modern man and the democratic mentality. The ‚new science of politics' that he would proclaim was intended as an alternative to Cartesianism; the phrase ‚science of politics' was possibly borrowed from the Federalist, but Tocqueville inverted the usage. Unlike the authors of the *Federalist*, who appealed to the authority of modern science as a support for their republican principles, Tocqueville's science would be antimethod because anti-Cartesian", Wolin 2006, S. 79.

436 Oft übersehen ist dabei der Umstand, inwieweit diese besondere Vorgehensweise eine Gratwanderung ist zwischen dem Vorgang der Reflexion über die Hervorbringungsgründe einer als neu wahrgenommenen Ordnung, der Befähigung, Rechenschaft gegenüber einem bewusst allgemein angelegten Publikum abzulegen, und schließlich der fortlaufenden Eingliederung dieser besonderen, auf Reflexion, Argumentation und dem systematischen Herausarbeiten von Widersprüchen entspringenden konditionalen Elemente einer politischen Theorie. Dem unvoreingenommenen Betrachter treten diese konditionalen Elemente über die Idee der Handelsmaximen jener Protagonisten entgegen, aus deren Handlungen sich die allgemeine Ordnung konstituiert – und täglich aktualisiert.

Durch die Einbindung in Handlungen, die zu ihrem letzten Ziel stets das Gemeinwohl verfolgen, sehen sich die Protagonisten dieser allgemeinen Bewegung dem Einfluss bislang nicht erlebbarer Empfindungen ausgesetzt: Wie eingangs angemerkt, bestimmen konzertierte Aktionen die gemeinschaftlich wahrgenommene Herrschaftsausübung. Kollektive Handlungen vereinen die freiheitlich orientierten Protagonisten, die stets als Repräsentanten von Gruppierungen sozialer, wirtschaftlicher, religiöser und politischer Herkunft und Zusammensetzung auftreten und in ihrem *Gesinnungsgeist* identifizierbar werden: Wer gemeinschaftlich ein selbstgesetztes Ziel erreicht, ist nicht nur in einer neuen Art und Weise mit den hierzu verbündeten Akteuren in eins gesetzt. Er ist auch einem in anderen Verhältnissen oder Umständen bislang nicht erlebbaren Gefühl der Freude und Bestätigung ausgesetzt, wie nur der Geist der Stadt, Gemeinde oder die Teilhabe an öffentlichen, kollektiven Handlungen es in sich birgt, einschließlich der Abschleifungsprozesse, deren Zustandekommen sich der Ambivalenz der Konfrontation verdankt.[437] Der Begriff der *commune* setzt hier bei Tocqueville den äußeren Rahmen. Inneres Leitmedium, so vermutet Tocqueville, muss hierbei eine subtile Form der Verbindung zu jener anfangs erwähnten vorgeschriebenen Ordnung der Dinge sein; nur sie würde Rückorientierung auf die ursprünglichen Ziele erlauben und eine ‚Entartung' der allgemeinen Bewegung vermeiden helfen: mithin *eine inhärente, allgemein wirksame Kraft der Selbstleitung, welche als individuell empfunden wird, ihre äußeren Grenzen jedoch im Nutzen für die Allgemeinheit hat.*

7.1 Die Logik der Partizipation

Die Verbindung von individuell empfundener Teilhabe an kollektiven Aktionen, die wiederum einen Nutzen für die Allgemeinheit in sich tragen, soll in vorliegender Arbeit als *Logik ertragreichen Handelns* bezeichnet werden. Sie ist in ihren Einzelschritten und ihrem Prozessablauf transparent, fordert und fördert über den *Weg der Teilhabe* und Erfahrung verschiedenartige Talente und findet grundsätzlich im öffentlichen Raum statt, in den sie ihre Protagonisten führt und dort bindet: Ohne die Suche nach Öffentlichkeit erleidet sie Legitimitätseinbußen, ohne Handlung im öffentlichen Raum gelingt es weniger leicht, die jeweilig benötigten Talente für die gemeinschaftliche Sache zu gewinnen, denn es gibt

---

437 Tocqueville (Mayer), S. 500–502, 481, 483, 487, 225 ff.

nur vereinzelt und in keinem Fall durchgängig wirkende staatliche Institutionen, die einen gleichmäßigen Zufluss qualifizierter Kräfte ermöglichen.[438]

Sie erlaubt auch, den tatsächlichen Wirkungsgrad der Institutionen in ein angemessenes Verhältnis zu stellen; eine „tiefe Einsicht in die Grenzen des Machbaren"[439] steckt in jenem Brief, den Tocqueville im September 1853 an Francisque de Corcelle schrieb:

> „Ich gestehe den Institutionen nur einen zweitrangigen Einfluss auf das Schicksal der Menschen zu, [*wäre es anders*, fährt er fort, d. A.] hätte ich größere Hoffnung für unsere Zukunft. (…) die politischen Gesellschaften sind nicht das, was die Gesetze aus ihnen machen, *sie sind vielmehr das, was sie lange zuvor vorbereitet*: Die Gefühle, die Überzeugungen, die Ideen, die liebgewonnenen Gewohnheiten und der Geist der Menschen, aus denen sie sich zusammensetzen, das, was ihr Naturell und die Erziehung aus ihnen macht."[440]

Sie befördert die *Gewohnheiten des Herzens* über den Weg der Erfahrbarmachung: Wer Hilfe erfährt, sieht sich eher veranlasst, selbst zu helfen; einfache Akte der Hilfestellung haben einen selbstverstärkenden Effekt. Geben, freiwillige Hilfsleistungen, Teilhabe durch Mitgliedschaft bilden und verstärken Gewohnheiten.[441] Eigener Zeitaufwand und Spenden verknüpfen Gemeinschaften und bedingen als retardierendes Moment die Teilhabe an weiteren, vergemeinschaftenden Gruppierungen – oder beweisen durch ihre Abwesenheit die offenliegenden Mängel an Gemeinschaftsgeist und machen hierdurch Variablen gesellschaftlicher Organisationsgrade qualifizierter bewertbar als bislang möglich. Dies gilt sowohl für den äußeren Rahmen – allgemein und für jedermann erlebbar und offensichtlicher als jemals zuvor – als auch für den inneren Zustand und die Verhältnismäßigkeiten einer gemeinschaftlich vertretenen Angelegenheit in Form einer sozialen oder interessenbindenden Bewegung. Informeller Charakter und persönliche Ansprache befördern altruistische Neigungen, lebenslange Bindungen können entstehen. Das persönliche Eintreten für eine allgemein als förderlich empfundene Sache prägt das öffentliche Bild einer Bewegung, produziert Bilder und verleiht Identität, wo vorher nur eine ungefähre Ahnung über die jeweiligen Ziele besteht.

---

438 Besonders wichtig erscheint Tocqueville in diesem Kontext der prozedurale Aufwuchs der Institutionen, die aus ihnen zugrundeliegenden, ‚weichen' Faktoren ihre Gestalt gewinnen. In einem Indikationsmodell der Gegenwart wären es die qualitativen Faktoren, über deren graduelle Anwesenheit man dann wiederum die Funktions- und Handlungsfähigkeit einzelner Institutionen abzulesen sucht.

439 Vgl. Hereth, 2006 (unveröffentlicht, siehe Anhang).

440 Tocqueville (Mayer), S. 81.

441 Vgl. Putnam 2000, S. 122.

Damit einher gehen das Hervorbringen eigener Publikationen und das Aufkommen einer neuartigen Kommunikationskultur mit ihren verschiedenen Ausprägungen. Diese Entwicklung ist durch das öffentliche Element zwar qualifizierbar und bedingt über eine weitergehende Etablierung eine gewisse Technisierung der zur Anwendung kommenden Methoden der Mitgliederbindung, Neugewinnung und Führung, ist jedoch im Kern ihrer Bindungsfähigkeit von der emotional orientierten Idee der Teilhabe getragen. Die retardierenden Momente der Festigung einer Organisationskultur drängen die Protagonisten der jeweiligen Bewegung immer wieder neu zum öffentlichen Bekenntnis ihrer Grundüberzeugungen. Dass diese Grundnotwendigkeit durchaus ambivalente Tendenzen in sich trägt, zeigt sich in den an Familienstrukturen angelehnten Bewegungen, deren Ziel der Loyalitätsbindung den am Gemeinschaftswohl orientierten Zielen entgegensteht, ist ihre Legitimität doch zu einem Großteil in ebenjener Loyalität begründet.

Da sie nicht auf öffentliche Wahrnehmung ausgerichtet sind und ihre Ziele nicht auf die willentliche Verfolgung des Wohls anderer oder des Gemeinwohls gerichtet sind, disqualifizieren sie sich bereits in der ersten Begutachtung im Rahmen der genannten Konditionen. Gleiches gilt für religiöse Erweckungsbewegungen, deren Protagonisten oftmals unter dem Deckmantel des Allgemeinwohls ihre dem Altruismus entgegenstehenden, auf Exklusivität gerichteten Ziele verfolgen. Von der allgemeinen Notwendigkeit von öffentlicher Proklamation des verfolgten Ziels und der unmittelbar sich anschließenden qualifizierten Eignungsprüfung der Motive ist keine Bewegung ausgenommen.

Wir erinnern uns an dieser Stelle an Tocquevilles skizzenartige Zusammenfassung der allgemeinen Idee einer modernen Demokratie: „(…) so there is only one path to salvation. *To seek to regulate liberty, to moralize the Democracy.*"[442] Die sittliche Aufladung aller Handlungen in ihrer Bestimmung, aus deren Gesamtkomplex sich das Vorhandensein oder die Abwesenheit einer demokratischen Staatlichkeit bestimmen lässt, verbindet Phänomen und Begrifflichkeit neu:

„(…) um überhaupt eine Analogie zu finden zu dem, was uns nun geschehen mag, genügt es nicht unsere eigene Geschichte zu befragen. Wir müssen vielmehr in die Erinnerung der antiken Gesellschaften zurückkehren und in die Erinnerung der furchtbaren römischen Tyrannei, als die Sitten korrumpiert, Erinnerung ausgelöscht,

---

442 Aus einem Schreiben Tocquevilles an Kergolay, undatiert, nachgewiesen in: O. C. (Mayer), Jardin and Lesourd, 13:1, S. 373 (Original vorliegend in: Drafts, Yale, CVh, Paquet 3, Cahier 3, S. 97).

Gewohnheiten zerstört wurden. Als Meinungen austauschbar wurden und die Freiheit, dem Zugriff der Gesetze entzogen, keine Heimstatt mehr finden konnte.«[443]

Ebenfalls interessant ist hier die Schwerpunktlegung auf den Wirkungskomplex unterhalb staatlicher Regelung: sittliche Gewohnheiten (*mœurs* in der Originalvorlage), Gedächtnis, Gewohnheiten (*customs*), Meinungen und schließlich das Vorhandensein von Freiheit, die erst den offenen Austausch und das Ausüben der Gewohnheiten erlaubt.

Religiöse Bewegungen nehmen hier eine Sonderrolle ein, können sie sich doch immer zunächst auf das supererogatorische Grundelement ihres Ansinnens berufen.[444] Diese Sonderrolle kann in vorliegender Arbeit nicht *in toto* weiter ausgeführt werden, da eine vor dem Hintergrund der amerikanischen Entwicklungsgeschichte laufende Diskussion ihrer Ursachen und Entstehungsgründe ohne die Behandlung der teils sektenartig organisierten religiösen Erneuerungsbewegungen nur einen künstlichen Ausschnitt vermeintlich rational-altruistischer Bewegungen präsentieren würde und damit genau dem Zweifel Tocquevilles an der Herabwürdigung der Vernunft bei Descartes zuwiderlaufen würde: Erster Kritikpunkt an Descartes war, wie bereits angeführt, dessen Vernunftbegriff: Tocqueville sieht bei ihm alles auf technisch veranlagbaren Fortschritt in Wissenschaft und Handel gerichtet, wenn auch innerhalb der äußeren Linien der praktischen Philosophie, wohingegen er selbst bürgerschaftliche Teilhabe und Religion mit der Idee einer spekulativen Philosophie verbindet.[445]

Tocqueville sieht die Gefahr einer Herabwürdigung der Vernunft selbst – Tugend/Sittlichkeit und Religion mit Selbst-Interesse zu ersetzen bildet hier den Kontrast. Bei ihm entspringt Philosophie den Seeleneigenschaften und ihrer unauflöslichen Verbindung zu einer als natürlich empfundenen Ordnung der Dinge – Descartes gründet das wohlverstandene Selbstinteresse auf ein rationales Werten einer auf das Materielle orientierten Welt und unterbricht damit die als natürlich empfundene Fortsetzung des göttlichen Willens in den menschlichen Angelegenheiten.

---

443 Vgl. Tocqueville, Drafts, Yale, CvH, Paquet 3, Cahier 4, S. 10–11.
444 Vgl. zu Tocquevilles Behandlung der Rolle des Religiösen u. a.: Hugh Heclo: Christianity and Democracy in America, Harvard 2007.
445 Vgl. Hebert, 2008, S. 534. Als kurzer empirischer Verweis sei an dieser Stelle eingeworfen, dass bürgerschaftliche Teilhabe hier begrifflich die Gesamtheit der wahlberechtigten Bevölkerung einschließt, in den USA ab 1830 gültig, jedoch auf die männliche steuerzahlende Bevölkerung beschränkt, gleichzeitig föderalem Recht unterworfen. Ausschlussrecht galt für Nicht-Protestanten, Frauen, bestimmte Immigrantengruppen, indianische Bevölkerungsgruppen, dies wiederum unterschiedlich nach Bundesstaat. Vgl. Michael Holt: Political Parties and American Political Development: From the Age of Jackson to the Age of Lincoln, Louisiana State University Press 1992, S. 6.

Ein auf das Rationale orientierter Individualismus entfernt uns von den weitergehenden Möglichkeiten seelischen Empfindens, er entfremdet geradezu die Seele von ihrer Befähigung, nachzusinnen über die höchststehenden Dinge und Einzeltatsachen in der Natur – von jenen Bestandteilen der Seele, worüber wir einen Eindruck gewinnen „von der Natur des Menschen und Gott selbst"[446]. Diese Bestandteile finden ihren Ausdruck im Hervortreten spezifischer Bedürfnisse und Freuden; sie werden geleitet von einem uns nur halbbewussten Einfluss eines vagen, aber dennoch unauslöschlichen Instinktes, welcher uns dergestalt orientiert, dass wir in Relation zu einer als natürlich empfundenen vorgeschriebenen Ordnung der Dinge leben.[447]

Indem eine Gesellschaft sich zunehmend von diesem *metaphysischen* Empfinden abwendet, ein rationaler Individualismus von ihrer Befähigung zum Selbstbegriff Besitz ergreift, verliert sie den Zugang zu jenem verborgenen Bereich, in dem sie noch, philosophisch begründbar, zur *Besinnung kommen kann*.[448]

Das allgemeine Wohl wird zwar vordergründig über die allgemeine Befähigung zu materiell begründbarem (Wohlstands-)Streben legitimiert, besteht jedoch unmittelbar darin, an politischen Verhandlungen *teilhaben zu können*, mit allen hieraus entstehenden und ableitbaren Konsequenzen.[449] Demokratie kann nicht abstrakt bleiben, sie bedarf unmittelbarer und alltäglicher Vergegenwärtigung zur Selbstversicherung des Handelnden selbst, wie auch der Vermittlung unmittelbar präsenter, lebendiger demokratischer Zusammenhänge. Schließlich leidet sie im Gegensatz zur Monarchie an der Abwesenheit repräsentativer Bilder und Figuren, die ein Grundverständnis dieser Ordnung nach außen tragen, hat keinen Zentralsitz und scheint zunächst nicht in der Lage, wie diese Bild und Begriff zusammenzuführen.[450] Hannah Arendt hat diesen Komplex der Selbstvergegenwärtigung über den Komplex des Handelns in der Argumentationsführung der *Vita activa* zusammengefasst; ihre Hinführung zum Selbstbegriff des

---

446 Tocqueville (Mayer), S. 456, 520.
447 Tocqueville (Mayer), S. 89, 225, 417, 505.
448 Vgl. Tocqueville (Mayer), S. 433 ff.
449 Auf der ersten Ebene sicherlich zunächst die Möglichkeit des direkten Austauschs mit Protagonisten/Akteuren, die dem unmittelbaren Lebensumfeld entstammen, fortgesetzt der Marktplatz, die Bürgerversammlung, das Bürgergespräch nach dem Kirchgang, dann die stärker formalisierten Formen, aus denen sich schließlich zunehmend (politische) Selbstorganisation identifizieren lässt. Damit ist es auf der ersten Ebene oder im unmittelbar-interpersonalem Handlungs- und Wirkungsraum die erste Interaktionsinstanz, die auf kollektive Mechanismen abstellt.
450 Die Erscheinungsform der Präsidialdemokratie und die teils zentralistischen Strukturen (Frankreich) sind Ausdruck dieses Mangels, vgl. Boesche 2001, Aron 1962.

Handelnden als Ausdruck rationaler Selbstbestimmung ähnelt der stillen Auseinandersetzung Tocquevilles mit dem kritischen Rationalismus.[451]

Ereignisse, die durch Handeln entstanden sind und jederzeit die Ereignishäufigkeit des absolut Unerwarteten belegen, zeigen die Notwendigkeit, nicht immer infolge eines Kalküls mit Konsequenzen zu denken, sondern sich auf das *unendlich Unwahrscheinliche* aus der Konsistenz der Wirklichkeit menschlicher Angelegenheiten einzulassen, um einen Prozess der unbedingten Selbstvergegenwärtigung zuzulassen, aus dem die Kontingenz fortlaufender Handlung entspringt.

Die Wahrnehmung von Merkmalen und ihre Einbettung in den kritischen Diskurs ihres Zustandekommens und ihrer Interdependenzen setzt ein allgemeines Einverständnis hinsichtlich ihrer Ursprungsgründe voraus: Die Grenzen ihrer Handlung[452] wiederum sind nicht künstlich gezogen, sondern ergeben sich aus Regeln, die so allgemein akzeptiert werden, dass ihre Einhaltung in die Vorstellung von dem, was menschliches Wesen konstituiert, Eingang gefunden hat. Es sind Regeln, die nicht durch ein Gericht oder eine souveräne Körperschaft außer Kraft gesetzt werden könnten[453], da sie aus der Gemeinschaft heraus begründet

---

451 „Die im Bereich des Herstellens berechtigte Vorstellung, daß nur das wirklich sein wird, was ich im Begriff stehe zu machen, wird ständig widerlegt durch den Gang der Ereignisse, die durch Handeln entstanden sind und in denen sich nichts häufiger ereignet als das absolut Unerwartete. (...) Im Modus des Herstellens zu handeln, beziehungsweise in der Form eines Kalküls mit Konsequenzen zu denken, heißt, das Unerwartete und damit das Ereignis selbst auszuschalten, da es unvernünftig oder irrational wäre, sich auf das einzurichten, was nichts mehr ist als ein unendlich Unwahrscheinliches. Da aber auf dem Gebiet menschlicher Angelegenheit das Ereignis die eigentliche Konsistenz der Wirklichkeit und darüber hinaus sogar das Wirklichwerden eines Wirklichen konstituiert, ist es höchst unrealistisch, gerade mit ihm nicht zu rechnen, d. h. nicht darauf gefaßt zu sein, daß sich etwas ereignen wird, was kein Kalkül vorausgesehen hat." Arendt, Hannah: Vita activa oder Vom tätigen Leben, Piper Verlag 2003, S. 382 ff. Alles, was das Kalkül nicht bestimmen oder erreichen kann, sieht Tocqueville im Glauben verbunden mit der Handlungsnotwendigkeit der tätigen Bürger. Wenn wir in Relation zu einer schließlich durch den Schöpfer vorbestimmten, natürlichen Ordnung der Dinge leben, geht damit auch eine Form der Selbstbeschränkung einher, gegen deren Überwindung auch die Beharrungskräfte des Traditionalen wirken.

452 Der (kollektiv) beteiligten Protagonisten, Körperschaften.

453 Sollte dieser Fall eintreten, wird der natürliche Fortbestand einer etablierten demokratischen Ordnung in seinen Grundkonstituenten gestört. Diese Störung wirkt in zweierlei Richtungen: Sie ist ein Hineinwirken in die Legitimität demokratischen Handelns, das in den Rechtskörper hineinwirkt und über die Gesetzgebung seine fortlaufend aktualisierte Festlegung in Form allgemeiner Verbindlichkeiten erfährt, zeigt also über den Umkehrschluss die Wesensmerkmale der bestehenden Ordnung; und sie demaskiert die eigentlichen Absichten desjenigen, der diese als natürlich empfundenen Abläufe stört, gleich welcher rhetorischen Abschottung seiner Handlungen von der öffentlichen Prüfung er sich auch bedient. Eine weitere Spielart ist denn auch das nicht verfassungsgemäße Handeln in Ländern, deren Verfassung sie als demokratisch ausweist. Hier kann sich zu jedem Zeitpunkt die wachsende Diskrepanz zwischen verfassungsmä-

und nicht abhängig von der Urteilsfähigkeit einzelner Körperschaften sind: Sie entwickeln sich zu ihnen und doch an ihnen vorbei. Diese Befähigung erklärt sich aus dem Unterschied zwischen geistiger und politischer Organisation und den jeweiligen Charaktermerkmalen. Welche sozialen Gruppen welcher Art Wesenheit über ihre Handlungsaktualität jeweils nach außen tragen, kann dann auf Merkmalsstrukturen zurückgeführt werden, deren Ausfluss, in Kausalmechanismen orientiert, ihre Instanzsetzung im politisch-sozialen Umfeld bedingt.

Der Charakter ihrer geistigen und politischen Organisation ist somit zu unterscheiden, wenn Tocqueville nach den Strukturmerkmalen auf die ihnen ureigentlichen Modalitäten zu sprechen kommt. Wir nähern uns damit zusehends einem Bild, in dem Demokratie weniger eine bestimmte Form von Regierung ist, sondern vielmehr ein Ausdruck politischer Urteilsfähigkeit, welcher außerhalb staatlicher Institutionen wirkt.[454]

Die liberalen Begleiterscheinungen des unablässigen Vordringens oder Vorhandenseins der Gleichheit treten in den publizierten Ausführungen Tocquevilles weniger stark hervor als in den Notizen zu den entsprechenden Schwerpunktkapiteln. In seiner Arbeitsvorlage notiert er: „Die liberalen Tendenzen der Gleichheit – kein Respekt. Keine Immobilität. Mannigfaltigkeit und Verschiedenheit des Verlangens. Mobilität der politischen Welt."[455] In dem veröffentlichten Kapitel werden diese Notizen zusammengefasst im Ausdruck der „Liebe zu Unabhängigkeit".[456] In weiteren Ausführungen – an sich selbst gerichtete Anweisungen zu Struktur und Methodik der Untersuchung – treten bei Tocqueville interessante Nuancierungen dieser allgemeinen Zusammenfassung zutage:

ßig garantierten Rechten und Lebenswirklichkeit über die Einforderung ebenjener Rechte zu einer allgemeinen Bürgerbewegung hin entwickeln – den wachsenden Widerspruch, der schließlich als vollständiger Legitimitätsverlust empfunden wird begleitet eine anschwellende Gegen-Instanz-Bewegung. Ihre Protagonisten tun nichts anderes, als den Widerspruch zwischen gelebter Ordnung, Verfassungsanspruch und (politischer) Wirklichkeit in eine wachsende kritisch-rezeptive Öffentlichkeit hineinzutragen, deren Selbstorganisationsfähigkeit im Fortlauf über den Erfolg der Gegen-Instanz-Setzung entscheidet, deren Ausgang wiederum politisches Handeln ist.

454 Hierüber lässt sich auch der Unterschied zwischen Tocqueville und Mill stärker herausarbeiten – wo der eine sich bewusst in eine Tradition des politischen Liberalismus stellen möchte und Tocqueville mittelbar zur Gefolgschaft auffordert, lehnt dieser eine solche Vereinnahmung strikt ab und lässt die Schreiben Mills zunächst unbeantwortet. Vgl. Aurelien Craiutu: Tocqueville and the political thought of the French doctrinaires (Guizot, Royer-collard, Remusat), verfügbar via http://bit.ly/hMatHr.

455 Vgl. Yale, CVIa, tome 4, in: „Equality naturally gives men the taste for free institutions".

456 Vgl. Tocqueville (Mayer), S. 667 f.

„Beginne mit der Etablierung der ersten Neigung der Gleichheit zu individueller Unabhängigkeit und Freiheit. Zeige daß diese Tendenz bis zur Anarchie führen kann. Im Allgemeinen fürchten die Menschen zuvorderst die demokratischen Tendenzen und ich halte dieses Element für das bedeutendste und das erlösende, das uns die allgemeine Gleichheit läßt. Ende mit dem Hinweis daß dies dennoch nicht die stärkste und gleichmäßigste Tendenz ist, welche die Gleichheit suggeriert. Durch alle anarchisch aufgeladenen, im Individualismus begründbaren Phasen hindurch bewegen sich demokratische Völker unablässig in Richtung zentralisierter Macht."[457]

Der kurze Rekurs zu den Merkmalen ihrer geistigen Organisation nach den eingangs entwickelten Strukturmerkmalen ihrer gesellschaftlich-politischen Organisation erweitert an dieser Stelle den Blick auf die partizipatorischen Wesenszüge der demokratischen Ordnung als Prozessphänomen und erlaubt einen Erkenntnisweg von den äußeren, augenscheinlichen, allgemein wahrnehmbaren, aber nicht immer zuordenbaren Phänomenen hin zu den inneren Bewegungs- und Antriebsgründen und von dort auf die konstituierenden Elemente: Dieser Weg erlaubt eine beständige Verifizierung der Tocqueville'schen Systematik anhand der jeweils hinzugenommenen Protagonisten der Ideengeschichte, deren Theoriekomplex sich auf einzelne Phänomenbereiche bei Tocqueville abbilden lässt und zur weiteren Aufschlüsselung und Systematisierung dienen kann.

Die zugrundeliegende Idee hierbei ist, dass zum Zweck der Beweisführung und Systematisierung im Außen und Innen der neuen demokratischen Ordnung, in einer gewissen Typisierung und im Festmachen allgemeiner Phänomene in einem systematischen Komplex im Wesentlichen die Vorarbeit zweier Autoren dienen kann: René Descartes und die tiefgründige Auseinandersetzung Tocquevilles mit der Idee des rationalen Individualismus (im Innen) einerseits, Montesquieu und die grundsätzliche Auseinandersetzung mit den konstituierenden Elementen demokratischer Ordnung im Außen andererseits. Die jeweilige Behandlung der genannten Phänomenkomplexe soll hierbei nicht auf den Rang von Stichwortgebern künstlich reduziert werden, und sie kann es auch gar nicht: Beide Autoren sind für die Genese des Tocqueville'schen Œuvre, für seine Systematisierung der allgemeinen Erfahrung und der Phänomene, aus deren Vorhandensein sich Erstere prägt, wesentlich. Michael Hereth liefert hier in Rückgriff auf Hennis einen exzellenten Verweis, wenn er schreibt, Tocqueville habe große Teile seines Werks in kritischer Auseinandersetzung mit Montesquieu geschrieben.[458]

457 Drafts, Yale, CVk, Paquet 7, Cahier 2, S. 44. Vgl. DiA, hrsg. v. Mayer, S. 667 f., 687–689, 701 f.
458 Vgl. Hereth 2007 (unveröffentlichter Aufsatz, siehe Anhang). Vgl. Hennis, Wilhelm, La „scienza politica nuova" di Tocqueville, 38 (186) Comunita 87 (December 1984). Ders.: Tocqueville's Perspective: Democracy in America: In Search of the „New Science of Politics", 16 (1),

7.2 Weshalb Descartes und Montesquieu?

Weshalb nun eine stärkere Annäherung an das Werk zweier wesentlicher Protagonisten der philosophischen Ideengeschichte als bislang vorgesehen? In freier Auseinandersetzung mit den Thesen Tocquevilles zu arbeiten verführt leicht zu jener weitverbreiteten Form von auf dem argumentativen Grundgerüst des Autors aufsetzenden Partikulardiskussionen. Wie zu Beginn vorliegender Arbeit angemerkt, hat eine stärker gegenwartsbezogene Aktualisierung von Teilen seines Werks oder der reine Bezug zu Gegenwartsthemen ihren eigenen Reiz und belohnt Autor und Publikum mit oft erfrischenden Einsichten. Beide Entwicklungsrichtungen – auf das Werk Tocquevilles oder auf die entsprechenden Gegenwartsphänomene gerichtet – illustrieren sicherlich auch mittelbar die fast zeitlose Aktualität der Ideen eines jungen Interpreten welthistorischer Phänomene. Was uns aber interessiert, ist nicht der Mensch Tocqueville oder was in den wechselhaften Zeitläufen seiner Welt ihn in welchem Einzelbereich wie beeinflusst hat, sondern *die erste moderne Demokratietheorie* unserer Zeit und sein Weg, der Weg seiner Methode und ihre Einflüsse, wie sie uns über ihre Systematisierung deutlich werden.

Ihre einzigartige Mischform von edukativ-analytischem Anspruch, visionärem Denken und einem systematisierenden, gleichzeitig elegant gezeichneten Bild der modernen Demokratie und ihrer Ambivalenzen fordert eine angemessene, ausgewogene Stellungnahme.

Tocqueville sucht nicht den Bruch mit anderen Größen der Geistesgeschichte, er möchte nicht mit einem völlig neuen Entwurf hervortreten, wohl aber mit einem vollständigeren Bild eines Weltphänomens in seiner ganzen Uneigentlichkeit als jemals zuvor geschehen:

„Man kann sich davon überzeugen, wenn man alle Autoren, die sich mit den soeben genannten unterschiedlichen Stoffen befassen, untereinander vergleicht und darauf

---

Interpretation S. 61–86 (Fall 1988). „Gewiß steht der Jüngere in einer gewissen Nachfolge des 116 Jahre – und was für Jahre – vor ihm Geborenen. Aber religiös, philosophisch, nach der Stellung in der Gesellschaft, der Erfahrung, die beide Denker zu bewältigen suchen, trennen sie Welten, ‚eine völlig neue Welt bedarf einer neuen politischen Wissenschaft' – ich bin sicher, daß dieser berühmte Satz, der ja auch ein Urteil über die alte politische Wissenschaft enthält, im Kern auf Montesquieu zielt. Im Amerikabuch gibt es eine ganze Reihe von Passagen, die etwa so beginnen: ‚Ich rede nicht von …' – und dann folgen beiläufige Montesquieu-Topoi, die Tocqueville als unbestrittene, nicht weiter des Aufhebens werte Allerweltseinsichten einordnet", in: Hennis, op. cit., S. 81.

achtet, wie sie sich, so entfernt sie auch voneinander zu stehen scheinen, dennoch die Hände reichen und einander unablässig beistehen."[459]

Einigen reicht Tocqueville augenscheinlich nachdrücklicher die Hand als anderen, und diesem aus Sicht des Autors wesentlichen Kreis soll größere Aufmerksamkeit zuteilwerden. Sicherlich ein Wagnis, aber interessant und fordernd ist hierbei die Idee, neben all den ungezählten Apologeten einer demokratischen Moderne und ihrer Einzeltatsachen Protagonisten der Ideengeschichte in ihrem Werk so anzusprechen, dass die Werkimmanenz gewahrt und der systematisch-theoretisierende Blick geweitet wird auf die zugrundeliegenden ersten Gründe und Tatsachen.[460]

Dieser Blick und die hierauf folgende systematische Erschließung des Werkkomplexes ist dabei deutlich zu unterscheiden von den ideengeschichtlich orientierten Aktualisierungswerken, wie wir sie bei Riesman[461] oder aktuell in zwei Erscheinungsformen bei Levy[462], als Versuch der Wiederholung der Reiseroute und Aktualisierung des europäisch verortbaren Amerikabildes, oder bei Putnam[463] als Einbindung in die aktuelle soziologische Diskussion finden.

Ziel eines *dritten Weges*, jenseits der ideengeschichtlichen Aufarbeitung, Einbindung in die fachwissenschaftliche Diskussion oder der Belebung einer Partikulardiskussion, muss die Rückführung auf den eigentlichen Wirkungskomplex und die Herausstellung der Eigenständigkeit der formulierten Thesen sein. Hieraus entwickelt sich, den natürlichen Entwicklungsgängen folgend, die Frage nach Herangehensweise und Methodik. Die Einbettung in den zugrundeliegen-

---

459 Vgl. Tocqueville: Correspondence and Conversations of, with Nassau William Senior, 1834–1859, hrsg. v. M. C. M. Simpson. New York 1872, S. 68.

460 In der Geschichte der Werkrezeption Tocquevilles ist dies eine der etablierten Maßnahmen, um seinem Theoriekorpus auf vergleichender Grundlage Gestalt zu verleihen. Es gibt verschiedene Arten, unter Zuhilfenahme von Protagonisten aus der Ideengeschichte eine validierte Gestaltwerdung der Ideen Tocquevilles zu erreichen: Beginnend mit thematischen Vergleichen (Tocqueville und ... Religion / Gesellschaft / Natur der Demokratie etc.) führt sie über die generierten Paradigmen umstandslos zu konkurrierenden Deutungsversuchen in der Ideengeschichte und ihren jeweiligen Vertretern. Diese Verortungsversuche stellen in der Deutung des Tocqueville'schen Vorgehens die eigentliche Herausforderung dar: Man muss nicht allein den Werkkorpus bei Tocqueville, sondern auch über die Hinzunahme ausgewählter Stellungnahmen deren Aussagegehalt so dekodifizieren, dass eine weitergehende Erhellung der Tocqueville'schen Methodik zu erwarten ist. Die Idee zu einer derart gelagerten Vorgehensweise verdankt sich direkt der methodischen Schwerpunktsetzung von Martin Hecht (vgl. Hecht 1998).

461 Riesman, David: Die einsame Masse: Eine Untersuchung der Wandlungen des amerikanischen Charakters, Rowohlt 1960.

462 Vgl. Bernard-Henri Lévy: American Vertigo: Traveling America in the Footsteps of Tocqueville, Random House, New York 2006. Vgl. ebenfalls seinen Kommentar in The Atlantic Monthly, verfügbar unter http://bit.ly/gBRYP2.

463 Vgl. Putnam 2006.

den Themenkatalog und Fragekomplex hinsichtlich der hineinwirkenden Protagonisten und ihrer Werke lässt sich dann wiederum in zwei Fragekomplexe aufteilen: antizipierter Werkkomplex bei Tocqueville unter Zuhilfenahme der Leitideen und der Einbettung in die allgemeine Wirkungsgeschichte zum einen, tatsächlicher Werkkomplex auf Grundlage der aktuellen Diskussion, Hervorheben der Unterschiede zwischen antizipierten Ideen und aktualisiertem Rahmen des theoretischen Komplexes unter Zuhilfenahme der Fachdiskussion zum anderen.

An einem Beispiel, hier bei Montesquieu illustriert, lässt sich dieser Prozess wie folgt darstellen: Bereits bei den Präliminarien dieser zunächst einmal wirkungsgeschichtlich orientierten Diskussion lassen sich Unterschiede zwischen dem antizipierten Werkkomplex und dem uns heute geläufigen Bild der staatstheoretischen Diskussion bei Montesquieu finden.[464] Die *Antizipierung des Montesquieu'schen politischen Denkkomplexes* folgt wiederum bei Tocqueville einer bestimmten Perzeptionsrichtung, die nur einen Ausschnitt der gesamttheoretischen Diskussion abbildet und dem seinerzeit gängigen Bild folgt: Als Theoretiker der Mischverfassung und als Interpret des Gleichgewichts der Interessen in der zeitgenössischen Monarchie, beides auf die Diskussion der institutionellen Ordnung gewendet, begegnet uns Montesquieu.[465]

Als Kritikpunkte Tocquevilles erscheinen hierbei zum einen die Manipulation der Bürgerinteressen zum allgemeinen Nutzen und ihre ausgleichende Wirkung auf das Freiheitsstreben der Gesellschaft, zum anderen die Herstellung der (öffentlichen) Ordnung über den gleichen Prozessgang.

Die kritische Haltung Tocquevilles lässt sich leicht begründen: Manipulation ist hinsichtlich der notwendigen Authentizität[466] alles durchdringender Wirkungsprinzipien, wie sie Tocqueville erschließt, nicht hinnehmbar. Ein Weiterbestand monarchischer Komponenten ist selbst in der kompositiven Wesenheit unvereinbar mit dem Egalitätsprinzip der neuen demokratischen Ordnung, die auf nationaler Ebene klassische Elemente neu zusammensetzt und dabei lediglich einen Restbestand repräsentativer Institutionen erlaubt, die zentrale Ordnungs-

---

464 Hennis und Hereth haben vielfach auf die (stille) Auseinandersetzung Tocquevilles mit Montesquieu verwiesen, vgl. Hereth 1974, 2006; Hennis 1984. Erster augenfälliger Punkt ist natürlich die Aufbereitung des politisch-sozialen Komplexes beider Autoren sowie, hierauf folgend, die Einführung von Belegen aus Gegenwart und geschichtlicher Staatspraxis. Grundlegende Repräsentanzinstanzen stehen der Montesquieu den bedingenden Faktoren und Kausalmechanismen als grundlegende Merkmale des ‚Zwischen' bei Tocqueville gegenüber.

465 Vgl. Montesquieu, Charles de: Gesetze und Prinzipien der Politik, Pantheon Frankfurt 1949; ders.: Vom Geist der Gesetze, ders.: Meine Gedanken, DTV 2000.

466 Deren Vorhandensein direkt auf die Legitimation ausstrahlt und im Rekurs vernünftiges (Bürger-) Handeln belegt.

prinzipien nach außen hin abbilden.[467] Montesquieu begegnet uns in der zeitgenössischen Diskussion vorrangig als Interpret der Mischverfassung, das Bild seiner Arbeit ist im Wesentlichen durch seine Überlegungen über die englische Verfassung geprägt, die wiederum zum großen Teil unverändert in sein Hauptwerk Eingang fanden.

So kollidieren früh und grundsätzlich zwei grundverschiedene Herangehensweisen an ein Phänomen, dessen Grundbestandteile so verschieden gar nicht waren.[468] Als Hinweis darf hier die Stellungnahme William Henry Georges' dienen, wenn er schreibt:

> „So long as society was pulverized as a result of the French revolution the half of Montesquieu's political creed lay in the discard. But when syndical chambers and mutual aid societies in France began to give to society ‚bodiness', the neglected half was reclaimed and the idea of intermediate bodies as a check on power sprang up. (…) the contribution made by de Tocqueville consists in his comparison of the corporative society of the ancient régime with the new, individualized and democratized society of America and the deduction there from of certain conclusions (…). He found on the one hand a pulverized society – isolated individuals striving after equality – and on the other a centralizing tendency gravitating toward despotism (…) Isolation and despotism were the fruit of revolutionary planning. Individualism and Jacobinism, Locke and Rousseau, had met and kissed mutually. The remedy, he thought, lay in a revival under a new form of the secondary bodies of the ancient régime – *a reintroduction of a modified corporative society even with a public law status.*"[469]

7.3 Repräsentation als durchleitendes Handlungsprinzip und Abkehr von den antiken Vorbildern

Dieser Grundkomplex verschiedener Bestandteile, aus denen sich der allgemeine Phänomenkomplex erhebt, verlangt jedoch nach einem allgemeinen Begriff hinsichtlich seiner Verfassungsform, und dieser allgemeine Begriff lässt sich an

---

467 Und einem gewissen Kreis ihrer Bürger prägnante Orientierungspunkte für die Verortung politischen Handelns gibt.

468 Dieser Punkt ist in der Rezeptionsgeschichte durchaus strittig, kann man doch unterscheidend etwa von einem zeitlos präsenten Wesensgehalt einer modernen Demokratie als Zustand in der Wirklichkeit sprechen und hierüber den Vergleich zu den antiken Bildern, konkurrierenden Modellen zeitgenössischer Interpreten und in der Gegenwart vornehmen. Vgl. Lijphart 1999, Putnam 2002.

469 George, William Henry: Montesquieu and de Tocqueville and Corporative Individualism, in: The American Political Science Review, Bd. 16, Nr. 1 (Feb, 1922), S. 10–21. Published by: American Political Science Association Stable, verfügbar unter: http://www.jstor.org/stable/1943884.

dieser Stelle vor die Frage stellen, inwiefern wir von Demokratie sprechen, wo wir doch über eine föderale Republik verhandeln: Ungeachtet häufiger Bezugnahme auf die antiken Vorbilder Griechenland und römische Republik wird in Amerika schließlich ein strikter, unwiederkehrbarer und sehr grundsätzlicher Bruch mit dem antiken Vorbild vollzogen.[470]

Thomas Jefferson spricht 1816 von der Frage nach dem Erhalten der Freiheit in Gegensatz zu der Idee persönlicher Freiheit[471], und die andernorts mäandrierende Diskussion Tocquevilles zielt in ihrem Wesensgehalt auf die gleiche Frage, der nach dem Regierungssystem im Allgemeinen und den Modalitäten vor Ort, in Alltag und Identität der Bürger, über die sich Freiheit und Gleichheit in ihrer Eigendynamik und Ambivalenz in Gleichklang halten lassen: In der repräsentativen Demokratie Amerikas hat die antike Demokratieform jeglichen Bezug verloren und ist nur mehr ferne Ahnung, deren Ablösung praktische Selbstvergegenwärtigung vollzogen hat.

Auch wenn in der öffentlichen Diskussion diese Unterscheidung oft unterlassen worden sein mag und dies bis in die Gegenwart gelten mag (und wohl ein grundsätzliches Merkmal jeglicher Form öffentlicher Auseinandersetzung ist, in deren Verlauf der Begriff des Kapitals, des Arbeiters oder des Sozialen wechselseitig in Stellung gebracht worden ist), ist in verschiedenen programmatischen Schriften diese Wahrnehmung bereits in der zeitgenössischen Diskussion nachgewiesen, so etwa 1777 bei Hamilton[472] und 1811 bei de Tracy[473], bei Letzterem interessanterweise über einen Kommentar zu Montesquieu.

---

470 Vgl. hierzu auch die aktuelle Diskussion um den Eingang des deutschen Föderalprinzips in die amerikanische Verfassungsgebung, vgl. u. a. Funk, Albert: Kleine Geschichte des Föderalismus. Vom Fürstenbund zur Bundesrepublik, Ferdinand Schöningh Berlin, 2011. Vgl. zu den äußeren Geschehnissen Robert Middlekauff: The Glorious Cause, Oxford University Press 1982, S. 153, sowie zu den internen Debatten insbes. Chernow 2004; Wolin 1989; Wood 1993: „The change from a deferential, monarchical, ordered, and static society to a liberal, democratic, and commercial one was astonishing, all the more so because it took place without industrialization, urbanization, or the revolution in transportation. It was a revolution of the mind, in which the concept of equality, democracy, and private interest grasped by hundreds of thousands of Americans transformed a country nearly overnight." In: Gordon S. Wood: The Radicalism of the American Revolution, A. Knopf 1992.
471 Vgl. R. B. Bernstein: Thomas Jefferson, Oxford University Press 2003, S. 78.
472 Vgl. Chernow: „(...) where Hamilton looked at the world through a dark filter and had a better sense of human limitations, Jefferson viewed the world through a rose-colored prism and had a better sense of human potentialities. Both Hamilton and Jefferson believed in democracy, but Hamilton tended to be more suspicious of the governed and Jefferson of the governors." Ron Chernow: „Alexander Hamilton", Penguin 2005, S. 627.
473 De Tracy, Antoine Louis Claude Destutt: Commentaire sur l'esprit des lois de Montesquieu, Lüttich 1817; Delaunay Paris, 1819, verfügbar bspw. unter http://bit.ly/fYyCsU; vgl. Lorenz, Ulrich: Das Projekt der Ideologie. Studien zur Konzeption einer „Ersten Philosophie" bei Destutt de Tracy, Frommann-Holzboog, Stuttgart 1994.

Hierbei wird insbesondere der Gegensatz zwischen einer Repräsentativdemokratie modernen Zuschnitts zu der Direktdemokratie antiker Prägung betont: Madison sieht die Gesamtidee über das Vorhandensein eines republikanischen Regierungssystems über die Zukunft entscheiden, dieweil in der Bundesverfassung der Begriff *democracy* überhaupt nicht vorkommt, sondern Artikel IV, 4 für die Einzelstaaten eine Form des *republican government* festlegt.[474]

Interessanterweise schreibt Adams hierzu später, angesichts der verwirrenden Vielzahl der Wortverbindungen und Einzelbegriffe zur Idee der Republik habe er nie genau begriffen, was denn nun der eigentliche Wesensgehalt sei. Seine Einschätzung mag als ein weiterer Beleg für die Besonderheiten eines Modells dienen, das auf tägliche Bestätigung konditioniert erscheint und nicht einer begrifflichen Systematik entspringt oder einem von wohlmeinend (oder auch manipulativ) tätigen Experten vorformulierten System entspringt. Dieser Eindruck lässt sich in anderen Quellen beliebig fortsetzen.[475] Als erster Interpret mit systematischer Weitsicht fügt Tocqueville diese beiden Begrifflichkeiten zusammen in der bereits erwähnten Zusammenführung der politischen und der gesellschaftlichen Ordnung in der DiA.

Tocqueville schließt von einem Prinzip des Handelns auf allgemeine Phänomene und führt diese in ihren verschiedenen Erscheinungsformen auf das zugrundeliegende Phänomen als Wirkungsprinzip zurück: Montesquieu etabliert kein durchleitendes Handlungsprinzip, sondern schließt aus dem Wirkungsgeflecht bereits bestehender Institutionen auf notwendige Prinzipien und Modifika-

---

474 Im Original: „The United States shall guarantee to every State in this Union a Republican Form of Government, and shall protect each of them against Invasion; and on Application of the Legislature, or of the Executive (when the Legislature cannot be convened) against domestic Violence", verfügbar unter http://1.usa.gov/gCiJcl.
475 Vgl. Nippel, 2008, S. 149 f.: „(...) nachdem es nach der Etablierung der Bundesverfassung am fundamentalen Unterschied zur Antike keinen Zweifel mehr gab, konnte auch der Demokratiegedanke mit dem Repräsentationsprinzip versöhnt werden. Dafür stellvertretend eine Äußerung von Jefferson, zur Rolle des Volkes, das seine Vertreter wählt, aber nicht selbst regiert: ‚we of the United States are [...] constitutionally and conscientously democrats.' Bei seinem Amtsantritt hatte Jefferson noch gesagt: ‚We are all Republicans, we are all Federalists' John Adams hatte schon 1806 beklagt, dass Jefferson in seiner Präsidentschaft aus einem quasi or mixed government in virtue, spirit and effect eine Demokratie gemacht habe. Die von Jefferson 1792 gegründete demokratisch-republikanische Partei nahm schließlich in der Zeit der Präsidentschaft von Andrew Jackson 8129–1837 den Namen ‚Demokratische Partei' an. Jackson profiliert sich als self-made man, als Vorkämpfer der Demokratie, setzt in seinem Wahlkampf auf die direkte Ansprache der Bürger und profitiert direkt von der zwischenzeitlichen Ausweitung des Wahlrechts in einzelnen Staaten. In seiner Regierungszeit, in der de facto die Stellung des Präsidenten im Verfassungssystem dauerhaft etabliert wird, spricht man sogar von einer ‚Jacksonian democracy'.

tionen, deren Folgen das Handeln der nach Macht strebenden Akteure im Sinne einer freiheitlichen Ordnung in Balance halten sollen.

Wettstreit und Perfektionierung ist damit bereits von der interpersonalen Ebene abgetrennt und wird in die unterschiedlichen Funktionsbereiche der staatlichen Ebene verlagert. Die Vielfalt der Gesetze und Institutionen soll der Vielfalt der über sie organisierten Gesellschaft und ihrer Protagonisten entsprechen, stets an den gesellschaftlichen Realitäten orientiert und einem individuellen Kontext unterworfen. Es sollen nicht Regeln formuliert werden, die universellen Geltungsanspruch besitzen, sondern aus der genauen Beobachtung des je eigenen Volksgeistes entspringend: „Besser würde man sagen, der Natur komme jene Regierung am nächsten, deren Besonderheit am besten auf die Besonderheit des Volkes bezogen ist, für das sie gedacht ist."[476]

Dieses institutionelle Arrangement wird von der List der Vernunft als inneres Leitprinzip getragen und hat die Idee der Ehre als subjektives Motiv. Aus Sicht Tocquevilles arbeitet sie sich damit an der Oberfläche des handlungsleitenden Strebens ab.

Aus Sicht Montesquieus bindet und konditioniert der institutionelle Rahmen die subjektiven Wirkungsnormen entlang der geschilderten Kernbegriffe, die als handlungsleitende Prinzipien in einen allgemeinen Vernunftgedanken münden:

> „Die Ehre setzt alle Glieder des politischen Körpers in Bewegung; sie verbindet sie durch ihr Handeln selbst und ein jeder, im Glauben, sein Eigeninteresse zu verfolgen, trägt zum Gemeinwohl bei."[477]

Der Weg der (konditionierten) Bindungskräfte geht hier also von außen nach innen und bleibt in diesem Außen auf die intermitte Verbindung angewiesen, will er den Korpus institutioneller Arrangements erhalten. Dieses Arrangement behindert nicht die großen Anstrengungen der Protagonisten, in ihrem handlungsleitenden Streben nach Anerkennung sich hervorzutun, setzt diesem Prozess jedoch bereits von Anfang an bekannte und bewusste Grenzen, welche von einer höheren Entität, mithin der Monarchie, konditioniert wurden.[478]

---

476 Vgl. Montesquieu: Vom Geist der Gesetze (1748, Auszüge aus Buch 1 und Buch 2), aus: Montesquieu, Charles-Louis de Secondat, Baron de la Brède et de, Vom Geist der Gesetze, Auswahl, Übersetzung und Einleitung von Kurt Weigand, Stuttgart 1993, S. 100–105 und 216–230: Kap. 3: Über die positiven Gesetze.

477 Diese handlungsleitenden Prinzipien sind jedoch unterschiedlich normiert, vergleicht man sie mit ihrer Einbindung bei Tocqueville: Die Ebene des Ehrgedankens (mit sein Wirkungsvermögen) ist grundsätzlich unterschieden von der mehrdimensionalen Ebene (konditional belegter) Kausalmechanismen. Vgl. Reinalter, Helmut: Idee und Interesse I: Politische Ideen und Gesellschaftstheorien seit der frühen Neuzeit, Braumüller 2007.

478 Die Normierung (konditional aufladbarer) Bindungs- und Prozesskräfte setzt in ihrem Einfließen in den Korpus der Rechtsprechung ihre äußeren Grenzen, ist jedoch nicht an die (konzepti-

Leitend sind hierbei jedoch nicht primär die Idee der Kontrolle und damit die Nähe zu Überwachung, sondern der Beitrag und das förderliche Zusammenwirken mit dem Ziel der Vermehrung des allgemeinen Wohls. Problematisch erscheint hierbei der nahezu vollständige Verzicht auf bürgerliche Tugenden oder die Formulierung einer hineinwirkenden Sittlichkeit, welche ab einem gewissen Entwicklungspunkt in den allgemeinen Gesetzeskörper einfließen kann; der einzelne Bürger (nicht in der politischen Konnotation; heute: die sozialen *Agenten*) erscheint von Eigennutz und Ignoranz bestimmt, seine vielfältigen Bestrebungen im allgemein-öffentlichen Handeln müssen zu Ergebnissen gedrängt werden, deren Wirken dem Allgemeinwohl zugutezukommen vermag.

Bei Tocqueville gilt Amerika als das Modell für die in ihrer unauflöslichen Ambivalenz begründeten Erfolgsmöglichkeiten und Gefährdungen einer demokratischen Republik, sie erklären sich ihm dabei zunächst aus dem inhärenten Spannungsverhältnis zwischen *Freiheit und Gleichheit*. Die Demokratie ist repräsentativ, begründet sich auf Gesetze, gemeinsame Wertvorstellungen und zivilgesellschaftliche Assoziationen im weitergehenden Sinne und erscheint als materiell-nichtmaterielles Kompositum, dessen Attribute die modalen Wirkungserscheinungen von Freundschaft, Loyalität, Vertrauen und Partizipationsinteresse in der Wirklichkeit sind.[479] Der Unterschied zur Situation Frankreichs und

---

onelle) Grenze einer einzelnen Entität gebunden. Wie in den Gegenwartsdebatten zu Fragen hinsichtlich der zunehmenden Ablösung der Wahrnehmung des Einzelnen als Normsubjekt und in der Hinwendung zu Normierungsmaßnahmen in der Überführung des Einzelnen in ein durchgängig bemessbares Rechtssubjekt deutlich wird. Vgl. die Stellungnahme von Uwe Volkmann: Gute policey oder Das Recht als Vehikel der Mehrheitsmoral, Frankfurter Allgemeine Zeitung, 29. April 2008, S. 9.

479 Hier in Gänze der bereits auszugsweise angeführte Kommentar Tocquevilles, in dem die Selbstabgrenzung gegen die Idee der Mischverfassung vornimmt bzw. diese aus seiner Sicht aktualisiert vor dem Hintergrund einer erlebbaren demokratischen Moderne: „Vergleiche ich die griechischen und römischen Republiken mit denen Amerikas, die Handschriftenbibliotheken und den rohen Pöbel der ersteren mit den unzähligen Zeitungen, die Amerika durchpflügen, und mit dem geschulten Volk, das dort wohnt; und bedenke ich dann die Anstrengungen, mit denen man dieses [das amerikanische Volk] auf Grund von jenen [den Griechen und Römern] zu beurteilen sucht, und wie man aus dem, was vor zweitausend Jahren geschah, das Kommende unserer Zeit voraussehen will, so möchte ich am liebsten meine Bücher verbrennen, um auf so einen neuartigen Zustand nur neue Gedanken anzuwenden. Denn eine völlig neue Welt bedarf einer neuen politischen Wissenschaft." Vgl. weiterhin Nippel, 2008, S. 150 f.: „Angesichts der allseitigen Reklamation des Begriffs Demokratie im Revolutionsjahr 1848 sollte T. ausführen, er werde nicht dessen ‚griechische' Wurzeln aufdecken, um zu wissen, woher dieses Wort kommt. Ich werde die Demokratie dort suchen, wo ich sie lebendig, aktiv und triumphierend gesehen habe, in dem einzigen Land der Welt, wo sie existiert, wo sie heute in der modernen Welt etwas Großes und Beständiges schaffen konnte, in Amerika." (Nippel, 2008). Hier finde ich die einzige Demokratie, die heute in der Welt existiert, die einzige wahrhafte Republik, die man in der Geschichte kennt." (S. 150 f.) Der Impetus tritt hier überdeutlich hervor, zum einen die Übertragbarkeit auf ein Repräsentativsystem mit allgemeinem und freiem Wahlrecht, zum anderen die

Resteuropas tritt klar zutage, soweit man systemtheoretisch an die Entwicklung der zugrundeliegenden Ideen herantritt: In beiden Fällen ist die Demokratie antiker Prägung nur mehr ferne Erinnerung, jedoch mit unterschiedlichen Schlüssen; der Begriff ist unterschiedlich aufgeladen, gerade in den verschiedenen Verlaufsphasen der Französischen Revolution gab es durchaus eine regelrechte Antikebegeisterung, zumeist affektional und nicht von einer tiefergehenden Auseinandersetzung geprägt, und beileibe nicht in den Deliberationsprozess einer zielgebundenen Hinzunahme eingebunden, aber dennoch prägnant vorhanden. In Amerika prägt zeitweise der ideelle Bezug die Diskussion um die geeignete Verfassungsform, ist jedoch weit eher als Bezugnahme zu dem Widerstreit Europas zu sehen denn als Versuch der Anknüpfung.

Beiden Seiten ist die Idee einer welthistorisch einmaligen Neuordnung zu eigen, in deren Verlauf keine ernsthafte Wiederherstellung antiker Ordnungsprinzipien des politischen Raums zutage tritt. Die drei Ebenen der französischen Situation – innere Auseinandersetzung und Fraktionskämpfe, Radikalisierung der revolutionären Ereignisse und Abwehr von Oppositionskräften – sowie die äußere Abwehr europäischer Interventionsmaßnahmen ließen zu keinem Zeitpunkt einen kritisch-kontingenten Diskurs über die eigentlichen Ziele und den ideellen Korpus gedeihen, ganz im Gegensatz zu der allmählichen Ablösung, dem Ringen der amerikanischen Kolonien mit den geistig-organisatorischen Vätern ihrer Existenz, den europäischen Kolonialmächten.[480]

In Amerika begründet sich mit der Verfassungsgebung ein Staat als Modell auf fortlaufender Diskursvorlage, in Frankreich vollzieht die revolutionäre Umgestaltung der bestehenden Ordnung den gleichen Prozess, nur eben als diametral anders gelagerte Vertreter des anderen Idealtyps einer Neuordnung:

> „Die amerikanischen Republiken haben den in der damaligen Theorie beinahe noch neuen Gedanken in die Tat umgesetzt, daß es notwendig sei, ein regelgerechtes und

---

Ablösung der Demokratiediskussion vom jeweiligen politischen System und die Bezugnahme auf eine allseitig wirksame gesellschaftlich verortbare Dynamik, welche über die Abschaffung der Standesgrenzen auf Egalität gerichtet ist. Dabei genügt das scheinbare Gelingen dieses Experiments in Amerika, es stellt sich nicht die Frage nach einer Exportierbarkeit dieser Idee, vor allem nicht hinsichtlich des einen Europas im Gefolge der Französischen Revolution von 1789 (d.A.).

480 Vgl. hierzu auszugsweise die offen geführte Diskussion in den *Federalist Papers*, belegt über die Frage, inwiefern Faktionen im politischen Prozess eine Rolle spielen sollten, bzw. inwiefern sie hier überhaupt zuzulassen seien, was schließlich im Sinne von *powers to be* befürwortet wird, oder, auf einer anderen Ebene, der *one aggregate nation* oder der *compound republic*. Interessenvielfalt in der Großflächenrepublik zähmt Faktionen, deren Vorhandensein heute als Interessengruppenpluralismus betrachtet wird. Vgl. Adams, A. u. W. P. liv., F. Schöningh, Paderborn 1994.

friedliches Verfahren der Verfassungsreform gesetzlich festzulegen und diese Gewalt von der gesetzgebenden Gewalt zu trennen."[481]

Dieser Neuordnung steht die Deklaration des Menschen und Bürgers voran. Ihre Proklamation hat bis auf die Rechtswegegarantie großen Einfluss auf die französische Erklärung genommen, welche wiederum der Verfassungsgebung voranstand.[482] Diese Deklaration ist jedoch nur der allgemein bekannte Ausdruck eines schöpferischen, öffentlich ausgetragenen Diskurses über die Richtigkeit allgemein vereinbarter Ziele. Eine Fülle an konkurrierenden Streitschriften als Ausdruck einer Pamphletkultur und eine reiche publizistische (Zeitungs-)Kultur mit ihren Protagonisten *Americanus, Brutus, Agrippa* steht beleghaft für die Seite der Anti-Föderalisten.[483]

Die Hinwendung zur repräsentativen Demokratie erlaubt erstmals die Einbindung auch jener Kräfte, welche die arbeitsteilige Neugestaltung des ökonomischen Sektors hervorgebracht hat und welche in einer unauflöslichen Verschränkung der Dynamik des gesellschaftlich-politischen Sektors entspringt. Sieyes, von Mirabeau gepriesen als „derjenige, welcher der Welt die wirklichen Prinzipien der repräsentativen Regierung enthüllt hat", sieht die repräsentative Regierung als die einzige den Bedürfnissen einer ökonomisch fortgeschrittenen arbeitsteiligen Gesellschaft angemessene Form.[484]

Durch Tocquevilles Beschreibung eines demokratischen Amerika wird das Bild der Demokratie, wie von Mill beschrieben, von seinem antiken Urbild einer „reinen Demokratie" abgelöst und *auf die Existenzform repräsentativer Systeme*

---

481 Vgl. Condorcet, Marquis de: Freiheit, Revolution, Verfassung: Kleine politische Schriften, hrsg. v. Daniel Schulz, Akademie-Verlag Berlin 2010.
482 Vgl. Mirabeau, comte de Honoré Gabriel Victor de Riqueti, Essai sur le despotisme (1776), S. 155; Nippel 2008 ff. Wichtig an dieser Stelle noch einmal der Verweis auf Condorcet, insbesondere hinsichtlich der Idee der Amalgamierung, wenn er schreibt: „Die Amerikaner hatten weder eine feudale Tyrannei und erhebliche Klassenunterschiede noch reiche oder mächtige privilegierte Körperschaften und ein System religiöser Unduldsamkeit zu beseitigen und konnten sich deshalb darauf beschränken, neue Gewalten einzuführen und sie an die Stelle derjenigen zu setzen, durch die bislang die britische Nation über sie regiert hatte. Die Revolution in Frankreich mußte die gesamte Einrichtung der Gesellschaft erfassen, alle sozialen Beziehungen verändern. Die Franzosen erhoben sich zugleich gegen den Despotismus der Könige, die politische Ungleichheit der halbfreien Verfassungen, den Stolz des Adels, die Herrschaft, die Unduldsamkeit und den Reichtum der Priester und gegen die Mißbräuche des Feudalismus".
483 Hinter „Americanus" verbirgt sich John Stevens jr.; als „Brutus" (und „Anti-Federalist") schreibt (vgl. http://www.constitution.org/afp/brutus00.htm) Robert Yates, als „Agrippa" James Winthrop (Vgl. http://www.constitution.org/afp/agrippa.htm).
484 Vgl. Stern 2010, S. 45 f.

gewendet.[485] Damit wird auch die Trennung, ja Entgegensetzung von Demokratie und Republik, wie noch bei Kant entsprechend formuliert, zunehmend hinfällig: In der Frage nach den Vorbildern einer entsprechenden Verfassung treten die antiken Vorbilder weit zurück; auch die Festlegung direkter Demokratie auf despotische Regierungsformen (vgl. Aristoteles) im Gegensatz zu der Idee einer gewaltenteilig und repräsentativ verfassten Republik verliert sich, Demokratie und Jakobiner werden ihrer direkten Ineinssetzung entfremdet. Mazzini macht dies 1846 in seiner Erklärung deutlich, die in der repräsentativen Demokratie die tatsächlich moderne Form betont, die mit allen früheren Erscheinungen, insbesondere in der Spätphase der Französischen Revolution, nicht mehr als den Namen gemein hat.[486]

Die Repräsentativverfassung Amerikas wird so empfunden, als fülle sie durch die Spezifika ihrer Ausprägung das Vakuum, das der Abschied von monarchischen Strukturen hinterlassen musste, als „eine Art der Aristokratie", jenseits einer „Verfassung, welche die Griechen Demokratie nannten": Veredelte, regelmäßig repräsentative Demokratie, in Abgrenzung von einer unmittelbaren „reinen" Demokratie als einer „veralteten und halbbarbarischen Verfassungsform".[487]

Die Modernität Tocquevilles beweist sich erneut in diesem Punkt, erliegt er doch nicht der Versuchung, eine mittelbare Vereinbarung zwischen Monarch und Volksvertretung als Lösung der Repräsentativfrage anzusehen.[488] Die Frage nach der Anwesenheit einer Repräsentationsinstanz in mittelbarer Abwesenheit des Monarchen oder der Institutionen der Monarchie ist hier über die Diskussion der Einzeltatsachen hinaus eine zentrale. Die Kontingenz und Identitätsprägung einer neuen Ordnung greift ja nicht in ein Vakuum historischer Tatbestände, sondern entwickelt sich aus ihnen heraus: *Der Demos an sich wird zum Demos für sich*

---

485 Wobei hier nicht unerwähnt bleiben darf, dass der weite Demokratiebegriff Tocquevilles auch die gesellschaftlichen Verhältnisse, wie bereits vielfach erwähnt, miteinschließt. Dies hat in vorliegendem Punkt denn auch die gleichzeitige Kritik Mills hervorgerufen.

486 Vgl. Nippel 2008, 275; vgl. Christopher Alan Bayly: Giuseppe Mazzini and the Globalization of Democratic Nationalism, 1830–1920, Oxford University Press 2008.

487 Vgl. Ranke: „(...) jetzt erst bekam die Repräsentationstheorie ihre volle Bedeutung, nachdem sie einen Staat gebildet hatte. Dies war eine größere Revolution, als früher je eine in der Welt gewesen war, es war eine völlige Umkehr des Prinzipiums. Früher war es der König von Gottes Gnaden, um den sich alles gruppierte, jetzt tauchte die Idee auf, daß die Gewalt von unten aufsteigen müsse."

488 Gerade in Deutschland war diese Idee populär, vgl. u. a. Droysen, 1846: „Das amerikanische, mit der bewunderungswürdigen Verfassung von 1787 etablierte Bundesstaatsmodell kann sich auch in Europa, zumindest unter monarchischen Verfassungen, durchsetzen." Bei diesem Vergleich ist allerdings zu beachten, wie stark die Erfahrungen der nachrevolutionären Phase in Frankreich die Diskussion in Europa geprägt haben; darüber hinaus waren die spezifischen Kenntnisse über das amerikanische Modell sehr unterschiedlich ausgeprägt.

erst durch die Betrachtung seiner parlamentarischen Darstellung.[489] Erst die Einheitlichkeit parlamentarischer Repräsentation macht aus der puren Ansammlung von Individuen den Kollektivkörper einer als politisches Gemeinwesen organisierten Nation, dem *body politick* oder *corps politique*, denn aus der *collection* wird eine *collectivity*.[490] Die Einheit des demokratischen Souveräns konstituiert sich aus der politischen Repräsentation, sie verleiht der Idee der Nation Sinn und Form, *sens et corps*. Nur als Repräsentation existiert das versammelte Volk, denn anders kann die Gesamtheit aller Mitglieder sich nicht versammeln.[491] Die parlamentarische Verdoppelung des Volkskörpers ist Voraussetzung seiner Emanzipation, denn erkenne dich selbst heißt: „teile dich oder sei zwei".[492]

Das Ziel der parlamentarischen Repräsentation des Volkes ist es, „der Quelle der Souveränität eine Reflexion auf sich selbst" zu ermöglichen, eine Reflexion, die genau genommen diese Souveränität erst konstituiert. Erst durch die parlamentarische Repräsentation gibt sich der Gesellschaftskörper einen Kopf: „Voilà comment le corps social vient à se donner une tête".[493] Die politischen Akteure im Parlament, auf diese Weise Geburtshelfer des politischen Volkskörpers, partizipieren hierdurch aber auch an seinen Souveränitäts- und Sakralattributen – die mittelbare Abwesenheit des Souveräns ist, soweit die Repräsentationsfähigkeit kontingent legitimiert ist, geschlossen.[494]

Dass dies zu Lasten der *checks and balances* von Präsident und Kammern gehen kann, hat bereits Hobbes so beschrieben: „For it is the unity of the representer, not the unity of the represented, that maketh the person one."[495] Die Rolle

---

489 Vgl. Manow 2008, S. 70 f.
490 Vgl. Michael von Brück: Communion or Collectivity? Towards a Spiritual Reorganisation of Human Relationships. In: The Teilhard Review, Bd. 19 (1984), Nr. 2, S. 43.
491 Vgl. Sieyes 1975 (1789).
492 Vgl. Manow 2008, S. 72 ff.
493 Ebd.
494 Interessant, wenn auch an dieser Stelle nicht vorrangig, sind die hieraus hervorgehenden Implikationen für die Stellung des Präsidenten und der Außenpolitik Amerikas. Vgl. Aaron 1973, S. 374–387. Auszugsweise: „daß die vollziehende Gewalt in Amerika weniger stark ist als in Frankreich, rührt vielleicht eher von den Umständen als von den Gesetzen her. Die vollziehende Gewalt einer Nation findet hauptsächlich in den Beziehungen zum Ausland Gelegenheit zur Entfaltung ihrer Geschicklichkeit und ihrer Stärke. Wäre das Leben der Union ständig bedroht, wären ihre Hauptinteressen täglich mit denen anderer Völker verflochten, so nähme das Ansehen der vollziehenden Gewalt zu, gemäß dem, was man von ihr erwartet und ausführt. (...) muß man sagen, daß die Verfassung, von Männern entworfen, denen mehr an einer Beschränkung als an einer Stärkung der vollziehenden Gewalt lag, das außenpolitische Verhalten der Vereinigten Staaten unbeweglich oder unbeständig macht und einmal in dieser, einmal in jener Richtung über das Ziel hinausschießen läßt?" Vgl. auch die Form und Handhabung des *executive agreement* resp. der *executive order*.
495 Leviathan, XVI, 13.

des Mitautors ist dabei stets dem Kongress eingeschrieben, der als Versammlung politischer Unternehmer dem Kompass präsidialer Entscheidungen folgt.

Der Endpunkt der versammelten Institutionen als Reflexkörper der versammelten Bürgerschaft ist somit in seinen Entscheidungen der Versuchung ausgesetzt, zwar strukturgemäß den Kollektivkörper zu repräsentieren, im Einzelfall jedoch auch darüber hinwegsehen zu können. Die nötige Handlungsfreiheit gereicht auch zur Sorge um ihre kontingente oder nichtkontingente Einschränkungsfähigkeit, dies umso mehr, als die Verfassung der Vereinigten Staaten nicht langwierigen regionalen Machtverschiebungen entspringt, sondern einer fortgesetzten, von den Präliminarien der europäischen Diskussion abgesetzten Neufindung des politischen Körpers und einer bewussten Absetzungsbewegung von europäischen Strukturen.

Was bleibt, ist der starke Eindruck einer *Ablösung der Idee einer funktionsfähigen Mischverfassung*, da ihr Vorhandensein oder bereits die Anbahnung ihrer Etablierung an das Grundprinzip der kontingenten Repräsentation rührt: „Allein in dem Handeln des Repräsentanten manifestiert sich der Volkswillen, nur in diesem Handeln ist das Volk, d. h. hat es eine bestimmte und konkrete Existenz." Und weiter:

> „Die Definition, nach der Repräsentation bedeutet, ein unsichtbares Sein durch ein öffentlich anwesendes Sein sichtbar zu machen und zu vergegenwärtigen, ist dann insofern zutreffend, als die Nation durch ihr parlamentarisches Abbild nicht nur überhaupt erst in die Welt kommt, sondern sich dadurch auch dieses In-die-Welt-Kommens bewußt wird – erst hierdurch, wiederhol- und überprüfbar, gewinnt die Nation ein Bewußtsein ihres Selbst und konstituiert sich als vollständige Nation."[496]

Die Anwesenheit des Monarchen bricht mit dem Gebot der Kontingenz, mit der Idee der parlamentarischen Verdoppelung des Volkskörpers, der Voraussetzung seiner Emanzipation. Die parlamentarische Deklarationsautonomie darf nicht dem Veto des Monarchen unterworfen werden oder einem Arkanprinzip folgen, sie muss gleichmäßig aus dem kollektiven politischen Körper entwachsen und auf jeder Ebene politischer Repräsentation dem gleichen Maßstab unterworfen werden können. Diese auf den Phänomenalkomplex repräsentativer Demokratie orientierte Wahrnehmung, der Tocqueville in jedem wesentlichen Schritt folgt, erlaubt auch eine genauere Wahrnehmung des Demokratiebegriffs als solchen, zunehmend herausgenommen aus den Vereinnahmungstendenzen, wie sie der

---

496 „It is in this very operation of parliamentary representation that the nation keeps its distance from itself and it achieves self-awareness and is constituted reflexively as ‚complete nation' ", in: Heurtin, Jean-Philippe, 2005: The Circle of Discussion and the Semicircle of Criticism, in: Bruno Latour and Peter Weibel (Hrsg.), Making Things Public. Atmospheres of Democracy, Cambridge, Mass.: MIT Press, S. 754–769.

klassischen Begriffstradition entspringen.[497] Die Sorge um begriffliche Unschärfe und Vereinnahmung durch konkurrierende Gruppen von Interpreten findet sich in folgendem Zitat wieder:

„(...) der allgemeine Gebrauch der Worte ‚Demokratie', ‚demokratische Regierung' stiftet die größte geistige Verwirrung. Gelingt eine Klärung nicht, gerät dies zum Vorteil der Demagogen und Despoten. Man wird behaupten, daß ein von einem absoluten Fürsten regiertes Land eine Demokratie sei, weil der Fürst mit Hilfe von Einrichtungen regiert, die der Lage des Volkes entgegenkommen. Die Demokratie ist aber ihrem Wesen nach eng mit der Idee der politischen Freiheit verbunden. Ein Regierungssystem, in dem es keine politische Freiheit gibt, kann nicht als Demokratie bezeichnet werden. (...) Demokratie und Sozialismus verbindet nur ein Wort, die Gleichheit; aber beachten Sie den Unterschied: die Demokratie will die Gleichheit in Freiheit, und der Sozialismus will die Gleichheit zwangsweise in Unfreiheit."[498]

Das durchleitende Prinzip der Repräsentation – widergespiegelt in der Idee der zwei Freiheiten – wird von einem zweiten Moment begleitet: der Idee rivalisierender Interessen. Madison schreibt bereits in den *Federalist Papers*: Diese Politik, dem Mangel an besseren Motiven durch entgegengesetzte und miteinander rivalisierende Interessen abzuhelfen, könnte man *durch das ganze System der menschlichen Angelegenheiten hindurch, der privaten wie auch der öffentlichen,* verfolgen:

„Es mag ein Ausdruck des Mangels der menschlichen Natur sein, daß solche Kniffe notwendig sein sollen, um den Mißbrauch der Regierungsgewalt in Schranken zu halten. Wenn die Menschen Engel wären, wäre keine Regierung notwendig. (...) Bei der Planung einer Regierung, die von Menschen über Menschen ausgeübt werden soll, liegt die größte Schwierigkeit hierin: Zuerst muß man die Regierung dazu in die Lage versetzen, die Regierten zu kontrollieren; dann muß man sie dazu zwingen, sich selbst zu kontrollieren."[499]

Analog lässt sich sagen: Was im wirtschaftlichen Bereich die Konkurrenz ist, ist im politischen die Gewaltenteilung.[500] In den menschlichen Angelegenheiten bleibt die Differenz verschiedener und gegensätzlicher Interessen und Perspektiven bestehen. Ein geregeltes Spiel der Differenzen bezeugt und belebt diese

---

497 Vgl. Robert A. Dahl: A Preface to Democratic Theory, University of Chicago Press 2006, S. 124.
498 Rede in der Nationalversammlung, 12. September 1848; in: Alexis de Tocqueville: Kleine politische Schriften, hrsg. v. Harald Bluhm, Berlin 2006, S. 198 f.
499 Hamilton, Madison, Jay: Die Federalist Papers, hrsg. v. Barbara Zehnpfennig, Beck 2007, S. 320.
500 Ohne dieses Beispiel begrifflich überdehnen zu wollen: Die grundlegenden Unterschiede und der rechtliche Rahmen entziehen sich einem derartigen Vergleich.

Eigendynamik hinsichtlich einer lebbaren Ordnung. Wie bereits in Verweis auf die Existenz religiöser, sektiererischer Gruppierungen bemerkt, die sich ja in diesem fortlaufenden Wettbewerb auf das supererogatorische Grundelement ihres Ansinnens berufen können, tut sich hier ein Blick auf die Frage nach der wahren Ordnung in Abgleich zu einer auf ausgleichender Wettbewerbsorganisation konditionierten Lebenswelt auf: Menschliches Streben lässt sich zu keiner Zeit in einer einzigen gültigen Synthese zusammenfassen, wenn auch einzelne Glaubensgemeinschaften dies auf ihr Weltbild projizieren möchten. Die Teilung der Gewalten entspringt letztlich der Einsicht in die menschliche Unvollkommenheit; gäbe es beim Menschen eine *Einheit von Macht und Güte*, wäre sie nicht nötig. Diese aber gibt es nur in Gott: Diesem Bild folgt Tocqueville, wenn er von der Konditionierung der sittlichen Bestrebungen spricht und einen *eigentlichen Ursprungsgrund* menschlicher Wesenheit voraussetzt.

7.4 Die Einhegung der menschlichen Angelegenheiten

Von hier kann man direkt an den Punkt seiner Überlegungen zurückkehren, inwiefern eine Einhegung der menschlichen Unvollkommenheit jenseits der religiösen Sphäre geschehen kann. Tocqueville schreibt:

> „Der Mann aus dem Volke hat in den Vereinigten Staaten den Einfluß des allgemeinen Wohlergehens auf sein eigenes Glück erkannt – ein so einfacher und doch vom Volk so wenig begriffener Gedanke. Er hat sich außerdem daran gewöhnt, dieses Gedeihen als sein eigenes Werk anzusehen. So findet er im öffentlichen Reichtum seinen eigenen wieder, und er arbeitet für das Wohl des Staates nicht bloß aus Pflicht oder aus Stolz, sondern, ich möchte es fast sagen, aus Begehrlichkeit."[501]

Der diesen täglichen Angelegenheiten entspringende Konkurrenzsituation muss also ein legalistischer Boden bereitet werden, der ihren durchgehenden Bestand ordnen hilft: Nicht Kontrolle oder gezielte Einhegung steht hier im Vordergrund, sondern die Schaffung eines Rahmens, innerhalb dessen den Antrieben der Natur die Vernunftgründe entgegengesetzt werden können:

> „Man stelle sich eine Gesellschaft vor, deren Wesen oder Verfassung so geartet ist, daß sie die zeitweilige Wirkung schlechter Gesetze aushält und daß sie (...) das Ergebnis der allgemeinen Richtung der Gesetze abwarten kann"[502].

---

501 Ebd., S. 272 f.
502 DiA (Manesse), Bd. I, S. 267 f.

So, wie der Einzelne in sich selbst *eine Balance der Mächte schaffen muss*, setzt die gesetzgebende Repräsentativkraft diesen äußere Grenzen, auch in der Verhältnissetzung des Öffentlichen zum Privaten: Vor aller Beschreibung von Einzelmaßnahmen steht die genaue Definition desjenigen Bereichs, in dem politische Beeinflussung unterbleiben muss: In der amerikanischen Verfassung geschieht dies über die Formulierung der Menschenrechte und der Würde des Einzelnen, die geschützt werden muss. Diesem schützenswerten Bereich eingeschrieben ist jedoch auch die ungehinderte Ausübung der religiösen Richtung, welcher die jeweilige Glaubensgemeinschaft folgt – und aus ihr entwickelt sich die verhaltensmäßige, sprich *sittliche Lebensgrundlage*, die im öffentlichen Raum in den Gesetzen ihren äußeren Rahmen findet und im politischen Pantheismus, in dem die öffentliche Meinung zum letzten Maßstab gerät, ihren größten Widersacher.

Unter Zuhilfenahme institutioneller Arrangements, so bereits bei Mandeville vorliegend, ließen sich die in freier Bewegung befindlichen, teilweise unerklärlichen Dynamiken des sozialpolitischen Komplexes (in förderlicher Absicht) manipulieren.[503] Von den Institutionen einer nach den Gesetzen des freien Marktes ausgehenden Ordnung kontrolliert, ließen sich Habgier, Geiz, Egoismus und Verschwendungssucht zum Nutzen der Allgemeinheit umkonditionieren, mithin *private Laster zum öffentlichen Vorteil wenden*. Was heute den Marktgesetzen entsprechen soll und in der Nationalökonomie als natürliche Bewegungskraft anerkannt ist, wird bei Mandeville noch mit einem moralisch-ethischen Impetus in die Gruppe verwerflicher Laster eingeteilt.[504]

Die Erhaltung von guter Ordnung und Freiheit bildet die *Grundmaxime konditionierbaren Handlungsstrebens*. Von diesen Vernunftapolostaten lässt sich die Ehre als exemplarischer Begriff herauslösen. Bei Tocqueville finden wir den Begriff der Ehre als Relikt einer eigentlich überwundenen Gesellschaftsnorm. Als typisches Gefühlsempfinden aristokratischer Gesellschaften konditioniert sie, oftmals als Ausdrucksform subtiler Diskriminierung, den Umgang der Bürger untereinander: „(Zwischen) der Ungleichheit der gesellschaftlichen Bedingungen und dem, was wir Ehre genannt haben, (besteht) eine enge und zwangsläufige Beziehung".[505]

---

503 Geht man von dieser teilweise in der Sozialpsychologie anzusiedelnden Erkenntnis nun direkt zu einem der zentralen Punkte Montesquieus: inwiefern sich eine politische Ordnung von innen heraus erschließen lässt und welcher Art die dominierenden Kräfte und Prozesse sind, um deren Beherrschung und Konditionierung der systematische Komplex Montesquieus angesiedelt ist.
504 Vgl. Kap. 2.IV.ii. in vorliegender Arbeit.
505 Vgl. Tocqueville: „Die Demokratie schafft kein starkes Band zwischen den Menschen, sie erleichtert aber ihren Umgang miteinander (…) Die politischen Einrichtungen der Vereinigten Staaten bringen die Bürger aller Klassen beständig miteinander in Verkehr und zwingen sie,

Als Empfindung ist sie auf die Betonung von Unterschieden gerichtet, sind ihr doch keinerlei rational-kritische Beweggründe zu eigen: Zwischen als unterschiedlich empfundenen Gruppierungen, deren jeweils anderer Ausprägung man sich zugehörig fühlt, stellt ihre auf einen selbst zurückführende Konditionierung eine hierarchische Beziehung zwischen höher- und niedriggestellt her, immer aus der Annahme des Unterschieds herrührend. Das „wir" stellt sich gegen das „sie", der Ausschluss der anderen begünstigt das Zusammengehörigkeitsgefühl und stärkt die Gruppenprägung:

> „Das Ehrgefühl stützt sich auf ein Gefühl der Zugehörigkeit zu der Gruppe, die wir mit dem Pronomen wir bezeichnen, und auf ein Gefühl des Ausschlusses jener, die wir mit dem Pronomen sie bezeichnen."[506]

Exklusivität wird zum dominierenden Merkmal eines antizipierten Zugehörigkeitsempfindens. Der Einfluss Mandevilles und der in seiner Fabel der Bienen formulierte Gedanke, wie das teils unerklärliche Ineinandergehen privater Interessen und öffentlicher Beweggründe über eine begriffliche Etikettierung handhabbar werden kann, wird sichtbar: Wenn die für aristokratische Gesellschaften charakteristischen hierarchischen Strukturen überwiegen, werden Verhaltensweisen sichtbar, die den Gleichheitsgrundsatz unterlaufen. Bestandteile entsprechender Verhaltensweisen sind jedoch nicht ausschließlich aristokratisch geprägten Gesellschaftsformen vorbehalten. Tocqueville praktiziert hier im Vorhinein die Methode des Idealtypus, möchte sich aber immer auch auf die Modi der Wirklichkeit einlassen, die er grundsätzlich verstehen und (im Sinne der Kausalmechanismen und zu bildenden Paradigma) kategorisieren können möchte.[507]

---

gemeinsam große Unternehmen durchzuführen (...) Die Ehre lenkt in der Zeit ihrer größten Macht den Willen mehr als der Glaube, und selbst wenn sich die Menschen ihren Geboten ohne Zögern und ohne Murren unterwerfen, fühlen sie noch mit dunklem, aber mächtigen Trieb, daß es ein allgemeineres, älteres und geheiligteres Gesetz gibt, daß sie manchmal übertreten, aber zu kennen nicht aufhören (...) Die Ehre ist nichts anderes als diese auf einen Sonderzustand gegründete Regel, laut welcher ein Volk oder eine Klasse Lob oder Tadel austeilt." DiA (Manesse), Bd. II, S. 186, 190, 249.

506 Ebd., S. 250.
507 Vgl. Weber, Max: Die Objektivität sozialwissenschaftlicher und sozialpolitischer Erkenntnis, J. C. B. Mohr, Tübingen 1904, Wissenschaftlicher Verlag, Schutterwald 1995.

MODELLBILDUNG UND SCHNITTSTELLEN IN DIE GEGENWART

8 Das Außen: Indizien zu Montesquieu

Diese erste Sammlung von Hinweisen soll auf den Einfluss und die bewusste Abgrenzung deuten und einen ersten Eindruck der förderlichen Dynamik dieser bewussten Abgrenzung Tocquevilles bieten. Über verschiedene Einzelpunkte, die es im Rahmen der hinleitenden Beweisführung zu erörtern gilt, lassen sich als konkurrierende Kraftzentren der systematischen Debatte – hier immer noch in der antizipativen Methodik Tocquevilles gesprochen – zwei wesentliche Ansätze herausstellen:

Montesquieu nimmt *Freiheit als Folge institutioneller Arrangements* wahr und sieht sich daher genötigt, (tendenziell) manipulative Mechanismen und Grundkonstituenten zu etablieren, deren Vorhandensein und Wirken verschiedenen Grundannahmen Tocquevilles diametral entgegenstehen. Dieser sieht den zentralen Ort der Freiheit in den Ausdrucksformen und spezifischen Wirkungsweisen von Denken, Glauben, Handeln und Verhalten der Bürger etabliert. Diese täglich aktualisierten Bekenntnisse zu den Grundsätzen von Gleichheit und Freiheit sind mit dem auf Konditionierung, Stabilität und allgemeinem Wohl orientierten System Montesquieus unvereinbar. Die Monarchie als äußerster Punkt dieses systematischen Rahmens ist unvorstellbar in einer auf beständigen Neuanfang ausgerichteten Welt, angefüllt mit den selbstständig und eigenverantwortlich handelnden Gentlemen und Entrepreneuren, deren Handlungs- und Tätigkeitsraum Tocqueville bereist.[508]

---

508 Die Beschreibung der neuartigen Rollenmuster, die eine moderne demokratische Gesellschaft hervorbringt, kann nur ein Näherungswert sein: Die Figur des reisenden Kaufmanns mit ihren typologisch anhaftenden Handlungsmustern lässt sich bis zu Paulus zurückverfolgen und genügt nicht, um von ihr auf die tektonischen Verschiebungen im Gesellschaftsgefüge Amerikas zu schließen. Ein (theoretisches) Belegbeispiel für den Rollenwandel mag indes in der Figur des Rollenträgers innerhalb einer institutionellen Hierarchie versus der Übernahme von Verantwortung in einer Interessengruppe oder repräsentativen Institution in der Demokratie liegen. Die Übernahme von Verantwortung kennzeichnet in verschiedenen Intensitätsgraden öffentliches Handeln, wohingegen die Übernahme einer vorgezeichneten Rolle innerhalb eines hierarchi-

Ausschluss und Einbindung sind jedoch wiederkehrende Merkmale in dieser fortlaufenden Diskussion. Als Tocqueville schließlich doch in einen Briefwechsel mit Mill eintritt, schreibt er in einer Replik vom 26. Mai 1835 zunächst über die allgemeine Frage nach Zentralisation als Symptom der Staatlichkeit in verschiedenen europäischen Ländern, bevor er direkt Bezug auf die Einbindungsfähigkeit als grundlegendes Merkmal demokratischer Gesellschaften zu sprechen kommt:

„(...) the taste for making others submit to a way of life which one thinks more useful to them than they do themselves is not a common taste in [England]. (...) Taking power from our adversaries we naturally hope to vest it in the government, because nothing is prepared within the present institutions for inheriting some of this power."[509]

Wenn man dann hierbei von Protagonisten der Ideengeschichte spricht, soll der gewaltige Zeitunterschied zwischen den jeweiligen Schriften und ihren Autoren nicht außer Acht gelassen werden.[510] Beide verbindet ein grundsätzlicher Anspruch: das Handeln der Menschen und Bürger in der Gesellschaft erklärbar zu machen und in Relation zu den bestehenden politischen Ideen zu setzen. In den dominierenden und prägenden Handlungsmustern einer Gesellschaft sehen beide einen Faktor, der Grenzen und Wirksamkeit bürgerlicher Handlungsmöglichkei-

---

schen, entlang der Rollenmuster konzipierten Systems zu ihrer (regelgemäßen) Erfüllung die (nicht minder komplexe) Einhaltung formaler Kriterien erfordert. (Der Grad an) Verantwortung ist jedoch ein Bewertungskriterium, das sich im Wesentlichen über das Vorhandensein und damit über die Transparenz der vollzogenen (oder nicht vollzogenen) Leistungen bemisst. Hiermit ist ihm ein ganzes Bündel an Qualitätskriterien zu eigen. Deshalb erscheint die besondere Qualität des Handlungs- und Tätigkeitsraumes, den Tocqueville bereist, bedeutender als die individuelle Ausprägung einzelner Tätigkeitsmuster.

509 Weiter: „But if democracy was organized in our parishes and our countries so that it could take over the tasks for the government, I am sure that we would leave them quite independent of the central government. Perhaps we will try to do it too late, and by a compromise the government will be enriched with the chief spoils of the aristocracy." In: Mayer, Journeys to England, S. 81 f.

510 Über einen Gesamtzeitraum von 209 Jahren erstrecken sich die Geburtsdaten; die Zeitabstände zwischen der Veröffentlichung der für die vorliegende Arbeit wesentlichen Schriften sind ebenfalls gewaltig, zwischen der Veröffentlichung des 1596 (Geburt Descartes) *Discours de la méthode* 1637 in Leiden, des *Ou du rapport que les lois doivent avoir avec la constitution de chaque gouvernement, les mœurs, le climat, la religion, le commerce &c., à quoi l'Auteur a ajouté des recherches nouvelles sur les Lois Romaines touchant les Successions, sur les Lois Françaises et sur les Lois Féodales* in Genf 1748, 1689 (Geburt Montesquieus), und *De la démocratie en Amérique*, veröffentlicht zuerst 1835 in Paris; 1805 (Geburt Tocquevilles). 113 Jahre trennen Montesquieu und Tocqueville, als sie jeweils Sitz 2 und 18 in der Académie Française einnehmen, Fauteuil 2, Charles-Louis de Secondat, Baron de La Brède et de Montesquieu, 1728; Fauteuil 18, Charles Alexis Henri Maurice Clérel de Tocqueville, 1841.

ten beschreibt: *esprit général* und *principes* bei Montesquieu, *mœurs* bei Tocqueville.[511]

Beide stehen in grundsätzlicher, kritischer Distanz zu den sie umgebenden gesellschaftlichen Umständen ihrer Zeit: Freiheit steht begrifflich-systematisch im Mittelpunkt ihrer Betrachtungen: Freiheit zu handeln, Tätigsein als Selbstvergewisserung und Selbstverwirklichung des Individuums. Hieraus folgt die Frage, welche Prinzipien des Handelns zur Freiheitlichkeit befähigen und welche institutionellen (Sicherungs-)Formen diese bewahren helfen. Soweit die ersten vordergründigen Gemeinsamkeiten, die eigentliche Fragestellung muss sehr viel weiter gehen und sich dabei gleichzeitig aus diesen ersten entdeckten Gemeinsamkeiten entwickeln: Wie lässt sich die mittelbare Auseinandersetzung mit einem Protagonisten der Ideengeschichte für eine tiefergehende Auseinandersetzung und Systematisierung des besonderen Ansatzes bei Tocqueville nutzen? Hierzu finden sich in vorliegender Arbeit bereits belegbare Verbindungslinien zu Descartes, die sich im Ansatz zu einer mittelbaren Auseinandersetzung zur Erschließung dessen nutzen lassen, was Tocqueville „Herz und Verstand", das „innerste Selbst der neuen demokratischen Ordnung", nennt.[512]

Man darf derartige Verbindungslinien nicht überstrapazieren, aber kann doch, erkenntnisbezogen gesprochen, einen Gewinn aus ihnen ziehen: In der Geschichte der politischen Ideen sind die Solitäre heute zu Recht vergessen, in der prä-akademischen Phase schrieb man auch nicht für das *review board* einer Gutachterkommission: Ein jeder Interpret des Sozialen und Politischen steht vielmehr erkenntnisbezogen in einem unablässigen Austausch mit den Großen seiner Zeit, wie sie ihm über kulturell-intellektuell begründete Identität und Gesellschaftsprägung zugänglich sind, und ist in seinem Erkenntnisstreben in Historie und Gegenwart gleichermaßen verortet.[513]

---

511 Montesquieu zufolge ist (Primär-)Prinzip der Demokratie die Tugend, der Aristokratie die Selbstzucht, der Monarchie die Ehre und der Despotie der Terror (auch im sozialpsychologischen Sinne).

512 Vgl. Kap. 2.VII in vorliegender Arbeit.

513 Vgl. Wolin: „During the seventeenth and eighteenth century philosophers and intellectuals had seriously believed that the theoretical writings of Bacon, Descartes, Hobbes, Spinoza, Locke, Rousseau, and Kant had not only revolutionized humankind's opinions of nature, of human nature, and of the human understanding, but had contributed mightily to the revolutionary climate of 1688, 1776, and 1789 and its aftermath. Tocqueville was well aware that „grand theory" had played an important role in discrediting the ancient régime and legitimizing revolution. So he leaves such theories unlamented and instead refers vaguely to „innovators" and to the rare instance of „a man who suddenly conceives a system of ideas far removed from those entertained by his contemporaries". That type becomes vestigial in the new circumstances, which encourage and reward methodical and practical theorizing. As theory moves closer to everyday needs and concerns, the distinction between theory and ideology lessens. Ideology is theory enlisted in the

Ansprache finden bei Tocqueville besonders die Landsleute, ein Zirkel interessierter Freunde und das allgemeine Publikum, was sich bekanntlich in der allgemein gehaltenen Sprachwahl seiner Publikationen niederschlägt. Diesem Stile folgend soll die Hinzunahme im Innen und Außen – Identität, Tätigsein und Selbstanspruch zum einen, Kontinenz und Kontingenz zum anderen – im Licht des allgemeinen Phänomens und abzielend im Erkenntnisinteresse auf das Werk Tocquevilles vonstattengehen. Dabei lassen sich leicht weitere Begriffsgruppen einbinden: Gesinnung, Verfassung und Lebensform[514] machen schon bei Perikles die Größe Athens aus, niemals käme jedoch der Amerikaner bei Tocqueville auf die Idee, die Gesinnung und Lebensformen der Menschen seien als systematische Konsequenz die sinnfällige Entsprechung der politischen Form.[515] Die Lebenswirklichkeit entwickelt über dominante Faktoren die politische Wirklichkeit, nicht der systematische Komplex die Lebenswirklichkeit, auch wenn sie in Fortsetzung der Bewegung unendlich ineinander verschränkt sind. Fehlt diese Interdependenz, lässt sich ein Demokratiedefizit attestieren.[516]

Michael Hereth verfolgt hier einen dezidierten Ansatz, um die fortlaufende Auseinandersetzung Tocquevilles mit Montesquieu weiter aufzudecken:

"Diese Theorie der Mischverfassung Montesquieus aber, die auch in seiner Analyse der zeitgenössischen Monarchien eine Rolle spielt, hat eine Eigenart, die Tocqueville, ohne den Namen des Autors zu nennen, den er da kritisiert, nicht teilen will. Der Satz: ‚Die Regierung, die man die gemischte nennt, ist mir stets als ein Hirngespinst erschienen. Es gibt in Wahrheit keine gemischte Regierung (in der diesem Wort unterlegten Sinne), denn in jeder Gesellschaft entdeckt man schließlich ein Prinzip des Handelns, das alle anderen beherrscht' bezieht sich ganz unübersehbar auf Montesquieu. Tocqueville betont ein ‚Prinzip des Handelns', das nötig sei. Der Terminus

---

services of interests. *Theory becomes a nonvocation* amid the liberation of energies encouraged by democracy and the new opportunities created by equality." Wolin 2006, S. 376.

514 Mithin die epitedeusis, politeia und tropoi. Vgl. Hennis 2000, S. 196 f.

515 Vgl. Hennis: „Auch wenn Tocqueville in der Tradition der Methoden Montesquieus überall die Zusammenhänge von Lebensweise, gesellschaftlichen Maßstäben und politischer Ordnung aufdeckte, so begegnen wir bei ihm doch nirgendwo der Forderung, aus den politischen, der Verfassungsordnung zugrundeliegenden Prinzipien der Freiheit und Gleichheit folgten systemnotwendige Konsequenzen für alle sonstigen Lebensordnungen. (…) Genau unterscheidet der Perikles der von Hentig zitierten Leichenrede, ‚aus welcher Gesinnung' (epitedeusis), mit welcher Verfassung (politeia), und durch welche Lebensform (tropoi) das Athen, das er preist, so groß wurde; und die Rede vom ‚american way of life' ist eine metaphorische Abkürzung, aber nirgendwo käme der freiheitlich denkende Amerikaner auf den Gedanken, die Gesinnung und Lebensformen der Menschen seien systematische Konsequenz, notwendige Entsprechung der politischen Form." Hennis, Wilhelm (Hrsg.): Politikwissenschaft und Politisches Denken, in: Politikwissenschaftliche Abhandlungen II: Politikwissenschaftliche Abhandlungen, Bd. 2, Politikwissenschaft und Politisches Denken, Mohr Siebeck 2000, S. 197.

516 Vgl. Kap. 3.X in vorliegender Arbeit.

verweist direkt auf Montesquieus Werk. Die ‚gemischte Regierung' aber sei ‚eine Schimäre'.[517]

Selbstverständlich muss man in diesen Ansatz einen wesentlichen Umstand mit einbeziehen: Moderne Demokratie in ihrer spezifisch amerikanischen Ausprägung war für Tocqueville erleb- und erfahrbar, und er schrieb und lebte in einer anderen Zeitströmung, deren Protagonisten den Blick über den Atlantik zu einer tiefergehenden Auseinandersetzung nutzen konnten: Dass dies nicht alle in dem Maße taten, wie es Tocqueville gelingt, muss ihnen dabei nicht zum Vorwurf gereichen; oft verharren sie bewusst-unbewusst auf der Ebene der Kolportage, des Pamphlets, des modernen Historienromans oder ganz einfach auf der Ebene des klassischen Reiseberichts. Tocqueville hat diese Form der literarischen Beschäftigung mit den gängigen Topoi der Amerikareisenden bewusst auf die „Reise in die Wildnis" ausgelagert sowie abschnittsweise diesen Themenkomplex seinem Freund Beaumont überlassen, so beispielsweise in dessen Auseinandersetzung mit der Frage von Abolition vs. Non-Abolition, „Marie oder die Sklaverei"[518]. Es gibt hier allerdings auch noch einen weiteren Punkt, welcher sich direkt auf die postrevolutionäre Situation in Frankreich bezieht und dessen Abwesenheit in der Praxis das zweite Hauptelement in der Theorie Montesquieus bildet: die eigentliche „Körperlichkeit" der Gesellschaft mit Tocqueville als erstem Beobachter dieser Art von Neubelebung der Debatte.[519]

Dennoch muss einem in der tiefergehenden Auseinandersetzung mit den Topoi dieses Teils der Kultur- und Ideengeschichte immer bewusst bleiben, wie sehr bestimmte Zeitthemen die damalige Debatte beherrscht haben und welche dieser Topoi dann schließlich von Tocqueville in eine systematische Phänomenaldebatte eingeführt wurden: Die Machträume zweier Systeme, Russlands und Amerika etwa, die Gestalt und Rolle des Parlamentarismus – angelehnt an die Debatte um die britische Verfassung – oder die Auswirkungen und Ambivalenzen des Egalitätsprinzips, nicht zuletzt die Frage der indigenen Urvölker und ihre Rolle in einer bürgerlichen Gesellschaft waren eingeführte Grundthemen in der damaligen Gegenwartsdebatte. Montesquieu und Tocqueville nähern sich damit

---

517 Für alle Nachweise siehe Hereth 2006 (Aufsatz im Original als Anhang).
518 Beaumont, Gustave de: Marie ou l'Esclavage aux Etats-Unis, Tableau de mœurs américaines, vgl. http://bit.ly/ecDNf1.
519 „(...) when syndical chambers and mutual aid societies in France began to give society ‚bodiness', the neglected half [die lange übersehene zweite Hälfte in Montesquieus Staats- und Gesellschaftstheorie neben der Dezentralisierung, d. A.] was reclaimed and the idea of intermediate bodies as a check on power sprang up. The first publicist in France to make an adaption of Montesquieu's doctrine to the new day of social and political equality, and also of industrial group life, was De Tocqueville", in: W. H. George, The American Political Science Review, Bd. 16, Nr. 1 (Feb. 1922), S. 10–21.

allerdings beide von unterschiedlichen Seiten einer ähnlichen Kernfrage, abgeleitet von dem beherrschenden Überthema einer neuartigen, gesellschaftlich verortbaren und tief verschränkten Form der Staatlichkeit.

Folgt man hier zunächst einem allgemeinen, schlagwortartigen Vergleich beider Autoren entlang eines systematisierenden Modellvergleichs, treten folgende *Unterschiede und Gemeinsamkeiten* hervor: In der Frage der Konfliktregelung vertraut Montesquieu einer Kombination von Mehrheitswillen und Hierarchie, Tocqueville allein der Mehrheit, deren Wirken er als allgemein vorherrschendes und durchdringendes Prinzip etabliert.[520] Der theoretische Ansatz ist bei beiden Autoren zunächst normativ, bei Tocqueville zusätzlich erweitert um einen einflussreichen empirischen Anteil, ausgehend von den Lebensbildern im ersten Band der DiA.[521] Deutlicher treten die Unterschiede in der Frage des Theoriekonstrukts hervor: Montesquieu verfolgt durchgehend einen statischen Ansatz, Tocqueville hat gewisse statische Elemente, gewinnt allerdings wesentliche Einblicke durch seine dynamische Theoriestruktur, die dem bereits erwähnten Wechselspiel folgt.[522]

Richtet man den Blick auf die Frage von Input und Output, wird deutlich, wie sehr Montesquieu in diesem Referenzmodell zur Interdependenzanalyse auf die Maßgabe einzelner Einflussquellen vertraut; diese sind bei Tocqueville wechselgerichtet orientiert, auch hier kommt die Verbindung von wenigen statischen und hauptsächlich dynamisch orientierten Wechselspielfaktoren weiter zur Entfaltung. Hieraus direkt folgern lässt sich die Frage nach der Anwendung von Vergleich, mithin Konkordanz und Kontingenz, sowohl innerhalb der konstruierten, der teilkonstruierten und deduktiven Grundstruktur der etablierten Systematik: Montesquieu vergleicht wenig und mithin nicht systematisch, Tocqueville in wenigen, aber dominanten Bereichen innerhalb seines systematischen Erschließungsansatzes.

Immer fortschreitend in der weitergehenden Erschließung der Auseinandersetzung folgt nun die Frage nach *Genese und Funktionserfordernissen* der De-

---

520 Vgl. Kap. 1.III.
521 „Ich habe meine Quellen in Anmerkungen gekennzeichnet und jeder kann sie nachprüfen. Wo es sich um Ansichten, politische Gewohnheiten oder Beobachtungen von Sitten handelt, habe ich versucht, die besten Sachkenner um Rat zu fragen. Bei zweifelhaften oder besonders wichtigen Dingen habe ich mich nicht mit einem Gewährsmann zufrieden gegeben, sondern mich immer auf die Gesamtheit der Zeugnisse bezogen. (…) Ich hätte oft zur Unterstützung meines Vortrags Autoritäten anführen können, die dem Leser bekannt sind, oder die es verdienten, ihm bekannt zu sein; ich habe es nicht getan. Der Fremde erfährt oft am gastlichen Herd unter dem Siegel der Verschwiegenheit wichtige Wahrheiten, die vielleicht der Freundschaft entlockte, niemand fürchtet die Indiskretion des Gastes, da er ja wieder abreist." DiA (Manesse), Bd. I, S. 32 f.
522 Vgl. Kap. 2.III.ix.

mokratie, das große Spielfeld der Tocqueville'schen Phänomenalerschließung: Montesquieu bleibt größtenteils befangen in seinem Modellkonstrukt, Genese wird vorwiegend historisch begründet, die relevanten Funktionserfordernisse der Demokratie kommen nur auszugsweise und nicht systematisch zur Sprache.[523] Ab diesem Punkt zeigt sich deutlich das Fehlen dynamischer Einflussfaktoren innerhalb der angestrebten Systematisierung. In gewisser Hinsicht beschränkt damit das klar durchkonstruierte Theorem, „ein Staat kann so aufgebaut werden, daß niemand gezwungen ist, etwas zu tun, wozu er nach dem Gesetz nicht verpflichtet ist, und niemand gezwungen ist, etwas zu unterlassen, was das Gesetz gestattet"[524], die Entwicklungsfähigkeit einer einmal als notwendig und sinnvoll festgelegten Struktur.

Ist die Macht der zentralen Autorität bei Montesquieu einmal *logisch dekonstruiert* und dann *in der Praxis aufgeteilt und damit gebrochen*, ist „Freiheit das Recht, all das zu machen, was die Gesetze gestatten", und alsbald hat auch die Tugend „Grenzen nötig", um die Freiheit in maßvollen Grenzen zu halten. Nach der Frage der Gesetze in Bezug zu politischer Freiheit – in ihrem Bezug zur Verfassung – folgt die Frage nach der bürgerlichen, mithin individuellen Freiheit. Sicherheit ist hier das vorherrschende Merkmal, als ideeller Bezugsrahmen, und als Merkmal der Richtigkeit und Notwendigkeit der vorherrschenden Gesetzesordnung.[525] Gleichwohl haben die Gesetze nur die Aufgabe, äußere Handlungen zu ahnden, bis auf jene Momente – Montesquieu zitiert hier die *bill-of-attainder*-Momente –, in denen der Freiheit für einen Moment „der Schleier als Merkmal ihrer zeitweisen Aussetzung" übergeworfen werden muss, in der Situation des (zeitlich begrenzten) inneren oder äußeren Notstands.[526]

---

523 Hier immer außerhalb des gesetzgeberischen Regulativs betrachtet.

524 Montesquieu 2003, S. 215.

525 Ebd., S. 214, 215, 255 ff.

526 Vgl.: „Bills of attainder, ex post facto laws, and laws impairing the obligations of contracts, are contrary to the first principles of the social compact, and to every principle of sound legislation. ... The sober people of America are weary of the fluctuating policy which has directed the public councils. They have seen with regret and indignation that sudden changes and legislative interferences, in cases affecting personal rights, become jobs in the hands of enterprising and influential speculators, and snares to the more-industrious and less-informed part of the community." James Madison, Federalist Number 44, 1788. Vgl. weiterhin The Constitution of the United States, Article I, Section 9, paragraph 3: „No Bill of Attainder or ex post facto Law will be passed." „The Bill of Attainder Clause was intended not as a narrow, technical (and therefore soon to be outmoded) prohibition, but rather as an implementation of the separation of powers, a general safeguard against legislative exercise of the judicial function or simply – trial by legislature." U. S. v. Brown, 381 U. S. 437, 440 (1965). Vgl. ebenfalls Rehnquist: „These clauses of the Constitution are not of the broad, general nature of the Due Process Clause, but refer to rather precise legal terms which had a meaning under English law at the time the Constitution was adopted. A bill of attainder was a legislative act that singled out one or more persons and

In dieser kurzen modellorientierten Darstellung verbleibt nun eigentlich nur noch die Frage nach dem Ende, mithin des Niedergangs oder der Ablösung der Demokratie durch konkurrierende Formen von Gesellschaftslehre und Staatlichkeit, direkt entspringend der Diskussion um Leistungen und Probleme des beschriebenen Phänomens: Der Zusammenbruch der alten Ordnung ist ursprünglich auf die Ablösung der monarchischen Ordnung hin orientiert, die mittelbar Leitthema bleibt und nur unter Einschränkungen auf die Idee einer von Gleichen und Freien bestimmten Gesellschafts- und Staatsordnung anwendbar ist. Dabei eröffnet bereits die Frage nach der Beziehung zwischen Gesellschafts- und Staatsordnung ein weiteres, nahezu unübersehbares Feld der Argumentation.[527]

Beide Autoren interpretieren die Entwicklungsrichtung und Entfaltungsfähigkeit dieser neuen Ordnung recht unterschiedlich: Die Monarchie bleibt bis hin zu einer gewissen Überdehnung dieses Gedankens inneres Leitbild bei Montesquieu; Tocqueville erlebt und erkennt die nahezu vollständige Ablösung der neuen Ordnung von den alten Elementen, welche der rebellische Siedlergeist der neuen Welt unabdingbar abstreift, wenngleich er sich auch im Land der Sehnsucht für alle die, „welche die historische Rüstkammer des alten Europa langweilt"[528], einiger repräsentativer Elemente zur Orientierung seiner Bürger enthält, wie bereits in der Diskussion um die Formen von Repräsentation und Reflexion dargestellt.

In der diffizilen Politiklandschaft Kontinentaleuropas gibt es im Gegensatz hierzu eine gleichermaßen unabdingbare Parallelexistenz ineinander verschränkter und interdependenter Ordnungsformen und Leitbilder, welche anderen Zeitläufen und Wirkungsmustern entstammen und die Einzigartigkeit der amerikanischen Situation erneut hervorheben, ohne sie unwiederholbar zu machen: Die Herausforderung besteht im Auffinden und Auseinandersetzen jener Faktoren und Wirkungsmuster, die ihre *Wiederholbarkeit* betonen.

Bei Tocqueville kann es in dem von ihm entdeckten Modell eigentlich nur ein Dominanzstreben einzelner Faktoren geben, deren Vorherrschaft dann alles dem eigenen Prinzip zu unterwerfen droht – oder so sehr grundsätzlich Teil dieser Ordnung ist, dass seine Ambivalenz dauerhafte Kontrolle nötig macht, ohne seine positive Wirkung damit beschneiden zu wollen; so beispielsweise in der Idee einer Tyrannei der Mehrheit, der Ambivalenz einer alles umfassenden, durchdringenden Öffentlichkeit und der Idee des unablässig nach Dominanz

---

imposed punishment on them, without benefit of trial. Such actions were regarded as odious by the framers of the Constitution because it was the traditional role of a court, judging an individual case, to impose punishment." William H. Rehnquist: The Supreme Court, Vintage; Revised and Updated edition (5. Februar 2002), S. 166.

527 Und begleitet als klassisches Motiv die systemtheoretische Debatte bis in die Gegenwart.

528 Vgl. Hegel, Georg Friedrich Wilhelm: Sämtliche Werke, Stuttgart 1928 Bd. II, S. 128.

strebenden Prinzips der Egalität. Ein Dominanzstreben ist jedoch nur dann möglich, wenn in einer grundsätzlich offenen Ordnung Entfaltungsraum und Entwicklungsmöglichkeit qualitative Urteile ermöglichen und der Offenheitscharakter nicht quasi-anarchische Züge trägt.

Insofern erscheint die Frage angemessen, inwiefern der Dominanzcharakter einzelner Faktoren überhaupt zunächst identifizierbar und dann bewertbar sein kann: Ohne eine gewisse empirische Basis der Untersuchung und ohne ein Wahrnehmungsmuster, das eine Einordnung in ein gewisses Raster grundlegender Verhältnismäßigkeiten erlaubt, ist keine bewertbare Grundlage der Argumentation vorhanden.

Das Vorhandensein der Egalität als durchleitendes Wirkungs- und Handlungsprinzip ist ja mit dieser Etablierung einhergehend ein phänomenales Faktum der demokratischen Gesellschaft und bestimmt als Grundkonstituum alle Handlungen. Mit dieser Instanzsetzung wird in Abgleich zur Freiheitlichkeit unversehens die Bewertung von Leistungen und Problemen der modernen demokratischen Ordnung möglich, die in Abgleich zu den konditionalen Faktoren stattfindet. Über Abwesenheit oder Präsenz dieser Faktoren und die ihnen zuordenbaren Handlungsmuster kann indexartig ein Zustand öffentlicher Verhältnisse erstellt werden. Mit der Frage nach den Wirkungskräften, welche ihr Vorhandensein bedingen, und den Entitäten, welche sie qualifizieren – Protagonisten, soziale Gruppen, die Manifestation in Institutionen –, tritt die Wahrnehmungsfähigkeit der Probleme zutage. Die Bewertbarkeit eines Vorgangs ist hierbei zunächst neutral als Merkmal seiner Einordnung zu sehen. Erst über diesen Entwicklungsgang ist er in Relation zu anderen prozessualen Instanzen zu setzen, die nun wiederum ein qualitatives Merkmal tatsächlich vergleichbar macht. Hierüber wird verständlich, weshalb Tocqueville den Anspruch ‚mathematischer Wahrscheinlichkeit' so kritisch beurteilt, denn die künstliche Einhegung prozessualer Phänomene in ein Systemmodell ist bedingt durch die präemptive Instanzsetzung jener Konditionen, über deren Auffindung er sich schrittweise durch den Phänomenalkomplex der demokratischen Ordnung hindurcharbeitet. Nachteil dieser Offenheit ist die nahezu unterschiedslose Gewichtung konditionaler Gegebenheiten, deren Vorhandensein zwar erfolgreich erschlossen ist, nicht aber ihr Wirkungsverhältnis.

Da alle Antriebsgründe zu diesem hypothetischen Zeitpunkt einer inneren Wandlung bereits in ihrer elementaren Rolle vorgestellt und auseinandergesetzt sind, ist ein Zusammenbruch einer entsprechenden Ordnung letztlich der Übergang in gewandelter Form in eine neue Verhältnisordnung der dominierenden Faktoren, aus denen Struktur erwächst. In der Mischverfassung und ihrer geistigen Nähe zum Monarchismus ist die Dominanz eines Teils noch denkbar, wird jedoch nicht grundsätzlich erörtert. Vorzüge, Nachteile, Probleme und Besonderheiten zu erörtern erlaubt ihm den Blick auf die konstituierenden Grundsätze, der zu einem späteren Zeitpunkt – im Fortgang des Diskurses – auf die allgemeinen Gesetzmäßigkeiten gerichtet werden kann.

8.1 Schritte zu einem Modellansatz

Leistungen und Probleme sind in ihrer Begrifflichkeit bereits Ausdruck einer modernen Annäherung an die Kernfrage einer demokratischen Ordnung und erinnern uns an den Umstand, hier in einem Themenkomplex Nachweise für eine Methodologie zu suchen, für die es keinen akademischen Rahmen außerhalb der Ideengeschichte gab. Vieles von dem, was uns heute selbstverständlich erscheint, wird von Tocqueville in die Abfolge demokratischer Verhältnisse gestellt. „Eng in ihrer angeblichen Größe" und „falsch unter ihrem Anschein mathematischer Wahrscheinlichkeit"[529] erscheinen ihm die Systemtheorieansätze[530] verschiedener Zeitgenossen, deren Arbeiten er als konkurrierende Ansätze auffasst und in seine Kritik einen Großteil des Gesellschaftsdenkens und der Geschichtsphilosophie des 18. und 19. Jahrhunderts einfasst. Wertfreiheit in innerer Distanz zu den eigenen Werten und Glaubensüberzeugungen und äußere Distanz zu den zeitgenössischen Protagonisten bilden die innere Richtlinie Tocquevilles bei der Erschließung des komplexen Wirkungsrahmens einer *modernen Demokratie.*

Zunehmend deutlicher tritt damit der eigentliche Theoriegehalt und systematische Ansatz, nun hier auch in Abgleich und Beweisführung zu antizipierten Zeitgenossen, aus der weiter umfassten Ideengeschichte und zeitgenössischen Interpreten hervor.

Deutlich wird damit nun auch schließlich, was in vorliegender Arbeit bislang nur unter allgemeinen Hinweisen an die Eigenständigkeit Tocquevilles angesprochen werden konnte: Der Kunstgriff antizipierter, konkurrierender Erklärungsansätze, denen Gültigkeit abgesprochen wird, erlaubt eine Konzentration auf die wesentlichen Phänomenalgründe des beobachteten Themenkomplexes, welcher ja in sich selbst vor dem Hintergrund der zahllosen literarisch orientierten Einhegungsversuche zunächst ein gewagter Kunstgriff ist.

---

529 Tocqueville 1978b, S. 112 ff. (hrsg. v. Mayer).
530 Der Begriff Systemtheorie soll in diesem Zusammenhang die Etablierung eines systematischen Theorierahmens reflektieren, nicht die moderne Systemtheorie/Blockmächtetheorie, wie sie im Systemabgleich des Kalten Kriegs zur Anwendung gelangte. Diese besondere Form, einen theoretischen Rahmen der Untersuchung zu etablieren, ist beispielsweise in der Vergleichssprache Montesquieus gegeben, wenn er die verschiedenen Repräsentationsformen staatlicher Autorität untersucht.

Dabei schließt Tocqueville in seine Interpretation demokratisch geprägter Gesellschaften stets Vorzüge, Nachteile, Probleme und Besonderheiten mit ein. Wichtig erscheint hierbei auch die immer deutlicher hervortretende Unterscheidung im Diskurs über Phänomen und Methode, mithin der zunehmenden Ablösung der Phänomenaldiskussion von einer schließlich auf die konstituierenden Grundsätze gerichteten Betrachtung, die sich in einem dritten Schritt zunehmend über die Objekte der Betrachtung erhebt, um allgemeine Gesetzmäßigkeiten zu etablieren. Diese allgemeinen Gesetzmäßigkeiten sind es schließlich, welche ein Maß an Objektivität und Zeitlosigkeit etablieren helfen, aus dem heraus sich die Aussagefähigkeit der Beobachtungen Tocquevilles erklärt.

Diese Auseinandersetzung und das innere Ringen um Objektivität wird dabei unter der Oberfläche des fortlaufenden Diskurses in aller leidenschaftlichen Schärfe geführt, man beachte die Wortwahl in dem berühmten Abgrenzungszitat Tocquevilles:

„Ich für meinen Teil *hasse* diese absoluten Systeme, die den gesamten Gang der Geschichte von großen, schicksalhaft miteinander verketteten Grundursachen abhängig machen und den Menschen mehr oder weniger aus der Geschichte des Menschengeschlechts streichen"[531].

Wer sind nun die Träger der antizipierten, konkurrierenden Erklärungsansätze? Die Wortwahl scheint zunächst auf eine Anlehnung an Vico oder Comte zu verweisen, mit (jeweils) ihrer Aussage von einer „scienza nuova"[532] oder der „wissenschaftlichen Lehre der Politik".

Comte und Tocqueville gleichen sich schließlich auch in der Aussage, dass die Gelehrten, mithin auch eine neue Gruppierung innerhalb der akademischen Kaste, „die Politik jetzt zum Rang einer Beobachtungswissenschaft erheben"[533]. Die in den Positivismus hineinragende Auseinandersetzung mit den Naturwissenschaften ist jedoch methodisch weit entfernt von den beobachtungswissenschaftlichen Grundprinzipien, denen Tocqueville folgt; er hat dies in seinem oben vorgestellten Vortrag öffentlich weiter auseinandergesetzt. Boudin sieht in seiner Interpretation dieses Aneignungs- und Absetzungsvorgangs zusätzlich im Hintergrund eine Gruppe französischer Interpreten dieses (ganz allgemein staatswissenschaftlichen) Komplexes versammelt, denen gegenüber sich Tocqueville abzugrenzen versuche[534]: „Wahrscheinlich kannte Tocqueville direkt oder indirekt das Denken Vicos, der Physiokraten, der Saint-Simonisten, Victor Cous-

---

531 Tocqueville 1978b: 112 (hrsg. v. Mayer).
532 Vgl. Vico, Giambattista: Prinzipien einer neuen Wissenschaft über die gemeinsame Natur der Völker, übers. u. hrsg. v. Vittorio Hösle u. Christoph Jermann, Meiner Hamburg 1992.
533 Auguste Comte 1973, S. 77 ff.
534 Vgl. Boudin 2006.

ins und über Letzteren das Werk Hegels." In diesem letzten Punkt folgt Boudin den Untersuchungen Agnès Antoines von 2003, in denen sie den weiteren Kreis der Bürgerzirkel um Tocqueville und der zeitgenössischen Ideengeber untersucht hatte.[535]

Diese Details sind jedoch nur zur Einbindung in den weiteren Kontext der Abgrenzung interessant, als breiter abstützendes Argument auf dem Weg zur weiteren Erschließung des von mir beobachteten ‚Descartes-Montesquieu-Tocqueville-Komplexes'. Dieser ist eindeutig von einem Weg des Alleingangs gekennzeichnet, einem in zwei Richtungen wirksamen Weg der inneren Befreiung und Abgrenzung von den zu seiner Zeit populären Erklärungsansätzen einer vorbestimmten politischen und sozialen Ordnung einerseits und dem etatistischen Ansatz des Montesquieu-Bildes, das Tocqueville in sich trägt, andererseits.

Dabei nutzt er die bereits angeführten Theorie-Elemente bei Montesquieu als *hinleitende Erklärungsansätze zu einer eigenständigen Beurteilung.* Es gibt damit einen Weg der Auseinandersetzung mit den Grundthesen des „Übervaters der politischen Theorie" (Hereth), der neben seiner Funktion als Motivationsgrund über die Abarbeitung der Phänomenalbilder hinaus einen wesentlichen Einfluss auf die Konstruktion des theoretisch-systematischen Werkkomplexes bei Tocqueville ausübt.[536]

---

535 Antoine, Agnès: L'impensé de la démocratie: Tocqueville, la citoyenneté et la religion, Fayard Paris, 2003. Den Einfluss Comtes erwähnt Tocqueville wiederum nur indirekt, obwohl die drei Bände des „Plans der wissenschaftlichen Arbeiten, die für eine Reform der Gesellschaft notwendig sind" bereits zum Erscheinungszeitpunkt des ersten Bandes der DiA verfügbar waren und Tocqueville zu diesem Zeitpunkt in Paris der Diskurs über die Ideen Comtes bekannt gewesen sein muss.

536 Bildlich gesprochen liegen verschiedene Erfassungsmuster übereinander, über deren (teils gefühlte) Interdependenzen sich die jeweiligen Einstiegspunkte für Tocqueville ergeben. Als Korrektiv wirkt stets der Einfluss des Empirischen sowie der persönliche Austausch und Umgang, dem sich verschiedene Schwerpunkte in der Werkwerdung verdanken. Tocqueville schreibt in Etappen über Themenkreise, in denen er Aktivitäten einfängt und widerspiegelt, und gleicht seine Eindrücke *en détail* mit den Eindrücken seiner Gesprächspartner ab: „One result of their relationship was now an effort, both in person and in writing, to keep Kergolay abreast of the development of the Democracy. ‚There is not, so to speak, a day that I do not feel your absence,' Tocqueville wrote on 10 November 1836. ‚A multitude of ideas remain obscure in my mind because it is impossible where I am to throw them out in a conversation with you and see how you set about to combat them, or, accepting them, how you give them a new twist. There are three men with whom I live a bit every day, Pascal, Montesquieu, and Rousseau. A fourth is missing: you.' ". Vgl. Schleifer: „This letter, in addition to underlining Tocqueville's growing reliance on Louis's intellectual companionship, also touches on one of the most difficult parts of any attempt to reconstruct the making of the Democracy. Particularly after 1835, readings not directly related to America entered increasingly into Tocqueville's thinking and writing process. He began to study and restudy a much broader range of works than he had found either the time

Gerade die Auffindung und Untersuchung, schließlich die Einbettung der relevanten Funktionserfordernisse einer Demokratie moderner Prägung sind ohne den in systematischer Hinsicht konkurrierenden Modellansatz Montesquieus nicht zu denken. In jeder Hinsicht interessant ist hierbei auch die besondere Vorgehensweise, *die Auseinandersetzung mit konkurrierenden Theoremen innerhalb der erschließenden Reflexion des eigentlichen Werks zu führen* und nicht in den Tagebüchern oder Notizen zu belassen, wie es sonst bei Tocqueville gemeinhin der Fall ist. Die Frage nach dem Nutzen persönlicher Freiheit führt im Vergleich mit konkurrierenden Modellansätzen zu dem prägnanten Bild einer Politik als Kultur des Sozialen, in Konkurrenz zu den Bildern von Politik als System oder als Teil und Ausdruck eines zugrundeliegenden Systems.

Das Weltganze geht über das erlebbare Bewusstsein des Einzelnen hinaus und übertrifft damit auch sämtliche Erklärungsansätze, die in ihrer rationalen oder systematischen Natur letztlich reduktionistisch wirken, indem sie die Wahlhandlungsmenge der Akteure künstlich verengen. Um der Möglichkeit menschlicher Freiheit einen Rahmen zu geben, ist die Erkenntnis der Unerfassbarkeit des Ganzen eine wesentliche Vorbedingung des individuellen Erkenntnisfortschritts: Nicht eine Imagination der Wirklichkeit und die hieraus hervorgehende Systematisierung führt im Selbstverständnis Tocquevilles zu einer Erhellung der Wirklichkeit, sondern die zwingend notwendigerweise voranstehende *Erhellung* jener Phänomenalbilder, aus denen sich Wirklichkeit erklären lässt.[537] Noch bevor

---

or the need to read while he worked on the first half of his book. Letters and other materials indicate that between 1835 and 1840 he consulted, among great works of philosophy or political theory, the writings of Plato, Aristotle, Plutarch, Thomas Aquinas, Machiavelli, Montaigne, Bacon, Descartes, Pascal, Montesquieu, and Rousseau. Of other seventeenth-century French authors, he read La Bruyère, Charles de Saint-Evremond, and Madame de Sévigné; and from the eighteenth century, Fontenelle, Jean-Baptiste Massillon, and Malesherbes, as well as the famous Encyclopédie. During this brief period he also apparently read, more miscellaneously, Rabelais, Cervantes, the Koran, and various books by his contemporaries, especially Guizot, Lacordaire, and François-Auguste Mignet. (Toc. to Kergolay, Baugy, 10 November 1836, O. C. (Mayer), Jardin and Lesourd, 13:1, S. 415–18.)" Vgl. Schleifer: „It should be noted that various commentators have examined the influence of Pascal, Montesquieu, and Rousseau on Tocqueville's style. See for example, Pierson, Toc. and Bt., S. 742–45. These three writers may also have helped to shape some of Tocqueville's ideas. Consult a controversial thesis concerning Rousseau's influence in Marvin Zetterbaum, Tocqueville and the Problem of Democracy. Concerning Montesquieu, see especially chapter 9 below. ‚Tocqueville never wrote anything without submitting his work to Louis de Kergolay,' wrote Gustave de Beaumont in his ‚Notice sur Alexis de Tocqueville', O. C. (Bt.), 5:99-100." Alle Zitate: Schleifer, James T.: The making of Tocqueville's Democracy in America, Liberty Fund Indianapolis 2000, S. 32.

537 Spurenelemente eines literarischen Zugangs zu den beschriebenen Komplexen finden sich im gesamten Werk Tocquevilles verstreut; ist man allerdings in der Erörterung seiner Vorgehensweise an den Punkt gelangt, an dem man über die Entsprechungen in der Wirklichkeit zu den Ursprungsgründen einzelner Merkmale der modernen Demokratie vordringen möchte, ist eine

diese den folgenden Diskurs ihrer ersten Gründe und Tatsachen dominieren können, muss der Weg der Erfahrbarmachung dem Leser in seiner Aufschlüsselung der Ziele, einer Vorstellung allgemeiner Grundsätze und gewisser hieraus ableitbarer Gesetzmäßigkeiten verständlich gemacht werden.

Die Transparenz hinsichtlich der hinleitenden Grundsätze ist ein überraschendes Stilmittel, offenbart es doch auch die partielle Unsicherheit, inwiefern die erlebte Wirklichkeit in ihrer fragmentartigen Grundkonzeption Erklärungsansätze für ihre systematisierende Erfassung bietet. Den persönlichen Zweifel in ein Erklärungskonzept umzuwandeln ist die erste Herausforderung, die dahinterstehende Folgerung der Parteinahme die zweite: Im demokratischen Zeitalter allgemeine Aussagen über die ersten Gründe und Tatsachen zu treffen heißt, der Erkenntnis der (ureigentlichen) Unzulänglichkeit allgemeiner Aussagen die individuelle Parteinahme folgen zu lassen, deren Folge wiederum ein individueller Erklärungsansatz inmitten eines notwendigerweise fragmentarisch bleibenden Erfahrungshorizonts ist.

Der moderne Theoriebildner ist immer auch Parteigänger und konkurriert in einer öffentlichen Auseinandersetzung auf parallellaufenden, gleichzeitigen Ebenen mit Protagonisten und Gruppierungen um eine sinnnotwendige Darstellung konstituierender, konditionaler Elemente einer Ordnung, für deren Zustandekommen ein allgemeiner Mitwirkungswille verantwortlich zeichnet. Größe zeigt sich hier in der Fähigkeit, Freiheit politisch zu denken und zu begründen, und nicht als Parteigänger einer Gruppierung, bürgerlich, aristokratisch oder eben auch reaktionär-konservativ orientiert, zu vertreten. An der Fähigkeit, allgemein(phänomenal)-politisch-gesellschaftlich-staatlich und nicht klientelorientiert zu denken und zu handeln, zeigt sich die Größe des Interpreten und die Transzendenz seines Erklärungsansatzes.[538]

Unterscheidung notwendig zwischen Stil, Methodik, und der Objektivierung des Diskurses (vermittels Einfluss erfahrungsgestützter Analysen), vgl. L. E. Shiner: The Secret Mirror: Literary Form and History in Tocqueville's Recollections, Cornell University Press London 1988, sowie: Amiel, Anne: Le vocabulaire de Tocqueville, Ellipses Paris 2002.

538 Aus der Kritik an einer lediglich partikular vorhandenen Freiheit bildet sich auch einer der Ankerpunkte der Argumentation, inwieweit der Ehrbegriff stellvertretend für die Diskussion des (modernen, demokratisch organisierten) Freiheitsbegriffs sein könnte, vgl. Jonathan Bradford Hand: Tocqueville's „New Political Science": A Critical Assessment of Montesquieu's Vision of a Liberal Modernity, Chicago 2002, S. 86. Vgl. Tocqueville: „Was mir zuerst auffällt, ist, daß in der Feudalwelt die Handlungen nicht immer wegen ihres inneren Wertes gelobt wurden, sondern daß sie manchmal einzig um ihres Urhebers oder ihres Gegenstandes willen schätzte, was dem allgemeinen Gewissen des Menschengeschlechts widerstrebt (...) Was unsere Vorfahren im eigentlichen Sinne Ehre nannten, war in Wahrheit nur eine ihrer Formen. Sie gaben dem, was nur eine Spielart war, den Namen einer Gattung" (...) In den demokratischen Staaten greift (...) die öffentliche Meinung beständig ins Leere; ihr Gegenstand verschwindet fortwährend und entgleitet ihr. Deshalb wird die Ehre stets weniger gebieterisch und weniger drängend sein;

Es wäre nicht unbedingt erforderlich gewesen, diese Auseinandersetzung in der besonderen Form des Tocqueville'schen Publikumsdialogs halböffentlich zu führen, doch das Ringen um Glaubwürdigkeit und die oft eingestreute Versicherung der ehrlichen Aufrichtigkeit an den Leser motivieren höchstwahrscheinlich diesen Schritt.

Dieses oftmals zunächst halbbewusste Überschreiten institutionell basierter oder an Rollenbildern orientierten Grenzen einer Erklärungswissenschaft und ihrer Protagonisten ist dem grundsätzlichen Bild des ‚Theoros' geschuldet, der nicht im Schatten eines großen Meisters Gefolgschaft sucht oder in der Wandelhalle in den Schritten der Schulmeister aktualisierte Varianten ihrer Theoriemuster entwickeln hilft, sondern dem sehr grundsätzlichen Aufeinandertreffen von Erfahrung der Wirklichkeit, Reflexion ihrer Verhältnismäßigkeiten und dem Wunsch nach ableitbaren, zeitlosen Erklärungsmustern, über die konditionalen Wirkungskräfte dem „streng genau gezeichneten Bild der Wirklichkeit" ein „lehrreiches" Reflexionsmedium folgen lässt.[539]

Aufgabe ist also auch, das *lehrreiche Wort* zu sprechen, nicht aber, Ziel in sich selbst zu sein, ein „end to an end", wie Salkever es formuliert.[540] Tocqueville zufolge gibt es *bedingende Tatsachen* und *Bewegungsgründe* hin zu einer Ausgestaltung persönlicher Freiheit, die er in der täglichen Ausübung und Verfeinerung von Gewohnheiten und in der unablässigen Bildung und Aussprache von Meinungen vorfindet. Sie stehen in ihrer Zusammenfassung in den Mœurs in Gegensatz zu Regeln und Anweisungen, die den Einzelfall zum allgemeinen Maßstab geraten lassen.[541]

In dem Wechselspiel der drei Diskursebenen der DiA – dem Abgleich mit dem Erleb- und Erfahrbaren, der fortlaufenden Auseinandersetzung mit den hier behandelten theoretischen Konstrukten und der hieraus hervorgehenden systematischen Erschließung des Gesamtphänomens einer modernen Demokratie – gibt

---

denn die Ehre wirkt nur angesichts der Öffentlichkeit, sie unterscheidet sich darin von der einfachen Tugend, die aus sich selbst lebt und an ihrem eigenen Zeugnis Genüge findet", DiA (Manesse), Bd. II, S. 250, 251, 257.

539 Vgl. DiA (Manesse), Bd. I, Einleitung.

540 Vgl. Lawler 1993, S. 103: „from a classical or teleological perspective, political science is an indispensable part, but not the most important part, of the human good. It is ‚not an end it itself'. Nor is devotion to it the ‚consummately human passion.' Our deepest ‚political need' is not ‚principled commitment' but ‚tactful theorizing' about necessarily ‚immature' political pretensions. The political scientist performs the greatest of practical services by seeing beyond and hence establishing the limits of political life."

541 Was hier wieder erneut zum Vorschein kommt, ist die dualistische Natur der Ursprungs- oder Bewegungsgründe hin zu einer Artikulation, Eigenpositionierung oder In-Beziehung-Setzung des (aktiv) teilhabenden Individuums. Verstand (im Sinne der Vernunft, der kritischen Reflexion) und Gefühle (im Sinne von Zuneigung, Schätzen), mithin *ratio* und *affectio*, sind bei Tocqueville stete Begleiter in der Ausgestaltung und Handhabung persönlicher Freiheit.

es, auf den fortlaufenden Diskurs orientiert, prägnante (Gegen-)Theoreme, deren vielfach konkurrierende systematische Konstrukte den fruchtbaren Boden einer weiter ausgreifenden ideengeschichtlichen Debatte bilden.[542]

Die Abfolge der Eindrücke und ihre systematische Konsequenz, die Fähigkeit, diese Eindrücke zuzulassen, ohne der Versuchung anheimzufallen, der erfahrbaren Wirklichkeit und der aus ihr hervorgehenden Wahrheit ein theoretisches (Vernunft-)Konstrukt entgegenzustellen, das die feinen Handlungsstränge (die nicht seinen Konditionen entsprechen) ausblendet – all dies muss in seinem Inneren zusammengehalten werden. Gleichzeitig darf der systematische Rahmen der Betrachtung von der eklektischen Herangehensweise und den hieraus hervorgehenden zahlreichen Phänomenalsegmenten nicht überblendet werden, um seine Aussagefähigkeit nicht einzubüßen: Und wiederum (gleichzeitig) macht diese unorthodoxe Herangehensweise das Werk des aufmerksamen Beobachters einzigartig, da nur durch seine spezifische Form der Wahrnehmung (und deren Attribute) eine tiefergehende Einsicht in die letzten Gründe und Tatsachen möglich erscheint.[543]

Die objektive Aussagebasis profitiert in diesem Zusammenhang von der Auslagerung einer Vielzahl subjektiver Beobachtungen und Gesprächsnotizen in den Materialkorpus der Korrespondenzen und Tagebucheinträge, sogar der Auslagerung in die literarische Form, wenn wir *In der Nordamerikanischen Wildnis* als Beispiel nehmen.[544]

Hier ist Tocqueville die Fähigkeit gegeben, auf einem schmalen Grat zwischen der eingangs erwähnten Vor-Systematisierung (und damit einhergehend oftmaligen Stigmatisierung) und der stärker literarisch orientierten Form eine besondere Variante des mitteilsamen Beobachters als Berichterstatter der ihm entgegentretenden Phänomene zu etablieren, welcher in den folgenden methodi-

---

542 „Unlike the authors of the Federalist, who appealed to the authority of modern science as a support for their republican principles, Tocqueville's science would be *antimethod because anti-Cartesian*", Wolin 2001, S. 79.

543 „I am never precisely sure where i am going or whether i will ever arrive. I write from the midst of things and i cannot see their order as yet. I want to run but i only drag along slowly. You know that i do not take pen in hand with the prior intention of following a system and of marching at random toward an end. I give myself over to the natural flow of ideas, allowing myself to be borne in good faith from one consequence to another". Aus einem Schreiben Tocquevilles an J. St. Mill, vgl. Wolin 2001, S. 86.

544 Die Reiseschilderung *In der Nordamerikanischen Wildnis* (im Original *Quinze jours dans le désert / Voyage au lac Onéida*, niedergeschrieben 1831, erstmals veröffentlicht postum 1861) ist für das Œuvre Tocquevilles ein interessanter Beleg: Zunächst für seine (stilistische) Vielseitigkeit als Autor, aber auch für seine souveräne Beherrschung unterschiedlicher Methodiken: *In der Nordamerikanischen Wildnis* ist es eine vordergründig im Erzählstil konzipierte, fein strukturierte Erkundung der amerikanischen Landschaft als „geistiges Gemälde", wie Hans Zbinden in einem Kommentar zu seiner Übersetzung im Jahr 1960 schreibt.

schen Schritten die versammelten Eindrücke zu einer Form der Aussageabfolge verdichtet, deren Vorhandensein erst die relationalen Konditionen der ihnen entgegentretenden Phänomene bewertbar und damit verhandelbar macht.

8.2 Der methodische Kunstgriff Tocquevilles als ‚Anti-Methode'

Tocqueville hebt mit einem Kunstgriff den zentralen Gedanken der *corps inter-médiaires* bei Montesquieu auf die Ebene staatlichen Handelns und etabliert als allgemeines Wirkungsprinzip die Idee einer *kontinuierlichen allgemeingesell-schaftlichen Verfasstheit*, welche diesem Bild folgt. In seiner Anti-Methode findet er einen Weg aus der Theorie-Dominanz des geistigen Übervaters politischer Theorie.

Was zunächst als Kunstgriff erscheint, erlaubt bei näherem Hinsehen ein Zusammenführen zweier Kernelemente des Montesquieu'schen Œuvre: *Principes* und *esprit général* verschmelzen zu dem Sammelbegriff der Mœurs.[545] Die hierin gebundenen und wiederauffindbaren Denk- und Verhaltensweisen einer Gesellschaft sind ihm sicheres Indiz für das Vorhandensein oder die Abwesenheit lebendiger demokratischer Ordnung. Die genaue Ausprägung ihrer Institutionen tritt demgegenüber in den Hintergrund, wie bereits oben in dem Schreiben an Corcelle deutlich wurde. Die Zusammenführung in den Sammelbegriff der Mœurs hat zweierlei Folgen: die Bewegungsgründe einer als offen beschriebenen Ordnung, als deren wesentliches öffentliches Merkmal die Abwesenheit einer repräsentativen Zentralinstanz gelten darf: „Eine Herrschaft ohne Zentrum" wird über die in den Mœurs versammelten Eigenschaften identifizierbar. Weiterhin reflektiert die Etablierung eines Sammelbegriffs die Lebendigkeit einer Ordnung, die sich aus sich selbst etablieren muss und deren Protagonisten weder in vertikaler noch in horizontaler Hinsicht den Proto-Rollen anderer Ordnungssysteme folgen können.

Der bei Montesquieu dominierende hierarchische Gedanke in diesem Ordnungsbild wird durch das Prinzip der Egalität aufgewogen; wo Montesquieu eine Verteilung der Autoritäten vornimmt, geht Tocqueville von einem allgemeinen

---

545 Deren Bestandteile Montesquieu ja bereits im vollständigen Titel *De L'esprit des Lois* angeführt, aber in seiner Schrift selbst nicht im Stile von Sammelbegriffen zusammengeführt hatte, „Ou du rapport que les lois doivent avoir avec la constitution de chaque gouvernement, les mœurs, le climat, la religion, le commerce &c., à quoi l'Auteur a ajouté des recherches nouvelles sur les Lois Romaines touchant les Successions, sur les Lois Françoise et sur les Lois Féodales". Text entnommen aus: Montesquieu, Charles-Louis de Secondat, Baron de la Brède de, Vom Geist der Gesetze, Auswahl, Übersetzung und Einleitung von Kurt Weigand, Stuttgart 1993.

Vorhandensein als durchleitendes Prinzip aus. Dieser Punkt ist nicht ganz unstrittig, kann man doch in der allgemeinsten Annahme von einer Idee der Kräftebalance bei Montesquieu ausgehen, welche noch der Klassenbalance voransteht.[546]

Repräsentanzrollen und, moderner, die Idee des *Stewartship*, im Deutschen mit dem Begriff einer ‚fürsorgenden Haushälterschaft' übersetzbar, kennzeichnen die Übernahme von Verantwortung, wo es um die Allokation von Ressourcen verschiedenster Art geht. Robert Putnam setzt diesen Gedanken strukturbildend mit dem Begriff des *Social Capital* fort, indem er die zugrundeliegende Idee Tocquevilles in einem modernen Kontext abbildet und sie ihrer zwischenzeitlichen Einbindung in einen spieltheoretisch-ökonomischen Kontext, wie etwa bei Douglass C. North etabliert, entlehnt.[547]

Von den beiden vorherrschenden Elementen in der Kernthese Montesquieus, der Teilung der Macht und der korporativen Grundlage von Ordnung, kann man auf die Idee einer Auflösung der administrativen Konzentration und der Dezentralisation des politischen (Herrschafts-)Körpers schließen. Letztgültiges Ziel beider ist, die Macht zentraler Autorität zu brechen, die in Widerspruch zu den selbstregulativen Kräften der antizipierten Ordnung steht. Die Wege trennen sich jedoch bereits an der Frage, inwiefern diese Ordnung, gewissermaßen als Unterbau, am Leben erhalten wird und worin Fortschritt zu messen sei; hier erscheint einem das Modell Montesquieus wie in die Zeit gegossen.

Diesem stets voran steht die antizipierte politisch-gesellschaftliche Ordnung, der Komplex individuell gearteter politischer Sitten, Gewohnheiten, Denkweisen und Traditionen. Tocqueville wird aus einer klassisch-europazentrischen Vorprägung auf die amerikanischen Verhältnisse geworfen, die gesammelten Eindrücke werden Teil seiner persönlichen Erfahrung:

„It had been Ohio and New Orleans – not his own aristocratic training – that had taught him the specific defects in manhood suffrage. It had been Andrew Jackson, and the Congress of the United States that had driven home to him the mediocrity of American leadership. The antitariff men and South Carolina had underlined the dangers of free assembly; and it had been none other than Jared Sparks who had first uttered the tell-tale words: ‚tyranny by the majority'. As for the differences and antag-

546 Vgl. George 1922, S. 11 ff.
547 Vgl. die Stellungnahme Robert Putnams: http://bit.ly/d4yr6n. Vgl. weiterhin zur Unterstützung der Wahrnehmung der sozioökonomischen Grundlage des akkumulierten Sozialkapitals Douglass C. North: Understanding the process of Economic Change, Princeton University Press, 2001.

onism between North and South, (…), Tocqueville now saw them in terms of personal experience."[548]

Beider Ansatzpunkt ist denn auch zunächst der bei einer ersten Betrachtung zuvorderst stehende Aspekt der Verhältnismäßigkeiten dieser öffentlichen Ordnung. Von dort ist es nur ein kleiner Schritt zu der Frage nach einer Balance der dominierenden Kräfte, aus deren Vorhandensein sich die allgemeine Ordnung an ihren Brennpunkten ambivalent-dynamisch erneuert und in deren zahllosen Prozessen die dominierenden Protagonisten in einer Bewusstwerdung ihrer jeweiligen Rolle Identität suchen und Verantwortung (ein)üben: Wer über das Selbstverständnis eines Staates Auskunft erlangen möchte, muss seine Repräsentanten und ihre Institutionen besuchen. Er darf aber nicht umgekehrt aus dem äußeren Vorhandensein spezifischer Institutionen auf das Vorhandensein einer lebendigen demokratischen Ordnung schließen.

Diese eigentlich einfache Einsicht in die Bewertungskriterien einer politischen Ordnung ist bis heute ihre größte Hürde geblieben, sie bleibt zahllosen Unzulänglichkeiten im Bewertungsprozess selbst und in der Etablierung allgemeinverbindlicher Kriterien ihrer Indikation ausgesetzt. Die Idee einer grundsätzlich offenen gesellschaftlich-politischen Ordnung ist gleichermaßen verführerisch wie irreleitend, kann man doch über ihr Vorhandensein die Fragmente des Tocqueville'schen Theorems leicht abbilden und hierüber einen Erklärungsansatz etablieren, dessen Schlüsse viele Unzulänglichkeiten überdecken helfen.

Jenseits des rhetorischen Kunstgriffs wirkt jedoch ein Erkenntnisinteresse, welches nach systematisierenden Vergleichen und den hieraus ableitbaren Aussagen sucht und sich mit einem rein ordnungsorientierten Ansatz nicht zufrieden geben darf.[549] Freiheit ist ein unregelmäßiges und fragiles Element in Selbstbild und Handlungsradius dieser repräsentativen Instanzen, womit an diesem Punkt die Aufmerksamkeit auf die Frage nach dem kontinuierlichen Moment der Stabilität – nicht zu verwechseln mit dem konservativen Moment der Bewahrung und dem allgemeinen Rechtsboden – gerichtet wird, auf dessen Grundlage alle allgemeinen und besonderen Fragen auf ihre allgemeine Gültigkeit (gegen)geprüft werden können. Dieser erste Fragekomplex befasst sich zum einen unmittelbar mit Demokratie als Ordnungsform, zum anderen mittelbar mit Institutionen und Ämtern in der Demokratie, Demokratie und Repräsentation und der Frage nach der Sicherung der Demokratie.[550] Hier ist Tocqueville durchaus kongruent zu den Erschließungswegen Montesquieus. Inwiefern die qualitativen Elemente bei

---

548 Vgl. Pierson, 1959, S. 435 f.
549 In der aktuellen Sozialkapitaldiskussion die Layer, mithin Handlungs- und Prozessebenen, in Ausgestaltung kausaler Mechanismen, vgl. Elster, Putnam.
550 An dieser Stelle sei ausnahmsweise der Begriff der Republik und Demokratie in eins gesetzt.

ihm weit über die statischen Elemente in der Theorie Montesquieus hinausgehen und was dieses Hinaustreten aus den bestimmenden Elementen der Theorie Montesquieus motiviert und begünstigt hat, wird im folgenden Abschnitt vorgestellt werden.

Die Analogien lassen sich bereits im ersten Kapitel der DiA finden, in der Schilderung der notwendigen, sittlich begründbaren Begleitumstände für ein förderliches Gemeinwesen: Interessanterweise nimmt die „Liebe zur Republik" – sie ist in einer Demokratie „Liebe zur Demokratie" und bedeutet fortgesetzt „Liebe zur Gleichheit" – eine zentrale Position ein, transferiert auf das Vorhandensein von Genügsamkeit und Gleichheit, deren Bestand durch Gesetze gesichert werden muss.[551] Bei Schleifer ist eine skizzenhafte Übersicht über Tocquevilles Blick auf verschiedene Staatsmodelle verfügbar:[552]

Aristocratic and Monarchical System. Our Fathers.
1. *Love of the King.*
2. *Aristocracy.*
3. *Force individuelle against tyranny.*
4. *Beliefs, devotion to duty, uncivilized virtues, instincts.*
5. *The idea of duty.*
6. *Tranquility of the people which comes because they see nothing better.*
7. *Monarchic immobility.*
8. *Strength and greatness of the State which is achieved by the constant efforts of a few persons.*

Democratic and Republican System.
1. *Respect for law; idea of rights.*
2. *Goodwill coming from the equality of rights.*
3. *Association.*
4. *Intérêt bien entendu; enlightenment.*
5. *Love of liberty.*
6. *Aware of its own advantages.*
7. *Regulated and progressive movement of Democracy.*
8. *[Strength and greatness of the State] by the simultaneous efforts of all.*

Present Situation.
1. *Fear of authority which is despised.*
2. *War between poor and rich; l'égoïsme individuel sans la force.*
3. *Equal weakness, without collective power (without the power of association).*

---

551 Hier in Abgleich zu Buch XIV, und direkt nachgewiesen in Buch V, Kap. 3, Tocqueville, DiA (Manesse).

552 Vgl. Schleifer: „When Tocqueville finally undertook the composition of his work on America, he briefly sketched the characteristics of three basic social states", Chapter 17: Démocratie and Egoïsme – James T. Schleifer, The Making of Tocqueville's Democracy in America, Foreword by George W. Pierson (2nd edition) (Indianapolis: Liberty Fund, 2000).

4. *Prejudices without beliefs; ignorance without virtues; doctrine of interest without knowl-*
   edge (la doctrine de l'intérêt sans la science); égoïsme imbécile.
5. *Taste for the abuse of liberty.*
6. *People who haven't the courage to change; the passion of old men.*

Tocqueville spricht hier von einer „Hinneigung", einer „unbedingten Hinwendung zu der Idee der Gleichheit", und hier beginnt ein Prinzip sichtbar zu werden, dessen Auswirkungen feine Trennlinien zwischen den Positionen beider Autoren hervorscheinen lassen: Montesquieu spricht von einer notwendigen gesetzesmäßigen Festlegung des Gleichheitsprinzips, um hierdurch der als natürlich vorausgesetzten Liebe zur Gleichheit *ex cathedra* entsprechen zu können:

> „Jegliche Ungleichheit muss in der Demokratie aus der Natur der Demokratie und dem Prinzip der Gleichheit selbst abgeleitet werden (…) die Genügsamkeit erhält die Gleichheit der Vermögen aufrecht."

9 Empirische und normative Merkmale

Motivationsfaktum für die durch äußere Bedingtheiten eingehegten Hauptprinzipien dieser Ordnung bleibt jedoch die *liebevolle Hinwendung* zu den alltäglichen Verrichtungen, die ihren Fortbestand sichern – notfalls durch das Vorhandensein entsprechender Gesetze aufgefangen. Das Moment der Liebe ist hierbei den antiken Begriffsaufladungen der αγάπη und φιλία entlehnt, die Bewegungsrichtungen hinsichtlich der *Ambition*, aber auch der innerste Zusammenhalt der Gesellschaft treten hierüber zutage; αγάπη als die bedingungslose, freie, allein auf andere gerichtete Liebe drängt zur intersubjektiven Wahrnehmung der eigenen Existenz und Handlung.

Sie bildet eine spirituell aufgeladene, mithin metaphysische Verbindung zwischen den einzelnen Subjekten und fortgesetzt den Protagonisten der beschriebenen Ordnung: φιλία bildet begrifflich die Erweiterung auf die Idee beiderseitiger Anerkennung, bei Aristoteles als vornehmste Ausprägung der φιλία präsent, die ihre beiden anderen Begriffsmuster (konditionell/auf Vergnügen orientiert) in ihr hervorstechendstes Merkmal überführt. Der Zweifel an der Realisierung des Montesquieu'schen Gedankens einer *Liebe zur Demokratie* nährt sich aus den subjektiv und intersubjektiv orientierten Eintrittspunkten der Liebe in der menschlichen Verhaltensweise und den aus dieser entspringenden Bewegungsmomenten in der Praxis täglicher Handlung.

Sie resultiert aus dem Blickwinkel des Selbst auf ein Gegenüber: Dieses muss jedoch im weiteren Rahmen des subjektiven Erfahrungsraumes angesiedelt sein. Wie kann es dann als allgemeines Prinzip kollektive Handlungsmuster bedingen und sie in der Gesamtheit ihrer Kontingenz lebendig halten? Genügsamkeit und Gleichheit entspringen nicht den gleichen Motivationsmustern, ist ihre Bedingtheit doch einerseits ich-bezogen-subjektiv-individuell, andererseits prinzipienorientiert-allgemein-objektiv.

Gibt es für Genügsamkeit individuelle Motivationsmuster, dem jeweiligen Vorzustand der subjektiven Situation angemessen? Insofern Askese oder Mangel individuelle Erfahrungen sind, so ist das Prinzip der Gleichheit als allgemeines Kriterium einsetzbar: *Wir sind das Volk* ist als unauflösbares Prinzip formuliert, *alle Menschen sind gleich* seine universell-ideelle Entsprechung. Ihr Vorhandensein als natürlich vorauszusetzen entspringt bei Montesquieu einem historischen Bild, einer *Entwicklung allgemeingültiger Prinzipien* aus geschichtlichen Lehrbildern, welche als Leitmotiv die Voraussetzung für ihre Festlegung im Rechts-körper bilden.[553]

Bei Tocqueville werden diese Ideen aus der praktischen Betätigung, dem Lackmustest für ihre Gültigkeit, herausgebildet: „Indem sich die Bürger zusam-menschließen und oft Geld und Zeit opfern, um *konkrete Probleme zu lösen*, gewöhnen sie sich daran, ihre eigenen Angelegenheiten autonom zu lösen."[554] Die Prinzipien führen bei Montesquieu zu der Begriffsgruppe Sitte, Ordnungs-liebe und Patriotismus, an deren Verfall er die schleichende Selbstaushöhlung demokratischer Republiken diagnostiziert.[555]

Der antike Bezugsrahmen seiner Theorie lässt sich an dem Vergleich zwi-schen der in historischen Momenten dominant hervortretenden Rolle des Pathos deutlich machen:

> „Große Erfolge, vor allem solche, zu denen das Volk selbst beiträgt, machen es so stolz, da man es nicht länger lenken kann. Seine Mißgunst gegen die Beamten über-trägt es bald auch auf die Ämter selbst; aus Feindschaft gegen diejenigen, die es re-gieren, wird es zum Feind der Verfassung. So gereichte der Sieg über die Perser bei Salamis der Republik Athen, die Niederlage der Athener bei Syrakus der Republik Syrakus zum Verderben."[556]

Interessant bleibt hier der fortwährende Einfluss des Ehrprinzips, deutlich am Beispiel des Stolzes als dominantes Kriterium in der geschilderten.

Domestiziert sollte das Moment des Stolzes durch die Genügsamkeit als Haltung, als die selbstauferlegte moderate Lebensführung des demokratischen Bürgers werden: Der äußere Rechtsrahmen ist die einzige Grenze, die ihm ge-setzt bleibt, wenn das Volk die Funktionen der Behörden ausüben möchte: Bei Montesquieu gibt es keine funktionale Rolle für die selbstregulativ-repräsentativ wirksamen Körperschaften, die ja auch Träger einer fortlaufenden qualitativen Entwicklung sein können. Die Furcht ist das einzige weiter konditionierende Moment der demokratischen Republik, im Gegensatz zu jenem gewissen Maß an

---

553 Die geschichtlichen Leitbilder sind bei Montesquieu aufgrund der Nicht-Erfahrbarkeit einer lebendigen, modernen Demokratie das Näherungsmoment hin zu einer erfahrungswissenschaft-lich angereicherten, differenzierteren Beschau des (republikanischen) Demokratiephänomens. Die Unzulänglichkeiten eines solchen Modells treten rasch hervor, auch wenn Montesquieu, etwa in den Persischen Briefen oder in seinen Reisenotizen anlässlich seiner Reise durch Deutschland, stärker erfahrungswissenschaftliche Elemente in seinen Schilderungen verwendet. Allerdings sind seine Schilderungen des deutschen (kurfürstlichen) Föderalismus wiederum Be-leg für sein Pendeln zwischen teils anekdotenhaften, teils ordnungspolitischen und teils staats-theoretischen Einsprengseln, die gerade nicht in einer methodisch-systematischen Wechselbe-ziehung stehen.
554 Hidalgo 2006, S. 46.
555 Vgl. Montesquieu: Gesetze und Prinzipien der Politik, Pantheon Verlag, Frankfurt 1949, S. 66.
556 Montesquieu 1949, S. 68.

Selbstvertrauen, über das eine Monarchie sich in diesem Vergleich Ruhm und Sicherheit erhält.[557] In seinen *Pensées* fasst Montesquieu die eingangs gezeigten Beispiele in einem treffenden Bild zusammen:

> „Die Menschen, die sich der Regierung erfreuen, von der ich gesprochen habe, gleichen Fischen, die im Meer unbegrenzt umher schwimmen. Diejenigen, die in einer weisen und gemäßigten Monarchie oder Aristokratie leben, scheinen sich in großen Netzen zu befinden, in denen sie gefangen sind, meinen aber, frei zu sein. Diejenigen dagegen, die in rein despotischen Staaten leben, finden sich in so zusammengezogenen Netzen, daß sie gleich das Gefühl haben, gefangen zu sein."[558]

Die bei Montesquieu überwiegend der Antike entlehnten Beispiele werden bei Tocqueville unausweichlich durch die empirische Ebene der amerikanischen Entwicklungssituation überlagert: Die bereits geschilderte Methodik lässt ihn in seinen Beobachtungen zwischen den verschiedenen Phänomenalebenen, historischen Begebenheiten und allgemeiner Wahrnehmung pendeln: Demgemäß entwickelt sich die Idee der vorherrschenden (Bürger-)Tugenden als dominantes Grundprinzip der beobachtbaren Ordnung aus dem Aufwuchs der amerikanischen Siedlungen, den Phänotypen der Protagonisten, ihrem Erfahrungswissen und Bildungshintergrund, aus dem sich ihr Handeln besser erläutern lässt. Dies ist in gewisser Hinsicht kein Fehler Montesquieus, sondern der unauflösbare Vorteil einer erlebbaren demokratischen Ordnung moderner Art.[559]

Die diesen Beobachtungen entspringende Idee der *corps intermédiaires* bei Tocqueville hat ihre Entsprechung in den zwei Begriffsgruppen der *pouvoirs intermédiaires, subordonnes et dépendants* sowie den *canaux moyens par qui coule la puissance* bei Montesquieu.[560] Sie findet ihren vorläufigen Endpunkt in der Idee der *disposition des choses*, der Disposition zentralisierter (Ordnungs-)Macht.[561] Um den Unterbau einer tragfähigen, dezentralisierten Ordnung nicht in den Zustand einer verwalteten Freiheit geraten zu lassen, soll die *vertu* bei Montesquieu die lebendige Vielfalt und vernunftgemäße Struktur der Gesellschaft aufrechterhalten: Tocqueville spricht allgemeiner von *mœurs*, den allgemeinen Sitten und Gebräuchen, über deren Vorhandensein und ihre wesensgemäße Erschließung sich der innere Zusammenhalt einer Gesellschaft begreifbar machen und festhalten lässt.

Dieser zweite Kunstgriff erlaubt den Fortbestand traditionaler Elemente und die Einbindung förderlicher, da progressiver Merkmale wie die der Ambition als

---

557 Ders. S. 69.
558 Vgl. Montesquieu: Mes pensées (828), DTV 2001, S. 140 f.
559 Vgl. Kap. 1.II.vi. in vorliegender Arbeit.
560 Vgl. Buch IV, Montesquieu 1994, S. 115 f.
561 Vgl. Buch XI, Montesquieu 1994, S. 215.

allgemeine Eigenschaften[562]: „Ambition verleiht der republikanischen Regierungsform Leben und Seele. Angst und Zuneigung bedingen Gehorsam gegenüber der Regierung; *ambition* setzt die Räder in Gang."[563]

Dieser Blickwinkel lässt die Unterschiede deutlicher hervortreten, wenn man die Idee organisierter Freiheit – auf Grundlage des Egalitätsprinzips der Idee verwalteter Freiheit gegenüberstellt. Verwaltet bedeutet in diesem Zusammenhang die voranstehende Einhegung des Phänomenalkomplexes durch das Einsetzen von Organisationsprinzipien, deren Vorhandensein als sinnvoll und notwendig erachtet wird und die äußeren Grenzen des theoretischen Rahmens bildet; organisiert bedeutet wiederum, aus dem Aufwuchs dominierender Faktoren, mithin der Öffnung des theoretischen Komplexes hinsichtlich empirischer Faktoren, zunächst ein allgemeines Bild der antizipierten Ordnung zu entwerfen, aus dem wiederum eine Weiterentwicklung des Prinzips der Gewaltenverschränkung möglich ist.

Die *Verbindung von empirischen und normativen Merkmalen* entspringt dieser Methodik, weiterhin die Fähigkeit, Genese und Funktionserfordernisse der Demokratie zu erörtern. Leistungen und Probleme der antizipierten Ordnung können so besser in den theoretischen Rahmen eingefügt werden, instinktive Skepsis hält den Einfluss aristokratischer Elemente im Hintergrund.

Diese Skepsis erwähnt Tocqueville gegenüber seinem englischen Übersetzer zu einem späteren Zeitpunkt:

> „Others ascribe to me alternately democratic or aristocratic prejudices; perhaps I might have had one or the other if I had been born in another century and in another country. But as it happened, my birth made it very easy for me to guard against both. (…) it required no great effort to contemplate quietly both sides."[564]

---

562 Der bereits erwähnte Americanus, ganz im Sinne von Hamilton und Madison argumentierend, liefert in dieser Hinsicht, in einer Replik auf einen Kommentar eines Anti-Federalist, eine in die gleiche Richtung laufende Einschätzung: „Montesquieu hat gut reden über *virtue* als Antriebsfeder republikanischer Regierung. Sie wäre in der Wirklichkeit zu schwach, um große Anstrengungen zu motivieren, es sei denn mit Hilfe der *ambition*", „Americanus" im New Yorker Daily Advertiser, 2. November / 12. Dezember 1787, nach: Bailyn, Hrsg., Debate, Bd. I, S. 228; zu *ambition* S. 490.

563 Ebd. Im Original ist „ambition" mit „the laudable desire of excellence" umschrieben, was das Fortschrittsstreben als Bewegungsfaktor noch besser abbildet – und damit im den Begriffsrahmen des „pursuit of happiness" Eingang findet.

564 Tocqueville an Reeve, 22. März 1837: „When I began my life, aristocracy was already dead, and democracy was still unborn. Therefore, my instinct could not lead me blindly toward one or the other. (…) I had no natural hatred or jealousy of the aristocracy and, since that aristocracy had been destroyed, I had no natural affection for it, for one can only be strongly attached to the living. I was near enough to know it intimately, and far enough to judge it dispassionately. I may say as much for the democratic element. In a word, I was so nicely balanced between the

Wahrnehmung und Selbstbild tragen in einem hohen Maße zu einem selbstleitenden Anspruch an die (eigene) wissenschaftliche Leistung bei, strukturieren diesen jedoch nicht notwendigerweise: Bei Montesquieu werden die Institutionen zu einem entscheidenden Faktor der Gesamtordnung durch die Einsicht in die hinleitenden Einflussfaktoren, wie ursprünglich bei Mandeville so vorgefunden.

Die Einbindung des zentralen Gedankens in der Bienenfabel, mithin die Umkehrung der privaten Laster in öffentliche Tugenden und hieraus abgeleitet die Rolle der Institutionen bilden zusammengesetzt mit der Idee der Mischverfassung zu Lebzeiten Tocquevilles die bekanntesten allgemeinen Bestandteile seiner politischen Theorie. Die weniger bekannten Elemente einer breiteren Montesquieu-Rezeption jenseits institutioneller Ordnung, Konditionierung der Gewohnheiten und dezentralisierter Macht fließen nicht in das Bild Montesquieus ein, an dessen prägnanten Merkmalen Tocqueville zunächst Halt und Orientierung fand. Bei Tocqueville sind es die Modi der Wirklichkeit, die der Gesellschaft Körperlichkeit verleihen.[565]

9.1 Beobachtung, Vergleich und symptomatische Erklärungen

> „I assume that Tocqueville's thought consists of a network of interconnected themes with no fixed order of primacy among them"[566]

> „And I too am a painter."[567]

Für Tocqueville besteht die Voraussetzung zur Systematisierung darin, die sozialen Phänomene ausgehend von den Handlungen und den Glaubensüberzeugungen der Menschen zu erklären und die verstehbaren Gründe und Motivationen zu finden, von denen sie geleitet werden.

> „At a distance from any ‚bargaining' democracy, strong in the rivalry of the chosen political elite, Tocqueville appears as the great thinker of ‚civic education' brought about by the active participation of all citizens at municipal and associative levels."[568]

---

past and the future that I did not feel instinctively drawn toward the one or the other", in: Œuvre Completes, VI (I), S. 37–38.
565   Vgl. Hereth 2002.
566   Doris S. Goldstein, Trial of Faith: Religion and Politics in Tocqueville's Thought. New York, Elsevier, 1975 S. 10.
567   Montesquieu, zit. nach Holmes 1920, S. 250.
568   Audier, Serge: Tocqueville, notre contemporain, vgl. http://bit.ly/ed2Icm.

Wenn man im Sinne des Montesquieu-Tocqueville-Vergleichs des hinleitenden Prinzips weiter verfährt, fällt einem die Möglichkeit zu, über die partizipatorischen Merkmale der Zivilgesellschaft eine Versöhnung mit der politischen Kommunität zu erreichen: Eine freie politische Kommunität bedarf einer dynamischen Zivilgesellschaft, deren Protagonisten sich eine spezielle Form der Verbindung von Bildung und Erfahrungswissen angeeignet haben.

Teilhabe- und Übersichtsfunktionen im Stile des Participator- oder Stewartship auszuüben sorgt für eine möglichst gleichmäßige, in seinem Ansatz alle Gruppierungen und Schichten umfassende Verteilung zivilgesellschaftlicher Tugenden; diese Verschränkung der Qualifikations- und Motivationsfaktoren ist ja, wie bereits angeführt, eingangs des ersten Buchs der DiA exemplarisch geschildert worden. In jeder Gesellschaft kann man „ein Prinzip des Handelns entdecken, das alle anderen beherrscht": Hier scheint es in der Form (selbst-)aufklärerischer Teilhabe zu bestehen, deren edukative Auswirkung qualifizierte Handlungen bedingt. Hierunter ist nicht an erster Stelle die vielfach angerufene ‚Bildung' zusammengefasst, sondern eine bestimmte Form von vermittelbarem Erfahrungswissen, welches nach außen Handlung prognostizierbar und Handlungsprozesse bestimmbar(er) macht und nach innen zur Selbst(an)leitung erzieht.

Dass diesem Eindruck gegenüber die Institutionen ein wenig in den Hintergrund geraten, ist in Abgleich zu ihrer Überbetonung bei Montesquieu leicht erklärbar.[569] Wichtiger ist das allgemeine Vorhandensein eines rechtlich eingehegten Handlungsrahmens (auf Rechtsgrundlage, aber nicht dominiert von Rechtsgrundsätzen), innerhalb dessen Gelingen und Scheitern, Glück und Unglück nicht notwendigerweise zum Ausschluss aus der allgemeinen Teilhabe führen müssen.

Die Wahrnehmung der Befähigung zum *pursuit of happiness* liegt in jedem selbst. Die allgemeine Bereitstellung eines öffentlichen Rahmens hierfür liegt in den Händen der Politik und der Rechtsorgane, schließlich in den allgemeinen Verfassungsgrundsätzen, welche diese Bereitstellung und Absicherung zeitlich unbegrenzt formulieren. Übergänge in den jeweils anderen Bereich finden sich bei Tocqueville in den Beispielbildern der Institutionen und der Geschworenenbank als Verlängerungsarm eines repräsentativen Volkswillens.[570]

---

569 Vgl. Hidalgo, Oliver: Verbände als Indikator freiheitlicher Ordnung: Alexis de Tocqueville, in: Martin Sebaldt / Alexander Straßner (Hrsg.): Klassiker der Verbändeforschung, Wiesbaden 2006, S. 37–55.
570 Vgl. Tocqueville: „Ich verstehe unter dem politischen Gerichtsurteil den Entscheid einer politischen Körperschaft, welcher vorübergehend richterliche Befugnisse zustehen. (…) als die Europäer die politischen Gerichte einführten, haben sie es vor allem auf die Bestrafung der Schuldigen abgesehen; die Amerikaner wollten ihnen die Gewalt entziehen. In den Vereinigten Staaten ist das politische Gerichtsurteil sozusagen eine vorbeugende Maßnahme. (…) [es] wirkt nicht

Die Frage ist nicht, etwa im Sinne der Marktliberalität, ob *die* freie Hand des Marktes unsichtbar die geeigneten Verhältnisse in *balance and disbalance* ökonomischer Prägung ordnet und daher den hochgebildeten, mit spezifischen Charakteristika ausgestatteten Einzelnen belohnt (und im Umkehrschluss den nicht mit gewissen Elitemerkmalen Versehenen bestraft), sondern ob die allgemeine Befähigung zur Teilhabe an den öffentlich vollzogenen Prozessen des Gelingens und Scheiterns gegeben ist.

Am Beispiel des Ehrbegriffs in der Demokratie, transitorisch zu Montesquieu, findet sich ein entsprechendes Beispiel bei Tocqueville:

> „Die Amerikaner, die aus der kaufmännischen Verwegenheit eine Art Tugend machen [heute begrifflich ‚Entrepreneurship‘, d. A.], können die Kühnen auf keinen Fall verdammen. (…) Daher zeigt man in Amerika eine eigentümliche Nachsicht mit dem Bankrotteur: seine Ehre wird durch solch ein Unglück nicht berührt. (…) Die öffentliche Meinung tadelt in den Vereinigten Staaten die Liebe zum Reichtum, die der industriellen Größe und der Prosperität dient, nur schwach, sie verurteilt besonders die schlechten Sitten, die den Menschen von seiner Suche nach dem Wohlstand ablenken und die innere Ordnung der Familie stören, die für den Erfolg so nötig ist. (…) in diesem Sinne kann man sagen, dass sie ihre Ehre daran setzen, *rechtschaffen* zu sein.“[571]

Der *righteous man* hat mit diesem Wesensmerkmal bereits die erste und vielleicht wichtigste Grundtugend unter Beweis gestellt und darf, soweit er an ihr festhält, nicht für die Absenz verschiedener von einer Minderheit in die Welt gestellter Merkmale, die nur all zu leicht in Ichbezogenheit und Ignoranz münden, in Haftung genommen werden.

Integrität und Mut zum Wagnis, über dessen Ausgang sich zu Beginn keine Aussage treffen lässt, bilden die Entsprechungen in öffentlicher Handlung:

> „(…) der Mut, der für den plötzlichen Zusammenbruch eines mühevoll erworbenen Vermögens Unempfindlichkeit verleiht und neue Kraft eingibt, wieder von vorne anzufangen. Dieser Mut ist es, der für die Erhaltung und Prosperität des amerikanischen Staates besonders notwendig ist und der von ihm besonders geehrt und gefeiert wird. Ohne ihn wäre man ehrlos.“[572]

Hieraus bedingt sich die niemals versiegende Fähigkeit zur Erneuerung des Gemeinwesens, dem Selbstbegriff des Einzelnen und seiner Ableitung in öffentli-

---

unmittelbar auf die Regierten, es gibt aber der Mehrheit die unbehinderte Herrschaft über die Regierenden; es verleiht der gesetzesgebenden Versammlung nicht eine unermeßliche Macht, die sie nur an einem Tag der Krise ausüben könnte; es überträgt ihr eine gemäßigte und geregelte Macht, die sie alle Tage auszuüben vermag.“ DiA (Manesse), Bd. I, S. 122 f.

571 Vgl. Tocqueville 2003, S. 273 f.
572 Vgl. Tocqueville 2003, S. 275.

cher Handlung entspringend. Teilt man die hier korrespondierenden Begriffswelten in ein Zweisphärenmodell, so hat man auf der einen Seite – jener der Mediokrität – die Tyrannei der Mehrheit, des Kollektiven, die Dominanz von Routine, Unspontaneität, des all zu Wahrscheinlichen und die allgemeine Vorhersagbarkeit von Handlung und Ereignissen. Auf der anderen Seite, jener der (alltäglichen) Wahrscheinlichkeit oder Zufälligkeit, hat man absolute Einzelereignisse, Dominanz der Zufälligkeit, des Unvorhersehbaren und die vollständige Abwesenheit zutreffender Prognosen, bar jeder Allgemeingültigkeit, die sie auch nicht anstrebten. Elemente beider Sphären treten uns im Alltag der DiA entgegen, und nur das dynamische Oszillieren dieser jeweils Dominanz anstrebenden Phänomenalsphären zwischen Balance und Dysbalance bedingt eine lebendige, zukunftsfähige Ordnung.

Die Frage ist an dieser Stelle nun, wie weit Tocqueville diese Idee entwickelt, inwieweit aktive Interessenformulierung durch die Protagonisten dieser Bilder in ihre Durchsetzung hineingetragen wird, oder ob er an dieser Stelle bei der Vorstellung eines allgemeinen Bildes verharrt: Das *intricate mobile*, wie bei Roger Boesche[573] formuliert, war ja das modernere Bild für die prozesshafte, öffentliche Interessenabwägung. Ist es aber auch das letzte Bild? Eine allgemeine Handlungstheorie würde eine weitere Ausformulierung der spezifischen Gegebenheiten bedingen und sie, aufbauend auf den zugrundeliegenden Ursachen und Bewegungsgründen, in eine Systematik fügen, deren Rahmen die Idee einer modernen demokratisch-freiheitlichen Ordnung ist.

Die Perspektive, die Tocqueville uns hier eröffnet, ist zweifelsohne durch die Idee der *corps intermédiaires*, wie bei Montesquieu formuliert, motiviert – doch baut er gewissermaßen Komplexität, indem er aus ihm zugänglichem, objektivem Material auswählt, es transformiert und neu zusammensetzt? Die Untersuchungen von Doris Goldstein scheinen diesen Eindruck zunächst zu bestätigen. Die Impulse, die Riesmann und Putnam aus dem Bild Tocquevilles bezogen haben und deren Ausweitung auf die tragfähigen Elemente und ihre Interdependenzen ohne diesen Einfluss schlechterdings undenkbar sind, scheinen ihn zu widerlegen. Doch sind auch die von Riesmann und Putnam entworfenen Bilder, die über theoretische Prämissen strukturelle Aussagen entwickeln, ohne die Hinweise Tocquevilles schlechterdings undenkbar, hat er doch begriffsgeschichtlich und auf die Legitimität des von ihm entworfenen äußeren Rahmens der Untersuchung den eigentlichen Maßstab gesetzt.[574]

---

573 Vgl.: „Why Could Tocqueville Predict so Well?", Roger Boesche, in: Political Theory, Bd. 11, Nr. 1 (Feb. 1983), S. 79–103.

574 Eine interessante Diskussion zu dieser Frage findet sich bei Reinhart Koselleck, in: Vergangene Zukunft: Zur Semantik geschichtlicher Zeiten, Suhrkamp 1979, S. 128.: „So war beispielsweise Legitimität zunächst ein Ausdruck der Rechtssprache, der dann im Sinne des Traditionalismus

Kraftzentrum dieser Interdependenzen sind zweifelsohne die aus den genannten Elementen bei Montesquieu zusammengesetzten Mœurs, doch sind auch sie als Sammelbegriff ein zwar treffendes Merkmal und in ihrer Begriffsaufladung ein wesentliches funktionales Element in der Theoriebildung Tocquevilles, in ihrer bedingungslosen Objektivierung hinleitender Begründungen, in der Transzendierung der Intersubjektivität der Protagonisten jedoch auch zunächst nur ein weiteres Bild.

Man kann in diesem Zusammenhang von einem Netzwerk aneinandergereihter, thematisch orientierter Fixpunkte in der Theoriebildung sprechen, sich jedoch schlechterdings des Eindrucks erwehren, diese Aneinanderreihung erfolge auf einer Ebene und bedinge weniger ein Modell als einen allgemeinen Eindruck zwar qualitativ aufgeladener, hinleitender Bedingungen, die jedoch nicht zur Herausbildung eines transformierbaren Theoriekomplexes führen: Das Tableau der Argumentation wird fortlaufend mit hinleitenden Bedingtheiten angereichert und bietet ein zugleich reiches und komplexes Bild einer freiheitlich-demokratischen Ordnungsidee, ohne jedoch über Referenzen und Systematisierung zu einer allgemeinen Theorie zu gelangen.

Niemand wird den reichen Nutzen seiner Arbeit hinsichtlich Theoriebildung und fortschreitendem Erkenntnisinteresse in Frage stellen, den seine geistig-ideellen Nachfolger in verschiedenen Disziplinen hieraus gezogen haben[575]

Auch der Umstand, dass eine nichtdogmatische Theoriebildung im öffentlichen Diskurs mittelbar folgenlos bleiben muss, steht außerhalb des eigentlichen Wirkungsgehalts seiner Arbeit. In einer Untersuchung des systematisch-theoreti-

---

politisiert wurde und in den Kampf der Parteien einging. Schließlich gewann auch die Revolution ihre Legitimität. Damit rückte er in geschichtsphilosophische Perspektiven ein und wurde je nach dem politischen Lager derer, die sich des Ausdrucks bedienten, propagandistisch eingefärbt. Alle diese Bedeutungsebenen, die sich gegenseitig überlappten, lagen vor, als Max Weber den Ausdruck wissenschaftlich neutralisiert hatte, um Typen der Herrschaftsformen beschreiben zu können. Damit hatte er aus dem *empirisch vorliegenden Reservoir* möglicher Bedeutungen einen Wissenschaftsbegriff herausgearbeitet, der formal und allgemein genug war, um langfristige und dauerhafte, aber auch wechselnde und überschneidende Verfassungsmöglichkeiten beschreiben zu können, die die historischen Individualitäten auf die ihnen innewohnenden Strukturen hin aufschlüsseln. Es ist die Begriffsgeschichte, deren theoretische Prämissen strukturale Aussagen herausfordern, ohne die einzulösen eine exakt verfahrende Sozialgeschichte nicht auskommen kann." Diese Entwicklungsbeschreibung der strukturellen Einbindung ist interessanterweise durchaus als kongruent zu der Urbarmachung einzelner Begriffe und ihrer strukturellen Einbindung bei Tocqueville zu lesen: Der Begriff der Demokratie wird aus seinem antiken Kontext herausgelöst, die Tyrannei der Majorität wird neu als Ausdruck despotischer Verhältnisse gesetzt, das unendliche Vordringen der Gleichheit prägt den ewiglich-dynamischen Kräftekomplex, in dem sich Freiheitlichkeit behaupten muss; sie alle bilden zusammengesetzt die Modi der Wirklichkeit, aus denen sich die Körperlichkeit der Gesellschaft herstellt.

575 Vgl. Kap. 1.II.v. sowie 3.X. in vorliegender Arbeit.

schen Entwicklungsraumes spricht man ja zunächst von den hinleitenden Bedingungen, aus deren Reflexion sich wiederum der Eindruck seiner Methodik bedingt.[576]

Dieser Prozess ist notwendigerweise klar getrennt von dem Fragebereich, inwiefern etwa die mittelbare Folgenlosigkeit seiner Erkenntnisse für die europäische Fortentwicklung demokratisch orientierter Gesellschaften in seinem Jahrhundert, auf deren Fortentwicklung ja ein wesentlicher Teil seiner Bemühungen gerichtet war, gegeben ist. Zwar gibt es in jedem Prozessschritt Szenarien aus der Wirklichkeit, deren Vorhandensein erst beispielsweise die zugrundeliegenden Wirkungskräfte identifizieren und in ihrer Interdependenz darstellen hilft. Auch mag der Übergang von den bereits ausführlich vorgestellten Phänomenalbereichen hin zu der Auseinandersetzung ihrer methodischen Zuhilfenahme für eine weitergehende Theorie nur unter Zuhilfenahme der phänomenalen Bedingtheiten gelingen. Ab diesem Moment des Übergangs sind die Verweise nunmehr Stichwortgeber für die Darstellung und Verhandlung einer von spezifischer Methodik bedingten, systematischen Theorie: Aus ihrem Vorhandensein lässt sich Eindruck und Ahnung zum Beweis verdichten oder eben nicht, bedingt aus der Abwesenheit wesentlicher Merkmale, die dann wiederum im Kontext externer Hinweisgeber der Ideengeschichte stehen.

Das vorgestellte Zweisphärenmodell soll in seinen unterschiedlichen Ausprägungen und mit entsprechend verbundenen Begriffen hier als ein weiterleitender Hinweisgeber dienen: Interessanter ist die Aufarbeitung der zentralen Begriffe innerhalb des Themenkomplexes der hinleitenden Bedingtheiten, wenn man sie anhand eines Fragekatalogs jeweils vorstellt und anschließend, aus der unmittelbaren Abhängigkeit herausgelöst, verhandelt.

9.2 Hinleitende Bedingtheiten

„ His colors became brighter, his brush stroke freer."[577]

Den Anfang bildet in diesem Zusammenhang die Frage nach dem Unterschied zwischen akademischer Systematisierung eines Themenkomplexes oder Phänomens und ihrer Entsprechung oder ihrem Widerspruch in einer gelehrten Reflexion über Szenarien und Protagonisten, eingebettet in eine literarische Darstellungsform, die uns heute weniger vertraut und weniger zuverlässig in der Wahrscheinlichkeit ihrer Aussagen erscheint. Tocqueville schreibt: „I refer to the

---

576 Vgl. Kap 2.V.xv. in vorliegender Arbeit.
577 Nach Mato Celestin Medović, 1857–1920.

ensemble, the tableau is painted only to be seen from afar. A mass of details has been deliberately omitted"[578] und verdichtet auf Grundlage seiner Notizen und persönlichen Eindrücke, dem angesammelten Erfahrungswissen, eine übergroße Menge an Material zu Schilderungen, die den allgemeinen Ideen zuarbeiten sollen.

Zwar hat er einzelne Beobachtungen in eine eigene Erzählung ausgelagert und er findet dort zu einem Stil des literarisch vorgebildeten Reiseschriftstellers, ganz im Stile Bejaulois'; auch bietet diese ausgelagerte Schilderung durchaus den stilistisch nötigen Kontrast zu den an diesem Punkt der Arbeit verhandelten Fragen an Theoriebildung und Systematik, und doch ist die Abgrenzung weniger deutlich, als es zunächst erscheinen mag, da die Urbarmachung des Erfahrungswissens auf lebendige Bilder angewiesen bleibt, will sie nicht eine Aneinanderreihung von Sittenbildern produzieren: Hinter der methodischen Auseinandersetzung beobachtbarer Phänomene steht immer die Bewusstwerdung einer Theorie.

Einzelne Merkmale dienen dabei der Kennzeichnung eines spezifischen Verfasstheitszustands; zugleich dienen sie in ihrer Wesenhaftigkeit einer stets weiter differenzierenden Methodik, welche sich ihren Betrachtungsgegenständen anzupassen versteht. Tocqueville nimmt hierzu Stellung, wenn er schreibt: „Ich habe in dieses Gespräch nur eingefügt, was all den Eindrücken entsprach, die ich bereits erhalten hatte"[579].

Die vordergründige Wahrnehmung arbeitet also der Einbettung der Eindrücke in den systematischen Komplex zu und entfremdet diese gleichzeitig ihrem ursprünglichen Umfeld, indem sie scheinbare Einzelereignisse auf ihre allgemeine Entsprechung hin untersucht, abbildet und in den Diskurskontext einfügt.

Der rein akademisch-dogmatisch orientierte Diskurs wäre in zweierlei Hinsicht ein Hemmnis, wenn es um das diskursorientierte Verfügbarmachen entsprechender Phänomene und ihre fortlaufende Systematisierung innerhalb der selbstaufgeworfenen Problemstellung geht; denn er unterwirft ihr Vorhandensein notwendigerweise institutionell orientierten Verfahrensweisen, welche die lebendige Aktualität der Urbarmachung aufgrund ihrer *präemptiv-statischen Einhegung* gefährden.

Insofern sind die Verschränkung von Analyse und der Ansätze zur Systematik, wie wir sie bei Tocqueville vorfinden, weniger in einem modernen Kontext zu lesen als vielmehr eine erste Urbarmachung beobachteter Phänomene für eine allgemeine Gruppe von Rezipienten, wie es vom Autor ursprünglich so beabsichtigt war. Wir finden damit weniger eine ideengeschichtlich-systematische Manifestation einer neuen politischen Theorie als vielmehr die zunehmende Ablösung

---

578 Vgl. Wolin 2006, S. 146.
579 Vgl. Pierson 1938, S. 53.

ideengeschichtlichen Hineinwirkens über eine *empirisch motivierte Neufindung* der Merkmale einer neuen politischen Kultur über den Kernbegriff der Demokratie.

Phänomenkomplex und Szenarien bedingen eine thematisch-systematische Neusetzung bereits eingeführter Begriffe. Hierbei eine Hinleitung zu dieser Neusetzung in der Tradition des Vorreiters Montesquieu zu suchen erscheint legitim. Der Eindruck der Statik bei Montesquieu entspringt im Vergleich der ausbleibenden Konfrontation mit Ereignissen bei den beobachteten Subjekten oder Protagonisten der verhandelten Verhältnisse bei Tocqueville: Demokratie als Widerfahrenes kommt in dieser Form bei Montesquieu nicht vor; die kluge Neusetzung einer Ordnung hat bei ihm Vorrang.

Ereignisabläufe sind bei Tocqueville τὰ ἐνδεχόμενα und werfen ihre Protagonisten in einen unablässigen Strom notwendiger Entscheidungssituationen in den Modi der Wirklichkeit, deren Ausgang stets offen erscheint. In diesem Zusammenhang ist auch die Verwendung des Begriffs der Kontingenz in vorliegender Arbeit zu sehen.

Ohne *Ereigniskonfrontation* gibt es einen Zustand des Gleichgewichts und Kontinuums in den Erlebnis- und Erfahrungswelten der Subjekte einer beobachtbaren Ordnung, was die Absenz von Erfahrungswissen, nicht die von Leitbildern oder vorbildhaftem Verhalten bei Montesquieu erläutern hilft und wiederum ihr Vorhandensein bei Tocqueville erklärt.[580]

Die Institutionen etwa haben hierbei zunächst den Zweck, die Unsicherheiten menschlicher Interaktion zu vermeiden, die aus der Komplexität der Problemstellung und dem Übersteigen individueller Fertigkeiten bedingt ist: Über die Abstellung an die Körperschaften und ihre Protagonisten lässt sich eine kontinuierliche Verlagerung an repräsentative Instanzen herstellen. Sie sind der manifestierte Ausdruck einer individuellen Zielsetzung, die sich in *kollektive Handlungen* überführt. In einer Herrschaftsform ohne Zentrum sind sie der äußere Ausdruck von Prinzipien, an deren übergeordnete Handlungsziele sie beständig erinnern und deren Kernpunkte sie nach innen beständig kommunizieren und damit vertreten. Die Lebendigkeit ihrer Präsenz, der öffentliche Wettstreit in einer problemzentrierten Lösungskultur, ihre Offenheit gegenüber Mitstreitern (die ihre Grundsätze anerkennen und teilen müssen) macht sie zu einer *multidirektionalen Entität*, die zur *ersten wahrnehmbaren Instanz* einer demokratisch-freiheitlichen Ordnung gerät.

Inwieweit diese freiheitliche Ordnung mit der moderneren Idee eines gesellschaftlich-politischen Pluralismus korrespondiert, bleibt jedoch fraglich, da bei

---

580 Vgl. den vorherigen Hinweis auf den Einfluss des Erfahrungswissens bei Tocqueville in Abgleich zu den Geschichtsbildern und Prinzipien bei Montesquieu.

Tocqueville stets ein dominierendes Grundmoment der Stabilität in derartige Konstruktionen dringt, wie im Folgenden weiter ausgeführt.

Dieses Beharrungsmoment kommt immer dort zum Tragen, wo es *contra bones mores* steht, dem qualitativen Moment der Mœurs, die als Ausdruck nicht nur der Gewohnheiten des Herzens, sondern (in ihrer quantitativen Beimessung) der sittlichen Gesamtheit stehen, dem gesamten „sittlichen und geistigen Zustand eines Volkes".[581]

Von hier geht Tocqueville weiter zum Gesamtbild eines *homme démocratique*, eines Menschen mit gewissen Eigenschaften, die aus seinen Überzeugungen in Handlung münden und über den Einzelnen ein allgemeines Bild der sittlichen und geistigen Gesamtordnung erlauben. Den Aufwuchs der demokratischen Gesellschaft hat auch Montesquieu, immer in Vergleich mit anderen möglichen Entwicklungsformen, zureichend beschrieben; in seinen *Pensées* findet sich in Eintrag 831 eine Verdichtung dieser Überlegungen:

> „Daß die meisten Regierungen Despotien sind, hat seinen Grund darin, daß diese von alleine entstehen. Bei gemäßigten Regierungen dagegen muß man die Kräfte kombinieren, sie abschwächen; man muß wissen, was dem einen gibt und was dem anderen bleibt; schließlich braucht man ein System, also eine Übereinkunft mehrerer, außerdem eine Abwägung von Interessen. Die despotische Regierung ist überall gleich: Sie drängt sich auf."[582]

Handeln ist dabei eine Erscheinung, deren Wesensgehalt die Freiheit der Handelnden ausmacht; Grenzen des Handelns zu setzen und die Eindämmung der Macht der Handelnden ist wiederum den Arrangements ihrer institutionellen Einhegung zu unterwerfen. Wie in dem Beispiel der Fische ist das Handeln der Protagonisten immer Bedingungen unterworfen; völlige Freiheit ist eine (unter Umständen gefährliche) Illusion. In der Parabel der Troglodyten entwirft er das Bild einer Freiheit, die zum Handeln ermächtigt, gebildet aus einer tugendhaften Haltung, die „aus dem Herzen brennt"[583]; gewonnen aus der Erkenntnis, dass es sich lohnt, eine einmal gewonnene Freiheit bis zum Letzten zu verteidigen, mit seinem Hab und Gut für seine Grundüberzeugungen einzustehen.

Was dieser Folgerung, auf die allgemeine Theorie übertragen, entspringt, ist die Frage nach dem gemeinsamen Zentrum dieser Handlungen, denn ein demokratisches Gemeinwesen entwickelt sich nicht in einem Vakuum.[584]

Hereth kommentiert dies wie folgt:

---

581 Vgl. Tocqueville DiA (hrsg. v. Mayer), I., 432 f.
582 Vgl. Montesquieu 2001, S. 141, Eintrag 831.
583 Vgl. Montesquieu, Lettres Persanes, XIII, Flammarion Paris 1995, S. 60: „Une ardeur nouvelle s'était emparée de leur cœur".
584 Vgl. Manent 1993, S. 81 ff.

„Die *Mœurs* sind das sich nur langsam und schwerfällig ändernde Kontinuum der Sitten und Gewohnheiten, der gemeinsamen Denkweisen und der gemeinsamen Ausdrücke, Begriffe und Symbole einer Gesellschaft, mit denen die Bürger ihre gesellschaftliche und politische Wirklichkeit beschreiben, interpretieren und letztlich konstituieren. Sie sind geschichtlich gewachsen. Die Verhaltens-, Rede- und Denkkultur der *Mœurs* macht zudem das Besondere einer jeden Gesellschaft aus. Diese *Mœurs*, im gegebenen Falle die der Amerikaner, sind (...) der entscheidende Faktor für die Existenz, die Funktionsfähigkeit, besonders aber für die Stabilität der amerikanischen Republik und für die Freiheit der Bürger. Es sind also nicht die Institutionen, es sind nicht die Einrichtungen der nordamerikanischen Union, es sind die Denk-, Interpretations- und Handlungsmuster, eben die ‚Mœurs‘, die entscheidender sind als alles juristische Verfassungswerk. Im Rahmen des demokratischen *État social* sind die Mœurs idealtypischer Ausdruck der zugrundeliegenden sittlichen Gesamtheit, nicht jedoch alleiniges Bedingungs-Moment der Gleichheit der Bedingungen.“[585]

Was zuvor noch als feine Trennlinien zwischen den Positionen beider Autoren hervorschien, wird mit dieser schrittweisen Aufarbeitung deutlicher: Montesquieu spricht von einer notwendigen *gesetzesmäßigen Festlegung des Gleichheitsprinzips,* um *hierdurch* der als natürlich vorausgesetzten Liebe zur Gleichheit *ex cathedra* entsprechen zu können, denn: „Jegliche Ungleichheit muß in der Demokratie aus der Natur der Demokratie und dem Prinzip der Gleichheit selbst abgeleitet werden.“[586]

---

585 Vgl. Hereth: „Er redet, die Mœurs oder Sitten beschreibend, soziologisch gesprochen vom Zentrum oder vom Gemeinsamen einer Gesellschaft.“ Hereth 2005, S. 59 f.
586 Vgl. Campagna 2001 S. 191, Brodocz 2009 S. 30, Montesquieu (EL V, 5, 279).

10 Teilhabe als Modell

Teilhabe als Modell / Partizipationsdemokratie – das *recht* verstandene Selbst-Interesse / Herausbildung und Bewahrung einer freiheitlichen Ordnung / Bewahrung der Dynamik der Civil Society – Befähigung der politischen Community zu Freiheitlichkeit

„How does a traveler turn theoros?"[587]

Tocqueville strebt die Einheit des fühlenden *homme démocratique* in der Lebenswelt des demokratischen Sozialstaats an, Montesquieu formuliert Grundsätze, nach deren Vorhandensein sich alle anderen Glieder der antizipierten Ordnung entwickeln sollen. Beschreiben, Interpretieren und Konstituieren stellen einen Gesamtzusammenhang der erfahrbaren Umwelt dar, in dem einzelnes und gemeinsames Handeln ein schöpferisches Neusetzen alter Grenzen gestattet. Die Wahlhandlungsmenge der Akteure findet über Verfahrensregeln zur Vereinfachung der menschlichen Beziehungen in einem institutionellen Rahmen statt – er verleiht der Interaktion erst ihre Ordnung.[588]

---

587 Vgl. Wolin 2006, S. 116; ders., Susan Jane McWilliams: Stranger Wisdom: Travel and the origins of political knowledge, Princeton 2006, S. 131.

588 An dieser Stelle sei erneut auf den hier zur Anwendung kommenden Ordnungsbegriff verwiesen, gibt es doch gerade in der philosophischen Ideengeschichte eine begriffliche Aufladung, derenthalben die vorgestellte Diskussion leicht in einen den Zielen der Arbeit zuwiderlaufenden Kontext gestellt werden kann: Ein geregelter Zustand, die Herstellung oder die Erhaltung eines gewissen Zustands oder die systematische Einteilung bestimmter Wesenheiten kennzeichnen den Ordnungsbegriff; in vorliegender Arbeit soll der Ordnungsbegriff auf bestimmte Wesenheiten bezüglich des Zustands eines Gemeinwesens verweisen und ist hierbei Platzhalter für alle in diesem Zusammenhang zur Anwendung kommenden Begrifflichkeiten und Verhältnismäßigkeiten. Weder soll er einer bestimmten historische Konnotation noch einem direkten ideengeschichtlichen Bezugsrahmen unterworfen werden, er ist Ausdruck institutionalisiertem beobachtbaren Verhaltens und seiner Festlegung in allgemeingültigen Vereinbarungen und hierüber Träger eines öffentlich wahrnehmbaren Teils allgemeiner Verfasstheitsmodi. Ordnung in diesem Zusammenhang ist zunächst lediglich die unter einem bestimmten Prinzip zu einem einheitlichen Ganzen zusammengefügte Vielheit von Teilen oder Elementen und setzt das normative System als Ausdruck der Gestaltwerdung des Seins als System-Struktur, schließlich die Zusammenführung in allgemeiner Einheit der zugrundeliegenden einzelnen Struktur-Elemente. Weitere wesentliche Impulse erfährt die Verwendung des Ordnungsbegriffes durch die Handhabung bei Tocqueville selbst, welcher in seinem *ancien régime* Strukturen einer

In der demokratischen Gesellschaft gehen die natürlichen Handlungsträger der alten Ordnung zusehends verloren, die Protagonisten der voranstehenden Ordnung haben neben dem Verlust der Ernennungsinstanz, aus der sie ihre Legitimation ableiteten, zusätzlich den Verlust ihres Wirkungsrahmens erlitten.[589]

Die Identifikationsmuster haben sich in der neuen, kontingenten Entwicklungsmustern unterworfenen Selbst-Ordnung aufgelöst, die Unsicherheit über das Verhalten Dritter bedingt den Aufwuchs stabilisierender, repräsentativer Instanzen, um die bereits erwähnte Wahlhandlungsmenge einzugrenzen oder sie erst bestimmbar zu machen über die repräsentativen Merkmale einer Institutionalisierung.

Diese sind selbst Ausdruck zugrundeliegender Verhältnismäßigkeiten, deren öffentliche Ausprägung wiederum Ausdruck fortlaufenden, allgemeinen Zuspruchs sein muss und damit notwendigerweise auch seinen intrinsischen Schwankungen unterworfen ist.

Fortlaufend stellt sich dann die Frage, inwieweit die Verschränkung von öffentlichem und privatem Leben sich in den politischen Bereich hinein fortsetzt, worin die Verbindungslinien zu den repräsentativen Instanzen der beobachtbaren demokratischen Ordnung bestehen und schließlich die Frage, inwieweit das Selbstbild und das kollektive Vorgehen sich aus den repräsentativen Instanzen, aus dem politischen Körper, ableiten. Das partizipatorische Element entwickelt sich aus der Selbsthaltung der Individuen und findet im Fortlauf seine Entsprechung in einer wiederholbaren und nach außen abbildbaren Festlegung der hierin zur Anwendung kommenden Grundsätze und Verhältnismäßigkeiten. Teilhabe gewinnt als öffentlich wahrnehmbares und überprüfbares Prinzip einen Modellcharakter, der die weitere Ausbreitung befördert. Aufeinander abgestimmte Interessen präzisieren die Willensbildung der hieran teilhabenden Bürger.[590]

Woraus wir leben ist die Frage auf der ersten Stufe der *association politique*, dem geistig-ideellen, noch losen Zusammenschluss von Gleichgesinnten. Die Transferleistung Tocquevilles besteht in einer Überführung gewisser Grundsätze des Montesquieu'schen Theorems der kulturellen Einbettung in eine allgemeine, kulturüberschreitende Vergleichstheorie. Nur hierüber ist eine transzendierte Urbarmachung des demokratischen Grundbegriffs möglich und eine

scheinbar überwundenen Ordnung in der Gegenwart identifiziert und mit den revolutionären Entwicklungen kontrastiert. An diesen hier und in der Schrift *L'état social et politique de la France avant et depuis 1789* zugrunde gelegten, diskursimmanenten Ordnungsbegriff Tocquevilles soll der in vorliegender Arbeit verwendete Begriff Anlehnung finden, da er für die verschiedenen Deutungsmöglichkeiten und die angestrebte Erschließung der Systematisierung gesellschaftlich-politischer Phänomene bei Tocqueville als unerlässlich angesehen wird.
589 Vgl. Hidalgo 2006, S. 52 f.
590 Ebd., S. 46.

Entsprechung des ursprünglich formulierten Ziels, der mittelbaren Anwendbarkeit auf kontinentaleuropäische Verhältnisse, unmittelbar in Frankreich, denkbar. Die wiederholt erfahrene Einzigartigkeit der amerikanischen Situation steht diesem Prozess im Wege; Tocqueville benötigt eine Identifizierung übermittelbarer Qualitäten, die kulturüberschreitend Anwendung finden können. Allen kontinentaleuropäischen Traditionslinien entgegen mussten sich auch hier rezeptive Verbindungspunkte finden lassen, die eine Einbettung demokratischer Merkmale möglich erscheinen ließen.

Bevor die amerikanischen Verhältnisse sich dieser Transferleistung aufgrund ihrer Singularität entziehen konnten, mussten sie in eine neue Form von Theorierahmen überführt und, solchermaßen den direkten Umständen enthoben, auf Anwendbarkeit geprüft werden. Bei einer reinen Bezugnahme und Orientierung an den geschichtlichen Umständen wächst die Variablenmenge über das Maß hinaus, in welchem noch Vergleiche möglich erscheinen; gleichzeitig ist das Merkmal der Einzigartigkeit dominant. Gelingt hingegen das Herauslösen der zugrundeliegenden Bewegungsgründe auf individueller und intraindividueller/intrasubjektiver Ebene, erweitert sich die Wahlhandlungsmenge des Rezipienten um die Möglichkeit des systematischen Vergleichs. Ein weiteres Merkmal dieses Findungsprozesses ist die Kontrolle der zugrunde gelegten empirischen Tatsachen und ihre Einbindung in den soeben geschilderten Komplex: Die gezielte Beobachtung und das hierüber gewonnene Erfahrungswissen sind subjektiven Merkmalen unterworfen, die ihrem eigentlichen Anspruch zuwiderlaufen können. Gleichzeitig ist ein striktes Befolgen der empirischen Methode nicht notwendigerweise als Vorbedingung für erfolgreiches Schließen zu sehen, es kann vielmehr die Vergleichsfähigkeit auf ein Maß reduzieren, in dem überhaupt keine Aussagen mehr möglich erscheinen, oder über die reine Menge an gesammeltem Material die Aussagen auf ein binäres Maß reduzieren, dessen geminderte Analysequalität eine technische Reproduktion der beobachteten Weltphänomene erschwert.

Wie erreicht Tocqueville nun die Ebene der Vergleichsfähigkeit gültiger Schlüsse anhand zweier geschichtlich grundverschiedener Länder? Es gibt, so schreibt er an seinen Vater,[591] eine Form des *grundlegenden* und eine Form des *thematisch orientierten* Erkenntnisinteresses. In der Frage der Empirie ist dies mithin ein Pendeln zwischen alltagsweltlichen Einflüssen und der methodischen

---

591 „Indem man die verwendeten Materialien auswählt mag man nur jene Themen/Schwerpunkte vorstellen, welche eine mehr oder minder direkte Beziehung zu unseren politischen oder gesellschaftlichen Verhältnismäßigkeiten besitzen. Einer dergestalten Arbeit mag zur gleichen Zeit ein *permanentes* und ein *thematisches* Interesse zugrunde liegen. Soweit der erste Eindruck: Nur, werde ich jemals die Zeit und das notwendige Talent besitzen, all dies zusammenzuführen?" zit. nach Wolin 2003, S. 117.

Erschließung wiederholbarer, anhand objektiver Maßstäbe überprüfbarer Eindrücke.

Thematisch orientiert heißt in diesem Fall die Einbindung von Betrachtungswinkeln, die uns heute unter dem Überbegriff der Frage geläufig sind: die soziale Frage, die Frage nach Gerechtigkeit, die Frage der Rechtsgültigkeit und andere. Das Thema als Teil der Aussage, über den gesprochen wird, ist denn auch die Bedeutsamkeit sozialer Chancengleichheit, das Vorhandensein und die Funktion der Verbände und ihnen angeschlossenen Gruppen, die Frage des Erbrechts, schließlich die Idee einer edukativen Heranführung an politische Mitbestimmung und die Vermittlung des demokratischen Geistes als intersubjektive Grundhaltung. Diese konzentrischen Fragegruppen werden in einem Prozess der Ausweitung auf übergreifende, stärker objektiv wahrgenommene Beobachtungen erweitert, so in den Beobachtungen über die Gruppe an Merkmalen, die man unter dem Begriff eines Volksgeistes zusammenfassen kann, oder in der Schilderung der Ausgestaltung des religiösen Elements, mithin dem Übergang lokaler Freiheitlichkeit in ihren verschiedenen Erscheinungsformen zu einem allgemeinen Vorhandensein einer auf dem Prinzip der Egalität aufbauenden demokratisch-freiheitlichen Ordnung. Das grundlegende, an empirischen Maßstäben orientierte Erkenntnisinteresse wirkt ordnend in die thematisch orientierte Empfindung hinein, die zunächst unterschiedslos die verschiedenen Eindrücke versammelt.

Seine Wirkung ist in diesem Zusammenhang ambivalent, führt es doch zum einen zu der nicht ausschließbaren Empfindung der Einzigartigkeit (und damit der Nicht-Reproduzierbarkeit der amerikanischen Situation) der vorgefundenen Verhältnisse und zum anderen, wie bereits geschildert, zu dem Problem der zu stark eingeschränkten Sicht auf die hieraus hervorgehenden Wirkungskräfte und Verhältnismäßigkeiten. Tocqueville steht dieser Empfindung zwiespältig gegenüber und betont in einem weiteren Schreiben (an seinen Bruder) die Herausforderung des schöpferischen Prozesses, welcher ihn drängt, „etwas neues zu schaffen", soweit er dazu überhaupt befähigt ist.[592]

Dieser Scheidepunkt verwandelt den aufmerksam beobachtenden (betrachtenden) Reisenden endgültig in den Schöpfer einer θεωρείν, jener ursprünglichen Schau des Göttlichen, in den erkenntnisinteressegeleiteten *ersten Zeugen der Wahrheit*, wie sie uns in seinen Bildern entgegenstellt. Aus den Gleichheiten und Unterschieden tritt mit jedem weiteren Schritt der hinleitenden Erschließung in Abgleich und Diskrepanz stetig deutlicher werdend ein Bild der Demokratie moderner Prägung hervor. Tocqueville wünscht sich schließlich sogar, in einem Idealbild lokaler demokratischer Ausgestaltung leben zu dürfen, einer *idealen*

---

592 Vgl. Wolin 2003, S. 117.

πόλις, in der alle ihm entgegentretenden Empfindungen eine vollendete Heimstatt finden und in der er nur von den Menschen umgeben ist, welche er liebt und respektiert.[593]

Der hinleitenden Erschließung unter Einbeziehung der ideengeschichtlichen Hinweisgeber verdankt sich indes auch die Vorsichtigkeit der allgemeinen Aussagen Tocquevilles: Die Betonung der grundlegenden, kulturgebundenen Unterschiede zwischen den Verfasstheitszuständen unterschiedlicher Länder und ihrer Gesellschaften bezieht er direkt aus der Aussage Montesquieus, über das Vorhandensein eines höheren Gutes nicht die Ausschließlichkeit seiner Implikation abzuleiten. Die Vorprägung hat ihm lebhaft das Bild der Ablösung einer als selbstverständlich empfundenen Lebenssituation durch eine umgestaltete Ordnung vor Augen geführt. Aus dem schmerzhaften Ablösungsprozess heraus entwickelt er einen großen Teil seiner Motivation, in den einzelnen Elementen der amerikanischen Situation *Lösungsansätze für eine Ausgestaltung* der politisch-gesellschaftlichen Verhältnisse in Frankreich zu finden, die ein Vorhandensein von Freiheit und Gleichheit zum Vorteil der Allgemeinheit auszulegen vermag. Die Dominanz des einen über die schwach entwickelten, fortlaufend gewaltsam unterdrückten Elemente des anderen, mithin die Dominanz der Gleichheit über die freiheitlichen Selbstbestimmungsrechte der Einzelnen, soll in ein ausgewogenes Verhältnis gebracht werden.

Der ‚Terreur‘ war die äußerste Entsprechungsform einer Gleichheit, die keine Schranken mehr kennt, unterwirft er doch alle dem vorgeblich *gleichen* Grundsatz. Jeder kann als Gegner der Ziele der Bewegung identifiziert werden, bis schließlich ein Klima allgemeiner Willkür erreicht ist, das sich gegen die Hauptakteure der Bewegung selbst richtet.[594]

Ohne Ansehen der eigentlichen Leistung waren auch hier die Träger der öffentlichen Ämter oder die Mitglieder traditionsreicher Familien dem Publikumsurteil unterworfen worden, bis die Gravitationskräfte der alten Ordnung über die Idee der Stabilität und der Abwehr äußerer Gefahren eine vormals unbekannte Ausprägung der monarchischen Ordnung bedingten: Die Grenzerfahrung maximaler Gleichheit sorgte im Umkehrschluss für die Rückkehr einer prosperierenden, auf die Strahlkraft einer neu etablierten Traditionslinie vertrauenden Monarchie mit einem Herrscher, welcher die brachliegenden Volksgewalten in territoriale Expansionsbestrebungen münden ließ.

Dass auch die innere Einigung Amerikas im Bürgerkrieg und die Einigung auf ein einheitliches Ziel die Expansion des Herrschaftsraums beschleunigte, ihn über die Neusetzung der Grenzen zu Lateinamerika und damit über die endgülti-

---

593 Ebd., S. 121.
594 Vgl. Tocqueville: L'état social et politique de la France avant et depuis 1789.

ge Abrechnung mit dem Erbe Spaniens nach Asien und Europa führte, war Tocqueville zum Zeitpunkt der Niederschrift der DiA nicht bewusst, er bereiste in seiner Wahrnehmung den historischen Urmoment der modernen Demokratie in einer ihrer glücklichen Phasen. Lediglich in den Schilderungen zu der Rolle der Vereinigten Staaten und Russlands dringen bei ihm weltpolitische Fragen in die Auseinandersetzung ihrer inneren Bewegungsgründe. Diese weltpolitischen Fragen waren jedoch, wie bereits geschildert, zu seiner Zeit Allgemeingut einer öffentlichen Diskussion über die zukünftige Mächtekonstellation vor dem Hintergrund der imperialen Bestrebungen Frankreichs, der Neuausrichtung des britischen Empire und des Niedergangs des Herrschaftsbereichs der spanischen Krone.[595]

Diese Anmerkungen sind bei Tocqueville Ausdruck einer grundsätzlichen Erörterung, die in die innersten Beweggründe eines modernen Phänomens hinabsteigen möchte und deren innersten Bewegungsgrund richtigerweise als prägendes Moment aller zukünftigen staatlich-gesellschaftlichen Fragen erkennt.

Gleiches gilt für ihre idealtypische Setzung in einem Diskurs, der ihr zukünftiges Konfliktpotential mit den widerstrebenden Bewahrungsmechanismen der anderen Ordnungssysteme einzubeziehen vermag.[596] Zu hinleitenden Begriffen im Erkenntnisfortschritt Tocquevilles geraten hierbei die Fragekomplexe nach der subjektiven Erfahrung (als Erfahrbarkeit) und Ausübung (im Sinne von Tätigsein) einer demokratischen Gesinnung und die Frage nach ihrer Authentizität, mithin der Wahrhaftigkeit und Transzendenz der politischen Handlungen, deren Feld ihm weit und widersprüchlich erscheint, wie auch die Grundhaltung der Protagonisten, deren Tätigsein den beschriebenen Zustand erst entfaltet: Das Zusammenführen des permanenten und des thematischen Interesses ist stets begleitet von dem Problem seiner empirischen Prüfung, dem permanenten Aufzeigen von (relationalen) Verhältnismäßigkeiten, Auffinden und Abgleich ihrer Entsprechungen in der Wirklichkeit, mithin ihren phänomenalen Bildern, und der permanenten Prüfung der Wahrscheinlichkeit einer Einlösung ihrer Versprechen.

10.1 Der Weg des Theoros

Der Weg der persönlichen Erfahrung ist der prägende Leitgedanke, insofern es um die Etablierung eines subjektiven Begriffs demokratischer Gesinnung und ihrer wiederholbaren Ausübung geht. Aus seinen Elementen setzt Tocqueville

---

595 Vgl. Gollwitzer, Heinz: Geschichte des weltpolitischen Denkens, Bd. I, Vandenhoeck & Ruprecht, Göttingen 1972, S. 403 ff.
596 Im Sinne der „fragwürdigen Traditionsbestände", wie später ebenfalls von Ahrendt vertreten.

seine Eindrücke in eine Rahmenhandlung, deren Vorhandensein er in Bildern darzustellen versucht: Unter Zuhilfenahme der korrespondierenden Erschließungsebenen und der über sie präsenten Elemente gewinnt das (theoretische) Kompositum Gestalt.

Die hierbei zu bewältigenden Anforderungen an die Überführung von Praxiseindrücken in ein mittelbares Bild all ihrer variablen Verhältnismäßigkeiten sind vielfältig, denn wie sieht dieser Weg der individuellen Erfahrbarmachung aus, in dessen Einzelschritten der Begeher dieses Weges einen konstanten Prozess der Selbstvergegenwärtigung durchläuft?

Niemand kann ihm schließlich diese unversehens eingegangene Verpflichtung abnehmen, und doch transportiert ihn die Einlösung des einmal eingegangenen Versprechens in einen Kreis anderer Akteure: wiederholbar, kontingent, zu kollektiven Handlungen befähigt und von einer Form gegenseitiger Versicherung getragen, deren Publikmachen die einforderbare Notwendigkeit des einmal erschlossenen Phänomenalkomplexes bedingt. Nachfolgend eine skizzenhafte Schilderung der persönlichen Erfahrung:

Ich werde da sein, mit meinem Ziel und Willen, und ich werde euch Beistand sein, so wie ihr mir Beistand seid, und in dieser kollektiven Bewusstwerdung unserer Entscheidung finden wir zu einer neuen Form der Gemeinsamkeit, wie sie nur uns zugänglich ist. Heimstatt und Ansporn zugleich ist die Verständigung auf ein gemeinsames Ziel, und in unseren Konflikten findet eine beständige Fortentwicklung der ursprünglichen Idee ihre Fortsetzung in der öffentlichen Zurschaustellung unserer Handlungen. Ihnen folgt das Einfließen dieser Grundbestandteile in eine wiederholbare, nachahmenswerte Tätigkeit: Die Einmalhandlung etabliert sich als Prozess, dessen öffentliche Existenz seine Wiederholbarkeit Teilhabern öffnet, die an jedem Einzelschritt ihren Anteil leisten können. Öffentlichkeit und Teilhabe, sie bedingen eine Abschleifung der ornamentalen Elemente und orientieren uns in der Gruppe und in unseren Stellungnahmen jedweder Art auf eine verdichtete Form des ursprünglichen Anliegens.[597] Sinnnotwendigkeit und Verwertbarkeit prägen nun die weiteren Schritte eines Verwirklichungsprozesses, an dessen Fortschreiten nun auch vormals Fremde beteiligt sein können; in fortlaufender Aneignung haben sie sich die einst subjektiven Ziele zuteilwerden lassen.

Ihre unablässige Auseinandersetzung mit dem nun thematisch formulierten Ziel und die Erfahrung kollektiver Wirkungskräfte sorgen mit ihrer Zuhilfenahme verortender Elemente für seine allmähliche Überführung in den traditionalmythischen Korpus tradierter Leitlinien einer politisch-gesellschaftlichen Situation, die nach Orientierung verlangt: Ich stehe heute hier, um in meiner Eigen-

---

597 Als Weg der Erfahrung.

schaft als Vater und Bürger von Massachusetts über eine allgemeine Sinnnotwendigkeit zu sprechen, deren Vorhandensein allgemeines Einverständnis voraussetzt und uns ein Leben in selbstbestimmter Freiheit ermöglicht. Ich werde, soweit Sie die Richtigkeit meines Handelns und der hieraus bestimmbaren Ziele bestätigen, aus der Gemeinschaft der versammelten Wahlbürger heraus die nun kollektiv bestimmbaren Ziele Eurer Stimme vor Dritten vertreten – meine persönliche Integrität und Loyalität zu den formulierten Grundsätzen unseres gemeinsamen Anliegens sollen unsere Stimmen als Eine in die Welt tragen und uns als einen gemeinsamen Körper erscheinen lassen, soweit es die Grundkonstanten unseres Lebens betrifft. Was uns an anderer Stelle vereinzelt und ziellos erscheinen lassen mag, soll uns hier zu Ansehen und Einfluss gereichen und kollektiv einzigartig machen. So ist mir unversehens die unablässige Reflexion meines Ichs zum Propagieren eines öffentlichen Guts geraten, das die Adressaten aus ihrer unbestimmten vermeintlichen Ruhe in einen bestimmten Zustand der Unruhe versetzt und sie zu einer Abwägung ihrer eigentlichen Ziele veranlasst hat. Ich verbreite diese Ziele als Botschaft einer öffentlichen, gemeinsamen Angelegenheit; was gerade noch Angelegenheit der Gemeinde war, gerät zur Forderung einer Gemeinschaft, die sich über die Verständigung auf ein gemeinsames Anliegen bildet. Sie finden sich nun gebunden in ihrer Selbstsetzung als Protagonisten einer Handlung, deren Öffentlichkeit Teil ihrer Bestimmung geworden ist. Es ist nun als unterstützenswerte Angelegenheit bekannt geworden, verbreitet sich als Idee über die geographischen Grenzen unserer unmittelbaren Einflussbereichs hinaus und fordert Stellungnahmen, deren Aussagen eine Form der Unabdingbarkeit in der Sache erzeugen, als deren Advokat meine Mitstreiter und ich sie in Gemeinschaften tragen, deren erahntes, nicht bewusstes Vorhandensein Vernunft und Weitsicht geradezu erzwingen, will man nicht auf den zuerst vorhandenen Privatcharakter der Angelegenheit zurückgeführt werden.[598]

Nun bin ich im Dienst einer Sache, Advokat und Steward, Prediger und Akteur in einer Person, und muss doch immer wieder neu an die Aufrichtigkeit und Sinnhaftigkeit des Anliegens glauben – diesen Weg kann mir niemand ersparen, und er wird mich tief prägen. Meine Berichte spenden Freude, Beruhigung, was mir als persönlicher Prozess erschien, wird durch die Teilhabe meiner Mitstreiter zu einer gemeinschaftlichen Erfahrung. Die kleine Gemeinschaft, über die das Vorhandensein der Ursprungsidee erst möglich war, ist in der allgemeinen Wahrnehmung zum Modell wahrhaftiger Tatkräftigkeit geraten, und doch auch als beispielhaftes Hindernis der Wünsche anderer Gruppen, und steht unversehens vor der Herausforderung, unter Bezugnahme auf Ziele, die über jenen der Allgemeinheit stehen, ihr Vorhandensein und die hieraus bestimmbaren Ziele

---

598 Im Sinne des Stewartship.

neu zu begründen. Durch die Sphäre der Rechtszuständigkeit und der Religion werden transzendente Merkmale in den konsensualen Grundgehalt der gemeinsamen Ziele aufgenommen, Gebundensein und Bestimmung erneut geordnet und damit als unauflösbar etabliert – die Geburt einer Bewegung ist vollzogen, Personal und Mittelgewinnung stützen ihre Institutionalisierung. (d. A.)

Diese Skizze der *Bewusstwerdung einer Bewegung* ist bewusst auf der persönlichen Ebene gehalten und hat keinen Anspruch auf Vollständigkeit; sie soll jedoch einen wesentlichen Punkt illustrieren helfen: Tocqueville zufolge nimmt die Bedeutung der Vernunft ab dem Zeitpunkt zu, an dem sich alle gleich und aus diesem Grunde in der Lage fühlen, die Wahrheit „aus sich selbst zu beziehen".[599] Der Begriff der Vernunft erklärt sich ihm weitgehend beginnend mit der Kongruenz von Vorstellung und Tätigsein, dass es die Meinung eines jeden verdient, berücksichtigt und diskutiert zu werden. Die Überführung dieses Eindrucks in eine kollektive Bewegung ist eine Frage der konditionalen Rahmenbedingungen rechtlicher, geographischer und auf die Fähigkeiten der beteiligten Protagonisten orientierten Lebenssituation zu einem beliebigen Zeitpunkt: In der nächsten (Entwicklungs-)Ebene findet bereits die Institutionalisierung statt in Form eines Bundes oder Vereins, in der dritten Ebene schließlich die direkte politische Einflussnahme. Diese Ebenen sind nicht materialistisch orientiert, sie fließen in der tätigen Handhabung im Sinne Montaignes gewebeartig im Sinne immer tieferer Interdependenzen ineinander. Die ihnen beigemessenen Attribute sind hierbei Qualitätsmerkmale, aus denen in einer ersten Konsequenz über ihr Vorhandensein hinaus ihre Wertigkeit abgeleitet werden kann.

Wesentliches Merkmal ab der zweiten Ebene ist dabei die Herausbildung von Gruppierungen, welche stellvertretend für ein gewisses Ansinnen oder die Interessen Einzelner allgemeingültige Ziele formulieren und über ihre Repräsentanten abbilden. Die Herausbildung und Bewahrung einer freiheitlichen Ordnung auf der Grundlage der Egalität ist innerhalb der vorliegenden Rahmenbedingungen ihr gemeinsames Merkmal. Dieser Prozess ist nicht durch eine Leitinstanz legitimiert oder koordiniert, sondern durch den soeben genannten Leitgedanken motiviert.

Wesentliches Merkmal ist gerade die Abwesenheit einer Zentralinstanz, und fortgesetzt die fortwährende Abwesenheit eines Herrschafts- oder Ordnungszentrums. Alle Handlungen scheinen zunächst in ein unentwirrbares Geflecht unbestimmbarer Positionen der teilhabenden Gruppen zu laufen: Aus der Vielzahl der vertretenen, oft gegeneinander formulierten Interessen ein ausgewogenes, sich selbst kontrollierendes Konzert der Interessen zu bilden ist auf der zweiten Ebe-

---

599 Vgl. Tocqueville DiA (Manesse), Bd. II, Kap. 1 ff.

ne die eigentliche Kunst, auf der dritten Ebene ist es bei Tocqueville insbesondere die Eindämmungsfähigkeit oder überhaupt die Befähigung zur Kontrolle der politischen Kräfte, mithin der Regierungsinstanzen.[600]

Weniger die Durchsetzung und Formulierung von Interessen, die uns heute wohlbekannten Ausprägungen professioneller Lobbyarbeit und ihre zunehmende Ablösung von ihrem ursprünglich repräsentativen Auftrag, sondern die Eindämmung einer selbstleitenden, immer weiter in Ausbreitung begriffenen und damit von dem Einfluss der Bürgerinteressen zunehmend abgekoppelten Zentralgewalt stehen bei Tocqueville im Vordergrund.

Der Einfluss der „le pouvoir arrête le pouvoir" Montesquieus ist unübersehbar und ein weiteres Indiz der bereits erwähnten hinleitenden Abstützung: Dass „die Macht die Macht festlege", mithin bestimm- und kontrollierbar mache, entstammt ursprünglich dem auf den Adel orientierten Teil der staatswissenschaftlichen Diskussion bei Montesquieu: Der „Geist der Selbstzucht", heutzutage die Idee der Selbstkontrolle auf den nachgeordneten Ebenen, findet seine Entsprechung in der gegenseitigen Konditionierung der staatlichen Kräfte und entspringt ureigentlich der Idee gewissenhafter Selbstprüfung.

Dieser Weg von der Erkenntnis des Kraftkomplexes der Phänomenalwelt, die Tocqueville in ihren Ausprägungen einer modernen demokratischen Ordnung entgegentrat, kann heute paradigmatisch unter Zuhilfenahme konkurrierender Erklärungsmuster durchleuchtet werden. Was uns aber interessiert, ist zumindest nicht an erster Stelle die unmittelbare Einbettung in eine Ideengeschichte der politischen Theorie, sondern die Motivationsgründe zu einer besonderen Methodik und schließlich der innere Wirkkomplex ihrer Elemente. Mit der Schilderung ihres allgemeinen Vorhandenseins und der Anführung ihrer Prozessschritte ist hierbei zunächst lediglich dem Selbstanspruch einer entsprechenden Beweisführung Genüge getan. Der Weg führt uns von der Einbettung in den ideengeschichtlich-historischen Komplex über die Phänomenalwelten der jungen Demokratie hin zu ihrer systematischen Urbarmachung für den Diskurs ihrer übergeordneten Ziele. Diesen wiederum kann im Sinne des (hin)leitenden Erkenntnisinteresses ein umfassender Eindruck der Selbstkonditionierung demokratischer Gesellschaften entspringen, einschließlich der Bestimmung ihrer Ambivalenzen, ihres immanenten Wirkungskomplexes und schließlich auch ihrer zukünftigen Entsprechungsformen in Innen und Außen jener Ordnung, die sie in systematischer Hinsicht hervorbringt, bedingt und erhält. Diese Erschließung der Mechanismen, zurückgeführt über ihre Entsprechungsformen, enthält ebenso eine Wahrnehmung der inhärenten Ambivalenzen, die eine modellartige, phänomenal

---

600 Vgl. AdT, DiA (hrsg. v. Mayer) I, 285 f.

orientierte Betrachtung hervorzubringen vermag. Was Tocqueville hierzu erarbeitet hat, ist aktueller denn je; zuletzt hat es Frank Schirrmacher so beschrieben:

„ ‚Übergang' (…) ist in der Moderne selbst zu einem Begriff aus dem Wörterbuch der Apokalypse geworden, weil er als Erfahrung einer unaufhörlichen Krise erlebt wird. Es geht nicht nur darum, was Menschen tun oder nicht tun. Ebenso real ist – wie wir mittlerweile zur Genüge wissen –, was sie befürchten, erwarten und hoffen."[601]

Was nun stärker in den Fokus des erkenntnisgeleiteten Selbstinteresses der Untersuchung gerät, ist die Frage nach den *übergeordneten Antriebsgründen*, die uns einer Idee von Systematisierung näherbringen sollen. Hierfür sind dann wiederum Anleihen aus der Ideengeschichte der politischen Philosophie notwendig, will man ihr Vorhandensein nicht aus einer Naturnotwendigkeit prozessualer Bestandteile erklären. Diese Naturgesetzmäßigkeit prozessualer Elemente abzulehnen ist ja, wie bereits angeführt, einer der Hauptmotivationsgründe zur Ablehnung des kartesianisch-rationalen Reduktionsprinzips.

Allein die Tatsache, dass der Fokus der Untersuchung Tocquevilles nicht abstrakt-universal, sondern recht spezifisch und erkenntnisorientiert aus dem im Hintergrund der *Demokratie in Amerika* wirkenden Abgleich zwischen der modernen demokratischen Entwicklungssituation in Amerika und der kontinentaleuropäisch-traditionalistischen Situation in Frankreich heraus allgemeine Schlüsse und Empfehlungen abzuleiten sucht, widerspricht der Idee einer rationalen Entkernung einer politischen Kultur auf die ihr zugrundeliegende Naturbestimmung als zentraler Kraftkomplex der neuen Ordnung im Abgleich zur alten Ordnung. Wo Aristoteles schließlich aus seiner Beobachtung und Klassifizierung politischer Herrschaft auf die Unterschiede zwischen guter und schlechter Regimeführung schließt, führt Tocqueville die Analyse demokratischer Herrschaft immer wieder auf die Frage nach den Qualitätsmerkmalen eines freiheitlichen Lebens und damit auf die Organisationsprinzipien eines entsprechenden Ordnungssystems zurück. Auch bei ihm treten dann im Phänomenalabgleich die Elemente guter und schlechter Herrschaft, abgebildet über die Ambivalenz widerstreitender Prinzipien, aus denen sich die konditionalen Rahmenbedingungen entwickeln, in den Mittelpunkt seiner Betrachtungen.

---

601 In der Frankfurter Allgemeinen Zeitung, 18. März 2011.

10.2 Alternativen der Beweisführung

> „(...) science – a world that (...) is
> cut off or remote from human experience."[602]

Wie wird ein Reisender zum Theoros, wie entzieht er sich der (geistigen) Gefolgschaft der Innovatoren in der Ideengeschichte und wie ist es ihm möglich, lebensweltliche Erfahrung in ein System der schließenden Betrachtung einzufügen, ohne den lebensweltlichen Phänomenen zu wenig oder der Systematisierung zu stark entsprechen zu wollen? Worin liegt der Neuigkeits- und Erkenntniswert einer Untersuchung, die zwischen Phänomen und Methode, alter und neuer Welt, Anlehnung an aristokratische Elemente und grundlegendem (Fortschritts-)Zweifel oftmals unentschieden in der vermeintlichen Mitte beharrt und ein abschließendes, systematisierendes Urteil verweigert?

Wie soll man eine Untersuchung einordnen, deren unmittelbarer Neuigkeitswert stärker in Bezug auf das Objekt ihrer Betrachtung und weniger auf den methodischen Ansatz gerichtet erscheint? Deren Materialgrundlage aus einem Konvolut von Tagebucheinträgen, Skizzen und Briefwechseln besteht, woraus ihr Autor Teile seiner Darstellung neu konstruiert?

Der erste Eindruck, die Stilfrage, die Suche nach Einbettungsmöglichkeiten in den Rahmen einer zeitgenössischen Diskussion, die mannigfaltigen Anknüpfungspunkte vor dem Hintergrund einer neuen Welt, die neue Bürger trägt, die zwei Welten, die Erfahrung der Revolution: All dies steht zunächst scheinbar ungeordnet nebeneinander, lässt man sich noch unbefangen auf die Erfahrung der Auseinandersetzung mit den Fragen, die sich einem unvermittelt entgegenstellen, ein. Die alte Welt verlangt nicht mehr nach Wandel, nur nach Wechsel nach unablässiger Veränderung, die oft nicht Wandel ist, sondern unendliche Variation innerhalb der Rahmenbedingungen ihrer Grundordnung.

Der Edelmann gerät zum Jedermann, Kulturlandschaft ist entweder Stadt, Siedlung oder der weite unbeschränkte Raum der Wildnis. In der mondbeschienenen Nacht sitzt man im Kajak beim Übersetzen über den großen Grenzfluss neben einem Ureinwohner, dessen Französisch deutlich Pariser Akzent trägt.

In der Wildnis trifft man vor seiner Hütte den aufmerksamen Zeitungsleser, dem alle Debatten geläufig und bedeutend sind. Man sitzt zu Tisch mit dem Präsidenten, dessen Gefolgschaft die Sitten des gemeinen Volks nicht verachtet, sondern mit schlauer Würde umstandslos zur Schau trägt. Alles ist auf Handlung orientiert, das Essen ist eine Zumutung.

---

602 Philippe Bénéton: Equality by Default. An essay on modernity as confinement, translated by Ralph C. Hancock, ISI Books Wilmington, Delaware 2004, S. 109.

Inmitten dieser Eindrücke, die unvermittelt auf einen einstürzen und deren Konstellation unauflöslich ineinander verwoben scheint und in pulsierender Dynamik ihren beständigen Wechselläufen folgt, finden sich nun Elemente, die nach Zuordnung, nach Gewichtung ihrer Bedeutsamkeit Eingang finden in einen methodisch-systematischen Rahmen der Weltschau, der keinen Vorläufer kennt. Reiseberichte schrieben die einen, schnurren die anderen, noch andere tragen einen Streit aus über die Elemente alter Ordnung, die sie für wesensmäßig so bedeutsam halten, dass eine Verfassung ihnen Eingang gewähren soll.

Noch ist die große Unsicherheit der Neue-Welt-Rebellen in den Fußnoten ihrer Auseinandersetzungen spürbar; die großen Kämpfe um die innere Ordnung stehen bekanntlich noch aus. In den drei dominierenden ethnischen Gruppierungen finden sich die Konfliktlinien der Vergangenheit, Gegenwart und Zukunft Amerikas. Wie vorteilhaft ist es dann, wenn man sich nicht einer Seite verpflichtet fühlen muss, sondern im Wechselschritt zwischen beiden Welten gleichermaßen Vorzüge wie Nachteile erkunden kann? Tocquevilles selbstverliehener Reiseauftrag verlangt nach einer gründlichen Untersuchung der institutionell manifestierten Antipoden einer freiheitlichen Lebensführung. Dieses Ziel hat er sich selbst gesetzt, und ab diesem Moment ist eigentlich keine Möglichkeit mehr gegeben, einem streng ideengeschichtlich behafteten, einer Schule oder Gruppe von Interpreten verpflichteten Erklärungsansatz zu folgen.[603] Diesem ersten Schritt, dem Sichtbarmachen der Selbstverpflichtung, folgt die Frage nach den Adressaten: Wer einen erkenntnistheoretischen Diskurs in Fachkreisen führt, folgt dem Duktus ihrer Auseinandersetzungsformen; wer die Allgemeinheit auf weltverändernde Phänomene aufmerksam machen möchte, wählt eine Form der Ansprache, die lebensweltlich orientiert ist. Nicht die Anerkennung der Fachwelt, sondern ein möglichst umfassender Kreis an Rezipienten soll in Abgleich zu den eigenen Wahrnehmungs- und Reflexionsfähigkeiten einen Einblick in die Erlebniswelt des Autors erhalten. Bénéton schreibt hierzu:

> „Neutrality forbids all judgment in the metaphysical, moral, and aesthetic domains. Questions of this order escape scientific reason (…) the expert takes the world as given, he is surprised by nothing, he does not question existence, he renounces the search for meaning. His object is the laws by which human life functions, which he attempts to discern while abstaining from all ‚value judgments' on actions or works (…) this procedure breaks with the natural course of human reflection (…) method commands the suspension of reflection as soon as ‚values' are in question. When the sociologist distinguishes types of families he has no business asking whether one

---

603 Vgl. die Anmerkungen Tocquevilles zu einer ‚neuen politischen Wissenschaft' sowie seine Notizen und Briefwechsel, wie bereits vielfach angeführt, so in Kap. 2.III. und IV.

type is better than another, and when he classifies works of art, he is not concerned with what art is... *Non possumus.*"[604]

Die Entfremdung der Methode von ihren lebensweltlichen Bezügen beschränkt die Wahlhandlungsmenge auf jene Elemente, die ihre Instrumente erfassen möchte. Höchstmögliche Objektivität trägt jedoch stets ein Moment der Entfremdung von den beobachteten Merkmalen in sich, muss sie doch über die entwickelten Instrumente jene Umwelteinflüsse ausschließen, deren Vorhandensein die Unabhängigkeit der Untersuchung und die Objektivität des Urteils gefährden kann. Sie muss damit eine innere Zweckgerichtetheit der beobachteten Objekte, über deren Vorhandensein Zustände bedingt werden oder in ein Verhältnis gesetzt werden können, ausschließen.

Über die Auseinandersetzung des Vorhandenseins und der Unterschiede zwischen kausalen und intentionalen Prozessen der Erklärungsfindung tritt der Unterschied zwischen der Systematisierung lebensweltlicher Phänomene hinsichtlich einer beobachteten Wirkungsfähigkeit in Abgleich zu einer Vorgehensweise hervor, deren Prozesselemente sich nach einem zuvor gesetzten Formalismus finden oder über den Ausschluss von vorhandenem Wissen eine möglichst objektive Form der Betrachtung erreichen möchten.

Über Zielgerichtetheit zu sprechen heißt hierbei an erster Stelle, *das Wissen über Ursache und Zweck von Handlungen in die Untersuchung mit einzubeziehen*, ohne gleichzeitig das mögliche Ziel, ihre Bedingtheit oder Wirkungsabsicht, auszuschließen. Erst die teleologische Form der Erschließung lässt über ihr Begründungsverfahren eine Abstufung zwischen gut und schlecht zu.

Der Experte entzieht sich nach Möglichkeit jener Form der Selbstreflexion, die ihn zu der Erkenntnis drängen könnte, niemand nähere sich einem Objekt seiner Untersuchung jenseits von Vorprägung, hinleitendem Erkenntnisinteresse oder außerhalb jener sozialen Konditionen, die im Einzelfall die objektgebundene Idee einer Konstellation bestimmen.

Gerade diese (innere) Auseinandersetzung wird von Tocqueville in *schöpferischer Ernsthaftigkeit* geführt. Sie steht in Bekenntnisform der eigentlichen Untersuchung voran, begleitet von der Selbstzuschreibung eines „gleichermaßen religiösen Schauders" (bezogen auf Amerika), umhüllt von einer „seltsamen Verwirrung" (bezogen auf Frankreich und dem Eindruck unausweichlicher Veränderungen, deren Erfahrbarkeit eine wesentliche Grundlage seiner Untersuchung bildet). Über diese Verbindung von persönlicher Bekenntnis, zielgeleiteter Aufarbeitung der beobachteten Umstände und der sie bedingenden Konditionen

---

604 Bénéton 2004, S. 51.

ist die Möglichkeit ausgeschlossen, sich auf die Fehlerhaftigkeit einer Methode oder einzelner der ihr zugrundeliegenden Elemente zurückzuziehen.[605]

Autor und Werk, Leben und Vorstellung, Erfahrungswissen und Reflexion bilden einen Gesamtzusammenhang, in dem ein Teil jeweils für das andere zu stehen vermag. Wissen und Leben, das Worumwillen, stehen nicht nebeneinander, sie gehen ineinander über, wo immer ihre wechselseitige Verbindung dem fortschreitenden Erkenntnisinteresse dient. Ein Beispiel ist an dieser Stelle die fortwährende Frage nach den qualitativen Aspekten des Lebens in der modernen demokratischen Gesellschaft: Der alte Einklang zwischen Gefühlen und Vorstellungen scheint zerstört, das natürliche Band der Verbindung zwischen Meinungen und Neigungen, Tun und Denken zerrissen.[606] Im gleichen Geiste, der seine Gedanken geleitet hat, möge Tocqueville der Leser folgen und ihm gleichermaßen in einem freundlichen Entgegenkommen nicht eine Einzeltatsache der Gesamtheit der versammelten Gedanken entgegenstellen. Diese offene Form der Auseinandersetzung mit Erfahrungs- und Reflexionshorizont, Leistungsfähigkeit des erkenntnisgeleiteten Impetus und die Einladung, sich dem Gesamtbild als leitendes Kriterium der Erfahrungsfähigkeit auszusetzen, bestimmt die Abfolge der von ihm verhandelten Phänomene und den hieraus entwickelten Paradigma.

Deren Vorhandensein wiederum bestimmt den Fortschritt des zielgerichteten Erkenntnisinteresses von dem Einzelnen zur Familie, von der *commune* zu den Trägerschaften ihrer öffentlichen Instanzsetzung, den Institutionen, schließlich zu den föderalen Elementen der staatlichen Ordnung, der Republik und ihren Repräsentanten selbst. Werkbezogen kann als Hinweisgeber auf die tragenden Elemente der Argumentationsführung die abnehmende Häufigkeit der Bezugnahme auf die typisch amerikanischen Elemente der modernen Demokratie dienen: Sie stellen zunehmend nur noch den Einstiegspunkt in die tiefergehende Erschließung ihres Bedeutungszusammenhangs dar: In den ersten drei Hauptabschnitten des zweiten Bandes der DiA machen sie nunmehr etwa ein Fünftel, im letzten Abschnitt nur noch etwa zwei Prozent des Textkörpers aus.[607]

Was wäre die Alternative gewesen? Denkbar wäre ein streng ideengeschichtlich-systematischer Vergleich der Aussage- und Funktionsfähigkeit politischer Theorie unter mittelbarer Zuhilfenahme historischer Beispiele. Diese beständige Zuhilfenahme historischer Bilder unterliegt jedoch, wie aus anderen Untersuchungen ersichtlich, einem Abnutzungsprozess, kann sie doch die Ebene der Phänomenal- und Meta-Reflexion *präemptiv einschränken* oder hinsichtlich

---

605 Alle Zitate DiA (Manesse), Bd. I, Einführung.
606 Vgl. Tocqueville, DiA (Manesse), Bd. II, S. 362.
607 Vgl. Manzini, Charlotte: Qui êtes-vous monsieur de Tocqueville?, Archives départementales de la Manche, Saint-Lô 2005.

eines Agenda-Setting das eigentliche Erkenntnisinteresse in seiner weitergehende Schlüsse bedingenden Entfaltungsfreiheit unnötigerweise hemmen.

Gerade wenn man die qualitativen Aspekte in den Rahmen der Untersuchung mit einbezieht, stellt sich unversehens die Frage, auf welcher Entsprechung ihre Hinzunahme gründet: Zwischen gut und weniger gut oder schlecht zu unterscheiden wird durch einen zumindest mittelbar etablierten Wertekonsens begleitet. Hinsichtlich der lebensweltlichen qualitativen Aspekte kann demzufolge nicht die fortlaufende Anhebung der Durchschnittseinkommen oder die allgemeine Volksgesundheit Begründung einer auf die Wesenheiten des Gemeinwesens gerichteten Untersuchung sein.

Eine *ideengeschichtlich-systematisch* orientierte Form der Untersuchung ist somit in zweierlei Hinsicht in ihrer Aussagefähigkeit eingeschränkt: Hinsichtlich ihrer Orientierung an der akademischen Rezeption und weiterhin in Bezug auf die Formulierung politischer Ziele, deren Notwendigkeit sie aus der Ableitung historischer Vorbedingung erklärt. Die stark über das materielle Element ihrer Ausprägung, wie etwa das Kapital, wahrgenommene ökonomische Sphäre kann hier als Beispiel gelten, ebenso die Fortschreibung einer politischen Idee in akademischer Verbrämung, wie sie etwa die zeitgenössischen Interpreten des Liberalismus betrieben haben, oder die überstarke Betonung des freien Handels und der selbstregulativen Wirkungsfähigkeit des Marktes an sich.[608]

Die Einführung des Begriffs der Wesenheiten und die hieraus hervorgehende Bestimmung ihrer bedingenden Elemente sorgen hingegen frühzeitig für die notwendige Gewichtung der qualitativen und quantitativen Bestandteile der Beweisführung. Wenn eine Debatte über die Bestimmung der Leistungsfähigkeit und Reichweite etwa der sozialen Konditionen geführt wird, kann man nicht präemptiv bestimmte Elemente der sozialen Ordnung ausschließen, deren Vorhandensein das Rahmengerüst der Untersuchung bildet.

Gleichermaßen problematisch ist eine stark prozessual orientierte Vorgehensweise. Über das Vorhandensein einer Verfassung, in der bestimmte Freiheitsrechte festgelegt sind, oder über das Abhalten von Wahlen, die Existenz einer Volkskammer – diese Liste ließe sich endlos fortsetzen – lässt sich unter Umständen eine mittelbar erschließende Bestandsaufnahme vornehmen. Sie kann sich aber auch in der Beschreibung von Formalismen erschöpfen. Welche Aussagekraft kommt einer Verfassung zu, deren Textkörper nichts mit den ei-

---

608 Hier ergibt sich ein zwar über den Rahmen vorliegender Arbeit hinausgehender, aber dennoch interessanter Unterpunkt in der Frage, inwieweit die Schriften der Anti-Federalists Tocqueville beeinflusst haben, inwieweit er also doch einer Methodik Einfluss gewährt hat, deren Agenda-Setting er eigentlich misstraut.

gentlich hinleitenden Bedingungen gemein hat und deren Zustandekommen sich einem Beschluss der Exekutive verdankt?[609]

Methodisch betrachtet sind Partikulardiskussionen immer der Gefahr ausgesetzt, über Einzelheiten den Gesamtzusammenhang zu vernachlässigen – der Teil muss zunehmend für das Ganze stehen, aber ist das Ganze auch zulässigerweise als (bedingter) Ausdruck des Teils zu verstehen? Als gültiges Beispiel darf hier ein Diskurs gelten, der sich an einzelnen Elementen der Verfassung orientiert: Auch in einem autoritären System gibt es Freiheitsrechte, gibt es einen Raum privater Freiheiten, gibt es einen subjektiven Erfahrungshorizont, der sich jenseits einer als politisch empfundenen Existenz ausbreiten kann. Allein das Vorhandensein *gewisser Freiheitsrechte* ist jedoch nicht als Merkmal einer freiheitlichen Ordnung zu verstehen, innerhalb derer im Rahmen eines öffentlichen Diskurses grundlegende Fragen verhandelt werden können. Gleiches gilt für die Ausbreitung der *Gleichheit*, deren kollektive Mechanismen die neue Form einer *modernen Tyrannis* etablieren können, die ihre Durchdringungsfähigkeit aus dem ursprünglich als Befreiung erlebten Zustand individueller Selbstbestimmung bezieht: Persönliche Unabhängigkeit kann sich in der Einsamkeit der zunehmend isolierten Individuen in Abhängigkeit von den (auch präemptiv handelnden) allzuständigen Bürokratiemechanismen der neuen Staatsmacht verwandeln.

Dieser Vorgehensweise steht das Erfahrungswissen und die subjektive Motivation des Autors entgegen, weiterhin das unablässige Eindringen lebensweltlicher Eindrücke in eine spezifische Form der Diskursführung, die sich noch nicht von den Objekten ihrer Untersuchung entfremdet hat.

Wolin nennt dies die „anti-method"[610] Tocquevilles, Salkever findet über die Identifizierung des Entwicklungshorizonts der gegenläufigen Wirkungskräfte von Gleichheit und Freiheit zu dem Begriff des „practical theorizing".[611]

Expertentum würde dieser Methode der Erschließung entgegenstehen; der heute geläufige Reflexionsraum akademischer Institutionen war in dieser Form nicht gegeben und wäre auch, wie die Aufnahme in die Académie Française beweist, eher Folge denn Vorläufer und Begleitmoment seiner Arbeit gewesen. Es gibt bei Tocqueville vielmehr eine Art von auf das Methodische wirkendem intellektuellem Rüstzeug, verbunden mit einer charakteristischen, größtenteils aus der persönlichen Biographie und dem Zulauf von Erfahrungswissen gebildeten Grundhaltung, die zwischen Ancien Régime und moderner Demokratie als

---

609 Dieser Pseudo-Holismus einer verfassungsgemäßen, aber nicht in Denken, Fühlen und Handeln und den diesen modalen Elementen entspringenden Strukturformen verwirklichten demokratisch organisierten Ordnung kann durch eine Bewertung ihrer qualitativen Merkmale identifiziert werden.

610 Wolin 2001, S. 79.

611 Stephen G. Salkever: Finding the Mean, Princeton 1994, S. 246.

Erfahrungsmoment oszilliert und aus der Verbindung beider Erfahrungs- und Lebenswelten die moderne Demokratie als lange vorbereitetes, historisch in Amerika offenbar gewordenes, welt- und kulturgeschichtliches Phänomen identifiziert. Sie soll bei Tocqueville in ihrem ursächlichen Wirkungszusammenhang vorgestellt, verhandelt und schließlich als systematischer Entwicklungszusammenhang gesellschaftlicher Bewegung deutlich gemacht werden. Sie ist das unausweichliche Moment der Moderne, dessen Vorhandensein in seiner ganzen Ambivalenz, ist es erst einmal offenbar geworden, sich keine Gesellschaft des abendländischen Kulturraums entziehen kann.[612]

Über die Offenbarwerdung ihrer konditionalen Rahmenbedingungen, der *equality by default*, gebunden in dem Sammelbegriff der Mœurs, etabliert in den Institutionen, die sie hervorbringt und die ihren Fortbestand überwachen und gewährleisten, hat der Entfaltungs- und Wirkungsraum der Einzelnen eine vormals nicht erlebbare Ausweitung und damit auch Aufwertung erfahren.[613]

Sie prägt die Bewusstseinslandschaft und bestimmt das Feld der Handlungen, deren kontingente Ambivalenz ihre Dynamik erklärt. Die Etablierung allgemeiner Prinzipien löst die Unterscheidung zwischen privat und öffentlich zunehmend auf; Rechtsboden und Verfassungsrahmen, nicht die Zentralgewalt, setzen die äußeren Grenzen.

Ziel ist hierbei auch, die Leidenschaften einer ehrgebundenen Gesellschaft zu zügeln, streng und doch frei, gleich und doch einsam, in kollektiven Prozessen gebunden, doch einsam in der Menge sein zu können. Aus diesen Widersprüchen generiert sich die Grunddynamik einer Gesellschaft, deren politische Konstrukte keinem direkten historischen Erfahrungsraum entstammen, sondern in einem Abgrenzungs- und Diskursprozess, schließlich in einer Reihe öffentlicher Kongresse entwickelt, erstritten und etabliert wurden.

Die sozialen Konditionen prägen und werden aufrechterhalten durch Erziehung und (öffentliche) Bildung. Selbst Faktionen sind zugelassen, insoweit sie dem Verfassungsrahmen und der allgemeinen (amerikanischen) Idee entsprechen.

Diskursführung ist bei Tocqueville mithin das dynamische Bewegungsmoment eines Erkenntnisinteresses, dessen Entwicklungs- und Erkenntnisziel nicht auf die systematische Abstraktion ordnungsimmanenter Bewegungsgründe wie Interesse und Pflicht, wie in ihrer Konditionierung bei Montesquieu offensichtlich, gerichtet ist, sondern auf ihre Urbarmachung hinsichtlich des Wesens-

---

612 Ihr globaler Wirkungszusammenhang wird stets auch auf Grundlage des ökonomischen Wesensgehalts verhandelt, womit ihrer Ausbreitung bestimmte konditionale Vorbedingungen voranstehen müssen.

613 Vgl. Bénéton 2004, S. 50.

gehalts jener Kräfte und Bedingtheiten, über die sich eine moderne demokratische Ordnung aktualisiert und fortgesetzt erhält.

Die Handlungsgewohnheiten und Einstellungen, deren Vorhandensein als sittlich-ideelle Grundlage einer sich selbst bedingenden Ordnung deren Orientierung aufzeigt, können nicht mehr einer allgemeinen Gesetzmäßigkeit entstammen, deren Vorhandensein durch den Einblick in naturnotwendige Grundbestimmungen des Menschendaseins begründet wird: Erst hierdurch richtet sich die Gesamtheit des gedanklich konstruierten Bildes auf das Problem einer liberalen Demokratie, nicht auf die unabdingbar zugehörigen Elemente, die ihre Krise hervorzurufen scheinen.

In Abgleich zu den so geschilderten Verfahrensabläufen bedeutet nun, von einem Problem zu sprechen, einen bestimmbaren Zustand oder ein Verhältnis, das zur Lösung vorgelegt wird, in seine prozessualen Bestandteile aufzulösen, ihr Zusammenhangsgeflecht bestimmbar zu machen, und, hieran ansetzend, ein Instrumentarium zu ihrer Beherrschbarkeit zu entwickeln. Es hierarchisch zu machen heißt auch, der Aporie einer schicksalhaften oder naturgrundbestimmten Konstellation entgehen zu können.

Damit steht an erster Stelle die Herausforderung der Wohldefiniertheit, welche sich bei Tocqueville in der DiA aus Abgleich und Reflexion des phänomenalen Erfahrungshorizonts entwickelt. Ist diese erste Herausforderung über die Wahrnehmung ihres Vorhandenseins und ihrer Einwirkungsfähigkeit auf die folgenden Prozessschritte erkannt, lässt sich der fortlaufende Diskurs auf die funktionalen Elemente und ihre Interdependenz richten. In Abgleich von bedingendem Phänomen und erschließender Methodik lässt sich so am Beispiel einer Gesellschaftsordnung und ihrer institutionell-repräsentativ begründbaren Abstützung der Wirkungsrahmen der Freiheitlichkeit in seiner eigentlichen Bedingtheit erschließen.[614]

Wie könnte man anders reine oder formale Freiheit von tatsächlicher unterscheiden oder eine rein formal oder prozedural existente demokratische Ordnung von einer lebendigen, kulturell verortbaren? Salkever schreibt hierzu:

> „If democracy is reduced to the procedures by which the will of the majority is expressed, then a majority vote is sufficient to abrogate democracy. In Athens in 411 B. C., the popular assembly decided to bring an end to the democratic regime."[615]

Weitergehend bedingt die problemsetzende Methode einen weiteren wichtigen Umstand: Sie drängt zu Entschiedenheit, beginnend mit der persönlichen Stellungnahme, dem In-ein-Verhältnis-Setzen des Interpreten. Der Einstieg geschieht

---

614 Auf Grundlage ihrer Kausalmechanismen und qualitativen Merkmale.
615 Salkever 2004, S. 157.

recht unversehens, wie bereits anderen zuvor bewusst war, „philosophiren in der Gesellschaft heiszt sich über unauflösliche Probleme lebhaft unterhalten"[616] und ist nicht-exkludierendes Merkmal eines Expertendiskurses. Tocqueville setzt an diese Stelle den Dialog mit dem allgemeinen Publikum, das er anzusprechen gedenkt, im nicht inkonsequenten Durchdenken bis in letzte theoretische Folgen.[617] Nicht die Tatsachen sollen den Ideen angepasst werden, sondern die Ideen den Tatsachen, die ein Problemkonstrukt in einen erschließungsfähigen Rahmen fügen und ein Bild dem weiten Kreis der Adressaten entgegenstellen.

Der gesetzmäßige Rahmen und seine sittlichen Grundlagen – auf denen die Bedingtheit einzelner Rechtsgrundsätze beruht – erlauben Menschen in einer demokratischen Gesellschaft, frei zu bleiben. Wenn Tocqueville von dem *Problem einer liberalen Demokratie* spricht, folgt er den gewohnheitsmäßigen, interdependenten Mustern ihrer phänomenalen Entsprechung auf allen hierfür in Frage kommenden Ebenen. Die Kategorien seines Denkens folgen seinem Leben und der tiefen Reflexion über die zugrundeliegenden Ursachen und Gründe. Noch gibt es nicht die Entfremdung des Analytikers von den Grundtatsachen seiner sozialen Existenz, verbunden mit dem Abstreiten einer beide Bereiche verbindenden Verantwortung: Tocqueville bewahrt die intimen Momente persönlicher Zeugnisse über Einzeltatsachen, die Namen, persönlichen Verbindungen, Freundschaften oder Feindschaften in seinen Aufzeichnungen, ohne die Urheber im Stile des bekenntnisheischenden investigativen Berichterstatters seinem Publikum preiszugeben: Exklusivität des Gegenstands der Betrachtung, nicht die Enthüllung der privatesten Momente, motiviert seine Bemühungen.

Seine gesamte Untersuchung ist der unablässige Versuch, die Gründe für den Fortbestand und das Zustandekommen der freiheitlichen Qualität(en) (amerikanischer Prägung) zu identifizieren und auseinanderzusetzen, um in einem nächsten Schritt die Ursachen und Bedingungen von den Kräften zu unterscheiden, die ihr Vorhandensein in Frage stellen. Der dritte Schritt und die erste Motivation des Diskurses, ihre Urbarmachung für die französischen Verhältnisse, treten, setzt man sie in ein Verhältnis zu den erkenntnistheoretischen Zielen, demgegenüber zurück.[618]

---

616 Goethes Werke. Herausgegeben im Auftrag der Großherzogin Sophie von Sachsen. IV. Abteilung: Goethes Briefe, Bd. 1–50, Weimar 1887–1912, vorliegend Bd. 22, S. 251 f.
617 Tocqueville, Demokratie in Amerika, Einleitung zum ersten Band.
618 Innerhalb der schwerpunktmäßigen Betrachtung in vorliegendem Abschnitt.

10.3 Schnittstellen in die Gegenwart

Alexis de Tocqueville hat mit *De la démocratie en Amerique* eine der ersten umfassenden Analysen der modernen Demokratie vorgelegt, deren Grundaussagen über die kompositive Wesenheit eines demokratisch organisierten Gemeinwesens bis heute Gültigkeit beanspruchen dürfen. Was er in Amerika entdeckte und was er in seinen hieran anschließenden Werken bestätigte und vertiefte, war die Einsicht, dass Demokratien nicht allein das Ergebnis erfolgreicher Revolutionen, sondern klar bestimmbarer ziviler Verhaltensmuster sind, zu deren Einübung und Anwendung die Verfassung von Gesellschaft und Politik die Bürger fortlaufend heranzieht.

Im Gegenzug ist diese dem Einfluss tradierter versus progressive Modalitäten unterworfen, welche über Diskursmuster und schließlich in der Verrechtlichung konstitutiv wirken. Die Gleichheit der Bedingungen ist für ihn das zentrale Gesetz der Moderne; die Rolle des Sozialen und Politischen in der modernen Demokratie gilt ihm als Ausdruck einer verborgenen Kontinuität zu ihren vormodernen Entsprechungsformen und Verhaltensweisen. Ihr entspricht auf der Ebene der individuellen, personengebundenen Beziehungen das wohlverstandene Eigeninteresse, dessen Verknüpfungsdynamik vernunftorientierte, fortlaufende Austauschprozesse als partizipative Netzwerke etabliert.

Seine Stärke bezieht das moderne Bürgertum aus einer dynamisch allokierten Balance zwischen Allgemeinwohl und Partikularinteressen. Der persönliche Vorteil ist mit den Interessen der Gemeinschaft, vertreten durch den Staat, in eine stets neu auszutarierende Übereinstimmung zu bringen.

Erschließungsgegenstand der (neuen) politischen Wissenschaften sind „die festen Bestandteile der Politik"; in der Tocqueville'schen Diktion bedeutet dies: *die menschliche Natur, individuelle und gesellschaftliche Interessen.* Die aus ihnen hervorgehenden oder präemptiv ableitbaren Probleme sollen allgemein-praktisch-empirisch durchdrungen werden. Der theoretischen Logik stehen die wechselhaften praktischen Anforderungen des guten Regierungshandelns diametral entgegen. Hier stehen die vernünftigen und allgemein transparenten Verfahrensregeln im Vordergrund, die ein konsensual orientiertes, förderliches Streiten um die richtige Lösung erlauben. Dieses Streiten birgt gleichzeitig die kompetitive Natur einer offenen Gesellschaft, die innerhalb eines konsensual festgelegten Ordnungsrahmens in zyklischen Überbietungsversuchen arbeitet.[619]

Mit seinem Einhegungsversuch des modernen Demokratiephänomens tritt Tocqueville in seinen Schriften oftmals in hybrider Form, aber auch wechselseitig als Analytiker seiner Entstehung, seines Funktionierens und der stets anhaf-

---

619 Oftmals im ganz grundlegenden (Aggregatszustands-)Sinne des „Business".

tenden Pathologien hervor. Seine Analyse der Ambivalenzen und Paradoxien modaler Prozesse, aus denen sich demokratische Ordnung konstituiert, heben ihn aus der Gruppe seiner Zeitgenossen und klassischen Interpreten heraus. Ein sprechendes Beispiel für die Wertigkeit seiner Analysen bietet sich über *das handlungsleitende Prinzip des wohlverstandenen Eigeninteresses*, über das die teilhabenden Individuen den Wettbewerb ihrer Handlungsinteressen in den sozialen und politischen Raum hineintragen. Gleiches gilt für Tocquevilles Unterscheidung zwischen Gemeinwohl und Gemeinsinn: Wenn transitorisch zu den subjektiven Beweggründen die Unterscheidung zwischen inhaltlicher Handlungsorientierung und der Befähigung zu öffentlichem Engagement vorgenommen werden kann, dienen sie als Beispiele für die Mehrebenenfähigkeit seiner Methodenkompetenz: (Handlungs-)Interesse für das Gemeinwohl konstituiert sich als inhaltliche Handlungsorientierung der Bürger und Politiker; Gemeinsinn etabliert die Befähigung zu öffentlichem Engagement. Es stiftet netzwerkgestützte Beziehungen in Form von Assoziationen ebenso wie die habituellen Umgangs- und Handlungsformen der Individuen, die sie in einer tiefen Verbindung von Interessen und Leidenschaften tragen.[620]

Die Rolle der professionellen Interpreten dieser Beziehungsmuster ist dabei weiter ausgreifend als jemals zuvor:

> „[Die politischen Wissenschaften] hüllen jede Gesellschaft gleichsam in eine Begeisterung, die den Geist von Regierten und Regierenden gleichermaßen belebt und woraus die einen wie die anderen, oft ohne es zu wissen und manchmal ohne es zu wollen, die Prinzipien ihres Handelns ableiten. Die Ungebildeten sind die Einzigen, die in der Politik *nur Praxis* erkennen.“[621]

Eine *evidenzbasierte Vorgehensweise* muss sich dabei einer Beweislastumkehr der vorgebrachten Argumente stellen: Einer langfristigen, mehrdimensionalen Veränderung der Gesellschaft liegen *teils gebündelte, teils divergierende Faktoren* zugrunde. Sie können technologische, wirtschaftliche, ökologische und soziale Komponenten umfassen, nicht zu vergessen die Rolle des Religiösen, und ihnen ist in jeweils unterschiedlicher Intensität immer ein Gegentrend eingeschrieben, welcher die *Multivalenz* (vgl. Putnam) *ihrer Spannungsfelder bespielt*. Die Entwicklung ihres zukünftigen Zustands lässt sich deshalb am besten durch Spannungsfelder beschreiben, und diese müssen den einmal etablierten Trends fortlaufend entgegengestellt werden, damit man zu gültigen Schlüssen kommen kann. Es gibt ein ähnliches Problem in der Makroökonomie oder in der Risiko-

---

620 Ebenso hier über die ‚weichen‘, sprich: qualitativen Merkmale.
621 Vgl. Bluhm 2006, S. 25.

analyse: Robuste Modelle sind nur dann möglich, wenn die Methodik und die zur Anwendung kommenden Faktoren vollständig transparent sind.

Die Rolle des Interpreten, der Weg seines Denkens und die Implikationen seiner Analysen gehen dabei ineinander über; der Analytiker hat stets die praktischen Folgen seiner Ideen zur Voraussetzung seines Denkens zu machen. Richtiges und angemessenes Handeln ist dabei das Hauptziel.[622] Der Rollenfestschreibung entspringt auch die konzeptionelle Vorgehensweise des Autors, der sich einen Entwicklungsplan für seine in einzelnen Bänden versammelten Gedanken aufstellen muss. Der Fixpunkt seiner Analyse hat sich von dem Modell Amerikas hin zur Demokratie als Typus und schließlich hin zu ihrer Manifestation in Denken, Fühlen und Handeln der teilhabenden Akteure verschoben. Schleifer schreibt hierzu:

„Tocqueville would never find an adequate way to distinguish between democratic and American traits, but at least he had recognized the problem raised in his work. A final sketch avoided this last complication and simply concluded:
3rd volume. Division to make perhaps. Effects of Démocratie 1. on thought; 2. on the heart; 3. on habits."[623]

Wie Lichtstrahlen im Vexierpunkt eines Brennglases treffen sich in diesen Anmerkungen alle Elemente, aus denen Tocqueville die eigentümlichen Merkmale der modernen Demokratie erst beobachtet, dann zerteilt und schließlich in seinen Bildern neu zusammengesetzt hat. Ihr Vorhandensein in einer Konzeptskizze ist erneut ein Beleg für das sichere Methodenwissen und die weitergehenden Erschließungsabsichten Tocquevilles: Sie bilden über ihr Vorhandensein die Verbindungslinien in die politische Ökonomie der Gegenwart, sie sind direkt in ein Modell mit Schnittstellen in die Gegenwart überführbar, das gelebte gesellschaftlich-politische Wirklichkeit, ideelles Wirkungsprinzip und Rechtsgrundsätze voneinander unterscheidet – oder gleich mit der Idee eines generativen Faktums die Grenzen der jeweiligen Disziplin überwinden hilft. Von dem hell strahlenden und doch stets dunkel umschatteten Bild, das ihm die moderne Demokratie in ihrer vollständigen und wahrhaften Präsenz bietet, in ihrem Leistungs- und Deformationsvermögen hat er über die Hervorbringung ihrer zentralen Grundbe-

---

622 Womit sich Tocqueville erneut in die Tradition der praktischen Philosophie stellt, vgl. Hennis 1982, S. 387 f.
623 J. T. Schleifer: „During these first months of work, Tocqueville was still thinking in terms of a single additional volume. A preliminary plan proposed: ‚Two great divisions: 1. Influence of Démocratie on ideas; 2. id. on sentiments.' But then Tocqueville wondered: ‚Where to place manners, customs?' He was apparently leaning toward some separate consideration of mœurs. Yet another possibility also occurred to him at this time: ‚Make a third division of what is not democratic, but American.'

standteile Merkmalsmuster etabliert, die uns heute in einer ganzen Reihe von Erklärungsmodellen entgegentreten.

Eine Überführung in eine bestimmte Art Modell erscheint sinnnotwendig angesichts der Herausforderung, qualitative und quantitative Elemente seines Theorems entlang der über sie aufgeworfenen Verbindungen zu den Fragekomplexen der Gegenwart und den zu ihrer Lösung bereitstehenden, konkurrierenden Systematiken zunächst herauszuarbeiten, dann abzubilden und schließlich verhandelbar zu machen: Tocquevilles Methodik ist vielfach über Komparationsschemata der politischen Wissenschaften dargelegt worden; diese Vorgehensweise hat etwa die Verbindungen zu Montesquieu erst offengelegt und auf empirischer Basis vergleichbar gemacht. Diese Zielsetzung erhält aktuell durch die Arbeiten von Goldberg, *Social citizenship and a reconstructed Tocqueville,* (2001)[624], durch Boudon, *Tocquevilles Plädoyer für eine neue politische Wissenschaft* (2005)[625], und Elster, *Alexis de Tocqueville: The first social scientist* (2009)[626], eine immer weitergehende, zusehends ausdifferenzierte Unterstützung.

Auf breiterer Analysebasis wurde sie zuerst von Boesche in *Why could Tocqueville predict so well?* (1983) sowie vom gleichen Autor in *Tocqueville's Road Map* (2006) untersucht.[627] Ihrem individuellen Erkenntnisinteresse ist publikationsübergreifend die Zielsetzung zu eigen, beispielsweise die konditionale Gesetzlegung bei Tocqueville in ein Modell auf komparativer Basis zu stellen. Ein weiteres Beispiel ist die Einbeziehung von *conjoint analysis* in die Modellbildung, wie erneut bei Elster in seinem Aufsatz *Grundzüge kausaler Analyse in Tocquevilles ,Über die Demokratie in Amerika',* 2005 vorliegend.[628] Die Hinzunahme der Überlegungen von Descartes und die Eigenpositionierung Tocquevilles hierzu haben der vorliegenden Arbeit den wesentlichen Impuls zu den Schnittstellen der Modelle in der Gegenwart gegeben: Da die Kontextvariablen in einer kontingenten, faktorenbestimmten Umgebung ausschlaggebend für Veränderungen sind, werden sie in den Analysen der Gegenwart zunehmend als Ausdruck der sozioökonomisch begründeten Ordnung betrachtet. Ein Interpret, der den Versuch unternommen hat, dieser Herausforderung jenseits des Instru-

---

624 Chad Alan Goldberg: Social citizenship and a reconstructed Tocqueville (La citoyenneté sociale et un Tocqueville reconstruit), in: American Sociological Review 2001, Bd. 66, Nr. 2, S. 289–315 (3 p. 1/4).

625 Boudon, Raymond, in: Der analytische Tocqueville, Verf./Hrsg.: Müller, Hans-Peter (Hrsg.); Bluhm, Harald, Tocqueville, Alexis de, Boudon, Raymond, VS Verlag Wiesbaden 2005, S. 433–570.

626 Jon Elster: Alexis de Tocqueville, the first social scientist, Cambridge 2009.

627 Roger Boesche: Why could Tocqueville predict so well?, in: Political Theory, Bd. 11, Nr. 1 (Feb. 1983), S. 79–103.

628 Jon Elster: Grundzüge kausaler Analyse in Tocquevilles *Über die Demokratie in Amerika*, in: Berliner Journal für Soziologie 15, Heft 4 2005, S. 495 f.

mentariums der politikwissenschaftlichen Analyse unter Anleihen an ökonomische Analysemodelle zu begegnen, ist Richard Swedberg. Ihn reizt die Gegenüberstellung der klassischen, methodisch komparativ orientierten Modelle mit den quantitativ orientierten Gegenwartsmodellen der Ökonomen. Ihm gelingt eine interessante Verbindung zwischen den Grundsätzen für Analysemodelle von Nassau Senior und Tocqueville. In den über hunderten Seiten Protokoll, die Nassau Senior über seine Unterhaltungen mit Tocqueville angefertigt hat, finden sich zahlreiche Referenzen, die einen Hinweis zu einem Austausch über die kontextabhängige Einführung passender Methodiken im Rahmen einer systematischen Aufarbeitung der zugrundeliegenden kausalen Mechanismen geben.[629] Den Anleihen an die Institutionenökonomik entgegengestellt sind die deliberativ orientierten Partizipationsmodelle, wie sie etwa Serge Audier beschreibt:

„(…) the active participation in associations and local assemblies described by Tocqueville is an excellent model for collective deliberation, but only on a local scale. On a broader scale, changes in the media have made it necessary to reconsider the concrete aspects of civism.“[630]

10.4 Die Epigonen des Theoros

Wenn Joseph Vogl schreibt: „Unter der Vielzahl ‚neuer Menschen‘, die das anthropologische Experimentierfeld der Moderne hervorgebracht hat, hat einzig der ökonomische Mensch überlebt"[631], wie modern kann dann das den Beobachtungen Tocquevilles entspringende Bild des Individuums sein? Teils hingeworfen in seine Existenz, teils einsam in dunkler Nacht, immer erneut auf den Barrikaden des Fortschritts und schließlich beobachtet beim arbeitsteiligen Zusammensetzen von Stecknadelköpfen: Der Bürger des demokratischen Zeitalters ist bei ihm ein Multifacettenwesen. Er ist dies umso mehr, als er nicht die zentrale Figur seiner Beobachtungen ist, sondern erst über seine Gestaltwerdung an den Schnittstellen des Gesellschaftskörpers im Sozialen, Politischen und Ökonomischen Ausdruck gewinnt. Nicht im Bild eines neuen Menschen, sondern in seinen Beziehungsformen und den ihnen entspringenden Bezugsmustern ist er präsent und damit in der ganzen Ambivalenz einer modernen Identität multivariabel.

---

629 Richard Swedberg: Tocqueville's Political Economy, Princeton University Press 2009, S. 87.
630 Serge Audier: The Return of Tocqueville in contemporary Political Thought: Individualism, Associationism, Republicanism, in: Reading Tocqueville: From Oracle to Actor, de Dijn / Greenens (Hrsg.), 2007, S. 84.
631 Vgl. Joseph: Kalkül und Leidenschaft. Poetik des ökonomischen Menschen, München 2002.

Diesem Eindruck folgen nahezu alle Erklärungsmodelle der Gegenwart, insoweit sie sich an einer Systematisierung der politischen Theorie Tocquevilles versuchen: Wenn man die Einschätzung Boudons hinzunimmt, muss man den Kommentar Vogls eigentlich unter dem Eindruck seiner Idee einer „Logik gesellschaftlichen Handelns" lesen; insbesondere Pkt. 4 seiner Darstellung der Methodik Tocquevilles wird hierdurch relativiert, sieht Boudon doch eigentlich die Verhaltensweise eines Individuums (innerhalb des gesellschaftlichen Handlungsrahmens) als zweckrational oder will sie als zweckrational verstanden wissen, um dann hierüber einen Kausalzusammenhang zwischen den Eigenschaften des Interaktionssystems und dem Verhalten des Individuums zu erklären, kurzum: Die sozialen Agenten handeln im Wechselspiel von funktionellen und interdependenten Interaktionsschemata. Die tiefergehende Erschließung von Sozialphänomenen kann jedoch nicht eine bestimmte Form, etwa eine stark technisierte, industriell geprägte Gesellschaftsausprägung voraussetzen, der sie dann von vornherein (hinsichtlich ihrer Aussagefähigkeit) eingeschränkte Handlungsschemata aufstülpt, innerhalb derer die Methodik des Autors frei zur Entfaltung kommen kann. Richtig ist sicherlich, komplexe Sachverhalte nicht allein nach ihnen zugrundeliegenden zweckrationalen Entscheidungsmustern zu beurteilen, sondern dynamische Variablen als Teil (so Boudon) der „globalen Kategorie Umwelt" in den theoretischen Gesamtkomplex einzuführen. Ein interessanter Punkt im Werk Boudons ist der Umstand, dass er in nahezu jeder seiner Arbeiten Anleihen bei Tocqueville vornimmt und noch vor Putnam das Merkmal eines strukturgebundenen Modells, das im Fortlauf dem retrograden Prüfungsmerkmal der Empirie unterzogen wird, hervorhebt.[632]

Bei Robert Putnam setzt sich diese Aufarbeitung hin zu einer Strukturwerdung der prozessualen Elemente fort; nur wenige Interpreten in der Gegenwart haben Tocqueville in ihre bekannteste Theorie so stark einbezogen wie Putnam.[633] Nach seiner Aufarbeitung der vorrepublikanischen, partizipatorischen

---

632 Vgl. hierzu ebd., u. a. S. 48–49; S. 66 f.; S. 88.

633 Einige Einschätzungen zu der Idee des Sozialkapitals: Bourdieu: „Social capital is the the aggregate of the actual or potential resources which are linked to possession of a durable network of more or less institutionalized relationships of mutual acquaintance and recognition" (Bourdieu 1983: 249).
Coleman: „Social capital is defined by its function. It is not a single entity, but a variety of different entities, having two characteristics in common: they all consist of some aspect of a social structure, and they facilitate certain actions of individuals who are within the structure" (Coleman 1994: 302).
Putnam selbst: „Whereas physical capital refers to physical objects and human capital refers to the properties of individuals, social capital refers to connections among individuals – social networks and the norms of reciprocity and trustworthiness that arise from them. In that sense social capital is closely related to what some have called ‚civic virtue.' The difference is that

Grundlagen in Italien, *Making Democracy Work: Civic Traditions in Modern Italy*, hat er mit *Bowling Alone: The Collapse and Revival of American Community* in Form einer grundlegenden Aufarbeitung eines umfassenden Referenzschemas für die Wertbeimessung sozialer Interaktion sein bekanntestes Werk vorgelegt.[634] Er hat im Wesentlichen aus der Ableitung der Idee Tocquevilles, jede Form von (sozialer) Interaktion habe einen *intrinsischen Wert*, eine Leistungsmatrix des sozial-gesellschaftlichen Umfelds entwickelt. Dabei spielt die Idee der Transaktionskosten von Ronald Coase eine zentrale Rolle: Wie lässt sich in einer Umwelt, die zunehmend von ökonomischen Konstanten und Bewertungsschemata dominiert ist, eine individuelle Wertbeimessung auf soziale Handlungen ausdehnen? Coase schreibt in *The Problem of Social Cost*[635] über die notwendige Neubeimessung von Eigentumsrechten als Grundlage für eine möglichst freie, dezentrale Regelung von Konflikten allgemeiner Natur, wie sie etwa in Problemkomplexen wie der Umweltverschmutzung auftreten. Ziel ist bereits bei Coase eine Optimierung der gesamtgesellschaftlichen Wohlfahrt, nicht eine auf Kapitalmaximierung fokussierte Wachstumsstrategie. Der Begriff Wachstum und die Idee von Wohlfahrt als gesamtgesellschaftliches Vehikel sind bei Coase Platzhalter für Prozessbestandteile, deren Indikation über die Beimessung sozialer Wirkungsfähigkeit ein zweites Qualitätsmerkmal erhält. Diese Idee wird von Putnam zunächst vereinfacht abgeleitet, um direkt über alltägliche Interaktionsschemata sprechen zu können; er schreibt:

„When each of us can relax her guard a little, what economists term ‚transaction costs‘, the costs of the everyday business of life, as well as the costs of commercial transactions, are reduced. (…) In some cases, like neighborhood lawn raking, the re-

---

,social capital‘ calls attention to the fact that civic virtue is most powerful when embedded in a sense network of reciprocal social relations. A society of many virtuous but isolated individuals is not necessarily rich in social capital" (Putnam 2000: 19).
The World Bank: „Social capital refers to the institutions, relationships, and norms that shape the quality and quantity of a society's social interactions… Social capital is not just the sum of the institutions which underpin a society – it is the glue that holds them together" (The World Bank 1999). Vgl. weiterhin: http://bit.ly/gYQCfa

634 Putnam, Robert: Bowling Alone: The Collapse and Revival of American Community, Simon & Schuster New York, S. 5: „Television, two-career families, suburban sprawl, generational changes in values – these and other changes in American society have meant that fewer and fewer of us find that the League of Women Voters, or the United Way, or the Shriners, or the monthly bridge club, or even a Sunday picnic with friends fits the way we have come to live. Our growing social-capital deficit threatens educational performance, safe neighborhoods, equitable tax collection, democratic responsiveness, everyday honesty, and even our health and happiness."

635 Coase, Ronald: The Problem of Social Cost, 3, Journal of Law and Economics, S. 1-44 (1960). Ebenfalls veröffentlicht in: Readings in Microeconomics (William Breit and Harold M. Hochman eds, Holt, Rinehart, and Winston, New York, 1968).

turn of favor is immediate and the calculation straightforward, but in some cases the return is long-term and conjectural, like the benefit of living in the kind of community where people care for neglected children. At this extreme, generalized reciprocity becomes hard to distinguish from altruism and difficult to cast as self-interest. Nevertheless, *this is what Tocqueville, insightfully, meant by ‚self-interest rightly understood‘*. (…) In short, giving, volunteering, and joining are mutually reinforcing and habit-forming – as Tocqueville put it, ‚the habits of the heart‘."[636]

Die Hinzunahme von Putnam in die vorliegende Untersuchung ist insofern besonders interessant, als er wie Riesman und andere Interpreten der Rezeptionsgeschichte zuvor Tocqueville gewissermaßen ‚empirisch machen‘ möchte und dies, verbunden mit der Schaffung eines neuen Sammelbegriffs qualitativ-quantitativer Ausprägung, dem ‚Sozialkapital‘, auch tut. Putnam folgt den konstitutiven Entwicklungslinien, welche Tocqueville in seiner Schilderung und Analyse der zivilgesellschaftlichen Elemente der neuen demokratischen Ordnung gezogen hat. Putnam bildet somit, reflektiert auf der Grundlage der vorliegenden Untersuchung, den empirischen Eckpfeiler in der Gegenwart; er stellt die Beschreibung Tocquevilles auf ein empirisches Fundament erster Güte, ohne die Wahlhandlungsmenge (der beobachteten Protagonisten und Entitäten/Institutionen) präemptiv einzuengen. Seine Arbeit findet in Elster einen Interpreten, der die Strukturelemente auf die Mikromotive der teilhabenden Akteure zurückführt und hierüber eine umfangreiche Darstellung der Kausalmechanismen (in vorliegender Arbeit die ‚Antriebs-/Bewegungsgründe‘) bei Tocqueville vornimmt; Jon Elster arbeitet an den Schnittstellen von Ökonomie, Soziologie und Philosophie, ohne in seinen Erörterungen der Kausalmechaniken bei Tocqueville einer Disziplin absoluten methodischen Vorrang einzuräumen.

Er gehört neben Raymond Boudon[637], Annelien de Dijn[638] und Richard Swedberg[639] zu einer Gruppe von Tocqueville-Interpreten, welche sich an erste Stelle das Ziel einer Aussagenverfeinerung und Fokusschärfung der von ihnen aufgeworfenen Paradigmen vor dem Hintergrund eines weiter gesetzten thematischen Fokus gesetzt haben. Er soll nicht im Sinne einer Einzelfachbehandlung unter Zuhilfenahme jeweils aktueller Methodiken dem aktuellen thematischen Fokus als Referenz zuarbeiten, sondern über seine Methode vor dem Hintergrund gesamtfachlicher Stellungnahmen aus den Fokusbereichen Ökonomie, neue Gesellschaftstheorie, Sozialkapital etc. neu gedacht werden. Dabei fällt auf, dass

---

636 Putnam 2000, S. 134; S. 122.
637 Boudon, Raymond: Die Logik des gesellschaftlichen Handelns, Luchterhand 1980, verfügbar etwa in der virtuellen Bibliothek der ETH Zürich: http://www.socio.ethz.ch/vlib/lgh/index
638 Annelien de Dijn, Ralf Geenens: Reading Tocqueville: From Oracle to Actor, Palgrave Macmillan 2007.
639 Swedberg, Richard: Tocqueville's Political Economy, Princeton University Press 2009.

der thematische Fokus der Stellungnahmen immer im Verbund einzelwissenschaftlicher Komparationsschemata stattfindet. Die Ursachen hierfür können vielfältiger Natur sein, scheinen ihren Hauptursprungsgrund jedoch in dem Umstand zu haben, das die Gleichzeitigkeit sozioökonomischer Prozessschemata und die ihnen zugrundeliegende Verflechtung und Interdependenzen einzelner Sektoren neue, gesamtheitlich orientierte Interpretationsschemata benötigt. Das Tocqueville'sche Diskursschema bietet hierfür zahlreiche Anknüpfungspunkte.

Elster beginnt seinen Diskurs mit einer Absage an die Befähigung der Sozialwissenschaften zu Analysen der Vorzugsbildung als individueller (auch: subjektiver) Bestandteil und Ausdruck kollektiver (sozialer) Mechanismen:

„Preferences are either formal or substantive. The latter are ordinary garden-variety preferences, such as preferring apples to oranges or Billie Holiday to Ella Fitzgerald. The former include notably attitudes toward risk and time preferences, which interact with substantive preferences to generate behavior. Tocqueville addresses the formation of both kinds of preferences."[640]

Elster sieht Tocqueville geradezu in einer Obsession mit Kausalität befasst. Interessant ist seine Analyse für vorliegende Arbeit insbesondere aufgrund der Tatsache, dass Elster hinter den Mechanismen bislang unbeschriebene Qualitäten in der Methodenbildung und Anwendung bei Tocqueville hervorbringt.

Mit seiner Beschreibung exportierbarer Kausalmechanismen ist Elster zugleich ein starker Fürsprecher in der Frage, inwieweit Tocqueville als erster Sozialforscher oder Soziologe zu sehen ist; er sieht ihn aufgrund der hohen Variabilität möglicher Einsatzformen und Umgebungen methodisch im Vorteil gegenüber den von ihm angeführten Beispielen Montesquieu, Hume, Adam Smith und Bentham.[641]

Den eigentlichen Vorzug der von Tocqueville herausgearbeiteten Sozialmechanismen sieht er jedoch in der Möglichkeit zu bereichsübergreifenden, kulturunabhängigen, funktional orientierten Schlussfolgerungen:

„I (...) believe that the desire-opportunity-capacity scheme for explaining behavior is in some ways superior to standard choice models, not only by incorporating capacity as an independent variable, but also, and more important, by pointing to the covariation of these three factors. A given political or social system can offer individuals the opportunity to choose certain ways while at the same blunting their desire to make these choices. Conversely, the system may stimulate the desires while blocking the means of satisfying them. The first effect can prevent social unrest, the

---

640 Elster 2009, S. 11.
641 Vgl. Elster 2009, S. 187.

second acerbate it. Once again, I believe these ideas are not only valuable but remain underexplored."[642]

Dies gelingt Tocqueville, so Elster, durch die *Einführung unabhängiger Variablen als Bestandteil seiner Systemanalyse* und durch einen (unbewussten) Vorgriff auf zentrale Elemente der Spieltheorie. Elster selbst gelangt zu diesem Eindruck durch eine Kombination zweier qualitativ aufgeladener Bestandteile der Urteilsbildung bei Tocqueville: Wie in einer gegenläufigen Parabel begegneten sich *Rationalität* und *Affektion* als erkenntnisbefördernde und dynamisierende Elemente seiner Reflexionen über die Ursprungsgründe beobachteter Phänomene, ihrer Protagonisten und ihrer Prozessbestandteile.

Die erkenntnisbefördernde Verschränkung dieser aufeinander zulaufenden Momente findet ihren Ausdruck in neuartigen Kombinationsmöglichkeiten und Schlüssen über die Fachgrenzen hinweg, da etwa prozessbefördernde Elemente vom Ursprungsgrund her als zunächst unendlich variabel angenommen werden:

> „To my knowledge, the use of turnover rates in groups as independent variables in the explanation of individual behavior is relatively rare in the social sciences. As I argued (…), this is perhaps the most important causal mechanism that Tocqueville deploys in DA. (…) The absence or weakness of social norms, of class consciousness, and of class conflict can all be traced back to the high rates of social mobility that characterize American society. The high rate of metabolism of the political and legal system also serves as an important explanatory variable. In addition to considering these aggregate facts as dependent variables and explaining them in terms of individual psychology, Tocqueville closed the explanatory loop, as argued earlier, by also analyzing their impact on individual beliefs and motivations."[643]

Erlebnis und Beobachtung, teilhabende Erfahrung und Tatsache, individuelle Schlussfolgerungen und allgemeine Ableitungen werden so in einen analytischen Gesamtzusammenhang mit explorativem Ausdruck gestellt. Kein Einzelereignis kann schlüssig auf einen Globaltrend zurückgeführt werden, wenn es nicht über ein Bezugsschema kategorisiert werden kann. Ein semantisches Netz erlaubt die kategoriale Zuordnung von Begrifflichkeiten, die Orientierung auf Kausalität die Untersuchung der Hervorbringungsmechanismen spezifischer Seinselemente. Zusammengefasst gliedert Elster die von Tocqueville aufgeworfenen Kausalmechanismen wie folgt:

- „Distinction between short-term and long-term effects and the distinction between transitional effects and equilibrium effects"

---

642 Elster 2009, S. 189.
643 Elster 2009, S. 190.

- The Tocqueville paradox
- Pluralistic ignorance
- The dangers of concession or moderate repression and the superiority of preemptive measures
- The causes and effects of emotions such as envy and hate
- The (inevitable and inevitably futile) attempt to harness revolutionary forces to partisan ends

  = exportable causal mechanisms

Tocquevilles Erfassungsschema der sozioökonomischen Grundkonstanten fasst Elster in ein Prozessschema:

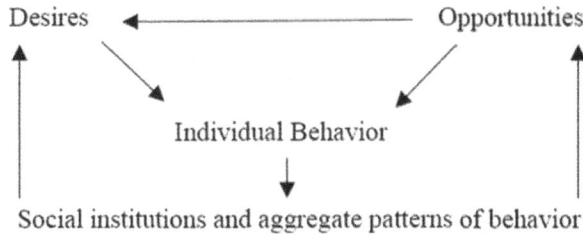

Abbildung 2: Jon Elster: „Preference Pattern Formation" bei Tocqueville (eigene Darstellung)[644]

Zentraler Gedanke bei Elster ist die Etablierung des *social equilibrium* und die modellartige Vergleichbarkeit der hierfür notwendigen Prozesskomponenten; für Elster ist die Einhegung der Phänomenalgründe einer Gesellschaft ein multiplikatives Konzept. Indem er Tocqueville Zieldimensionen einzelner Prozesskomponenten zuweist, macht er die hieran anhaftenden Kausalmechaniken sichtbar und vergleichbar. Gleichzeitig sind sie durch die qualitative Indikation der einzelnen Zieldimensionen inhaltlich aufgeladen.

---

644 Vgl. Elster 2006, vgl. weiterhin die detaillierte Auseinandersetzung mit unterschiedlichen Modellen zur Präferenz-/Aggregationsanalyse unter Kap. 3.X.: „Teilhabe als Modell" in vorliegender Arbeit.

10.5 Zusammenfassung

Wie weit eine Auseinandersetzung mit den Leitmotiven Tocquevilles führen kann, ist bei Brogan eindrucksvoll demonstriert: Wo die tastende Suche nach den Elementen einer Theorie keinen Halt mehr findet, befasst sie sich vorzugsweise mit den Persönlichkeitsmerkmalen ihres Urhebers. Diese sind aber angesichts des Werkganzen nur ein Merkmal, und auch Brogan würde schlechterdings einen Descartes aus der Gestaltwerdung des Denkers in einer einzigen, sternklaren Nacht auf die Leitlinien seiner Theoriebildung zurückführen können.[645]

Die Idee, ein Begriff, die Notizen und Bilder eines Reisenden – all dies ist unbedeutend ohne eine *idée mère*, die dem ungefähren Eindruck Körperlichkeit verleiht. Sie ist als Leitmotiv bei Tocqueville verkörpert als das Bild einer modernen Demokratie in Amerika, zuvorderst geprägt durch die Allgegenwart des Gleichheitsprinzips. Dessen gestaltendes Element ist ein wohlverstandenes Eigeninteresse, es ist für die teilhabenden Akteure konditionales Faktum und generatives Moment in einem. Hinter den Bildern verbergen sich bei Tocqueville Kausalmechanismen und die ihnen entspringenden Muster zur Vorzugsbildung der teilhabenden Akteure.[646]

---

645 Vgl. Brogan 2007. Es ist das Erkenntnismoment (bzw. die drei Träume, der Nachweis ist gem. den Exzerpten bei Leibniz strittig, vgl. Baillet 1691) Descartes' in der Nacht vom 10. auf den 11. November 1619 nahe Neuburg a. d. Donau, als er im Dienst Maximilians von Bayern stand.

646 Die sog. *preference patterns* bei Elster. James Bryce darf hier noch einmal stellvertretend für den Impuls stehen, den eine unbefangene Lektüre von Tocqueville auslösen kann und über den sich oftmals der Wunsch nach einer Systematisierung entwickelt hat: „The reader of Democracy in America is struck by the contrast between the concrete and down-to-earth nature of the first volume and the highly speculative, almost sophomoric character of many parts of the second (...) a series of ingenious and finespun abstract speculations". Dieser Eindruck ist, wie eingangs dargestellt, nicht selten, und er entspringt in der Gegenwart oft zusätzlich dem Eindruck, nur die Zuhilfenahme quantitativer Modelle befähige den jeweiligen Interpreten überhaupt zu grundlegenden Schlüssen auf der Basis ihrer empirischen Indikation. Ihm kann man nun direkt die bereits erwähnte These Bénétons entgegenstellen: „Neutrality forbids all judgment in the metaphysical, moral, and aesthetic domains. Questions of this order escape scientific reason (...) the expert takes the world as given, he is surprised by nothing, he does not question existence, he renounces the search for meaning." Die Einschätzung von Bryce und die darin zum Ausdruck kommende Haltung soll an dieser Stelle vorliegender Arbeit auch noch einmal den unterschiedlichen Rezeptionsgrad der Thesen Tocquevilles verdeutlichen helfen: Die Bandbreite ist enorm und erstreckt sich von der unerwähnten Hinzunahme in den eigenen Thesenkorpus bis hin zu der Gruppe der „everything is a little bit of everything else"-Rezipienten. Vgl. Elster: (...) which will appear to most readers overfanciful, overconfident in their effort to construct a general theory applicable to the infinitely diversified facts of human society, and occasionally monotonous in their repetition of distinctions without differences and generalities too vague, perhaps too hollow, for practical use. (...) The most blatant instances (...) occur in his speculative explanations of various religious phenomena. In these analyses, he is applying what may be

Sie sind gleichzeitig Ausdruck und Element der Ambivalenzen einer modernen demokratischen Ordnung, wie sie uns über affektionale und rationale Elemente in der Identitätsprägung der Protagonisten als Bewohner der *commune* entgegentreten. Der Mensch in der modernen Demokratie erscheint bei Tocqueville in einem schier unauflöslichen Dilemma gefangen: Er erkennt sich zunehmend als Korrelat historischer Praktiken und Traditionsbestände, möchte aber seinen Ursprungsgründen in der Natur nicht entsagen: "Though materially more prosperous than any but the highest class in aristocratic societies, democratic man is marked by desperation born of the openness of democratic society and exacerbated by its materialism."[647] Eine Varietät, die die Struktur des methodischen Vorgehens mitbestimmt, ist daher die Auseinandersetzung Tocquevilles mit dem Phänomen des Deismus.[648]

Die Identifizierung der zentralen (Ordnungs-)Elemente, gefolgt von ihrer Dekonstruktion und Sichtbarmachung der zugrundeliegenden Kausalmechanismen entstammt einer besonderen Vorgehensweise Tocquevilles. Sie wird in vorliegender Arbeit zunächst als ein Pendeln zwischen Eindruck, Reflexion und Systematisierung, mit begleitet von einer zunehmenden Verfeinerung ihrer methodischen Urbarmachung für ihre Einbettung in eine Theorie des Politischen in der modernen Demokratie beschrieben. Sie wird dabei in Abgleich zu Methode und Kontext als eine ‚Theoriebildung der Entdeckung' wahrgenommen.

Der Schritt hin zu einer Aufarbeitung von Paradigma und Theoriebildung bei Tocqueville beinhaltet auch eine Darstellung jener drei Ebenen, über die das Bild Amerikas im ersten Band der DiA um phänomenale und systematische Elemente angereichert und so zunehmend seinem direkten geschichtlichen und geographischen Kontext enthoben wird. In welchem Maße die Weltsicht eines Reisenden der Objektivierung seines Erfahrungswissens zweckdienlich sein kann, steht dabei einer Diskussion der ideengeschichtlichen Einflüsse voran. Immer erneut wird durch die Einzelbetrachtungen das methodische Geschick Tocquevilles deutlich, so beispielsweise in der Schilderung einzelner Etappen seiner Systematisierung der ursprünglichen Stoffsammlung. Über den ‚Weg seiner Methode' bildet Tocqueville eine eigenständige Theorie des Politischen und Sozialen in der modernen Demokratie heraus, ohne sie als solche, abgesehen von seiner Forderung nach einer ‚neuen politischen Wissenschaft', modellartig zu benennen. Diesem Eindruck folgt in vorliegender Arbeit die Rollenzuschrei-

---

called the first law of pseudo-science: ‚Everything is a little bit of everything else'." Vgl. Elster 2006, S. 3, vgl. Bénéton 2005, S. 51.

647 Patrick J. Deenen: Citizenship as a Vocation, in: Democracy and its friendly critics, hrsg. v. P. A. Lawyer, Lexington 2004, S. 77. Die Hauptbezugspunkte in der Aufarbeitung dieser Frage sind für Tocqueville Pascal und Descartes.

648 In der sich interessanterweise die Spaltung zwischen Jefferson und Hamilton widerspiegelt.

bung als ‚Theoros': Weltbeschau in großer Tiefe und Ernsthaftigkeit ist sein erstes Persönlichkeitsmerkmal, gefolgt von einer paradigmatisch orientierten Aufarbeitung und Systematisierung der gewonnenen Eindrücke. Ihm entgegen steht eine auf Abstraktion oder Historisierung gegründete Vorgehensweise.[649] In der Positionierung zwischen Historisierung und erfahrungsgebundener Analysetechnik liegt bei Tocqueville die Sollbruchstelle, aus deren Vorhandensein er in schöpferischem Eigensinn tiefe Einsichten in Natur und Praxis des modernen Gemeinwesens schöpft. Er hat den Schleier der Moderne angehoben und Teile der Gestaltwerdung, wie wir heute wissen können, als Metamorphosen richtig beschrieben und gedeutet, aber er hat auch den Schleier bis zu einem gewissen Punkt wieder zurückfallen lassen und seine Hoffnung auf eine Versöhnung des Menschen mit sich selbst und seinem Schöpfergott gesetzt.

Die Erörterung der Theoriewerdung im Themenfeld der modernen Demokratie bei Tocqueville wurde dabei, wie eingangs vorliegender Arbeit beschrieben, innerhalb dreier aufeinander bezogener Komplexe durchgeführt: Sie folgen sinnbildhaft den drei Erschließungsebenen der DiA und stehen für die drei Hauptkomponenten der vorliegenden Untersuchung: die Identifizierung und Erschließung des Außen, die dem Eindruck der *anti-method* folgende Aufarbeitung und Einbettung des Innen, gefolgt von der Sichtbarmachung der Verbindungslinien in die Gegenwart, nachgewiesen in ihrer modellhaften Entsprechung, wie sie etwa bei Putnam und Elster vorliegt.[650]

10.6 Ergebnis der Untersuchung

Will man eine Exploration zentraler Gedanken bei Tocqueville an Ergebnissen veranschaulichen, wie sie das der vorliegenden Arbeit zugrundeliegende Erkenntnisziel hat vorbereiten helfen, dann stellen sich diese wie folgt dar: Tocqueville ist ein *friendly critic* der modernen Demokratie und ihrer Erscheinungsformen.[651] Ein zentrales Instrument in der Systematisierung seiner Eindrücke ist

---

649 Welche ihm in Methodik und Anwendung vertraut ist, vgl. etwa die Unterschiede zu (ders.), Der alte Staat und die Revolution, sowie die hieraus wiederum hervorgehenden Theoreme wie den Tocqueville-Effekt oder das Tocqueville-Paradoxon. Zur weiterführenden Lektüre siehe Mayer, J. P.: Alexis de Tocqueville, Analytiker des Massenzeitalters, München 1972, S. 85 ff.

650 Diese Überführung in eine modellhafte Entsprechung ist darüber hinaus auch Ausdruck der Weiterentwicklung des methodischen Ansatzes der Untersuchung, in der ursprünglich „Phänomen und Methode" am Beispiel der DiA, vor dem Hintergrund der modernen Demokratie, dargestellt werden sollten. Der wesentliche Impuls zu dieser Weiterentwicklung des Erkenntnisziels verdankt sich den Hinweisen von Karlfriedrich Herb.

651 Vgl. Lawler 2004.

für ihn neben den Korrespondenzen und einem tiefgründigen, lebenslangen Austausch mit Beaumont und Kergolay als kollaboratives Merkmal seines Reflexionskosmos eine teils offensichtlich (mit den Ideen Montesquieus), teils weit weniger offensichtlich (mit den Thesen Descartes), aber nicht weniger leidenschaftlich geführte Debatte mit ausgewählten Größen der politischen Ideengeschichte. Ihre Hinzunahme in die vorliegende Diskussion ist zum einen den direkten Anmerkungen Tocquevilles geschuldet, zum anderen Ausdruck und Element zweier fortlaufender Erschließungslinien: des Innen und Außen einer modernen demokratischen Ordnung und des Bewegungsfaktors der dynamischen Ambivalenz der affektionalen und rationalen Beweggründe persönlichen Handelns ihrer Protagonisten.[652]

Weiter konnte belegt werden, dass die Entwicklung seiner Methodik stärker als bislang angenommen von einer Auseinandersetzung mit diesen zwei herausragenden Vertretern der politischen Ideengeschichte mitbestimmt wurde: Während die Herausarbeitung einer ‚neuen politischen Wissenschaft' in antagonistischer Hinsicht mit der Staatstheorie von Montesquieu arbeitet, ist die Auseinandersetzung mit Descartes spielerischer, zielt sie doch auf das Innenleben und Selbstverständnis moderner, demokratisch geprägter Individuen. Sie ist darüber hinaus einer der zentralen Taktgeber für die Entwicklungsfähigkeit der Tocqueville'schen Methodik hinsichtlich der Objektivierung seines Erfahrungswissens.[653]

Hierüber ließ sich schließlich belegen, dass diesen zentralen Erschließungslinien eine besondere Fokussetzung Tocquevilles korrespondiert, welche von allgemeinen Bildern zu ihren Merkmalen und schließlich zu den Mikromotiven der Akteure in der modernen Demokratie vordringt.[654] Die zentrale Herausforderung war hier in vorliegender Arbeit die Zusammenführung der Haupterörterungspunkte in methodisch-systematischen Leitlinien, insoweit sie bis in die Theoreme der Gegenwart reichen. Hierüber sind Schnittstellen in Form von Einstiegspunkten immer dann gegeben, wenn Tocqueville zentrale Merkmale in

---

652 Vgl. Tocqueville: „eine neue Welt bedarf einer völlig neuen Wissenschaft"; ders. „die Amerikaner sind Kartesianer, ohne Descartes je gelesen zu haben", in: DiA (Manesse), Bd. I, Einführung; ders. „(…) der Bürger der Vereinigten Staaten vertraut bei seinen Urteilen nur auf seine individuelle Vernunft", vgl. Jardin 2005, S. 229. Inwieweit Tocqueville gleichzeitig einer Populärmeinung zu zentralen Thesen bei Descartes folgt und worin Abweichungen zum gegenwärtigen Stand der Forschung bestehen, vgl. Hebert 2007. Descartes soll in vorliegender Arbeit primär über eine Bezugnahme auf seine politischen Ideen gelesen werden, insoweit sie die Stellung und die Selbstorientierung des Individuums in und zur Gesellschaft betreffen.

653 Vereinzelt bereits vorliegend bei Hennis und Hereth (zu Montesquieu), Wolin und Hebert (zu Descartes), vgl. die vorherigen Anmerkungen hierzu, insbes. Kap. 2.V. ff.

654 Oder dies plante, vgl. die Anmerkungen zu seinen Planungen betreffs eines dritten Bandes der DiA. Vgl. Schelling 1978, 2005.

dem bei ihm auf die Identifizierung von Kausalmechanismen folgenden Schritt vergleichbar macht.

Damit war belegt, dass sich diese Mechanismen als Elemente fortfolgend über qualitative und quantitative Indikatoren identifizieren lassen und hierdurch modellfähig sind. Ihrer Rolle als Elemente der Theoriebildung bei Tocqueville verdankt sich zu großen Teilen die Modellbildung bei Interpreten des Sozialen und Politischen in der Gegenwart, wie in vorliegender Arbeit beispielhaft an den Arbeiten von Putnam und Elster aufgezeigt.[655]

Der Weg des Theoros steht dabei stellvertretend für eine Dekonstruktion der Theoriewerdung bei Tocqueville entlang von aus der dialektischen Grundspannung seiner Schilderungen gewonnenen Eindrücken über die besonderen Merkmale der modernen Demokratie. Insofern die deliberative Demokratie die Teilhabe aller Bürger als partizipatorische Grundkonstante ihrer Strukturwerdung benötigt und fortlaufend befördert, war ihr Modellansatz in vorliegender Arbeit hilfreich; insbesondere hinsichtlich der Gestaltwerdung der Idee einer Zivilgesellschaft sowie hinsichtlich der Rollengebung der Medien[656] und ihrer gesellschaftlichen Entsprechung, der öffentlichen Meinung, bei Tocqueville.[657] Der fortgesetzten Erschließung des Tocqueville'schen Denkens entspringt allerdings auch der Eindruck eines zunehmenden Anteils normativer Elemente: Der Demokratie wird in Nachfolge der deskriptiven Bilder auch ein Sollen eingeschrieben. Unverändert fragen wir auch heute nach den Kriterien, die uns ein vernünftiges Zusammenleben freier Bürger in seiner Erscheinungsform greifbar machen und die in einem zweiten Schritt zu einem allgemeinen Verständnis beitragen können.

Dabei zielen die in den Beobachtungen Tocquevilles erkennbaren Entwicklungslinien auf das Bild einer Demokratie in der Moderne, deren Kernfragen nach der Vereinbarkeit von Freiheit und Gleichheit zeitlos sind, da sie der jeweiligen Erscheinungsform demokratischer Staatlichkeit unabdingbar zugehören.

---

655 Sie ist jedoch nicht auf Putnam und Elster beschränkt. Für einen aktuellen Überblick vgl. Geenens, de Dijn (Hrsg.), 2008.
656 Und der ihnen anhaftenden Ambivalenzen.
657 Es muss an dieser Stelle erneut betont werden, dass es nicht im Sinne des Erkenntnisziels vorliegender Arbeit gewesen wäre, Tocqueville etwa als einen Vorläufer der deliberativen Demokratie zu kennzeichnen. Er soll, auch wenn er etwa Kausalmechanismen und *preference formation patterns* (vgl. Elster 2006) hervorhebt, nicht auf eine mögliche Rollenzuschreibung als „erster Soziologe" oder ähnliches mehr festgeschrieben werden. Kernimpetus vorliegender Untersuchung ist die zu einer Entkernung des theoretischen Grundgehalts führende Dekonstruktion seiner Methodik entlang von Kontext, Hinweisgebern aus der Ideengeschichte hin zu den Verbindungslinien in die Gegenwart und ihre (sozioökonomischen) Modelle, in welchen sich wiederholt die Zeitlosigkeit und Zukunftsfestigkeit der Thesen Tocquevilles aufzeigen darf.

Ihr Vorhandensein bildet im Bewusstsein aller nachfolgenden Generationen das zentrale Merkmal einer neuartigen politischen Kultur, deren gesellschaftliche Wirklichkeit an den Beginn der Teilhabe ein Moment der Selbstorientierung setzt.[658] Wenn ihre Merkmale dann, ihrer ursprünglichen Umgebung entfremdet, in einen komparativen Kontext gestellt werden, sind sie Elemente eines polyzentrischen Netzwerks, das in verschiedenen Ausprägungsformen in der Wirklichkeit zu einem Abbild der Demokratiewerdung westlicher Gesellschaften geraten ist.

Die Frage ist nun, wie ihre Überführung in ein Analysemodell, um den bereits geschilderten qualitativen Elementen entsprechen zu können, aussehen mag: Diesem Modell, das uns Schnittstellen zu den Diskursen der Gegenwart bieten wird, ist die Exploration jener zentralen Elemente innerhalb von Kontext und Deduktion, unter deren Zuhilfenahme Tocqueville vor dem Hintergrund seiner vermittels Erfahrung und Ideengeschichte aufgeladenen Reflexionen zu seinen Ansichten gelangte, vorangestellt.[659]

Es gibt in den letzten Jahren in der Soziologie und in den Politikwissenschaften, weniger stark ausgeprägt in der Philosophie, eine Form von Neo-Tocquevillianismus.[660] Seine Vertreter ähneln in ihrem Blickwinkel auf sein Werk und den hierüber zum Vorschein kommenden Phänomenen seinen Werkrezipienten der sechziger Jahre des vergangenen Jahrhunderts, indem sie komplexen gesellschaftlichen Problemen die multivalenten Explorationswerkzeuge, wie wir sie bei Tocqueville vorfinden, gegenüberstellen.[661] Neu ist die

---

658 Als prozesshaft etablierter Zustand ist ihr als zentrales generatives Faktum einer neuen politischen Ordnung die *égalité des conditions* zu eigen: Einer alles durchdringenden, gleichwohl äußeren Gleichheit sieht sich ihr in reaktiver Form persönliche Freiheit entgegengestellt.

659 Eine Überführung in eine bestimmte Art Modell erscheint sinnnotwendig angesichts der Herausforderung, qualitative und quantitative Elemente seines Theorems entlang der über sie aufgeworfenen Verbindungen zu den Fragekomplexen der Gegenwart und den zu ihrer Lösung bereitstehenden, konkurrierenden Systematiken zunächst herauszuarbeiten, dann abzubilden und schließlich verhandelbar zu machen. Zur weiteren Ausführung siehe in vorliegender Arbeit Pkt. VIII.i. folgend sowie Pkt. X. folgend.

660 Vgl. de Dijn 2007, S. 84.

661 Vgl. Audier 2006: „Civil society and associations: the tocquevillian legacy: In the United States, ,neo-tocquevillism' indicates a political sociology that describes the importance of associative bonds to nourish a community founded on mutual trust. Such is the goal of Robert D. Putnam's research. The purpose of his book, Making Democracy Work (1993), is to show that the global success of different regions of Italy is correlated to the density of civic bonds, which were formed through municipal life and free associations. In this book, Putnam presents Tocqueville's ideas as the basis of his research. Democracy in America would have in fact shown the link between a society's ,manners' and political practice; civic associations reinforce ,sentimental habits' that are indispensable to life in a democracy. Bringing back the republicanism of the Renaissance, Tocqueville would convincingly show that only active participation in free associations guarantied the deployment of an authentic citizenship supported by a sense of

Einbindung der ökonomischen Komponente und der zunehmende Reifegrad in der Anwendung von der Wirtschaftswissenschaft und Soziologie entlehnten Modellen.

Für die Gleichzeitigkeit und zunehmende Uneingrenzbarkeit aktueller sozioökonomischer Entwicklungen scheinen nur kombinierte Erschließungstechniken angemessen, die ihren Anwendern kombinierte Fragemuster über die Einzelfachgrenzen hinweg gleichzeitig entwickeln und beantworten helfen. Die aktuelle Form der Tocqueville-Rezeption findet dabei auf verschiedenen Diskursebenen ihren Ausdruck: Es gibt die Variante der thematischen Fokussierung, bei deren Implementierung eine Frage allgemeiner oder politischer Natur den Rahmen der Diskussion bestimmt. Diese Festlegung kann nun zusätzlich entweder stärker personen- oder methodenzentriert stattfinden. Ein Beispiel in der Gegenwart sind etwa die Beiträge von Hecht und Gauchet, ebenso die bereits eingangs zitierten von Boudon und Swedberg.[662]

---

cooperation, solidarity and social co-responsibility. But it is above all in his studies of the United States that Putnam refers to Tocqueville, presented as the ‚patron saint‘ of sociologists of ‚social capital.‘ By ‚social capital,‘ Putnam means the entirety of networks, formal and informal, linking men to one another in cooperative relationships founded on mutual trust. Tocqueville would therefore have seen the decisive trait of American civic culture: associationism, which introduces individuals to the heart of a wide variety of communities as a function of various objectives, from scholastic mutual assistance to musical practice. Furthermore, Tocqueville would have taken the role of religious communities in the practical teaching of public-spiritedness. His ‚genius‘ would also have been to understand, with his theory of ‚self-interest well-understood,‘ which Putnam calls ‚norm of generalized reciprocity:‘ individuals in American society devote themselves all the more willingly to collective causes that they expect will ultimately be advantageous to themselves. So, far from sending Tocqueville back to an idealistic period of the 19th century, Putnam thinks his vision was corroborated by the 20th century, at least until the 1960s, when Americans spent much of their time on their associative lives. However, America distanced itself from a ‚tocquevillian tableau‘ starting in the 1970s, characterized by a low number of participants in associations. The reasons were complex: changes in work life, long commutes, family crises, the increasing presence of the media, etc. All the same, taking on a ‚tocquevillian‘ position, Putnam concluded his analysis not with a lament, but with an appeal to those in charge to lay the groundwork for a revitalization of associative life, which implies a revival of active civic education, public transportation and work hours that leave more time for associative engagement, a 'great religious reawakening‘ (about which Putnam nonetheless points out the dangers: so he must be ‚pluralistic‘ and ‚tolerant‘), new forms of electronic communication (Internet more than solitary television), an increase in group celebrations and finally, a greater investment by all citizens in political life in the traditional sense (elections, etc.).“ Vgl. weiterhin Robert Putnam: Democracies in Flux, Oxford University Press 2002.

662 Hecht, Martin: Modernität und Bürgerlichkeit. Max Webers Freiheitslehre im Vergleich mit den politischen Ideen von Alexis de Tocqueville und Jean-Jacques Rousseau, Beiträge zur Politischen Wissenschaft; BPW 103, Verlag Duncker & Humblot Berlin, 1998; Gauchet, Marcel: Tocqueville, l'America e noi. Sulla genesi delle società democratiche, Edizioni Donzelli Roma, 1996; Boudon, Raymond: Die Logik des gesellschaftlichen Handelns, Luchterhand 1998;

Die in dieser Art von Aufbereitung nächstfolgende Diskursebene widmet sich dann in ihrer Zielsetzung der Diskussion von Fragestellungen bei Tocqueville unter besonderer Berücksichtigung eines methodisch-systematischen Komplexes. Aktuell haben dies etwa Bluhm, de Dijn und eben Putnam und Elster getan.[663] Sie haben in ihren Arbeiten die Beiträge ihrer jeweiligen Haupteinflussgeber hinsichtlich des Tocqueville'schen Œuvres J. P. Mayer, Bénéton, Wolin und Schelling in systematisierender Hinsicht fortgeführt und methodisch vor dem Hintergrund einer Dominanz ökonomischer Fragestellungen in ihrer Generation entsprechend angepasst und fortentwickelt.[664]

Auf der dritten Ebene finden sich Ansätze zu einer Methodenkonvergenz, die hierüber den systematischen Rahmen für die analytische Durchdringung und diskursiv orientierte Urbarmachung eines beliebigen Elements aus dem Phänomenkomplex des modernen, demokratisch organisierten Gemeinwesens entwickeln und die damit verbundenen methodischen Anleihen und Elemente für individuelle Schlussfolgerungen nutzen. Vertreter dieses besonderen Ansatzes sind aktuell etwa Salkever und Lawler, zu einem früheren Zeitpunkt Baudrillard und Riesmann.[665] Ihnen ist gemein, dass sie in aller Offenheit zentrale methodische Elemente bei Tocqueville zu einer Aussagenverfeinerung entlang der Zieldimensionen ihrer Arbeiten nutzen, im Fall von Salkever sogar exklusiv in einer kon-

---

Swedberg, Richard: Tocqueville's Political Economy, sowie Märkte als soziale Strukturen (Theorie und Gesellschaft), jeweils Campus 2007; Princeton University Press 2009.

663 Bluhm, Harald: Alexis de Tocqueville: Kleine politische Schriften, sowie: Entzweiung: Die Normativität der Moderne, jeweils in: Schriften zur europäischen Ideengeschichte, Bd. 1, Akademie-Verlag Berlin, 2006 sowie Nomos 2008; Annelien de Dijn, Ralf Geenens: Reading Tocqueville: From Oracle to Actor, Palgrave Macmillan 2007, sowie Civil society in the history of ideas: the French tradition, Wissenschaftszentrum Berlin für Sozialforschung (WZB) 2007.

664 Mayer, J. P. Paris 1951; Bénéton, Philippe: Equality by Default: An essay on modernity as confinement, ISI Books Delaware 2004; Wolin, Sheldon S.: Democracy Incorporated: Managed Democracy and the Specter of Inverted Totalitarianism, Princeton University Press 2010, sowie: Politics and Vision: Continuity and Innovation in Western Political Thought, Princeton University Press 2004, sowie: Tocqueville Between Two Worlds: The Making of a Political and Theoretical Life, Princeton University Press 2003; Schelling, Thomas C.: Micromotives and Macrobehavior, Norton & Company 2006; Mitleton-Kelly, Eve: Complex Systems and Evolutionary Perspectives on Organizations: The Application of Complexity Theory to Organizations, Pergamon Press 2003.

665 Salkever, Stephen G.: Finding the Mean. Theory and Practice in Aristotelian Political Philosophy, Princeton University Press 2006; Lawler, Peter Augustine: The Restless Mind. Alexis de Tocqueville on the Origin and Perpetuation of Human Liberty, Rowman & Littlefield Publishers, 2002; ebenso: Democracy and Its Friendly Critics: Tocqueville and Political Life Today, Lexington Books, 2004.

struierten Konfrontation von Aristoteles und Tocqueville, bei Baudrillard als generatives Faktum seiner Bildersprache.[666]

Ihnen eng verwandt sind die Ansätze, aus dem Nebeneinander von literarischen Bildern, Protokollnotizen, paradigmatisch orientierten Analysen und Psychogrammen des demokratischen Geistes (nicht der Seele) bei Tocqueville die elementaren Bestandteile der ‚neuen politischen Wissenschaft', die er so prominent eingangs der DiA fordert, systematisierend herauszuarbeiten.

Im Durchgang der verschiedenen Arten einer methodischen Urbarmachung der Arbeit Tocquevilles begegnen einem immer erneut die eingangs geschilderten Modelle; sie sind teils Ausdruck zeitgenössischer Trends in der Auseinandersetzung mit sozioökonomischen Fragen, der Systemtheorie oder aktueller Fortentwicklungen in der gesellschaftswissenschaftlichen Methodik, hier mit Vorrang von Vertretern aus dem angelsächsischen Raum. Die jeweils unterschiedlichen Rezeptionsmuster sind dabei immer auch externen Faktoren unterworfen, wie eine beispielhafte Analyse des Gesamtreferenzaufkommens zu Tocqueville zeigt.[667]

Tocqueville hat eine Überdemokratisierung als Folge eines Dominanzstrebens einzelner Faktoren befürchtet, primär über eine ‚Tyrannei der Mehrheit', die über ihre Kollektivmechanismen die geistige und materielle Vielheit in eine alles dominierende Uniformität des privaten und öffentlichen Lebens zwingt. Die von ihm identifizierten Entscheidungsmuster und Kausalzusammenhänge lassen sich daher immer auch als Korrektiv zu einer Wahrnehmung und Wiederherstellung der Grundbalance einsetzen. Sie sind als Instrumente auch Platzhalter für eine lebendige Kultur der Teilhabe im Sinne geteilter Macht und Verantwortung. Entgegen seiner Befürchtung erleben wir heute eine stetige Abnahme demokratischer Grundprinzipien bei gleichzeitiger Überpolitisierung von Einzelbereichen.

Ausdruck dieses Phänomens ist etwa die veränderte Rolle der Rechtsprechung als Vehikel der Mehrheitsmoral, die Wächterfunktion des Verbraucherschutzes als Hüter der Konsumqualität oder die Verlagerung politischer Auseinandersetzungen auf die Bühne von Fernsehsendungen. Die Allpräsenz kurzlebiger, vermeintlich deliberativ ausgeführter Debatten und die Dominanz der Demoskopie verdecken die Abwesenheit einer authentischen und legitimen Auseinandersetzung anhand von Standpunkten und politischen Zielen. Das von Tocqueville erstmals erschlossene Instrumentarium und die Elemente einer modernen, demokratischen Grundordnung folgen in seinem Weltenbild

---

666 Vergleiche hierzu etwa die Arbeit von Martin Hecht zu den Anleihen, die er in den handschriftlichen Notizen bei Max Weber zu Tocqueville findet, wie bereits in vorliegender Arbeit, S. 38 ff. beschrieben.

667 Grafik 1: IF (Impact Factor) Tocqueville 1830–2008; IF Spikes: 1840, 1860, 1940, 1965–68, 1989–90, 2000.

universalen Prinzipien. Ihr Vorhandensein oder ihre Abwesenheit entscheidet bis heute über ein Leben, dessen Grundlage die aktive Teilhabe aller ist.

Am Ende seines Weges, aber nicht am Ziel seiner Reise angekommen steht der Wanderer vor den Mauern der Stadt auf einer Anhöhe. Was ein fernes Wetterleuchten war, ist nun der Lichterglanz ihrer Straßen; was ein fernes Summen, ist geschäftige Vielfalt. Die Muster überkreuzen sich. Er setzt seinen Weg fort, und er kann einzelne Stimmen unterscheiden. Zum ersten Mal ist er sich ihrer Gestalt gewiss.

An Stelle eines Epilogs

01100101, oder: Tocqueville im Informationszeitalter

Hinter den Mustern liegt heute die Granularität, hinter ihr wiederum der Einzelnutzer verborgen. In der Analyse seines Verhaltens liegt der Schlüssel zu seinen Bedürfnissen und Interessen. Was Indizes und Matrizen der Nutzerinteressen nicht vermocht haben, das individuelle Referenzaufkommen ermöglicht es: die Durchdringung des Sozialraumes entlang von Kennzahlen bis hin zu den individuellen Entscheidungsmustern seiner Protagonisten, vermessen von ihren politischen bis hin zu ihren Geschmacksmustern.

„Der Begriff des Staates vereinfacht sich", schreibt Tocqueville angesichts einer neuen demokratischen Welt: „Die bloße Zahl macht Recht und Gesetz. Die ganze Politik reduziert sich auf eine arithmetische Frage."[668]

Relationalität und Referenzen sind als *Metrics* und *Quants* die neue Währung der Gegenwart. Sie bilden als algorithmische Schleier die Einstiegspunkte eines feingesponnenen Netzes, welches alle über maximal drei Instanzen miteinander in Beziehung zu setzen vermag. „Die Prognosen des Grafen Alexis de Tocqueville am Beginn des industriellen Zeitalters"[669] haben der Anatomie des modernen Gemeinwesens Körperlichkeit verliehen. Ihnen entspringt das Bild einer Gesellschaft, deren Akteure auf eine bislang unbekannte Art und Weise Gestalter des eigenen Schicksals und Unterworfene überkomplexer Kräfte sind. Die Instrumente zu ihrer Beherrschung entstammen dem, was sich aus der unmittelbaren Gegenwart formen lässt, und den Traditionsbeständen kontinentaleuropäischer Prägung.

Bis in die feinsten Muster des Privaten hinein wirken die kollektiven Mechanismen der Gleichheit, bis in das Denken, Fühlen und Handeln einer dekonstruierten Sozialwelt und ihrer semantischen Muster. In der Demokratie ist die Sprache das wichtigste Mittel zur politischen Willensbildung, ihr wichtiges Merkmal der Diskurs und die Fähigkeit zur Kompromissbildung. Wer in eine

---

668 Tocqueville, OC (Gallimard) 2004, Bd. 3, S. 492. Vgl. Pierre Rosanvallon, Arthur Goldhammer (Hrsg.): Democratic Legitimacy: Impartiality, Reflexivity, Proximity, Princeton University Press 2011, S. 12.

669 Kiesinger, K. G.: Die Prognosen des Grafen Alexis de Tocqueville am Beginn des industriellen Zeitalters, in: Karlsruher akademische Reden; N. F. Nr. 19; vgl. http://bit.ly/eczZKb.

Hierarchie eintritt, folgt einem Rollenmuster; wer Verantwortung übernimmt, wird an den Folgen seiner Taten gemessen. Das von Algorithmen handhabbar gemachte Netzwerk einer modernen, globalen Gesellschaft muss alle ihm zugrundeliegende Relationalität quantifizieren, um allerorts vergleichbar zu sein. Seine Einstiegspunkte sind gleichzeitig seine Referenzen; sie bilden eine Art wechselseitige Dechiffrierung zwischen sozialen Agenten und ihren Referenzsystemen.

Wie manifestiert sich diese Transformation in Denken, Fühlen und Handeln, wie findet sie in den *habitudes du cœur* Ausdruck? Auf der Ebene regionaler Zusammenkünfte, in denen eine soziale und politische Ordnung ihre Körperlichkeit gewinnt, ist die aktive Teilhabe der passende Gradmesser für ein Vorhandensein deliberativer und kollektiver Prozesse. Emergente Muster bilden hier als Ausdruck und Metapher einer Selbstdeutung als Entdecken im Handeln der beteiligten Protagonisten die Vorstufe der interdependenten Netzwerke. Mit der zunehmenden Verbreitung überregionaler Publikationen, die auf lokaler Ebene ein Element der Plattform sind, auf der Positionen öffentlich gemacht werden können und Aushandlungsprozesse Referenzen und Einordnung in die Debatte erfahren, hat sich das Wesen der Debatte nachhaltig verändert. Surowiecki schreibt:

„Keep your ties loose.
Keep yourself exposed to as many diverse sources of information as possible.
Make groups that range across hierarchies.“[670]

Der Einfluss der Demoskopie hat die Qualität öffentlicher Debatten nachhaltig verändert. Der Wert tagesaktueller Meinungen hat dabei die vormalige Positionierung zunehmend überlagert und einen eigenen Wirkungsraum besetzt, in dem er als Platzhalter für einen tatsächlichen Dialog steht. Repräsentativ besetzte Panel (*deliberative polling*) möchten ein Ausweg aus diesem Dilemma sein, wie Fishkin es beschreibt.[671] Sie sollen den Aushandlungsprozess strukturieren helfen, indem sie einzelne Diskurselemente einem rationalen Duktus unterziehen. Gleichzeitig – und diese Ambivalenz ist ein feststehender Beleg für die Reichweite der Tocqueville'schen Medienanalyse – sind sie Ausdruck kollektiver Deutungssysteme auf Grundlage beliebig interpretierbarer Zahlen, denn: Die Zusammensetzung der Panel beruht auf einem generativen Prozess, der über

---

670 James Surowiecki: The Wisdom of Crowds: Why the Many Are Smarter Than the Few and How Collective Wisdom Shapes Business, Economies, Societies and Nations. Little, Brown and Company Boston 2004.
671 James S. Fishkin: When the People Speak: Deliberative Democracy and Public Consultation, Oxford University Press 2009, S. 23.

Algorithmen erfasst, wer später für die Mehrheit der Bürger sprechen soll. So setzt sich bis in die feinsten Glieder und Verästelungen des Gesellschaftskörpers der von Tocqueville beobachtete und dialektisch gewendete Dualismus fort, in dem sich die Wesenskräfte der Moderne begegnen. Eine aus endlich vielen Schritten bestehende eindeutige Handlungsvorschrift zur Lösung eines Problems soll uns helfen, die Wichtigkeit von Ereignissen, die Bedeutsamkeit von (sozialen, ökonomischen und politischen) Verbindungen und das Fällen von Entscheidungen vorzubereiten und schlussendlich abnehmen. In der zunächst versteckt fortschreitenden, dann exponentiell an Intensität gewinnenden Finanzkrise der Jahre 2005–2009 hat sich die ganze Begrenztheit eines auf Algorithmen basierenden Referenzsystems zur Herstellung von Relationalität und Abwägung von Risiken offenbart.

Für den sozialen und politischen Raum scheint sich erneut die Wahrnehmung Tocquevilles zu bewahrheiten: Sie beruhen primär auf einer Verbindung ursächlicher und qualitativer Beziehungen. Unbedingten Eigenschaften des Menschen steht ihre Handhabbarmachung in relationalen und referentiellen Wirkungsräumen gegenüber. Einem rationell-progressiven Nutzenversprechen steht die kollektive, durch das dynamische Ineinanderwirken eines wohlverstandenen Selbstinteresses fortgeschriebene Progression entgegen. Die Trennung des Einzelnen von seiner geistigen Quelle wird als Entfremdung von einem höherstehenden Selbst empfunden, die sich als Uneigentlichkeit des Menschen in seiner spirituellen und physischen Ganzheit ausdrückt. Pippin schreibt:

„(…) eventually, genuine exercises of autonomy were eliminated in an ever more efficient, integrating system, and the modern self came to be formed through a struggle that ended only in submission."[672]

Die von Tocqueville so tiefempfundene Dissatisfaktion über den iterativen Problemkomplex einer demokratischen Moderne schreibt sich im Digitalkomplex fort. Die von ihm geäußerte „Beklemmnis der Zweifel" muss dabei nicht zu einem anti-modernistischen Bekenntnis oder grüblerischer Weltinnenschau führen. Sie kann ein Mittel sein, um Zugang zu den zugrundeliegenden Ursachen zu finden. Wenn man deren Verbindungen wiederum innerhalb ihrer quantitativen und qualitativen Zieldimensionen darzustellen imstande ist, lassen sich Schlüsse in soziale und politische Handlung überführen. Die Frage nach vorausschauender Organisation als Merkmal einer Prozessdebatte darf nicht der Eigentlichkeit als Grund des individuellen Vorhabens vorangestellt werden. Dieses Merkmal einer modernen, demokratischen Gesellschaft ist Ausdruck einer zeitlosen Debatte

---

672 Zur ‚Dialektik der Moderne' vgl. Robert Pippin: Modernism as a philosophical problem, Blackwell 2003, S. 178.

über ihre Substanz. Tocqueville schreibt: „Niemand ist weniger unabhängig als ein freier Bürger."[673]

---

673 Vgl. Tocqueville, in: Der Alte Staat und die Revolution, Anm. S. 40.

Literaturverzeichnis

Monographien

Achtnich, Susanne: Alexis de Tocqueville in Amerika. Die konservativen und liberalen Elemente in seiner politischen Theorie. Möglichkeiten einer Synthese am Beispiel der „Demokratie in Amerika", Frankfurt am Main 1987.

Adams, Angela u. Willi P. (Hrsg.): Hamilton/Madison/Jay: Die Federalist-Artikel, Stuttgart 1994.

Diess.: Die Entstehung der Vereinigten Staaten und ihrer Verfassung. Dokumente 1754–1791, Münster 1995.

Allan, D. J.: Individuum und Staat in der Ethik und der Politik des Aristoteles, in: Ethik und Politik des Aristoteles, hrg. v. Fritz Hager, Wissenschaftliche Buchgesellschaft Darmstadt 1972.

Amiel, Anne: Le vocabulaire de Tocqueville, Paris 2002.

Amos, Karin S.: Alexis de Tocqueville and the American National Identity: The Reception of De la démocratie en Amerique in the United States in the Nineteenth Century, Frankfurt am Main 1995.

Arendt, Hannah: The human condition, Chicago 1998.

Arendt, Hannah: Was ist Politik?, München 1993.

Arendt, Hannah: Zwischen Vergangenheit und Zukunft. Übungen im politischen Denken I, München 1993.

Aron, Raymond: Über die Freiheiten, Stuttgart 1981.

Aron, Raymond: Die imperiale Republik, Zürich 1975.

Aristoteles, Hauptwerke, Stuttgart 1977.

Augustinus, (Aurelius): Bekenntnisse, Gottesstaat, Stuttgart 1955.

Craiutu, Aurelien: Tocqueville and the political thought of the French doctrinaires (Guizot, Royer-collard, Remusat), verfügbar via http://bit.ly/hMatHr.

Axelrod, Robert: Die Evolution der Kooperation, München 2000.

Barth, N. P.: Die Idee der Freiheit und der Demokratie bei Alexis de Tocqueville, Zürich 1953.

Bayly, Christopher Alan: Giuseppe Mazzini and the Globalization of Democratic Nationalism, 1830–1920, Oxford 2008.

Bénéton, Philippe: Equality by Default. An essay on modernity as confinement, translated by Ralph C. Hancock, Delaware 2004.

Bernstein, R. B.: Thomas Jefferson, Oxford 2003.

Besnier, J.-M.: Tocqueville et la démocratie. Egalité et liberté, Paris 1995.

Beyme, Klaus von: Theorie der Politik im 20. Jahrhundert, Frankfurt 1996.

Birnbaum, Pierre: Sociologie de Tocqueville, Paris 1970.

Bloch, Marc: La Société féodale, Paris 1939.

Bluhm, Harald: Kleine politische Schriften / Alexis de Tocqueville, Berlin, 2006.

Ders.: Entzweiung: Die Normativität der Moderne, in: Schriften zur europäischen Ideengeschichte, Bd. 1, Berlin, 2006.

Bodin, Jean: Über den Staat, Stuttgart 1976.

Boesche, Roger: The Strange Liberalism of Alexis de Tocqueville, Ithaca 1987.

Boia, Lucien: Art. Tocqueville, Alexis de, in: ders. (Hrsg.): Great Historians of the Modern Age, New York u. a. 1991, S. 267–268.

Bolz, Norbert: Jenseits der großen Theorien, in: Kulturtheorien der Gegenwart: Ansätze und Positionen, Gerhart Schröder, Helga Breuninger (Hrsg.), Frankfurt 2001, S. 34–40.

Boudon, Raymond: Die Logik des gesellschaftlichen Handelns, München 1980.

Brody, Louise: Le voyage en Amerique: Milbert, Lesueur, Tocqueville 1815–1845, Musée d'Art Américain, Giverny 2001.

Brogan, Hugh: Alexis de Tocqueville: Prophet of Democracy in the Age of Revolution. A Biography, London, 2006.

Brunius, Teddy: Alexis de Tocqueville: The Sociological Aesthetician, Uppsala 1960.

Bubner, Rüdiger: Polis und Staat: Grundlinien der Politischen Philosophie, Frankfurt 2002.

Campagna, Norbert: Die Moralisierung der Demokratie: Alexis de Tocqueville und die Bedingungen der Möglichkeit einer liberalen Demokratie, Berlin 2001.

Condorcet, Marquis de: Freiheit, Revolution, Verfassung: Kleine politische Schriften, hrsg. v. Daniel Schulz, Berlin 2010.

Dahl, Robert A.: A Preface to Democratic Theory, University of Chicago Press 2006.

Dahrendorf, Ralf: Die angewandte Aufklärung: Gesellschaft und Soziologie in Amerika, München 1963.

Dahrendorf, Ralf: Gesellschaft und Demokratie in Deutschland, München 1965.

Dahrendorf, Ralf: Der moderne soziale Konflikt: Essay zur Politik der Freiheit, München 1994.

Deenen, Patrick J.: Citizenship as a Vocation, in: Democracy and its friendly critics, Ed. P. A. Lawyer, Lexington 2004.

de Dijn, Annelien & Geenens, Ralf: Reading Tocqueville: From Oracle to Actor, Basingstoke 2007.

Dilthey, Wilhelm: Der Aufbau der geschichtlichen Welt in den Geisteswissenschaften, Frankfurt 1981.

Dilthey, Wilhelm: Das Wesen der Philosophie, Hamburg 1984.

Dittgen, Herbert: Politik zwischen Freiheit und Despotismus, Karl Alber, Freiburg 1986.

Drescher, Seymour: Dilemmas of Democracy: Tocqueville and Modernization, Pittsburgh 1968.

Drolet, Michael: Tocqueville, Democracy and Social Reform, New York 2004.

Durkheim, Emile: The Rules of Sociological Method, New York 1982.

Eisenstadt, Abraham S. (Hrsg.): Reconsidering Tocqueville's Democracy in America, New Brunswick 1988.

Elster, Jon: Explaining Social Behavior: More nuts and bolts for the social sciences, Cambridge 2007.

Farkas, Alexander Bölöni: Journey in North America, The American Philosophical Society, Philadelphia 1977.

Hardt, Michael; Negri, Antonio: Multitude: Krieg und Demokratie im Empire, Frankfurt 2004.

Feldhoff, Jürgen: Die Politik der egalitären Gesellschaft. Zur soziologischen Demokratie-Analyse bei Alexis de Tocqueville, Köln 1968.

Freund, Dorit: Alexis de Tocqueville und die politische Kultur der Demokratie, Stuttgart 1974.

Funk, Albert: Kleine Geschichte des Föderalismus. Vom Fürstenbund zur Bundesrepublik, Berlin 2011.

Furet, Francois: Le systeme conceptuel de la Démocratie en Amerique, in: Michael Hereth/ Jutta Höfken (Hrsg.): Alexis de Tocqueville – Zur Politik in der Demokratie, Symposium zum 175. Geburtstag von Alexis de Tocqueville, Baden-Baden 1981.

Gauchet, Marcel: Tocqueville, l'America e noi. Sulla genesi delle società democratiche, Rom 1996.

Gerhardt, Volker: Individualität, das Element der Welt, München 2000. Goethes Werke. Herausgegeben im Auftrag der Großherzogin Sophie von Sachsen. IV. Abteilung: Goethes Briefe, Bd. 1–50, Weimar 1887–1912, vorliegend Bd. 22, S. 251 f.

Gooch, George Peabody: History and Historians in the Nineteenth Century, London 1952.

Goldstein, Doris S.: Trial of Faith: Religion and Politics in Tocqueville's Thought, New York, 1975.

Gollwitzer, Heinz: Geschichte des weltpolitischen Denkens, Bd. I, Göttingen 1972.

Greif, Avner: Institutions and the Path to the Modern Economy, Cambridge 2006.

Guellec, Laurence: Tocqueville et les languages de la démocratie, Paris 2004.

Gustorf, Frederick Julius: The Uncorrupted Heart. Journal and Letters 1800–1845, Missoury 1969.

Habermas, Jürgen: Strukturwandel der Öffentlichkeit, Frankfurt 1990.

Habermann, Gerd: Freiheit oder Gleichheit: Ein Alexis de Tocqueville-Brevier, Thun 2005.

Hamilton, Madison, Jay: Die Federalist Papers, hrsg. v. Barbara Zehnpfennig, München 2007.

Hand, Jonathan Bradford: Tocqueville's „New Political Science": A Critical Assessment of Montesquieu's Vision of a Liberal Modernity, Diss. Chicago 2002.

Hartz, Louis: The Liberal Tradition in America, New York 1955.

Hecht, Martin: Modernität und Bürgerlichkeit: Max Webers Freiheitslehre im Vergleich mit den politischen Ideen von Alexis de Tocqueville und Jean-Jacques Rousseau, Diss., Berlin 1997.

Hegel, Georg Friedrich Wilhelm: Sämtliche Werke, Stuttgart 1928, Bd. II.

Hennis, Wilhelm (Hrsg.): Politikwissenschaft und Politisches Denken, in: Politikwissenschaftliche Abhandlungen II: Politikwissenschaftliche Abhandlungen, Bd. 2, Politikwissenschaft und Politisches Denken, Tübingen 2000.

Herb, Karlfriedrich, Hidalgo, Oliver: Alexis de Tocqueville, Frankfurt 2005.

Hereth, Michael (Hrsg.): Alexis de Tocqueville, Zur Politik in der Demokratie.
Ders.: Freiheit, Politik und Ökonomie, München 1974.
Hereth, Michael: Alexis de Tocqueville. Die Gefährdung der Freiheit in der Demokratie, Baden-Baden 1979.
Ders./Jutta Hoeffken (Hrsg.): Alexis de Tocqueville. Zur Politik in der Demokratie, Baden-Baden 1981.
Herr, Rudolf: Tocqueville and the old Régime, Princeton 1962.
Heurtin, Jean-Philippe: The Circle of Discussion and the Semicircle of Criticism, in: Bruno Latour and Peter Weibel (Hrsg.), Making Things Public. Atmospheres of Democracy, Cambridge, Mass.: MIT Press, S. 754–769.
Herzfeld, Hans: Die moderne Welt 1789–1945, 1. Teil, Braunschweig 1952.
Hidalgo, Oliver: Unbehagliche Moderne: Tocqueville und die Frage der Religion in der Politik, Frankfurt 2006
Higgins, Anne Theresa: Alexis de Tocqueville als Vordenker des modernen Individualismus, Lüneburg 2001.
Hobbes, Thomas: Man and Citizen (De Homine et De Cive), Cambridge 1998.
Holt, Michael: Political Parties and American Political Development: From the Age of Jackson to the Age of Lincoln, Louisiana 1992.
Howe, John R.: From the Revolution to the Age of Jackson: Innocence and Empire in the Young Republic, New Jersey 1973.
Janara, Laura: Democracy growing up: Authority, Autonomy and Passion in Tocqueville's democracy in America, New York 2002.
Jardin, André: Alexis de Tocqueville 1805–1859, Paris 1984 (dt.: Alexis de Tocqueville. Leben und Werk, Frankfurt am Main u. a. 1991).
Joas, Hans, Knöbl, Wolfgang: Sozialtheorie, Frankfurt 2004.
Joas, Hans: Pragmatismus und Gesellschaftstheorie, Frankfurt 1992.
Kahan, Alan S.; Zunz, Olivier: The Tocqueville Reader: A Life in Letters and Politics, London 2002.
Kahan, Alan S.: Aristocratic Liberalism: The Social and Political Thought of Jacob Burckhardt, John Stuart Mill, and Alexis de Tocqueville, Oxford 1992.
Keslassy, Eric: Le libéralisme de Tocqueville à l'épreuve du paupérisme, Paris 2000.
Lamberti, Jean-Claude: Tocqueville et les deux démocraties, Paris 1983.
Lawler, Peter Augustine: The Restless Mind. Alexis de Tocqueville on the Origin and Perpetuation of Human Liberty, Lanham/New York 2002.
Ders.: Democracy and Its Friendly Critics: Tocqueville and Political Life Today, Lanham/New York 2004.
Ledeen, Michael A.: Tocqueville on American Charakter, New York 2000.
Lévy, Bernhard-Henri: American Vertigo: Traveling America in the Footsteps of Tocqueville, New York 2006.
Linares, Filadelfo: Die Revolution bei Tocqueville und Marx, Hildesheim 1988
Ders.: Der Philosoph und die Politik, Meisenheim 1972.
Lively, Jack: The Social and Political Thought of Alexis de Tocqueville, Oxford 1962.
Lorenz, Ulrich: Das Projekt der Ideologie. Studien zur Konzeption einer „Ersten Philosophie" bei Destutt de Tracy, Stuttgart 1994.

Lijphart, Arendt: Patterns of Democracy: Government Forms and Performance in Thirty-Six Countries, Yale 1999.

Lockwood, Richard: The Reader's Figure: Epideictic Rhetoric in Plato, Aristotle, Bossuet, Racine and Pascal, Genf 1996.

Machiavelli, Niccolo: Discorsi. Gedanken über Politik und Staatsführung, Stuttgart 1977

Ders.: Der Fürst, Stuttgart 1986.

McFarlane, Ian D.; Maclean, Ian (Hrsg.): Montaigne, Oxford 1982.

Manent, Pierre: Tocqueville and the Nature of Democracy, Lanham 1996.

Manzini, Charlotte: Qui êtes-vous monsieur de Tocqueville?, Archives départementales de la Manche, Saint-Lô 2005.

Masur, Louis P.:1831 – Year of Eclipse, New York 2001.

Mayer, Jacob Peter: Alexis de Tocqueville: Analytiker des Massenzeitalters, München 1972.

Mayer, Jacob Peter: Alexis de Tocqueville, A Commentated Bibliography, Revue Internationale de Philosophie, 13, 1959, S. 350–353.

Ders.: Alexis de Tocqueville: A Biographical Study in Political Science, New York 1960.

Middlekauff, Robert: The Glorious Cause, Oxford 1982.

Mill, John Stuart: „On Liberty" and Other Writings, Cambridge Texts in the History of Political Thought, Cambridge 1989.

Mitchell, Harvey: Individual choice and the structures of history: Alexis de Tocqueville as historian reappraised, Cambridge 1996.

Mitchell, Harvey: America after Tocqueville: Democracy against difference, Cambridge 2002.

Mitchell, Joshua: The Fragility of Freedom: Tocqueville on Religion, Democracy and the American Future, Chicago 1995.

Mitleton-Kelly, Eve: Complex Systems and Evolutionary Perspectives on Organizations: The Application of Complexity Theory to Organizations, Oxford 2003.

Montesquieu, Charles-Louis de Secondat, Baron de la Brède de, Vom Geist der Gesetze, Auswahl, Übersetzung und Einleitung von Kurt Weigand, Stuttgart 1993.

Ders.: Gesetze und Prinzipien der Politik, Frankfurt 1949.

Ders.: Meine Gedanken, DTV 2000.

North, Douglass C.: Understanding the process of Economic Change, Princeton 2001.

Offe, Claus: Selbstbetrachtung aus der Ferne: Tocqueville, Weber und Adorno in den Vereinigten Staaten, Frankfurt 2004.

Page, Thomas Julian: Stein and Tocqueville in Metropolis. Towards a Contemporary Theory of Local Citizenship in Germany and America, in: Politisches Denken, Jahrbuch 1995/96, hrg. v. V. Gerhardt, H. Ottmann u. a., Stuttgart 1996.

Paine, Thomas: Rights of Man/Common Sense, Oxford 1995.

Pascal, Blaise: Größe und Elend des Menschen, Frankfurt 1979.

Ders.: Entretien avec M. de Sacy, in: Œuvres de Blaise Pascal, hrsg. von L. Brunschvicg, P. Boutroux und F. Gazier, Paris 1925, Bd. 4, S. 43.

Pierson, George Wilson: Tocqueville in America, New York 1938.

Pippin, Robert: Modernism as a philosophical problem, Oxford 2003.

Platon, Hauptwerke, Stuttgart 1993.

Putnam, Robert: Bowling Alone: The collapse and revival of the American community, New York 2004.

Ders.: Making Democracy work: Civic Traditions in modern Italy, Princeton 1994.

Ders.: Democracies in Flux: The Evolution of Social Capital in Contemporary Society, Oxford 2004.

Prélot, Marcel, Lescuyer, Georges: Histoire des Idées Politiques, Paris 1977.

Redier, Antoine: Comme disait Monsieur de Tocqueville, Paris 1925.

Reeves, Richard: Eine nordamerikanische Reise, München 1984.

Reinhardt, Mark: The Art of Being Free. Taking Liberties with Tocqueville, Marx and Arendt, Ithaca/London 1997.

Riesman, David: Die einsame Masse: Eine Untersuchung der Wandlungen des amerikanischen Charakters, Hamburg 1960.

Ross, Dorothy: The Origins of American Social Science, Cambridge 1991.

Rosanvallon, Pierre; Goldhammer, Arthur (Hrsg.): Democratic Legitimacy: Impartiality, Reflexivity, Proximity, Princeton 2011.

Rousseau, Jean-Jacques: Der Gesellschaftsvertrag: Oder Prinzipien des Staatsrechts, Wiesbaden 2008.

Rousseau, Jean-Jacques: Diskurs über die Ungleichheit. Discours sur l'inègalitè (Abhandlung über den Ursprung und die Grundlagen der Ungleichheit unter den Menschen): Kritische Ausgabe des integralen Textes, Stuttgart 2008.

Salkever, Stephen G.: Finding the Mean. Theory and Practice in Aristotelian Political Philosophy, Princeton 2006.

Salomon, Albert: In Praise of Enlightenment: Essays in the History of Ideas, Meridian Books, New York 1962.

Sayce, Richard: A descriptive Bibliography of Montaigne's Essays 1580–1700, Bibliographical Society, London 1979.

Schelling, Thomas C.: Micromotives and Macrobehavior, New York 2006.

Schneewind, J. B. (Hrsg.): M. de Tocqueville on Democracy in America, in: John Stuart Mill, Ethical Writings, New York 1965, S. 107.

Schleifer, James T.: The making of Tocqueville's Democracy in America, Indianapolis 2000, vgl. http://bit.ly/dWKJIv.

Schlesinger, Arthur M.: The Age of Jackson, London 1946.

Schröder, Gerhard; Breuninger, Helga: Kulturtheorien der Gegenwart, Frankfurt 2001.

Shiner, Larry: The Secret Mirror: Literary Form and History in Tocqueville's Recollections, London 1988.

Simmel, Georg, Die Philosophie des Geldes, Frankfurt 2001.

Simpson, Mary Charlotte Mair (Hrsg.): Tocqueville: Correspondence and Conversations with Nassau William Senior, 1834–1859, New York 1872.

Smith, Bruce James: Politics & Remembrance: Republican Themes in Machiavelli, Burke, and Tocqueville, Princeton 1985.

Stackelberg, Jürgen von: Bemerkungen zur Sekundärliteratur über Alexis de Tocqueville, Heidelberg 1954.

Steinvorth, Ulrich: Stationen der politischen Theorie, Stuttgart 1983.

Stolleis, Michael: Staatsraison, Recht und Moral in philosophischen Texten des späten 18. Jahrhunderts, in: Monographien zur Philosophischen Forschung, Meisenheim 1972.

Strauss, Leo: Liberalism Amcient and Modern, Chicago 1968.

Strauss, Leo: The City and Man, Chicago 1963.

Strauss, Leo; Cropsey, Joseph (Hrsg.): History of Political Philosophy, Chicago 1972.

Swedberg, Richard: Tocqueville's Political Economy, Princeton 2009.

Taleb, Nassim Nicholas: The Black Swan: The Impact of the Highly Improbable, New York 2008.

Troeltsch, Ernst: Die Soziallehren der christlichen Kirchen und Gruppen I–II, Stuttgart 1978.

Uhde, Ute: Politik und Religion: Zum Verhältnis von Demokratie und Christentum bei Alexis de Tocqueville, Berlin 1978.

Université de Caen (Hrsg.): L'actualité de Tocqueville, Cahiers de philosophie politique et juridique, Nr. 19, Caen 1991.

Vico, Giambattista: Prinzipien einer neuen Wissenschaft über die gemeinsame Natur der Völker, übers. u. hrsg. v. Vittorio Hösle u. Christoph Jermann, Hamburg 1992.

Vogl, Joseph: Kalkül und Leidenschaft. Poetik des ökonomischen Menschen, München 2002.

Vossler, Oscar: Alexis de Tocqueville: Freiheit und Gleichheit, Frankfurt am Main 1973.

Waschkuhn, Arno: Politische Utopien, München 2003.

Weber, Max: Die protestantische Ethik II: Kritiken und Antikritiken, München 1968.

Weber, Max: Die Objektivität sozialwissenschaftlicher und sozialpolitischer Erkenntnis, J. C. B. Mohr, Tübingen 1904, Schutterwald 1995.

Welch, Cheryl: De Tocqueville (In our Time), Oxford 2001.

McWilliams, Susan Jane: Stranger Wisdom: Travel and the origins of political knowledge, Princeton 2006.

Wren, J. Thomas: Inventing Leadership: The challenge of democracy, New Horizons in Leadership Studies, Edward Elgar Publishing, Cheltenham 2007.

Wolin, Steven: Tocqueville between two worlds: The making of a political and theoretical life, Princeton 2006.

Ders.: Democracy Incorporated: Managed Democracy and the Specter of Inverted Totalitarianism, Princeton 2010.

Ders.: Politics and Vision: Continuity and Innovation in Western Political Thought, Princeton 2004.

Zetterbaum, Marwin: Tocqueville and the Problem of Democracy, Stanford 1967.

Zetterbaum, Marwin: Alexis de Tocqueville, in: History of Political Philosophy, hrsg. v. Leo Strauss and Joseph Cropsey, Chicago 1987.

Zwierlein, Eduard: Blaise Pascal, Wiesbaden 2002.

Aufsätze

Adorno, Theodor W.: Soziologie und empirische Forschung. In: Wesen und Wirklichkeit des Menschen. Festschrift für Helmuth Plessner. Hrsg. von Klaus Ziegler. Göttingen 1957, S. 245-260.

Audier, Serge: Tocqueville, notre contemporain?, Article publié initialement dans la revue Études, Avril 2006, vgl. http://bit.ly/gx0AcX.

Ders.: Serge Audier: The Return of Tocqueville in contemporary Political Thought: Individualism, Associationism, Republicanism, in: Reading Tocqueville: From Oracle to Actor, de Dijn/Greenens (Hrsg.), 2007, S. 84.

Bluhm, Harald: Viele Tocquevilles? – Neuere Interpretationen eines Klassikers, in: Berliner Journal für Soziologie 2005/4, S. 551 ff.

Boesche, Roger: Why could Tocqueville predict so well?, in: Political Theory, Bd. 11, Nr. 1 (Feb. 1983), S. 79–103.

Bryce, James: The Predictions of Hamilton and Tocqueville, in: Herbert B. Adams (Hrsg.), Johns Hopkins University Studies in Historical and Political Science, 5 Bd., Baltimore, September 1887, S. 5–57.

Ders.: The United States Constitution as seen in the Past, The Predictions of Hamilton and Tocqueville, Studies in History and Jurisprudence (1901), S. 381–429.

Boudon, Raymond: L'exigence de Tocqueville: la „science politique nouvelle", in: The Tocqueville Review/Revue Tocqueville, 2005, 37, 2, 13–34; in deutscher Fassung: Berliner Zeitschrift für Soziologie, 2005, S. 459–472.

Ders.: Tocquevilles Plädoyer für eine neue politische Wissenschaft, in: Berliner Journal für Soziologie 15, Heft 4/ 2005, S. 459–472.

Ders.: Der analytische Tocqueville, Verf./Hrsg.: Müller, Hans-Peter [Hrsg.], Bluhm, Harald, Tocqueville, Alexis de, Boudon, Raymond, VS Verlag Wiesbaden 2005, S. 433–570.

von Brück, Michael: Communion or Collectivity? Towards a Spiritual Reorganisation of Human Relationships. In: The Teilhard Review, Bd. 19 (1984), Nr. 2, S. 43.

Coase, Ronald: The Problem of Social Cost, 3 Journal of Law and Economics 1–44 (1960). Ebenfalls veröffentlicht in: Readings in Microeconomics, William Breit and Harold M. Hochman (Hrsg.), Holt, Rinehart, and Winston, New York 1968.

Craiutu, Aurelian: What Kind of Social Scientist Was Tocqueville?: A Reply to Gary Wills, Paper prepared for the Workshop on the Workshop 3, Indiana University, Bloomington, June 3-6, 2004. Vgl. http://bit.ly/1p2lgF2.

Elster, Jon: Grundzüge kausaler Analyse in Tocquevilles Über die Demokratie in Amerika, in: Berliner Journal für Soziologie 15, Heft 4 2005, S. 495 f.

Freymond, Jacques: America in European Eyes, in: Annals of the American Academy of Political and Social Sciences, July 1954, S. 33 ff.

Gadamer, Hans-Georg und Helmut Kuhn (Hg.): Philosophische Rundschau. Sonderheft: Zur Logik der Sozialwissenschaften. Beiheft 5., Mohr Tübingen, 1967.

George, William Henry: Montesquieu and de Tocqueville and Corporative Individualism, in: The American Political Science Review, Bd. 16, Nr. 1 (Feb. 1922), S. 10–21.

Published by: American Political Science Association Stable, verfügbar unter: http://www.jstor.org/stable/1943884.

Goldberg, Chad Alan: Social citizenship and a reconstructed Tocqueville (La citoyenneté sociale et un Tocqueville reconstruit), in: American Sociological Review 2001, Bd. 66, Nr. 2, S. 289–315 (3 S. 1/4).

Guellec, Laurence: Des cartésiens qui s'ignorent: la méthode philosophique des Américains selon Tocqueville, in: Revue philosophique de la France et de l'étranger n°4, 2004.

Hennis, Wilhelm: La „scienza politica nuova" di Tocqueville, 38 (186) Comunita 87 (December 1984)

Ders.: Tocqueville's Perspective: Democracy in America: In Search of the „New Science of Politics", 16 (1) Interpretation 61–86 (Fall 1988).

Hidalgo, Oliver: Verbände als Indikator freiheitlicher Ordnung: Alexis de Tocqueville, in: Martin Sebaldt / Alexander Straßner (Hrsg.): Klassiker der Verbändeforschung, Wiesbaden 2006, S. 37–55.

Higham, John: Beyond Consensus: The Historian as Moral Critic, in: The American Historical Review, Bd. 67, Nr. 3 (Apr., 1962), S. 609–625.

Hoffer, Alexandra, Ministère de la Culture et de la Communication, célébrations nationales/ Collaboration avec le conseil général de la Manche, http://bit.ly/gDRHWk.

Roger Kimball: Tocqueville today, in: The New Criterion Bd. 19, Nr. 3, November 2000, S. 25–42.

Kessler, Sanford: Tocqueville on Civil Religion and Liberal Democracy, in: The Journal of Politics, Bd. 39, Nr. 1 (Feb. 1977), S. 119–146.

Kraynak, Robert P.: Tocqueville's Constitutionalism, in: The American Political Science Review, Bd. 81, Nr. 4 (Dez. 1987), S. 1175–1195.

Lassman, Peter: Democracy and Disenchantment, Weber and Tocqeville on the „Road to Servitude", in: Herminio Martins (Hrsg.): Knowledge and Passion, Essays in Honour of John Rex, London und New York 1993, S. 100.

Lawyer, John R.: Tocqueville on the Religious Foundations of Democracy, in: The American Benedictine Review, 42:4, Dez. 1991, S. 418–435.

Mayer, J. P.: Tocqueville Today, in: Revue Internationale de Philosophie, Fasciule I, 1959, S. 313–340

Ders.: Tocqueville: A Commented Bibliography, in: Revue internationale de philosophie 13 (1959), S. 313–319.

Meskouris, Johannes: Der Schutz vor gerichtlichen Verurteilungen zur Unterlassung von Meinungsäußerungen nach dem Grundgesetz und nach der Verfassung der Vereinigten Staaten von Amerika, in: Der Staat, Zeitschrift für Staatslehre und Verfassungsgeschichte, Deutsches und Europäisches Öffentliches Recht, Duncker & Humblot, Berlin, 48. Band 2009, Heft 3, S. 355 ff.

Pole, J. R.: Historians and the Problem of Early American Democracy, in: The American Historical Review, Bd. 67, Nr. 3 (Apr. 1962), S. 626–646.

Pessen, Edward: The Egalitarian Myth and the American Social Reality: Wealth, Mobility, and Equality in the „Era of the Common Man", in: The American Historical Review, Bd. 76, Nr. 4 (Okt. 1971), S. 989–1034.

Salomon, Albert: Tocqueville's Philosophy of Freedom, in: The Review of Politics (Indiana University), I, 1939, S. 42–89.

Sennett, Richard: What Tocqueville Feared, in: On the Making of Americans: Essays in Honor of David Riesman, S. 105–125 (Herbert J. Gans, Nathan Glazer, Joseph R. Gusfield, and Christopher Jencks, Hrsg.; Philadelphia: University of Pennsylvania Press, 1979).

de Tracy, Antoine Louis Claude Destutt: Commentaire sur l'esprit des lois de Montesquieu, Lüttich 1817; Delaunay Paris, 1819, verfügbar via http://bit.ly/fYyCsU.

Troeltsch, Ernst: Die Kulturbedeutung des Calvinismus, Internationale Wochenschrift für Wissenschaft, Kunst und Technik, hrsg. von Paul Hinneberg, 4. Jahrgang 1910, Sp. 449–468 und 501–508, abgedruckt in: Weber, Max, S. 204.

Zetterbaum, Marvin: Tocqueville: Neutrality and the Use of History, in: The American Political Science Review, Bd. 58, Nr. 3 (Sep. 1964), S. 61–62.

Zeitungs- und Zeitschriftenartikel

Lévy, Bernard-Henri: In the footsteps of Tocqueville: America in foreign eyes, in: The Atlantic Monthly, Boston Massachusetts, Mai 2005, S. 54–90.

Tonträger

Harvey, Polly Jean: The Glorious Land, in: Let England Shake, Polydor London 2011.

Kreiter, Franz Michael: Freiheit, Gleichheit und die Vorsehung: Über Alexis de Tocqueville, Erstsendung zum 12. Dezember 2010, Deutschlandfunk, vgl. http://bit.ly/esxeCR.

Werkausgaben

de Tocqueville, Charles Alexis Henri Maurice Clérel: Über die Demokratie in Amerika, Bd. I u. II, Neuedition der originalsprachlichen Ausgabe von J. P. Mayer, hrsg. und neu übertragen von Theodor Eschenburg und Hans Zbinden, Deutsche Verlags Anstalt Stuttgart 1959.

de Tocqueville, Charles Alexis Henri Maurice Clérel: Œuvres I–III, Bibliothèque de la Pléiade, Editions Gallimard Paris 2004.

de Tocqueville, Charles Alexis Henri Maurice Clérel: De la Démocratie en Amerique, drei Bde., 15. Aufl. Paris 1868.

de Tocqueville, Charles Alexis Henri Maurice Clérel: Democracy in America, hrsg. und übers. von Harvey Mansfield und Delba Winthrop, The University of Chicago Press

2002. (Diese Übersetzung ist in vorliegender Arbeit mit (Mansfield) gekennzeichnet.)

de Tocqueville, Charles Alexis Henri Maurice Clérel: In der Nordamerikanischen Wildnis. Eine Reiseschilderung aus dem Jahre 1831, Stuttgart 1960.

de Tocqueville, Charles Alexis Henri Maurice Clérel: L'ancien Régime et la Revolution, 5. Aufl. 1866 (Übers.: Tocqueville, Das alte Staatswesen und die Revolution, übersetzt von Arnold Boscowitz, Leipzig 1856).

de Tocqueville, Charles Alexis Henri Maurice Clérel: Seconde Lettre sur l'Algerie, Éditions Mille et une Nuits Paris 2003.

de Tocqueville, Charles Alexis Henri Maurice Clérel: Memoir on Pauperism: Does public charity produce an idle and dependent class of society? , Chicago 1997.

de Tocqueville, Charles Alexis Henri Maurice Clérel: Souvenirs, Gallimard Paris 1964.

de Tocqueville, Charles Alexis Henri Maurice Clérel: Erinnerungen (in der Übersetzung von Dirk Forster), Karolinger Verlag Wien 2010.

The manufacturer's authorised representative in the EU is Springer
Nature Customer Service Centre GmbH, Europaplatz 3, 69115 Heidelberg,
Germany. If you have any concerns regarding our products, please
contact ProductSafety@springernature.com

Printed and bound by CPI Group (UK) Ltd, Croydon, CR0 4YY

23/04/2026

02095638-0002